魂《ソウル》から心《マインド》へ

心理学の誕生

エドワード・S・リード
村田純一・染谷昌義・鈴木貴之 訳

講談社学術文庫

魂《ソウル》から心《マインド》へ

目次

魂《ソウル》から心《マインド》へ

——心理学の誕生

科学者の仕事が何らかの実質的革命をもたらすと考えてみよう。つまり、直接的にせよ、間接的にせよ、われわれの生きている条件に、そしてわれわれが習慣的に受け取っている印象に科学者の仕事が革命をもたらすと考えてみよう。もしそうであるなら、詩人たちは現在でもそうであるように、眠りこけていることなく、科学者の歩みについて行こうとするだろう。しかも詩人たちは、科学者がもたらす一般的で間接的な結果について行くだけではなく、科学者の傍らにいて、科学の対象の中核そのものに感覚を運び込もうとするだろう。

（ウイリアム・ワーズワース、『抒情歌謡集』への序文）

はじめに

心理学を学ぶ学生はしばしば次のような疑問を抱くことがある。小説家やその他の創造的な作家たちが示す心理学的な洞察は、なぜ心理学者を自称するひとたちによって無視されがちになるのだろうか。例えば、ドストエフスキーやプルーストのような顕著な例をあげただけでも明らかなように、小説家たちは人間の心について多くのことを語っているではないか。この問いは、多くの学生が気づいている以上によい質問である。というのも、それは、近代心理学と近代小説の並行的成立という、最も重要な歴史的問題への扉を開くことになるからである。近代文化の重要な側面を示すこれら二つの出来事は十九世紀の後半に現れ、二十世紀になると大きな力を獲得することになった。実際、二十世紀を通して、実験心理学者と臨床心理学者の数は膨大なものに膨れ上がり、また、小説家は、少なくとも最近に至るまでは、西欧文化において最高の位置を占めていた。それに対して十九世紀の前半には、心理学的問題は、スコットやバルザックの小説よりもシェリーやワーズワースの詩のなかで探求されることの方が多かった。同時に、心について探求していた科学者といえば、その数は多くはなかったし、しかもそのほとんどはいわば医者と生理学者だった。そしてもちろん、臨床心理学者なるものは全く存在していなかった。

こうして、なぜ科学的心理学者は創造的な作家の示す洞察に目を向けようとしないのか、という学生の好奇心からくる問いは、十九世紀を通して何が起こったために科学と文学が分離することになったのか、というもっと明確化された問いを導くことになる。どのような歴史的変換が生じたために、ある種の人々は自らを作家ではなく心理学者と定義することになり、また、逆に、他の人々は、自らを心理学者ではなく作家であると定義することになったのだろうか。多くの点でこれは心理学史家にとっての基本問題である。というのも、近代の心理学の諸理論や心理学という営みを可能にする社会諸制度は、そのどちらも、ここで問題にしている科学と文学の分離の過程を通して発生してきたものだからである。にもかかわらず、この問いに触れている既存の文献は驚くほど少ない。

心理学の歴史のなかに見られるこの種の沈黙は、哲学の歴史のなかでも同様に見られる。心理学史を考えるうえで役立たずとしか言いようのないこの沈黙のほとんどは、以下に見るような重要な問題を回避し続けた結果であり、その回避が、広く科学の歴史を特徴づけ、そして特に心理学の歴史を特徴づけている。この回避のために科学史は、歴史に関する他の学問領域から孤立し続け、近代というものの成立を理解するうえで役に立たないものになってしまっている。現実には、近代文化は科学と技術の発展に切り離しがたく結び付いたものであるにもかかわらず、である。

本書『魂《ソウル》から心《マインド》へ——心理学の誕生』は、心理学の発展についての新しい物語を語るという冒険を始める。出発点として、われわれは十八世紀から十九世紀の初頭にかけて実際に何が心理学だったのかを知らないということを確認することから始めたい。ほとんどの歴史家は、理論家については多くのスペースを割くが、実験家についてはさっさと片付けてしまっている。このような偏見のために、「科学的心理学」については何世紀にもわたる「単なる思弁」から発生したものであるという「科学的心理学」についてのおなじみの物語が安易に語られることになった。しかしもちろんそうした偏見によって、おなじみの寓話が正当化されるわけではない。それどころか全く逆である。心理学史家たちは、何が心理学と見なされるべきであり、何がそう見なされるべきではないかに関する考え方の歴史と起源を説明するという仕事、つまり歴史家の最も中心的な仕事の一つであるべきものを回避してきたのである。

心理学史家はまた、後には間違いであることが判明することになった思想を無視してきた。例えば、ルイジ・ガルヴァーニとアレッサンドロ・ヴォルタは、ほとんどの心理学の歴史では神経伝達の電気的基礎を発見した生理学者として登場するが、生命的かつ心的な力《vital and mental force》の本性に関する研究者として登場することはない。ガルヴァーニにしてもヴォルタにしても、たとえ彼らの生きていた時代に生理学者という言葉が使われていたとしても、生理学者と呼ばれることを望まなかったであろう。このような事実があるにもかかわらず、歴史学者は彼らを生理学者と呼んでいる。ガルヴァーニもヴォルタも、自分たちの発見したものがわれわれの使う言葉の意味で電気であると知っていたわけではなかったし、また、神経伝達という概念に少しでも近い概念をもっていたわけでも全くなかった。彼らは、自分たちは電気と生命の力（「生命力」《vital force》）との関係を研究していると考えていた。ガルヴァーニとヴォルタが実際に考えていたことを無視したために（そして、彼らの考えを時代錯誤的かつ不正確な仕方で性格づけたために）、現代の科学史は、十九世紀の前半における力の概念（生気的で心的な力《animate and mental》、そしてまた、電気的力あるいは熱的力などの力の概念）を理解不可能なものにしてしまった。当時は、一方で、動物磁気、動物電気、動物熱、メスメリズム、骨相学などの諸理論があり、同時に他方では、観念の間の連合を「生理学化する」最初の真剣な試みがあったが、それればかりではなく、この両者の間には密接な結び付きが存在していた。しかし、このような結び付きがあったことは、科学史家が近代の科学的思考の起源の「縁（フリンジ）」に属する要因に関する研究を回避しようとする態度をとっている限り、決して理解されるようにはならないだろう。

近代心理学の成長を理解しようとするなら、「心理学者である」というキャリアがどのように歴史的に発展してきたのかを見逃してはならない。現代では、心理学は科学に関する職業のなかでは、最も規模の大きなもののひとつとなっているが、一世紀前の一九〇〇年に至るまでは、心理学者という経歴を持っていた者はほとんどいなかったのである。したがって過去の時代を研究するときに、医者、大学人、牧師、作家、そして藪医者といった人々がみな心理学の実践に積極的に関与しているのを見出したとしても驚くべきではない。こうした事情にもかかわらず、心理学史家は、心理学の歴史のなかの主役を決めるにあたり、狭く定義されたグループに入らない人々を視野に入れることはほとんどなかった。つまり、これまでの心理学史で主役として登場するのは、第一には、哲学の歴史に見出される典型的な「心の理論家」であり、それに加えて、生理学の歴史から「神経生理学者」が追加されるくらいであった。このような狭い視野のもとでは、キルケゴールやクーム兄弟（この兄弟は骨相学をプロテスタント教会の聖職と結び付けた）が心理学に含まれる見込みはない。わたしが本書で強調したいのは、歴史上の人物のなかのほんのわずかな人々を除いてだれも視野に入れないということは、ひどい間違いだということである。なぜなら、十九世紀の初頭にあって最も重要なヨーロッパの心理学者といえば、それはエラズマス・ダーウィンだったからであり、そして彼は医者であり詩人だったからである。文学の研究者はこのことをよく知っていたが、心理学や哲学の歴史の内部ではエラズマス・ダーウィンが真剣に議論されることはほとんどなかった。本書による説明によってチャールズの祖父であるダーウィンが心についての科学の歴史上の重要な位置を回復することを願っている。

科学のヒストリオグラフィー《historiography》に関して二十世紀の後半になって展開された議論は、心理学の歴史を改訂しようとする本書にとってそれほど役に立つものではない。心理学の歴史は、少なくとも英語圏では、極端に「内在主義的」であり、「現在中心的」であり続けてきた。心理学の歴史は、一般的な科学史と同様に、あまりにも過去を現在の関心の枠組みのなかで読み取ろうとする試みによって影響を受け過ぎてきた。他方、この一方的な傾向に基づく歴史の読み方に反対した「外在主義的」科学史家の方は、不幸なことに、問題を解決したというより、あたらしい問題を作り上げただけだった。

外在主義者は、心理学の歴史は心理学以外の領域の歴史と結び付けるべきであると強調してきた。この点は、わたしには正しいように思われる。つまり、われわれは、ある時代の科学者がどのように当時の社会的権力や社会制度と関係していたかを探求すべきなのである。例えば、エラズマス・ダーウィンと初期の実業家ジョサイア・ウェッジウッドとの親交には歴史的な意義が明らかに認められる。しかしながら、外在主義者は同時に内在主義者でなければならない。というのは、科学的論争はしばしば、事実と実験についての解釈に関するものだからである。例えば、ジョセフ・プリーストリは、ダーウィンとウェッジウッド両者と親交があったが、ダーウィンとはちがって、アントワーヌ・ラヴォアジェの酸素理論を受け入れることはなかった。科学史で問題になるのはこういった事柄である。外在主義、内在主義のどちらも一方だけでは満足の行く科学史を形成できない。知る必要があるのは、われわれが酸素と呼んでいる物質を分離した人物（それはプリーストリである。酸素という言葉を発明したのはエラズマス・ダーウィンであったが）が、それにもかかわらず、なぜそのような物質が存在することをどうしても認められなかったのか、という問題である。そして明らかに、このことを知るためには、プリーストリの社会的身分とともに彼自身の思考を理解する必要がある。したがって、外在主義と内在主義という二分法は間違っており、また有害である。確かに外在主義者のいうように、心理学史家は、これまで以上に広い領域の問題や研究法等に目を向ける必要がある。しかし他方、既存の内在主義的歴史を、それと同じ物語と同じ登場人物を含んだ外在主義的歴史によって単純に置き換えれば、それでよいというわけではない。そのような置き換えをするだけでは、われわれの理解は進展しない。

ロバート・ホイット（一七一四－六六）の経歴は、なぜ科学者の経歴を歴史的文脈のなかで考慮する必要があるのかを明らかにする格好の例を提供している。ホイットはかの有名なエジンバラ大学医学部で教えていた医者であり、彼の提出した理論は、当時有力だった学部のメンバー（カレン一派）の理論と対立するものであったし、ひと世代後の、いわば悪い意味で名を挙げたロバート・ブラウンの理論と対立するものであった。ホイットは、これらの医者たちとは違って、優れた実験家であり、なかでも重要な業績として、脊椎動物の脊髄反射の基本機構を解明した。この実験の脈絡のなかで、ホイットは、刺激《*stimulus*》という概念と言葉の両方を発明し、この言葉によって、物理エネルギー（光、熱、力学エネルギー、電気）を神経へ短時間作用させることを意味していた。ホイットの主張するところによると、神経は刺激の印象を何らかの仕方で脊髄にもたらすことができ、そしてその脊髄で、有機体は刺激を一定の仕方で「感じ」、そして刺激に対する反応過程を開始する。神経系に対する刺激の役割を概念的に強調するホイットの見方は、その後のほとんどすべての精神物理学的な研究の基盤になり、次の一世紀半にわたり巨大な影響を与えることになる。にもかかわらず、ホイットはその基本的な発見に関して、内在主義的な歴史家から決して評価されなかった。その理由は、ホイットは生理学的メカニズムを最初に「正しく」捉えたにもかかわらず、彼が言うところの脊髄における「感覚原理」《sentient principle》（ホイットはそれをある種の下位の魂であるとはっきり提案している）によって解釈したからであり、この

「感覚原理」という考え方は、十九世紀の後半には「科学的」心理学によって削除されてしまったからである。他方で、外在主義的歴史家の方もホイットの歴史上の位置を再評価することがなかった。実際のところ彼らにはそのようなことをすることは不可能なのである。厳密に言うと、外在主義的歴史家は、過去の思想家が後の世代に影響を与えているにもかかわらず、それが見逃されたり誤解されたりすることがあることを認めることができない。というのも、厳格な外在主義者は、科学制度内部での権力や名声の実際の展開の仕方を追うことばかりに熱心だったためである。彼らの観点から見ると、エジンバラ学派に関して問題となるのは、誰が支配的立場にあり、他の学派の思想と実践に影響を与えたのかということになる。こうして外在主義者の歴史では、ホイットは傍系の人物として扱われることになる。それに対して、ホイットの影響は広汎であったが認められなかったというわたしの主張は、外在主義者にとっては、概念上の矛盾ということになってしまう。誰も、影響力を持ちながら認められないということはないからだ、というわけである。

　わたしが本書『魂《ソウル》から心《マインド》へ――心理学の誕生』の構想を最初に持ち始めたのは、二〇年前に遡る。そのときわたしはホイットの影響がどのようなものであったかを明らかにしようとしたのであるが、いったい正確にいうとホイットは何を行ったのか、という問題を歴史家たちが理解できていない点に不満を覚えるようになった。その結果、歴史のなかでのホイットの位置に関して混乱を感じるようになった。何度も何度もわたしが見出したのは、十九世紀の終わりのころの心理学者がホイットの功績を認めずに、ホイットの考え方を〈魂《ソウル》〉をめぐる言語ではなく、〈心〉《マインド》をめぐる言語で言い換えていることであった。実際、現代の反射理論の創始者であるチャールズ・シェリントンは、ホイットの考え方に、内容を表現する言語を除いてほとんどすべての点で従っているにもかかわらず、ホイットが一世紀半前に行った仕事の大部分に関して、シェリントンの方に、功績が認められている（もっとも、シェリントンの仕事はそれ自身大変重要なものであったので、シェリントンはホイットの名声を必要としていたわけではなかった）。

ホイットによると、脊髄に対する感覚刺激は感覚原理によって感じられ、それによって筋肉が特定の仕方で収縮することになり、そして選択的かつ適応的な反応が生ずる。（脳内に）魂があるなら、魂は独力で、刺激に基づく感覚刺激と等価な感覚刺激を引き起こすことができ、それによって身体を活動させることができる。他方シェリントンの主張によると、脊髄に対する感覚刺激は脊髄に「伝達」《communicate》され、他の信号と結合する。そしてこの伝達と結合の過程は、結局、特定の筋肉を収縮させる働きを持つ出力信号の選択となる。（脳内の）心は、同じ信号を選択的に活性化したり、抑制したりできるのであり、そのようにして、身体を動かすこと（あるいは運動をやめること）ができるという。ホイットのいう魂のような感覚原理は、シェリントンの電報のような伝達システムに取って代わり、そして現在では魂という言葉ではなく心という言葉でいわれていることに重ね合わされることになった。

脊髄反射の理論が受け入れられる際に、なぜ魂から心への移行が生じたのだろうか。脊椎動物の反射という基本現象は、一七四〇年代のホイットの実験と、そしてこの件に関してアルブレヒト・フォン・ハラーとホイットの間で一七五〇年代に行われた論争とによって確立したのであり、この点に疑問の余地はない。にもかかわらず、この仕事が広く理解され、受け入れられるようになるには、シェリントンによって一九〇〇年ごろに行われたもっぱら言語上の改訂をまたねばならなかった。なぜ、われわれには言葉遣いの変化に過ぎないように見えることがそれほど大きな影響力を持ったのであろうか。そしてまた、なぜ、科学者にせよ、後の科学史家にせよ、ホイットの理論的語彙を「通して」その背後にある実験の詳細な事実を捉えることができなかったのであろうか。特にホイットによるこれらの実験が当時も今も古典的と見なされるようなものであることを考慮すると、なおさらこれらの問いが問題になる。

これらの疑問すべてによって、わたしはシェリントンやホイットから遠く離れた地点にまで連れて行かれることになった（シェリントンやホイットにはまた戻って来る予定ではあるが）。心理学に関する初期の考え方が十九世紀にどのように受け取られていたかを調べれば調べるほど、わたしの好奇心は膨れ上がった。特に驚かされたのは、十九世紀の思想家たちには、自分の研究領域を狭めて捉え、ホイットやエラズマス・ダーウィンらの初期の理論家がもっていた関心の広さを狭めようとする傾向が幅広く見られる点であった。若干の例外を除くと、一八五〇年以降の心理学者は自分たちの仕事に暗に含まれている存在論を展開することを執拗に避けている。さらには、グスタフ・フェヒナーのように、存在論的な含意を真剣に考えていた人々の場合には、その仕事に含まれるより狭い側面が重んじられる一方で、存在論的な主張の方は無視されてしまうという事態が見出される。本書『魂《ソウル》から心《マインド》へ――心理学の誕生』が描くのは、このような仕方で心理学の焦点がしだいに狭められて行く物語であり、そしてまた、どのようにして心理学が科学となり、文学から引き離され、心という近代的概念を発明することになったのかという物語である。本書との関連で同時期に公刊したほかの二冊の本では、わたしは、どのようにして近代の心理学は狭隘さというその遺産を乗り越えることができるかについていくつかの示唆を与えようとした。『世界との出会い――生態学的心理学へ向けて』(Reed, E. S. 1996a〔邦訳『アフォーダンスの心理学』新曜社〕)では、心は脳に存するのではなく、有機体と環境との関係のなかに存することを強調した。『経験の必要性』(Reed, E. S. 1996b〔邦訳『経験のための戦い』新曜社〕)では、心理学をその狭さから解放するには経験という概念を刷新する必要があることを強調した。そしてこの『魂《ソウル》から心《マインド》へ――心理学の誕生』では、心理学が狭められて行く過程の背後に横たわる歴史を追いかけることによって、狭隘化を導いたいくつかの理由を示すとともに、心理学をより広い経験概念へ解放することを可能にするいくつかの道を示唆した。

ホイットと彼の影響に関するわたしの研究は、ドレクセル大学研究助成によって援助され、十九世紀の心理学に関する文献学的研究は、フランクリン・アンド・マーシャル大学の学部研究助成によって援助された。この本を書くにあたっては、ジョン・サイモン・グッゲンハイム記念基金の助成を受けた。わたしはここで、これらのすべての組織に対してお礼を申し述べたい。本書はこれらの援助がなければ成立しなかったであろう。

わたしはまた多くの同僚に対しても、助言や情報の提供に対してお礼を申し述べたい。フランクリン大学のジョエル・アイゲン、ハワード・ケイ、そしてフレッド・オウエン。文献に関して助けてくれたマイク・モンゴメリーとロブ・ウォズニアック。研究の手助けと索引の準備に関してはシェリー・アンダース。十九世紀についてわたしの考えを書き上げるべきだと示唆してくれた点で、スチュアート・シャンカーにお礼を述べたい。イェール大学出版局では、わたしはグラディス・トプキンス、スーザン・エーベル、スーザン・レイティーから計り知れない援助を頂いた。この方々すべてに対して、その知的な編集能力と温かい態度に関してお礼を申し上げたい。この二つの要因は本書とその著者を確かに改善してくれたのである。

第1章　心理学を求めて

十九世紀のちょうど半ば、一八五〇年二月十二日に、アメリカ合衆国の上院議員七名が、ひとりの心理学者を招いて、ワシントンの下院ホールで話をしてもらうことにした。招待した側の上院議員のなかには、サム・ヒューストン、ヘンリー・クレイ、そしてダニエル・ウエブスターがいた。彼らが選んだのは、普遍救済説の牧師ジョン・ブービー・ドッズ（一七九五－一八七二）である。ドッズが行ったのは「電気心理学」についての一連の講演であり、それはまことに時宜にかなったものであった。というのも、ドッズの講演は、それが春に出版されると大変な評判を博し、版を重ねることになり、そのうえ、秋には改訂・増補版が出版されるまでになったからである。

現代の読者から見ると、ドッズの講演は十九世紀心理学の手頃な縮図となっている。講演は「知的で進歩的な存在」としての「人間」に関する目的論的な見方から始まり、その議論は一貫して既成の宗教的な原則に合致し、それから外れることはなかった。このような仕方で講演を行うことによってドッズは、彼の心理学を新しい科学として示したのである。そしてこの科学は、ドッズの信ずるところによると、人間と自然との関係、他者との関係、そして神との関係という生の最も重要な側面についての洞察を与えるという点で、科学のなかで女王の位置を占めるはずであった。さらに、これらの洞察は聖書から導くことはできないばかりではなく、自然宗教からさえも導くことができないと見なされており、学問的にしっかりしたまじめな科学による厳しい研究活動によって初めてもたらされると考えられている。ドッズは、第二講演のすべてを割いて、彼の心理学が人間本性についての最新で最も重要な科学をモデルにしたものであることを示している。ところが、ここでドッズが最新で最も重要な科学と見なしているのは、骨相学とメスメリズムなのである。

十九世紀の科学の支持者の大多数と同様に、ドッズにとっては、科学に肯定的であるということは、決して反宗教的であることや、宗教を侮辱することを意味するわけではなかった。十九世紀には、科学の支持者のほとんどすべては、近代科学がいかに宗教の重要な同盟者であるかを説明する努力を払っている。実際、他の心理学者と同様ドッズにとっても、心理学は、まさにそれが宗教を支える最も効果的で科学的な手段であるからこそ、科学の女王なのであった。ドッズは以下のように聞き手に訴えかけている。「脳は生きた霊魂が住まうところであり、この脳は、即位した神のように、この有機的な肉体の宇宙すべての随意的な運動を……主宰し統治する。他方で脳は生きて存在している。脳は非随意的な自己運動する力によって、生きるために必要なありとあらゆる非随意的はたらきを引き起こしている」(Dods, J. B. 1850, p. 53)。

十九世紀の前半を通して心理学は、多くの哲学者、神学者、そして教育のある世俗の人々によって、基本的な科学と見なされていた。なぜなら、ドッズと同様にこうした人々もまた、ますます科学化されていく近代世界のなかで宗教を維持するために、心理学は最もふさわしい科学であると見なしていたからである。人間は宇宙のなかの〔すべての要素を含む〕一つの小宇宙であり、それを統括する主要な担い手が魂であるとする比喩的な見方が、一世紀にわたり支配的であった。そしてこの時代、最も「進歩的」で「ラディカル」な科学者の中にさえ、宇宙の組織者としての神という観念を支持するために科学を使用することを推奨するものがいたのである。魂の科学としての心理学は、こうして知的生活のなかで重要な位置を占めていた。しかしながら、この魂の科学は時には不安をもたらすこともあった。すなわち、はたしてこの科学は宗教の否定につながる発想を含んではいないのだろうか、という不安である。実際、正統派への攻撃はわずかであったにもかかわらず（あるいは、後に見るように、沈黙させられていたにもかかわらず）、異端派への不安はどこにでも存在していた。ドイツの最も優れた哲学者の一人、ルドルフ・ヘルマン・ロッツェは次のような核心をついた言葉を述べている。「天文学が広大な宇宙についてしだいに増大する知見をもたらしたことによって、人間生活が営まれる偉大な劇場は神聖な存在と直接的に結び付いているのだという考え方は雲散霧消させられてしまった。それと同じように、機械論的科学のさらなる発展は、似たような仕方で秩序の崩壊をもたらし、小さな世界、すなわち人間というミクロコスモスを脅かしはじめている」。

自然に関する神中心的な《theocentric》科学に対するチャールズ・ダーウィンによる攻撃（第9章を参照）は、彼と彼の科学に対して前例のない知的な戦いを招くことになった。

現代の読者にとって決定的に重要なことは、このダーウィンの考え方に対する戦いを通して、十九世紀の終わりには、教育のあるエリートのあいだに神中心的世界像に含まれていた多くの要素が再確立することになり、この点でこの戦いの目的はおおむね達成されたという点を理解することである。十九世紀を通じて一貫して、そしてダーウィンの仕事が広く知られるようになった後にさえ、心理学は人間を小宇宙と見なす比喩のレンズを通して見られ続けた。しかも、心霊主義、骨相学、メスメリズムなどといった、宗教的正統派や支配階級のエリートと直接には結び付いていない多様な心理学的思想までもが、理神論の確固たる系譜に名を連ねようとする傾向を示すことになった。

一八九〇年の心理学を一八一五年の心理学と区別しているものは、精神哲学《*moral philosophy*》から心理学《*psychology*》へという名称の変化を除くと、なによりも心理学が宗教思想を支持するために使用されるその仕方の違いに見出される。十九世紀の初期には、心理学は魂の科学と見なされていた。世紀の終わりに至るまでに、心理学は魂を放棄し、魂を心によって置き換えることを行った。わたしが示したいと思っているのは、ほとんどの心理学者はそうした置換にもかかわらず、この心についての科学が重要な宗教的な信念を強化するものであることを期待していたという点である。

二十世紀の末に生きている読者にとって危険なのは、誘惑に負けて、こうした哲学者や心理学者を一群の支配的な信念を擁護する単なる護教論者として片付けてしまうことである。現代の思想史家は、不可知論的観点から叙述するために、十九世紀の科学の大部分の著作、とりわけ心理学のような領域の著作に生命を与えていた宗教的立場の違いを無視する傾向をもってきた。ところが、十九世紀における心、身体、魂に関する「科学的」論争は、これらの論点に関する宗教上の論争と切り離すことができない。実際、科学の論争と宗教の論争の二つを切り離すことは時代錯誤の試みと言わねばならない。十九世紀の心理学思想の多くは、神や魂についての特定の見解を正当化する護教論者の努力から生まれたものだからである。

ドッズの講演はこの種の創造的な護教論の見事な事例を提供している。彼が述べている電気心理学という科学は、魂と身体の結合が電気磁気的なものであることを示す試みに他ならなかった。彼が行ったのは一種のつぎはぎであった。すなわち、一方のメスメル主義者（ドッズが当時になっても動物磁気と動物電気と呼んでいた理論の信奉者）と骨相学者の著作から引き出した思想や事実を、他方の物理的力の相互変換可能性という当時新しかった思想が曖昧に暗示していたこととつぎ合わせることであった。ドッズのいくつかの講演の目的は、すべての病気が心理的なものも身体的なものも、身体内の電気の力のバランスの崩れに起因することを示すことに置かれていた。そしてそれらの講演のなかでドッズが展開した随意的行動の説明は、その後すぐに電気的形而上学から切り離され、生理学的心理学において支配的位置を占めることになった。ドッズが言うには、脳内の精神的活動は、電気的インパルスを生み出す、ないし興奮させるのであり、そしてこのインパルスが神経力となる。さらには、この神経力が今度は筋肉の収縮を引き起こし、そして最後に人間の行為を引き起こすことになる。そののち四〇年にわたり、無数の医者が患者に電気刺激を与え、患者の筋肉を収縮させ、それによって神経の緊張と心の緊張を弛緩することをもくろみ、そうした手段によって、幅広い範囲の病気を治療することを目指すことになった（ウイリアム・ジェームズは、医学の博士号をもっていたが、「神経質な状態」を直すために自分の妹のアリスに電気療法を勧め、さらには、自分自身の健康が悪化するとこの治療法をますます当てにすることになった）。これらの臨床的処置が導入された直後に、ドイツではグスタフ・フリッチュやエドヴァルト・ヒッチヒ、そして引き続きイギリスではデイヴィッド・フェリアーといった研究者たちが、犬や猿の露出した脳を電気的に刺激し、そのような中枢の興奮が動物の身体運動を引き起こすことを証明した。多くの研究者にとって、この実験は、思考というものが少なくとも部分的には脳の電気活動であることを証明するものに思えたのである。

しかしそれでは、心と脳、思考と電気的発火、どちらが先に生ずるのだろうか。人にとっては、脳が身体の他の部分と同様に不死の魂の器具ないし道具であることは、最初から確信できることであり、そうした人にとっては、先の実験は、心が物質の一定の領域のなかで、その領域を通して働くことを証明するものであった。現代の読者にとっては驚くべきことかもしれないが、魂が身体を利用するというこの考え方は、一八四八年から一八九〇年にかけてヨーロッパの科学と医学の思考を支配していた。ところがこの時期はまさに、現代の実験心理学の登場が高らかに宣言された時期でもあった。したがって、現代の実験心理学、そしてそれと同盟した神経生理学という学問の成立に関する典型的な理解は全く間違ったものである。なかでも、これらの領域における進歩的な思想家が因果性に関わる事柄をすべて脳の中に位置づけたという想定は、全く間違っている。

世俗的な神学としての心理学

十九世紀の末に「新心理学」の構築と受け入れに積極的に関わっていた科学者と哲学者のほとんどは、この新たな学問の源泉と目標が唯物論であるとは想定していなかったし、また、自分たちの仕事を唯物論に属するものと見なす非難に対しては、決してそれは唯物論を推進するような傾向をもつものではないと、繰り返し主張した。新しい科学は宗教に対して敵対的であったという二十世紀の人間になじみの考えのために、われわれは、近代の心理学とリベラルなプロテスタントの思想の間に親密な同盟関係があったことを見ようとしない。それゆえ、われわれは、心の座を脳に求めるという十九世紀の後半に見られる傾向が世俗的な唯物論的世界観へと進む第一歩をなしていると安易に想定してしまう。そして、この思想傾向は人間本性に関するいかなる宗教的観点とも対立すると想定するか、あるいは少なくとも両者は独立であると想定することになる。しかしこれらの想定は誤っている。

まず第一に、可能性という点から見るなら、魂の座としては大脳だけではなく、脊髄を考えることもできる。実際、一七四〇年代に脊髄反射を発見したスコットランドの医者、ロバート・ホイットは、魂の座を脊髄に求めるという後者の立場を擁護する強力かつ影響力のある議論を展開した。もし脊髄が魂を含んでいないとするなら、どのようにして脊髄は（呼吸、心臓の鼓動、性行動、などという）複雑な身体機能を制御できるのだろうか。もし魂が脊髄に位置を占めていないとすると、ノミやダニなど皮膚を刺激するものを取り除くために動物が足で掻いたり、こすったりする多くの反射運動をどのように説明できるのだろうか。これらの反射活動は明らかに適応的な性格を示しているが、そのような性格をどのように説明できるというのだろうか。魂ないし心が脊髄全体のなかに分散しているという考え方、ないし、ひょっとすると、魂は（頭蓋の内部に位置しているのではなく）身体全体のなかに分散しているのではないか、という考え方は、主流であった心理学的思想や生理学的思想に対抗する一種の対位旋律を形成し続けていたのであり、その状況は、少なくとも一八六〇年代と一八七〇年代にジョージ・ヘンリー・ルイスの諸著作が現れるまで続いた（第8章参照）。

分散された魂というこの見方は、魂と身体のデカルト流の分離という考え方の基盤を崩す。とりわけ、心は脳の状態とのみ接触しているというデカルトの思想の核心にある想定を崩すのに役立つことになる。それに対して、十九世紀の多くの思想家にとっては、この分散された魂という理論は魂を世界の「動物的」側面に危険なほど近づけるのであり、魂をわれわれの内臓と何ら違いのないものにしてしまう傾向をもつものであった（そしてまた、単純な動物さえ魂をもつということ、それゆえ、万物の霊長という文句のつけようのない人間に与えられた地位を低めることを示唆するように思えた）。実際ホイットの立場は、それが提案されたときには、いたるところで常に激しい反対を生み出すことになった。こういうわけで、心を脳に位置付ける「大脳主義者」《cerebralist》は、自分たちを唯物論者とは見なさず、むしろ魂の擁護者と見なしていた（つまり、彼らは魂が「自然化」されるのを防いでいる、というわけである）。あるいは、彼らは、自らをホイット流の無神論者を攻撃するもの、ないし自己の本性から罪を切り離すリベラルなプロテスタント主義の擁護者と見なしていたのである。真の悪は、魂にとって外的な力であり、外部から人間本性を堕落させることはできるが、人間本性に内在的なものではなく、したがって根絶不可能ではない、というわけである。新しい心理学はこのことを肯定した。

新しい心理学について最初に北アメリカで公刊された報告の多くは、「アンドーヴァー・レヴュー」のような、当時のリベラル・プロテスタント系の雑誌に載せられた。これは、新しい心理学を神学によって基礎づけるという流れにいかにもふさわしいことであった。この点を示すにふさわしい例は、草創期の科学的心理学者であり、北アメリカで最も尊敬されていたジェームズ・マーク・ボールドウィンの筆になるものである。一八八七年にボールドウィンは「プレスビテリアン・レヴュー」に次のように書いている。「魂が自然的だということは、魂が機械的であるということではないし、また、自然界と精神界の法則に連続性があるということを意味するわけでもない。むしろ反対に、魂が自然的だということは、自然が理知的であり、思考の法則が事物の法則であるということにほかならない」。三年後には、新しい「科学的心理学」にはっきりと言及しながら、ボールドウィンは次のように付け加えている。「科学の進歩によって利益を受けるのは唯物論ではなく、唯心論《spiritualism》なのである」。さらに、科学的心理学は唯心論的世界観を擁護するものであると考えたのはアメリカ人のみではなかった。ドイツの重要な新カント主義の哲学者フリードリッヒ・A・ランゲは一八六〇年代に全三巻の『唯物論の歴史とその現代における重要性の批判』〔Lange, F. A. 1881〕を出版したが、その目的は、新たな生理学的心理学がどのように唯物論的な世界観の基盤を崩すものであるかを示すことにあった。

こうして、ドッズの講演は、簡潔ではあったけれども、心理学という学問分野の内部における真の傾向を代表するものであったことが分かる。そして本書でのわたしの目標は、この流れが、十九世紀の後半を通して支配的であったことを示すことにあるといってもよい。簡潔に言い換えるなら、心理学が科学になることに成功した主な理由は、それが人間本性に関する神学的な考え方を擁護したからなのである。そしてこの神学的考え方は往々にしてリベラルなプロテスタント神学と結び付いていた。人間本性についてのこのような考え方のなかでは、真の悪と非合理性は自己の中核にとって外的なものと見なされている。したがって、科学内部でこの立場を擁護することはひとつの戦略的に仕組まれた後退だった。というのも、一方では、魂は気質のバランスであるという以前のガレノスの魂についての考え方は放棄されたが、他方で、それに置き換わったのは、デカルトの心と身体の対立ではなく、意識的な心（真の自己）と無意識的な心（魂の「外部」にある力から影響を受ける部分、そしてこの「外部」には身体が含まれる）という新たな二元論だったからである。

しかしながら、このような仕方での心理学の展開の説明には重大な空白が残っている。この戦略的な防衛は誰に対して組織されたのか。無意識という考えはそれまでは本質的ではなかったように思われるのに、なぜ無意識の理論などが展開される必要があったのだろうか――この無意識に関する理論は、最初は電気や磁気についての理論であり、それから大脳に関する理論と記号に関する理論が取って代わった。なぜ多くの心理学者は、十九世紀を通して、そしてまた一八九〇年代に至るまで、自分たちの心理学が人間本性に関する神学的に意義のある説明を保持していることを強力に訴えたのであろうか。心理学の歴史に関する現代の説明は、この興味深い防御の動きを動機づけていたのが唯心論に反対する数々の理論からの防御だったことには沈黙する傾向がある。その理由として、現代の歴史家は、十九世紀後半の「新しい科学的心理学」が実在に関する唯心論的見方を防御するために始められたものであることを理解してこなかったという点が考えられる。実際、現代の歴史家はしばしば、宗教的な親－唯心論者《pro-spiritualist》を唯物論者と混同してしまっているのである。

公式心理学と非公式心理学

十九世紀を通して、まともな心理学者と哲学者は、それぞれの見解を無神論者や唯物論者に対して防御していたにもかかわらず、論敵の名前や、論敵の本当の立場について述べることはまれであった。心理学者や哲学者に見られるこのような理論化のスタイルに関して、一八四八年の革命が影響を与えたことは間違いない。民主主義を求めてさまざまな地域で生じたこの蜂起は、当時まだ教会やヨーロッパ諸国で支配権を維持していた貴族階級を恐怖におとしいれた一方で、勃興しつつあった中産階級と専門職業人たちには、もっと多くの権威を主張するように勇気づける働きをもった。古い支配体制と新たな上昇気運にある人々との間で暗黙の同盟が結成され、それによって、神学的ドグマと政治的実践の両方の制約を自由化する動きによって生じる「混乱」と「無秩序」の潮流をせき止めることが目指された。この潮流は明らかに、もっと下層に属するものに源を発していた。一八四八年以降の一〇年間に、ドイツではいわゆる俗流唯物論が前面に登場し、またヨーロッパ各地で実証主義者の運動が力を増すことになった。もっとも、この実証主義の運動は、その創始者であるオーギュスト・コント自身の考え方からはしだいに離れて行くことになったのではあるが。また、唯物論を説くルートヴィッヒ・ビュヒナーの著作『力と物質』〔Büchner, L. 1870〕がヨーロッパ一円でベストセラーとなった。ただし、人気という点では、ハーバート・スペンサーの実証主義がそれを凌駕した。同時に、ほとんどこれらの展開の鏡像といってもよい現象が生じた。それは、「心霊主義／唯心論」《spiritualism》——降霊会、死者との会話、叩音による霊との交信（ラップ現象）など——が一八五〇年代に極めて広い人気を獲得したという現象である。こうして主流であった宗教思想は、二種類の神聖冒瀆によって挟撃されることになった。つまり、一方は唯物論、もう一方は雑多で狂信的な心霊主義という二つの神聖冒瀆である。

　当時、主流に属していた思想家は、しばしば科学的心理学の推進者を無神論の同盟者として攻撃したが、これら推進者の著作を表面的に読むだけでも、その非難がどれほど誤ったものであったかが明らかになる。そうした罵りの多くを浴びせられたものの一人がスペンサーであったが、実際には彼は科学と宗教との間に究極的なヴィクトリア的「休戦」を演出した人物であった。すなわちスペンサーによると、宗教は宇宙の知られざる不可知なものに関係するのに対して、科学は知識を扱うのであり、不可知なものを扱うことはできないし、また扱ってはならないとされる。スペンサーのような思想家は反対者によって唯物論者であるとか、さらには無神論者であるとさえレッテルを張られたが、これらは誹謗中傷にすぎなかった。唯物論者というレッテルを張られた多くの者は、実際にはバークリ主義者であり、彼らは物質の存在を否定していたのである。多くは、神による創造を排除するつもりがないだけでなく、自然や歴史の流れへの神の介入さえも排除するつもりのないような思想家であったので、これらの思想家は体制側の原則にはほとんど脅威ではなかった。もっとも、ビュヒナーと彼の同盟者の何人かは、不運なことに、自らの用いるレトリックが過激化し、また反対者によるレトリックも過激化したために、大学における地位を失うはめになった。現代の心理学史家や哲学史家が、こうした過去の心理学者への昔ながらの攻撃をいまだに繰り返しているとすれば、これはスキャンダルという他ないであろう。十九世紀中葉に活躍した自称実証主義者も自称唯物論者も、そしてさらには、そうした人々に反対した主流に属するもっと多くの哲学者もまた、真の無神論者や過激な唯物論者の考えに表立って言及することはなかった。こうした無神論者や唯物論者は、スペンサーのような穏健な精神をもっているとは言い難い人々であった。それに加えて、正統派へのもっとも強力な攻撃の多くは、無神論者や不可知論者から来たものではなく、唯心論者《spiritualist》に由来するものであった。実際、唯心論者が主張する魂の世界への通路という考え方は、組織化された信仰と礼拝によって作られた構築物の基盤を崩壊させるものだった。

一八四八年以前の時期に戻ると、別の謎に出会うことになる。一八一五年から一八四八年にかけての間、ヨーロッパのすべての国で公式哲学と言えるようなものが出回っていた。この哲学は、大学教師や教会の牧師によって宣伝され、そして警察によって強制されたり、しばしば厳しい検閲の実行によって強制されていた。この公式哲学の大部分を構成していたのは、（イギリス、アメリカ、フランス、ハプスブルク帝国の諸地域では）スコットランドの「常識」哲学の雑多な部分の組み合わせであり、また、（その他のドイツ語圏の地域では）カントの著作に根をもつと同時に、神学によって方向づけられた客観的観念論であった。これらの立場の創始者であるスコットランドのトマス・リードと東プロイセンのイマヌエル・カントによると、心理学は決して科学的学問にはなりえないものであった。実際、次の第2章でわたしが示すように、この二人の思想家は、聖なるものを救出するために、心理学を科学から追放したのであった。したがって、一八一五年以降に、カントやリードを自らの知的先行者と認めている思想家たちが「心の科学」を提案したばかりではなく、信仰を擁護するために心の科学を採用したということは、驚くべきことである！　ドッズが行ったのは、ほかの多くの骨相学者やメスメル主義者の場合と同様に、まさにこのような公式思想家の見解に便乗しようとすることだった。

ここでは混乱のうえに混乱が重なっている。十九世紀の後半には、科学的心理学者は、自らをリベラルなプロテスタントが描く人間観の支持者と見なしていたが、一体だれに反対してそのような主張を行ったのであろうか。科学的心理学者が反対したのは、ある種の唯物論的理論であり、科学的かつ無神論的な理論ということになるだろう。しかし、そのような悪徳に満ちた理論の痕跡はどこにも見当たらないようにみえる！　どのようにして読者はそのような悪徳理論が存在したことを信じられるのであろうか。十九世紀の前半にまで戻って、後に近代科学として改造され近代化されることになる「公式」心理学の様子を見てみよう。すると、この「公式」心理学の支持者は、十九世紀の前半には、無神論の攻撃から魂を守るために自分たちの創始者であるカントやリードとは縁を切らざるをえなかった、という事態に気づくであろう。しかしそれにしても、繰り返して言えば、このような事態のなかで悪役を演じたものの痕跡は残されていないのである。

以上のような問題が生ずる理由の一部は、次の点にある。つまり、一八四八年以前のすべてのヨーロッパの国々では、哲学と科学の分野で公刊されたものの大部分は教会と国家を支持するものでなければならなかったし、またほとんどの国では、一八四八年以降も同様であった、ということである。こうした事態があるにもかかわらず、われわれ二十世紀の人間はこの事態を、実に安易に忘れてしまう傾向にあり、この点に理解を困難にする理由の一つがある。過激な思想は、たとえそれらが熱心に議論され論争に供せられていたかもしれないにしても、大学で教える者たちが公然と議論することは不可能であった。というのも、大学での講義はしばしば秘密警察によって見張られていたからであり、この状態は少なくとも一八四八年までは続いていたからである。そして一八四八年以降になってさえ、無神論や唯物論に寛容であると誤解されるような論文を公刊することはきわめて危険なことであった。現代の読者は過去の知的生活に関するこの重要な事実を忘れがちである。われわれは思想に関して部分的な歴史しかもっていない。手もちの歴史は公式思想の歴史だけであり、この歴史のなかでは、公式思想を動機づけているものはしばしば用心深さや検閲、あるいはその両方によって隠されてしまっている。

ひとたび歴史家が、重要な哲学の流れでありながら、それが人目につかないまま存在しているという事実に直面しさえすれば、いくつかの比較的直截な解決策がおのずから現れてくる。本書で採用した方法は、網を広げるというものである。十九世紀には哲学、心理学、そして生理学でさえ、必ずしもすべての仕事が専門家によって遂行されていたわけではない。ジョージ・ルイスは際立った事例である。彼はわれわれの呼び方を使えばジャーナリストであり、科学に関係する公式の職業的地位に就いていなかったにもかかわらず、一八五〇年から一八八〇年の間の時期に、生理学的知識を普及するのに重要な功績を残した。網を広げることに加えて、一八四八年以前に出回っていた過激な思想を解明しようとするものは、公式的でない文献や、容易には検閲できない書き物に注目する必要がある。換言すると、詩人たちやその他の「通俗的な」作家の作品を研究する必要があるということである。

哲学史家や心理学史家は、コールリッジやバルザックを物語に含めねばならないといわれたら、しりごみするかもしれない。しかしわたしにはほかの方法が思いつかない。一八一五年当時には、われわれが心理学と呼んでいる学問分野は存在しなかったし、また哲学と呼んでいる分野も存在していなかった。心理学は哲学から生まれたのだという信念が広く行き渡っているが、この信念は歴史的に見るなら全くのナンセンスである。例えばデイヴィッド・ヒュームを取り上げてみよう。歴史家であり文章家であったデイヴィッド・ヒュームと現代の哲学教授との間の距離と、ヒュームと現代の心理学教授との間の距離を比べた場合、いかなる意味で、前者の方が後者よりも知的連続性ないし歴史的連続性があるといえるのだろうか。またイギリスでの事例が特に教訓的である。ジェレミー・ベンサム、ジェームズ・ミル、そしてジョン・スチュアート・ミルといった人々は、みなどんなまともな英国哲学史のなかでも際立って重要な役割を演じているが、誰ひとりとして大学での地位を手に入れなかったし、そもそも手に入れようともしなかった。彼らは、作家であり、論客であり、そして思想家であったのであり、また、自らをそのようなものであると考えていた。そのうえ、ジョン・スチュアート・ミルは、十九世紀の最初の四半世紀の間に育ったイギリスのほとんどすべての文人と同様に、カーライル、コールリッジ、そしてワーズワースといった作家であり詩人であった人々の哲学的思想の価値を重要視していた。それゆえ現代の歴史家がそのような作家たちを哲学思想や科学思想の説明から省略しているのは、わたしには深刻な間違いであるように思われる。さらに悪いことには、十九世紀の科学の流れや、さらには文化の流れは、世俗化の流れに属するものとして、宗教からほとんど独立に発展したという想定がなされているが、そのような想定は明らかに誤っている。優れたドイツ史家であるジェームズ・シーハンは最近次のように述べている。「十九世紀を決定的に世俗的な時代と見なすほとんどの歴史家とは対照的に、当時生きていた人々のほとんどは宗教を決定的に重要な文化的ないし政治的トピックと見なしていた。……世俗化という否定できない力にもかかわらず、十九世紀の政治や文化は宗教が浸透した状態にとどまっていたのである」。

論より証拠というように、方法の正しさの証明は、それがもたらす結果にあるということもできる。この本がとっている通常よりも広い視野をもって分析を行うという方法を、わたしは方法論的議論によって正当化するのではなく、結果によって正当化しようと思っている。心理学に関する物語の標準的なヴァージョンは、わたしに言わせれば、よくても一面的であり（なぜなら、それは「公式」理論を強調するから）、悪く言えば、誤解を招くものである（なぜなら、制限された視野しかもたない歴史家にとっては、公式的立場内部での変化を動機づけている論争を再構成することは困難だからである）。わたしの提供する物語が説得的であり、既に触れた混乱のいくつかを解明できたなら、その限りにおいて、ほとんどの心理学史家が陥っている視野狭窄を避けることの意義を証明したことになるであろう。このわたしが採る物語のヴァージョンが新たな問いや問題を提起することになるとしたら、それらはまた、わたしが選択した焦点の合わせ方の正しさを証明することになるだろう。例えばわれわれは、ルイスについての議論のなかで、少なくとも一八六〇年代に至るまでは、実際とは違って「新」心理学が通ることもあり得たかもしれないいくつかの制度的な通路が存在するのを見出すであろう。可能性として見る限り、「新」心理学は、医学、生理学、あるいは科学ジャーナリズムと同盟を結ぶこともあり得たかもしれないのである。ところが実際はそのような道を通る代わりに、「新」心理学は、大学に属し、実験室での仕事を重視する学問分野になり、そしてその系列の一部に臨床の領域を含むことになった。こうしてこの心理学は、哲学がそれと対抗して自らを定義しなければならない学問分野となった。すなわち現代の哲学は、強力になったこの心理学との対抗の過程で、大学に属し、論理学を重視する学問分野として自らを定義することになったのである。このような仕方で生じた心理学と哲学という学問領域の歴史的な成立過程を、それにふさわしい仕方で研究するためには、二つのタイプの思想家の経歴を対照させてみる必要がある。すなわち、心理学者についてわれわれがもっている現代のイメージに対応する思想家と、現代的な見方にはうまく適合しない思想家という、二つのタイプの思想家の経歴を対照させることである。そのような仕方によってのみ二つの学問領域の歴史的成立に関する研究が可能となるであろう。

心理学の新しい物語

以下の章でわたしが示す物語の出発点をなすのは、ナポレオン以降の時代に見られた「公式的な」ヨーロッパ哲学の初期のヴァージョンとこの公式理論が迎え撃っていた過激な理論、この二つである。わたしが主張したいのは、前者の公式理論はもっぱら後者の過激な理論に対抗することに努めていたという点であり、こうした関係にあった二つの理論を再構成することから以下の物語は始まる。一方の公式理論の源泉をなすのは、リードとカントの仕事であり、この両者は科学と宗教を啓蒙の枠組みのなかで上手に和解する仕方を提供していた。しかしながら、この和解の試みは、人間本性を科学する可能性を放棄することを要求した。カントもリードも、近代世界で宗教が救出可能だとすれば、それは、心理学は決して真の科学ではありえないということ、したがって魂は科学的には解明不可能であることを示すことによってのみであると信じていた。しかし、二、三年もたたないうちに彼らの提案した宗教と科学との休戦は粉砕されてしまった。

発見は、脳は空気を脱フロギストン化する器官であるという仮説を反駁した）、及び、一七九〇年代に生じた電気科学の進歩という二つの出来事によって、神経生理学への大きな推進力が与えられ、思想家たちは生命と感覚の電気的かつ化学的基盤を思索し始めたのである。リードやカントは人間本性を科学的に研究できないことを「証明」したかもしれないが、それにもかかわらず、多くの研究者は人間本性も科学によって説明する固い決心をもっているように見えた。旧来の休戦は終わり、新たな休戦が締結されねばならなくなった。

他方、一七九〇年から一八一五年までの間に、生命や心の本性について思考し始めた多くの医者や自然哲学者は、自分たちの見解があらゆる分野の権威者にとってしだいに歓迎すべからざるものになっているのに気付いた。とりわけ、彼らが人間の魂の本性について触れるときには、生命や心についての思想や、そうした思想の提唱者は、抑圧される傾向にあった。この理由のため、わたしはこうした思想に対して「アンダーグラウンド心理学」という言い方をするのが適当であると考えている。もっとも、攻撃的な検閲と弾圧が本格的に始まるのは一八一五年以降、すなわち、ウィーン会議による旧体制の復活以降ではある。このアンダーグラウンド心理学の最初の代表者は、チャールズ・ダーウィンの祖父であるエラズマス・ダーウィンであった。エラズマス・ダーウィンは多分、幅広い分野で当時最も先端的な科学者であった。とりわけ、酸素《oxygen》という言葉を発明したのは彼であった。ダーウィンは当時認められていた電気理論に精通していたが、自分の考えをもっぱら長い詩を通して、そして詩の註として付加されたエッセイによって主張していた。彼はまた、リンネの仕事を英語へ翻訳した翻訳者であり、「神経の」病気に関心をもった医者として広く尊敬されていた。このようなエラズマス・ダーウィンは、フランス革命によってルイ一六世とマリー・アントワネットが処刑された後に続く二〇年間にさまざまな著作を出版し、その著作のなかで、人間本性に関する過激な見解を表明していた。

ダーウィンにとっては、すべての生きた自然は感覚《sensibility》と感じ《feeling》をもっており、この点は植物にもいえることであった。ダーウィンは、感覚の物質的基盤を身体と神経のなかを流れる精妙な流体ないしエーテルに求めた。この彼の考え方は、友人のベンジャミン・フランクリンによって発展させられた電気の流体理論に基づくものであり、フランクリンの理論は当時大きな影響力をもっていた。このような考えを提出したのは彼が最初というわけではないが、ダーウィンは、すべての心的な状態は脳内の粒子の運動に由来するという広汎に受け入れられていた教説を拒否した論者のなかで最も影響力のある科学者であった。彼に先行するホイットと同様に、ダーウィンは身体全体に感じや感覚が広く分散していることを想定する説明を好んだ。しかしながらホイットとは違って、ダーウィンは自分の理論を「魂《ソウル》」という宗教的言語で言い表すことを拒否したため、この違いが彼の思想の受容に決定的な影響を及ぼした。彼の著作はヨーロッパ中で読まれ、ゴシック小説の通俗的な作家たちによって推進され、また戯画化された。このダーウィン風のゴシック物語のなかで最も有名なのがメアリー・シェリーの『フランケンシュタイン』〔Shelley, M. 1982〕である。これについては第3章で議論する予定である。

エラズマス・ダーウィンによる生命と心についての過激な哲学は、革命を起こしたフランスに対するヨーロッパの反動が開始されるにつれて、かつての支持者を失って行く。ワーズワースとコールリッジはダーウィンの詩と科学とを批判し始めた。しかし、ダーウィンの思想は、ハンフリー・デイヴィーやパーシー・ビッシュ・シェリーといった若い世代の科学者や作家に影響を与え続けた。特にシェリーは、ダーウィンの思想と方法を発展させることになった。シェリーの最初の主要な詩『妖精女王マブ』〔Shelley, P. B. 1901 ; Reiman, D. H. and S. Powers, eds. 1977 ; Clark, D. L. ed. 1988〕(これは発売禁止になったが、さまざまな海賊版で大変な人気を博した)は、スタイルではダーウィンの英雄詩体二行連句をはるかに凌駕していたが、それでも付加された註のなかで長々と科学や哲学の問題を論じるという形式を受け継いでいた。シェリーのエロスや愛に関する思想はエラズマス・ダーウィンを要約することを試みた一種と見ることができ、それゆえ、シェリーの思想はこの点でダーウィンの身代わりとして公式理論の犠牲となったと見ることができる。

正統派の理論が関心をもっていたのは以下のようなことである。もし生命、心、そして感覚などが、動物の身体のなかの各器官や流体エーテルの一定の配列によって生ずる随伴物であるとするなら、神や魂にはどんな役割が残されているだろうか。もし神が感覚、思考、行為のために物質を組織化すること以上のことをしないのであれば、それは神とは言えないであろう。というのも、被造物たちがどのように感じ、どのように考え、どのように行うのかを何も保証しないからである。それに対して、エラズマス・ダーウィンとパーシー・シェリー両者の主張するところによると、われわれの行為がどのような仕方でなされるかは、教育によって決まるのであり、これは、神の介入によるのではなく、社会の介入に基づくとされる。そして両者とも、宗教が教育に与える「悪影響」も非難している。さらに、流体唯物論なるこの理論が正しいとすると、動物もまた魂をもつということになってしまうし、あるいは、メアリー・シェリーが（E・T・A・ホフマンやエドガー・アラン・ポー、そしてその他の多くの人々と同様に）後に示唆したように、科学者は生命をもたない物質を組織化して生命をもった存在を作り上げることができることになってしまうではないか。逆に言えば、魂と精神が特別な種類の電気磁気的エーテルに他ならないとするなら、物質的な手段を使って魂や精神に影響を与えることができることになりはしないか（例えば、メスメルが磁気を用いて、「クリーゼ」や「磁気睡眠」を誘引したように）。あるいは、心霊主義者ができると主張しているように、死後の魂と何らかの仕方で接触をすることができることになりはしまいか。このような思想に導かれた「自然的超自然主義」《natural supernaturalism》（M・

H・エイブラムズの用語）はシェリーの仲間に由来するものであり、半世紀後には唯心論の運動として花開くことになった。これらの理論家たちは新しい科学を用いて魂の本性に関するほとんどすべての正統派の基本前提を疑問に付すことを行った。そして公式理論家の方は、このアンダーグラウンド心理学に見られる無神論を非難することによって応答した。一八一五年以降は、どんなものであれ、この種の初期の唯物論的心理学に類似したものを科学という形式で発表すれば——リベラルといわれたイギリスでさえ——起訴、検閲、そして場合によってはもっと悪い帰結を覚悟しなければならなかった。

しかし公式理論家たちは、これらダーウィン的理論家たちの行き過ぎた冒瀆を非難するだけではなく、それ以上のことをしなければならなかった。彼らは、知的にもまともな代替理論を提出しなければならなかったのである。一八一五年以降、ヨーロッパのいたるところで「心の科学」に関する研究が盛んになったが、それらの研究は、しきりに解剖学と生理学から事実を取り込もうとした。多くの場合、これら代替理論の目標は、人間の心の分析を許容するのみではなく、思考のための論理的および精神的規則を提供する科学、つまり一種の「第一科学」《master science》を提供することにあった。心理的科学や精神科学が盛んになったが、それは、ちょうどあらゆる種類の論理学が盛んになったのと同時であった。その論理学の多くは、単に思考のはたらきを探求するばかりではなく、正しい思考への指針となることを謳い文句としていた。これらの理論の公刊されたすべてのヴァージョンは、軌を一にして、心的状態の位置を大脳に置き、人間の経験は大脳で生ずる単純感覚からはじまると主張していた。複雑な心的状態は、単純感覚の経験の連合と同化から由来するといわれた。そして、もし心が正しい連合の過程に従わない場合には、その結果は逸脱した思考や行為となると見なされた。

このように哲学的観点から大脳を強調する議論があったにもかかわらず、生理学者のなかには、脊髄が感覚をもったり感じたりすることができるのではないかという疑問が残っていた。脊髄神経の組織化に関する「ベル＝マジャンディーの法則」がにわかに成功をおさめたということも、この脈絡で解釈されねばならない。チャールズ・ベルは一八一一年に、そしてフランソワ・マジャンディーは一八二〇年代に、脊髄の背面側は感覚（入力）側面であり、腹側は運動（出力）側面であることを示唆した。この見方は、ただちに、脳は脊髄からの入力を受け取ったうえで、それを解釈し、必要な運動に関する出力を脊髄に対して送り返す働きをするという考え方を生み出した。このようにして、心はやはり脳に位置付けることが可能になった。こうしたことを要約し、また豊富な事実によって強化された議論を提供したのが、ヨハネス・ミュラーの『生理学原理』〔Müller, J. 1838a〕であった。この一八三〇年代に出版された書物は、この問題に関しては十九世紀全体を見渡しても最も影響力のあった生理学のテキストだった。

以前より新しくなったミュラーの生理学では、物質一般が感覚や思考のような性質をもつといった想定を明確に避けていた。例えばミュラーは、「生命力」と「心的エネルギー」といったものを想定していたが、それらは、たとえ結局は脳の諸部分の空間に収まるかもしれないにしても、物質とは独立に存在する力だと考えられた。この種の科学的心理学は心的生の場所を脳という特定の領域に割り当てており、人間の魂はそれ以外の残りの自然とは独立に創造されたという考え方と整合的であった。神は、特別の力をもった脳を人間に創造し、魂という非物質的領域と接触可能にした、という考え方は当時大いにもっともらしいと思われていた。とりわけ、この考え方に反対することが、当時力をもっていた宗教的権威や世俗的権威に反抗することを意味していたときにはなおさらである。この心と脳についての見方――明らかに心理学を科学のなかで特別な地位に押し上げることになった見方――は、公的なヨーロッパ思想界を少なくとも一八四八年に至るまで支配することになり、さらには世紀の終わりに至るまで少なからぬ影響を及ぼすことになったのである。

他方、魂を脳に位置付けるということになると問題が生ずることも確かである。というのも、魂が脳のなかに置かれると、身体や脳の内部のいろんなところで生じていながら、意識されなかったり、意識のせいで生じたのではないすべての現象が説明できなくなってしまうからである。例えば、精神物理学という分野は、ミュラーの生理学から直接生まれたものであるが、それは直ちに心理学の理論としては問題を生じさせることになった。初期の精神物理学者は物理的エネルギーの変化がどのように心理的エネルギーの変化に対応したり、それに影響を与えるかを測定することを試みていた。彼らは、感覚器官や身体の一部をわずかに刺激し、その刺激が気づかれるかどうかを調べた。それから次に、例えば、刺激をしだいに増加させ、今度はその増大された刺激が気づかれるかどうかを再度調べる、といったことを繰り返し行った。こうした実験によって、閾値《いきち》下の（つまり、知覚不可能な）一群の刺激は一つの刺激として記録されるだけなのかもしれないが、まずいことに、同じ刺激を繰り返し経験するなど、刺激を経験する状況に応じて閾値が変わってしまうことがわかってきた。こうしてしだいに、閾値下の刺激も実は気づかれていたのだということが明らかになり始めた。しかし気づかれるとするなら、誰によってなのであろうか。脳内の意識をもった心でないことは確かである。というのも、もしそうであれば、それらの刺激は閾値下の刺激ではないことになってしまうからだ。それでは、閾値下の刺激を記録するのは誰、ないし何なのであろうか。ちょうど同じころに、睡眠障害、催眠、アルコールの影響下での行動などを研究していた医者たちは、患者たちが感覚を意識することなしに記録しているように思える状態について考え始めていた。睡眠中の人に名前で呼びかけると、その人は名前が呼ばれていることを意識することなしに目を覚ますといったことがある。それはどのようにして可能なのであろうか。

エラズマス・ダーウィンのアンダーグラウンド心理学に反対する人々は、結局のところデカルト的二元論の変形版を作り出してしまっていた。例えばミュラーは、自分をある種のスピノザ主義者と見なしていた。アンダーグラウンド心理学反対派の理論家は、心は特別のものであり、脳内の観念（意識的状態）によって作られているものであり、それ以外の世界のすべては運動する物理的な物質に過ぎないと主張した。ところが一八四八年以降になると、この二元論は閾値下の現象を考慮に入れると不適切であるという見解が力をもつことになった。他方、これらの閾値下に属する現象は、ダーウィンやパーシー・シェリーのような作家にとっては問題ではなかった。なぜなら、彼らにとっては、人間の脳内の物質だけではなく、物質一般が感覚をもつことができるからである。ダーウィンやシェリーの見方によると、〈心は脳にあるという教説〉の支持者にとっては閉じられているはずの世界の多くの側面が、実は人間の経験には開かれる可能性をもっていた。それに対して公式理論家にとっては、こうした世界の側面は、魂から切り離しておきたかった。こうして十九世紀の後半には、わたしが本書で示すように、公式理論にしたがった「新心理学」の支持者たちは意識的な心の一定の純粋さを保持するために、無意識に関する特別な理論を必要とすることになった。実際、一八六〇年代には、無意識に関する理論があふれるように登場する。そのほとんどすべてが我田引水であったので、アンダーグラウンド心理学者の唯物論に対立するものもあれば、唯心論者の主張と対立するものもあれば、両方に対立するものもあった。

こうして、新心理学者によって要請された無意識の感覚と過程は、しだいに広がっていった人間の魂に関する「リベラル」な見方を支持するように思えた。無意識の感覚や過程は、定義によって内観的方法によっては研究できないが、理論的に必要と見なされ、古典的な内観主義者の実験心理学の考え方にさえ持ち込まれることになった。同様に、無意識の過程は生理学的に研究することも不可能であるにもかかわらず（多分その生理学的現象は観察可能であろうが、しかしその現象が含んでいる感覚や思考は観察不可能であるから）、正統的な近代生理学に依拠する心理学者はそうした過程について広汎に語ることになった。実際、一八六〇年代から一八九〇年代の頃の自称「新」心理学者のほとんどすべてが、科学内部での実証主義的方法論の何らかのヴァージョンにくみすることを表明していた。そしてその方法論に従うと、科学的探求は、徹頭徹尾、検証可能な現象に関係しなければならなかった。こうしてみると、まさにこうした実証主義に同盟を誓った新心理学者が、他方では、人間の心に関する基礎的説明を原理的には観察不可能な無意識の感覚や過程に基づけていたということは、全く皮肉なことであったといわねばならない！

十九世紀末の最も有名な二人の心理学者は、この新しい心理学のもつ不整合と不適切さに気づいていた。その二人とは、ジグムント・フロイトとウイリアム・ジェームズである。両者は、新心理学者がもたらした変形版デカルト的アプローチに従うと、人間の経験とは、結局のところ、刺激に対して生じる大脳のいくつかの基礎的反応にすぎないと考えられてしまうことに気づいていた。それゆえこの変容されたアプローチによると、人間存在の残りの部分は、無意識の感じとして分類されるか、あるいは一種の思考（無意識の感じを無意識過程が解釈した結果）として分類されることになった。こうして新心理学によると、非合理な身体的でありかつ無意識の感覚が時に心を混乱させることがあるにしても、心は常に合理的であると見なされた。フロイト自身、この心についての考え方が「正常」心理学では成り立つかもしれないとすすんで受け入れていたが（彼が『夢判断』〔Freud, S. 1965［1900］〕で述べているように）、しかしもちろんフロイトは、そのように制限された心理学が人間の動機づけや精神作用のすべてを説明することには同意する気はなかった。なぜなら、リベラルなプロテスタントの道徳に従うと、人間の動機や精神作用の多くは「正常」ではないからである。

ジェームズはフロイトよりもさらに先へ進んだ。彼は、意識と無意識という二元論をいつも明確に拒否した。なぜなら、ジェームズは、まさに大脳主義者が人間経験の中心に存すると主張していた、感覚を構成するものについての基本前提そのものに強く反対していたからである。すべての新心理学者の理論の中心には、感覚は、瞬間的で、原子的で、そして点的であるという考え方があった。そのような感覚についての見方に代わってジェームズが強調したのは、われわれの単純な感覚でさえ複合的であり、フリンジをもっており、流れという形態を取り、そしてダイナミックであるということだった。ジェームズはしばしばアメリカにおける中心的な新心理学の創始者であると記されることがあるが、彼は決してそのような人物ではない。ジェームズは、新心理学学派の最も痛烈で原理的な批判者であると自任していたし、さらにその当然の帰結として、魂に関するリベラルなプロテスタントの考え方についての最も原理的な批判者であるとも自任していた。ジェームズによる、この洞察に満ちた新心理学批判を検討し、人間本性を再考するために彼の考えたことを議論することによって、本書は閉じられる。

第2章　不可能な科学

科学としての心理学は不可能である。これが、フランス革命の間とその直後の時期にヨーロッパのなかで広汎に見られた共通見解であった。この見解は、少数の時代遅れの理論家の立場ではなく、学問界の中で最も優れた地位にある思想家によって注意深く定式化された意見であった。われわれが現在、心理学や哲学と呼んでいるものの多くは、このような見解がくつがえされることによって生じたのである。そして、この逆転をもたらしたのは、明らかに冒瀆的で唯物論的な心理学からの猛攻撃だった。

この時期には言葉のうえでの重要な変化も生じた。ロックが活躍していた時期には、自然哲学《*natural philosophy*》と精神哲学《*moral philosophy*》という英語は、大体のところ、それぞれ今日でいうところの自然科学と社会科学を指すのに用いられていた。しかし、十八世紀の半ばまでには、「精神哲学」という言葉で示されるすべて、ないし一部の領域を表すために、さまざまな他の言葉が使われるようになった。例えば、ラテン語のプシコロギア《*psychologia*》（経験的であるものと合理的であるもの両方を示す）、あるいは疑似ギリシャ語であるプネウマトロジー《*pneumatology*》などである。スコットランド哲学では、心の知的能力《intellectual powers》と能動的能力《active powers》という言葉が流通し始め、プネウマトロジーは魂の科学を示すのにしばしば用いられた。しかしながら、世紀の変わり目に至るまでに、形而上学《*metaphysics*》という言葉が次第に使われるようになり、これが現在では心理学と呼ばれているものを示すようになった(精神哲学といった類の言葉もまだ一般に使われてはいたが)。実際、一八一五年頃にパーシー・シェリーは次のように書いている。「形而上学という単語はこれまで心の現象を示すために大変長い間にわたって使われてきたので、ほかの単語を用いることは全くふさわしくないように思われる。実際には、形而上学という単語は、語源的に考えると、心の科学を表現するには全く不適切なものであるのだが」(シェリーはまた、われわれなら哲学者と呼ぶであろうカントのことを「心理学者」と呼んでいる)。次の一八二〇年代に、スコットランドの哲学者ジェームズ・マッキントッシュは、形而上学という言葉について、それは「手に負えない言葉」だと述べている。というのも、マッキントッシュによると、この言葉は、明らかに魂と何らかの関係をもっているにもかかわらず、その正確な意味を誰も述べることができないような言葉であったからである。そしてその一〇年後、一八三〇年代の終わりに、若きチャールズ・ダーウィンは形而上学という言葉を心理学に関する探求と著作のために作成した自分のノートの表題に用いた。さらに後になって、一八四八年以降、実証主義の成立後には、形而上学は、最も抽象的で深遠な思弁という否定的な意味をもつことになった。したがって、もし読者が「形而上学」についての議論に出会ったら、それが使用されている時期に注意して、言葉の意味を誤解しないようにしていただきたい。

革命がフランスを席巻していたころ、大学に属する理論家たちは、形而上学（心理学）は科学とはいえないということ、少なくとも物理学や化学が経験科学であるというのと同じ意味では経験科学とはいえないということを主張していた。この一般的見解の提唱者のなかで最も重要な二人の人物は文字通り大陸の両端に位置する場所で活躍していた。一人は東プロイセンのカントであり、もう一人はスコットランドのリードである。この二人は一七八九年と一八三〇年の二つのフランス革命にはさまれた時期に活躍していた最も影響力のある心理学者であった、といっても決して誇張ではない。心理学に関する彼らの見解は、幅広く教えられ、分析され、そして議論された。わたしは、彼らの影響のもとで成立した立場を伝統的なヨーロッパ形而上学と呼ぶことにする。皮肉なことに、既に触れたように、ここでいう伝統的形而上学は、少なくともある形態の科学的心理学に関してはそれを推奨する立場だったのであるから、この意味での伝統的形而上学は、リードにせよカントにせよ、二人が自分のものと考えていたような立場ではなかったのである。にもかかわらず、伝統的形而上学の大部分は、リードやカントの議論から影響を受けて成立した一群の見解からなるものだったのである。

リードとカント

カントもリードも、心理学の研究に反対していたわけではない。事態は全く逆であり、両者とも、この学問分野に深い関心をもっていたし、また、この分野で鋭い洞察に満ちた研究を実践した。にもかかわらず、彼らは二人とも心理学を科学と見なすような主張に対しては反対すべき強力な根拠をもっていた。カントとリードはニュートン的力学を経験科学のモデルと見なしており、真の科学に本質的なのは、〔原因が結果を引き起こすという〕実効力を有する因果性のパターンを明らかにし、経験的に確定可能な法則に合致した説明を与えることだと主張していた。さらに、カントもリードも、そのような法則は数学的に表現可能であり、そしてまた、統制された実験が（多分、天文学の場合などには、観察やモデル化と組み合わされて）法則を導くための適切な方法なのだと主張していた。

　カントによると、心ないし魂の本性についてのさまざまな主張はここであげたような仕方で科学的に評価することが不可能なものであった。カントが攻撃したのは、当時のドイツでよく知られていた「合理的心理学」であり、この「心理学」は「魂は不可分で単純である」というような命題を証明できると主張していた。それに対して、カントが『純粋理性批判』〔Kant, I. 1929〕のなかの二律背反の議論で示したように、魂に関して全く正反対の二つの見解が同じように合理的に立証可能になってしまうのである〔実際にカントが合理的心理学の批判を展開したのは、純粋理性の誤謬推理と題された箇所においてである〕。カントは、「人間学」のなかで、心理学に対する一種の自然誌的モデルを推奨し、〔他人や自分の心のあり方を的確に捉える〕観察技術を用いることによって、民族や国民はどれほど多様に発展してきたか、そして民族や国民は多様な状況でどのような行動を示すかということを具体的に説明した。カントのいう「批判」とは、新たな学問分野、ないし方法のことであり、この批判の目的は、形而上学という学問がこの種の観察手続きを越えて拡張可能であるという主張を論駁することにあった。

科学としての心理学に対するリードによる攻撃は、カントのものとは異なった源泉をもっていたが、同時に、カントと同じような帰結をもたらすものでもあった。観念とは大脳における身体状態の印象であるという、デカルトやロックの心理学の根本前提に対処するために、リードは有意味な心理学的状態が感覚印象を基盤にして成立しているとする理論に反対した。リードの主張するところによると、外界の対象を知覚する能力のような心理学的能力は（リードはこの能力を心的力の中核をなすものと見ていた）、心や身体への物理的刺激からの因果的結果として説明できるようなものでは決してない。リードによれば、この種の説明はすべて、有効な因果性という概念に反していたり、あるいは、十分な科学的説明を与えなかったり、あるいはまた、その両者であったりした。例えば、光が網膜に当たったときに因果的にもたらされる結果を考えたとすると、それは光の視覚的意識（視覚感覚）とは別ものであり、さらに、対象の視覚的知覚は、網膜反応という結果とも光の感覚とも別ものである。広く信じられていた主張（デカルトに端を発し、ロックとフィロゾーフ〔フランス啓蒙思想家〕によって受け継がれ、さらに多くの人に影響を与えた主張）によると、第一のもの〔光が網膜に当たって因果的に引き起こした結果〕が第二のもの〔視覚感覚〕を引き起こし、そしてそれが第三のもの〔対象の知覚〕を引き起こすということになる。しかしこのような見解は、以下で見るように、概念上の混同にほかならない。というのも、物理的刺激は心的状態を引き起こすような原因ではありえないし、また、感覚的（非志向的）状態も知覚的（志向的）状態の原因ではありえないからである。

多くの点で、リードとカントの見解は一致していた。両者とも、ニュートン的科学がどんな科学にとっても優れたモデルであると主張していた。だから、もし心理学が科学的であろうとするなら、心理学者は有意味な人間経験が物質と運動のみを要素とする関数であることを示さねばならない。これは、ちょうど、ニュートンが、惑星の運動や虹の色は物質のもつ異なる運動パターンによって引き起こされることを示したのと同様である。リードとカントは、経験に関してそのような物質と運動だけに基づく説明を行う可能性を疑ったばかりではなく、そもそも経験をそのように科学できるという考え方自体が不整合であると主張した。二人とも、この種の科学のなかには、人間を一種のロボットと見なすモデルが含まれていると信じ、この点に関し重大な懸念を抱いていたからである。

科学的心理学に反対するリードの議論は単純だった。それは以下のようなものである。もし実際の人間の信念や経験を物質や運動へ還元するなら、あるいは、もしそれら信念や経験をいわゆる心に対する刺激の印象へ還元するなら、同時に、心の外にある物体の知覚すべてを心の内的な状態へ還元しなければならないだろう。しかし、外的対象の知覚は感覚をもつこととは同じではない。わたしはバラを庭にある美しい対象として知覚するのに対して、わたしが感覚するのはその触感、色や匂いにすぎない。デカルト的心理学が主張するところによると、脳に対して刺激のもたらす物理的結果と、それに結び付いた主観的印象から、客観的物体としてのバラであるという信念がわたしの心に形成される。つまり、それらの条件があって初めて、感覚印象が知覚を引き起こすという信念がわたしの心に形成されることになる。あるいは、後のイギリスの哲学者、ジェームズ・スターリングの言い方を使うと「皮膚は引っ掻き傷を知っているが、〔傷を与えた〕棘については何も知らない」。リードの説明によると、引っ掻き傷の研究は、ニュートン的科学の場合と同様に、原因と結果、物質と運動に還元できる。そして、引っ掻き傷の感じられ方に関する研究は、まさに物理的原因がもたらす心的な結果についての研究に他ならない。しかしながら、棘と、棘についてのわれわれの信念に関する研究、あるいは、知覚された対象についての研究は、そのような原因と結果の分析に還元することはできない。

　リードは刺激、感覚、知覚という概念の区別に反対しているわけではない。それどころかむしろ、これらの三つの概念を近代的形態に先練し、十九世紀の多くの論争の舞台を整えたのは、リードにほかならなかった。リードが強調したのは、これら三種の出来事の間の因果関係を説明することはできないということである。リードが特に反対したのは、感覚に関する仮説的な因果的説明を安易に試み、それによって知覚的信念についての説明も可能になると考えるような理論家たちに対してであった。もし誰かが引っ掻き傷を感じたとしても、引っ掻き傷を作った対象としては多くのものが考えられる。棘、特にバラの茂みの中の棘というのはそのなかのひとつにすぎない。引っ掻き傷を感じるということは決して棘について知ることと同じではない。にもかかわらず、リードが指摘するように、多くの心理学理論は、感じることを知ることとひそかに、そして誤って置き換えてしまい、そのために、理論があたかも有効に機能しているかのような見かけを作り出している。ウイリアム・ジェームズは、後に、この種の誤りこそまさに心理学者の錯誤と呼ぶべき誤りなのだと指摘することになる。

リードにとっては、根本的心理的事実は目的論的なものであった。われわれの身体は、一定の刺激を受け取ると、一定の感覚を感じ、われわれの心は、特定の知覚的信念を抱くようになる。これは、リードの考え方によると、神がわれわれの身体と心をそのように構成したからなのである。カントの『判断力批判』〔Kant, I. 1989〕との興味深い平行関係を示しながら、リードは、さまざまなわれわれの生命的性質や意識的性質の間で成り立つ関係は部分と全体の関係であり、この関係は創造された宇宙にわれわれが適応できるようにという目的で神がしつらえたものだと主張する。カントと同様にリードは、一方では、自己が世界に適応しているそのあり方を明らかにするために、記述的な心理学の必要性を強調しながら、しかし他方では、実験的で因果的な方法に基づく心理学的科学については、その可能性さえ否定したのだった。

伝統的形而上学

もし経験が本質的に心のなかの観念であり、同時に、感覚所与と知覚的信念を区別しなければならないとするなら、リードの結論は動かしがたいものとなる。感覚印象の形成を研究するために使用できる科学という点でなら、因果的で実験的な科学が成立するかもしれない。しかしそのような学問分野は知覚的信念の研究とは必ずしも関連をもたないであろう。そして、刺激や刺激に対する生理学的反応についての実験的結果は、せいぜい知覚的信念の理解にとって脇道に属するものにすぎないのである。しかしいわゆる典型的に心と呼ばれるものの存在とは独立に経験があるとしたらどうだろうか。知覚的信念が感覚印象とは無関係であるとしたらどうだろうか（例えば、人が自分の信念や意識の源泉を意識していない場合のように）。エラズマス・ダーウィンや若い頃のコールリッジ、そしてシェリー夫妻はみな、リードの枠組みに代わりうるこのような見方を抱いていた。そして、まさにこの唯物論のアンダーグラウンドな流れに対して、リードとカント以降の次世代の公式哲学者たちは応答しなければならないと考え、リードやカントが不可能であるといったものをあえて可能なものとして作り上げなければならないと考えるようになった。わたしはこのようなポスト・リード的、ポスト・カント的スタイルの理論化を伝統的形而上学と呼ぶことにする。その理由の一部は、このような理論の立て方が一八一五年から一八四八年の間にヨーロッパのいたるところで聖職者や教授職に属する人々によって確立された教説となっていたからである。

伝統的形而上学は、現在ではしばしば軽蔑を込めて能力心理学と呼ばれている。その基本的な考え方では、神が人間の心をいくつかの区別された器官や能力に分けて作り上げ、それぞれは自らの「仕事場」と活動のパターンをもっているとする。ほとんどの場合、あるいはひょっとするとあらゆる場合に、これらの能力が顕在化するために、物質的な刺激や過程、ないしその両方を必要とする。先に見たように、リードの主張にしたがえば、どのようにして神は感覚印象から知覚的信念が生じるように設計したのか、という問いの答えはわれわれには決して知りえないものであった。ところがこのリードの主張は、伝統的形而上学によって変容されて、それぞれの能力は神の与えた心的過程と物的過程との相関関係の証しであるという教説に変えられてしまった。現在問題にしているトピックに関していうなら、相関関係とは、動的な身体過程としての感覚と心的過程としての知覚との間の相関関係を意味していた。

骨相学の創始者であるフランツ・ヨーゼフ・ガル（一七五八－一八二八）は、少なくとも一八一〇年以降、この理論的枠組みの内部で仕事をした。彼は、心というのは、記憶や推理から貪欲や自己愛に至るまでの多くの器官と能力に分割されたものと見なしていた。そして彼は、脳をこのような心の使用する道具と考えていた。そして、身体器官とその形態は特定の心的力の行使によって変更を受けるものなので、異なった人格をもつ人々の脳は、異なった形態と大きさをもつことになると考えられた。さらには、脳のなかでのそれぞれの部位の発達の違いは、頭蓋の形態や構造における微妙な変化を引き起こすことになる。注意深く研究すれば、この変化は読み取ることができるという。このようにして、あの有名な「骨相学的隆起」は心的活動の間接的な兆候であり、脳の大きさの変化は心的活動の直接的な兆候だとされた（ちょうど、ボディービルダーの体に合う服が減ってしまうことが訓練の間接的兆候であるのに対して、胸の筋肉の盛り上がりは訓練の直接的な兆候であるのと同じように)。さらに、注意深く自己をコントロールすることによって、これらすべての心的器官の間の力のバランスを変化させ、場合によっては、頭の形の変化をもたらすことができるといわれる。ガル自身はリードと同様に、心的状態自体の研究の可能性に対しては疑いを抱いていたという意味で、ガルの骨相学はリード的ということができる。しかしガルは、リードとは違って、明らかに身体(大脳)の状態と心の状態との可能な相関関係について極めて積極的に思弁をめぐらした。それにしても、このような不可能なことについて思弁にふけることを好まない人はいなかったように見える。実際のところ、物と心の関係を説明することは不可能だという確信に忠実であった思想家というのは、カントとリードの二人だけなのかもしれない。

後の理論家の多くは、骨相学を強く否定した人々も含めて、伝統的形而上学から導かれた相関関係の枠組みを利用した。伝統的形而上学は因果性の研究を許容しなかったので、十九世紀に見られる心と脳についての理論化の試みの多くは相関関係という考え方の路線に沿って進んでいった。男性と女性の間での心理構造の違いや、人種間での心理構造の違いについての思弁は、しばしば、これらそれぞれのグループの構成員によって示されている身体的特徴を基盤にして行われた。アヘンの吸飲やアルコールの過度の摂取のような「放蕩な」生活を送ることによってどのような帰結が生じるのかといった点もまた、この枠組みで研究され始めた。

心理学における因果的説明に対するリードとカントによる批判は受け継がれていったが、

多くの場合、伝統的形而上学への反対者を論駁するために使われ、伝統的形而上学自体に対して使われることはほとんどなかった。唯物論者はいつでも、因果的に説明できないものを因果的に説明しようとしているとして非難の対象にされた。それに対して、十九世紀の初期に見られたさまざまな通俗的な能力心理学（しばしば精神哲学と呼ばれたり、また精神科学と呼ばれさえした）は、同じ批判の対象になることはまれだった。

リードは以前から観念連合を支持するさまざまな形式の教説を批判していた。この教説によると、知覚的信念は感覚の関数であり、信念はさまざまな感覚的状態から引き出された印象が連合して生じるものとされた。そして、類似した感覚所与を結合させる一種の機械的法則によって、どのようにして感覚印象から知覚が成立するのかについても十分に説明されると考えられた。この理論によると、棘の知覚は、引っ掻き傷とそれに先行するものや後続するもの（の感じ）の系列の間で形成される連合と見なされることになる。連合主義は、一七八〇年代までには、既に心理学的思考の主流となっていたのであり、そして、ちょうどそのときに、リードが連合主義の主張は空虚であると主張したのだった。実際、適当な感覚を一緒になるように導き、不適当な感覚を切り離す働きをするようないわゆる機械的な連合法則によって、知覚的信念を説明することはできないであろう。例えば、色の斑点、光の斑点、そして可視的な運動の痕跡のようなものしか経験していない場合を想像してみよう。近接と継起という連合の機械的原理があっても、それは人がどのように視覚的世界の全体を記銘するのかを説明するのに、ほとんど役に立たないであろう。ひょっとすると近接した色の二つの斑点は、二つの異なった対象から生じたものであり、全く異なった出来事に含まれているのかもしれないからである。六人の踊り手があなたの前で『白鳥の湖』を踊っている場合を考えてみて頂きたい。そのとき、連合の機械的原理にしたがって、六人のバレエの踊り手一人一人を区別するためにちょうど正しい視覚的所与のみを連合し、そしてさらに個々の踊り手の動きを追っていくことができるだろうか。どの感覚がどの踊り手に「付いて回っている」のかということでさえ、一体どのようにして知ることができるのであろうか。リードが主張したのは、感覚を適切に分配し連合するのは知覚であって、その逆ではないということである。彼の論点は、いまだに連合主義者によって答えられずにいる。リードの議論はこのように強力だった。にもかかわらず、トマス・ブラウンやドゥーガルド・ステュワートといったスコットランドの次世代の哲学者は、連合主義を受け入れ、リードの反論を軽視したり、誤解したりすることになった。

典型的な伝統的形而上学者としてのヴィクトール・クーザン

ヴィクトール・クーザン（一七九二－一八六七）の経歴は、十九世紀前半の伝統的なヨーロッパ形而上学のもっていた多くの特徴を見事に示している。次第に変容されていったスコットランド常識哲学の支持者であったクーザンは、とりわけ哲学史の著述を通して、大陸全体及びアメリカのいたるところで影響力を発揮した。ナポレオン以後の反動的フランスにおいて生じた政治的事件によって、ある時は妨害され、ある時は持ち上げられということの繰り返しを経験しながら、クーザンは一八四〇年にはティエールのもとで教育大臣まで務めることになった。こうして、クーザンは次の世代にとってのフランス高等教育に対して直接的かつ強力な影響力を発揮したのである。

啓蒙期には一貫して、さらにはナポレオン時代に入ってからさえも、フランスの心理学はロック的思考の要塞であった。そしてこのロック的思考こそ、まさにリードが批判していた種類の思考だった。例えば、十八世紀の中頃、コンディヤックは、人間の心を形成しているのは、感覚から導かれた観念と、観念のかすかなイメージないし記憶痕跡のみであり、それ以外のものはない、と主張していた。コンディヤックによると、複合的な思考・感情・信念はすべて、観念の連合によって説明されねばならないものだった。このコンディヤックやコンディヤックの後継者たちの見解に反対して、フランスの影響力ある思想家、メーヌ・ド・ビランは、部分的にはカントの影響のもとで、伝統的な形而上学的理論を展開し始めていた。コンディヤックの後継者たちは、十九世紀の初めになると、イデオローグ［観念学派］と呼ばれるようになる。このイデオローグも、感覚与件はそれだけでまとまりを形成するわけではなく、むしろ外界への能動的な注意が必要であることを主張していたが、ビランはさらに進んで、注意と観念に加えて、人は意志をもつことを強調した。彼は、意識を感覚的入力と同一視するよりも、意志と同一視したのであり、このように意志を強調する考え方はその後のフランスの思想家に大きな影響を与えることになった。メーヌ・ド・ビランの最初の後継者はポール・ロワイエ＝コラール（一七六三－一八四五）であり、彼は、一七九〇年代にはブルボン王朝のスパイであったという事実があるにもかかわらず、一八一一年にはパリで哲学の教授となった。ロワイエ＝コラールは、一方で、リード、ステュワート、そしてその他のスコットランドの哲学者の理論にもとづきながら、他方で、メーヌ・ド・ビランの考えのいくつかの要素を取り込むことによって「知覚の哲学」を推進した。クーザンの経歴に最初の飛躍をもたらしたのは、このロワイエ＝コラールであった。

クーザンは最初、エコール・ノルマル・シュペリウールで教えていた。彼はそこで一八一三年に教歴を開始したのである。ところが一八一五年に、驚くべきことにと言ってもよい仕方で、ロワイエ＝コラールは自分が占めていたソルボンヌ大学の哲学教授のポストをクーザンに譲ってしまった。クーザンは明らかにそのようなことを予期していたわけではなかったが、彼は一八二〇年になるまでそのポストについた。この時期に、クーザンはドイツ観念論、特にフリードリッヒ・シェリングとG・W・F・ヘーゲルの仕事に興味を示し始め、ヘーゲルをはじめとして、ドイツ語圏の哲学者たちを訪ね回った。こうしてクーザン自身が折衷主義と呼ぶところの哲学が生まれることになった。この哲学のなかで、クーザンは過去のすべての哲学の最も良いところを統合しようと試みた（同じ頃ドゥーガルド・ステュワートの方は、ヘーゲルには全く困惑させられると公言していたのに対して、なにゆえクーザンは、スコットランド哲学とヘーゲルの思想の間のつながりをあれほど熱心に見出そうとしたのであろうか。これは、今後研究されるべき興味深い問題である）。

一八二〇年には、ベリー公爵の暗殺がフランス全土に激しい反動を引き起こし、エコール・ノルマルは閉鎖された。それに続く八年の間、クーザンは、十八世紀の学者のように、高貴な家の家庭教師として働かねばならなかった。彼はまた、一八二四年には、プロイセンにおいて、フランスのスパイとして逮捕されるという不名誉な出来事を経験しなければならなかった（ヘーゲルが彼の無実を証明するのを助けてくれた）。しかし一八二八年にはクーザンはソルボンヌに返り咲き、一八三〇年の七月革命の後には、国務院顧問官とアカデミー・フランセーズ会員となった。

クーザンは多作な著述家であると同時に、教育者でもあった。彼の哲学史に関する多くの著作は、友人ヘーゲルの哲学史と同様、人々の哲学史観に対して広汎な影響力を及ぼした。クーザンとヘーゲルは両者とも、近代哲学をイギリス経験論と大陸合理論との間で生じる一種の弁証法的争いとして描いている。クーザンの著作以前には、大陸の思想をイギリスの思想と対比するような試みは、見当はずれのものと見なされていた。しかしクーザン以降は、哲学史のほとんどのテキストがヘーゲルとクーザンの見方に従うようになった。歴史家がこの見方で想定されている対立を再検討し始めることになったのは、つい最近のことである。

クーザンは、コンディヤックからイデオローグに至るフランスのロック主義者たちを、リードの批判を思い出させるような仕方で批判した。リードが主張していたのは、ロック流の（実際はデカルト流の）「観念のやり方《the way of ideas》」は唯物論を導くということであった。クーザンによると、心的状態は身体的原因（刺激と、刺激が身体と脳に引き起こす印象）がもたらした結果である観念だという考え方は、ある種の唯物論的解釈を取らない限さらに悪いことにはドルバックによって与えられたものであった。この唯物論的解釈というのは、ディドロや、さらに悪いことにはドルバックによって与えられたものであった。クーザンに関していうなら、観念は頭蓋のなかに閉じ込められておくべきものであり、そこにとどまるかぎり、観念は非物質的であるということを安心して考えることができる。したがって、経験や知覚を少しでも広く解釈しようとする試みは潰しておかねばならないものとされた。クーザンはこのようにしてバークリ流もしくはヒューム流の現象主義を唯物論と同一視しているのであり、このような見方は、現代の哲学の研究者にとっては驚くほど〔概念区分に関して〕鈍感なものに見える。にもかかわらず、このような混同は、一八八〇年代に至るまでありふれたものであった。例えば当時、バークリ主義者のT・H・ハックスリはその立場が「唯物論」であると言われ、広く攻撃されたのである。

クーザンは自分の考え方を十八世紀哲学についての講演や『心理学要綱』〔Cousin, V. 1838〕のなかで提唱していた。この『心理学要綱』は、ロックの『人間知性論』と章ごとに対を作って書かれており、大変人気を博した書物である。クーザンは、言葉のうえではリードによるロック批判を支持していたが、他のすべての伝統的形而上学者と同じように、ロック流の認識論に取って代わりうるリード的認識論を全体として整合的に定式化することはできなかった。とりわけ、なぜ知覚は感覚から区別され、感覚とは独立なのかに関するリードの理論を説明する段になると、クーザンは全くぶざまな様子を示すことになった。例えばリードは、感覚の原因である身体的印象を心的印象と混同することを批判していた。しかし、この議論は、観念は大脳のなかにのみ存在するという見方を批判する立場と危険なほど似ていたために、ある種の唯物論〔エラズマス・ダーウィンを筆頭とする唯物論のアンダーグラウンドな流れ〕への道を開く可能性があると見なされた。このような可能性がクーザンをためらわせ、リードに関する解釈をねじ曲げることになったのである。

こうしてクーザンは、知覚に関するリードの日常的概念を変換し、実在の直観というほとんど神秘的な観念を作り出すことになった。このクーザンの見方は、ハミルトンやマンセル、あるいは後に議論する予定のその他の論者たちによって受け継がれて行くことになる。既に見たように、リードにとっては、知覚が可能なのは、神がわれわれの身体と心を巧い具合にしつらえて、周囲の事物を知覚することができ、それらの事物を善きにつけ悪しきにつけ、利用できるようにしてくれたからである。それに対してクーザンにとっては、知覚が可能なのは、神によって与えられた知性ないし理性という心的な力によるのであり、この力は普遍的なものを直接的に把握する能力だと見なされた。ロックによる狂信に対する攻撃(『人間知性論』第四巻、第一九章)に応答するなかで、クーザンは、スコットランド学派の哲学(あるいは、彼がそう見なしていたもの)を推奨するのであるが、彼のいうスコットランド哲学とは、「人格からも感覚からも帰納と証明からも、可能な限り独立な仕方でなされる、理性による真理についての自発的直観」を主張する立場なのである。このようにして、スコットランド啓蒙主義の説く常識は、十九世紀正統派の狂信的直観へと変換されてしまった。外界の知覚は、リードにとっては、感覚器官と結び付いたものであり、理性に基づくのではなく経験に基づくものであった。ところがその外界の知覚をクーザンは、宗教的正統派と道徳的正統派に迎合しようとして「真理」へ通じる疑似神秘的通路へとねじ曲げてしまった。これがクーザンの最大の功績であり、その功績は、一八四八年以降世界的に広まった唯心論に反映している。

伝統的形而上学の興隆

カントとリードが不可能な科学と見なしていた伝統的形而上学の成功は極めて印象的である。フィヒテおよびドイツ語圏の多くの論者は、魂の力に関してカント以降の分類を発展させ、魂の機構について考え始めていた。フランスでは、ナポレオンがワーテルローで敗れる以前に、ロワイエ＝コラールに対するリードの影響と、メーヌ・ド・ビランに対するカントの影響が、ロック的心理学を打ち負かしてしまっていた。こうしてみると、フランス版の常識哲学は、ナポレオンの敗北と王政復古を生き延びることのできたわずかな教説のひとつと考えられる。さらに、スコットランドにおける（そして大陸での）ドゥーガルド・ステュワートの影響力は大変なものであった。こうした伝統的形而上学ないし能力心理学は、パリで、ナポリで、あるいはウィーンでといった具合に、すべてのヨーロッパの国々で、そしてさらには遠くハーバード大学で哲学のカリキュラムに採用された。そしてまた、一八二〇年代の『エンサイクロペディア・ブリタニカ』では際立った項目としても取り上げられた。ヨーロッパにおける心の働き方に関する意見の協調関係は、ちょうど一八一五年から一八三〇年のあいだヨーロッパの国々を支配していた反動的権力のあいだでの協調関係と広がりの上でも強固さの上でもぴったりと重なるのである。

いたるところで、学生は、人間の心は知覚の能力と同時に直観の能力をもっており、この直観の能力によって宗教の偉大な道徳的真理へ接近できると教えられた。この（精神哲学ないし心的哲学と呼ばれていた）心の科学は、宗教の正統派と同盟を結ぶとともに、ヨーロッパすべての旧体制の文化的影響力を維持しようとする努力とも同盟を結んでいた。心の科学はまた、アメリカでは、正統派のプロテスタントと連邦主義に結び付くと同時に、ユニテリアン派と共和主義とも同盟を形成した。このように、これらの流れの信奉者はリードとカントから導かれた言葉や概念を使用していたにもかかわらず、わたしが伝統的形而上学と呼んでいるこの心についての新しい科学は、これら二人の偉大な思想家によって考案された心理学とは非常に異なったものとなっていたのである。

一八三〇年以降になると、伝統的形而上学に対する統一的な支持は、新しい哲学の立場の影響によって崩壊し始める。とりわけ、神経現象や心的現象についての生理学的分析や実験的分析による影響が大きかった。こうした事情にもかかわらず、クーザンの折衷主義とイギリスにおける新世代のスコットランド学派の思想家の影響力のおかげで、伝統的形而上学は一八四八年に至るまで十分な力を保持し続けていた。多くの点で不一致があったにもかかわらず、フランス語圏、ドイツ語圏、そして英語圏の伝統的形而上学の支持者は、クーザンの直観主義、言い換えれば、神聖なものに関する超絶主義を認める余地を残した心理学的理論をますます支持するようになった。このようなことを聞いたら、カントやリードは困惑したに違いない。にもかかわらず、この種の直観的心理学は、多くの著作家たちに支持されることになった。例えば、右派ヘーゲル主義者、クーザンとフランスにおける彼の後継者、イギリスのウイリアム・ヒューウェル、そしてウイリアム・ハミルトンとイギリス及びアメリカにおける彼の後継者たちなどがそういった支持者である。実際のところ、この時期の精神哲学ないし形而上学に関するテキストで、クーザンの直観主義と類似した考え方を宣伝していないものを見つけるのはほとんど不可能である。

この流れの代表的テキストはジョン・アバークロンビーの『知的能力に関する探求と真理の考察』〔Abercrombie, J. [1840?]〕である。医師によって書かれたこの心理学のテキストは一八三〇年代の初めに出版され、七つの版を数え、そのうち少なくとも二種はアメリカで出版された海賊版であった。とりわけアメリカでは、大学の教科書として使われた。特に興味深いのは、アバークロンビーのリードに対する態度である。アバークロンビーはこの本のなかで、リードに忠実であろうとしているのであるが、しかし、ある種の（はっきり名指されていない）思想家の提起する唯物論を批判することに熱心なあまり、リードに忠実でいられなくなってしまっている。

他の多くの伝統的形而上学者とは違って、アバークロンビーは、科学としての心理学という考え方に対してリードが行った攻撃を適切な形で提示している。「心は自然界のなにものとも比較することはできない。心は創造主によって外界に関して知覚する力を授けられたからである。そして、どのように心が外界を知覚するのかというその仕方を理解することは、われわれの力を全く超えている」(二五頁)。アバークロンビーは一方で、心に関する自然主義的説明はわれわれの理解力を超えていると言いながら、にもかかわらず他方では、クーザンやドゥーガルド・ステュワートに見出されるのとあまり違わない心についての説明を与えようとしている。彼の議論の出発点をなしているのは、物質とは、固体性、延長、そして分割可能性といった性質がある仕方で結びついたものであり、そして、これらの性質は感覚によって知られうる、という主流のデカルト的教説である。他方で、心の方は、思考と意志という性質によって性格づけられ、これらの性質は、内感《inner sense》によって知られる。アバークロンビーはこの内感を意識と同一視する。それに続いて、アバークロンビーは、ドゥーガルド・ステュワートが心理学における唯物論を批判するためどのような形で物理学の理論を利用しているかを検討する。アバークロンビーは、ドゥーガルド・ステュワートと同様に、十八世紀にラグーザの科学者であり牧師であったルーディヤー・ボスコヴィッチの仕事に触れている。ボスコヴィッチは後に物理学で場の理論と呼ばれるようになる考え方の創始者であり、物質が全く存在せず、世界の最小の「要素」は反発力をもつ無限に小さい点であるという想定のもとでも、ニュートン理論が再構成可能であることを示した。

ステュワートはこのボスコヴィッチの理論を唯物論攻撃の論点として利用した。アバークロンビーは、心理学における自然科学の役割を否定していたにもかかわらず、ステュワートの考え方に熱心に従っており、次のようなステュワートの言葉を引用している。「われわれが知っている真理すべてのなかで心の存在は最も確実である。物質の非存在を主張するバークリの体系でさえ、宇宙には物質以外に何も存在しないという考え方に比べたらはるかに理解しやすい」〔三〇頁〕。こうして、われわれは心の物理的本性については知りえない、というリードの考え方は正しいとされながら、他方で、心についてわれわれが知りうることが一つあり、それは、唯物論者は間違っているということだ、といわれることになった。もう一つ付け加えるなら、唯物論者は観念論者よりもずっと間違っている、ということもそこに含まれる。このような議論でトリックを形成しているのは、一方で意識ないし内感の伝えるものを無批判に受け入れながら、他方で、それ以外の感覚の与えるものについては批判的であるというアバークロンビーのやり方である。われわれは脳と心の間に「注目すべき結びつき」があるという事実については知りうるが、しかしこの結びつきの本性については何も知りえないのだ、とアバークロンビーが繰り返し強調するとき、われわれはその言葉を割り引いて理解しなければならない。すべての伝統的形而上学者と同様に、そしてまた、リードに忠実であろうとする注意深い試みにもかかわらず、アバークロンビーは、結局、「宇宙には物質以外に何も存在しない」という「理解不可能な」理論を克服するために、ある種の観念論的な科学的心理学を支持した。ところが、ここで問題にされている唯物論の提唱者がだれなのかについては、アバークロンビーもその他ほとんどの伝統的形而上学者も、だれも名前を挙げることができないままであった。

伝統的形而上学は不整合で、その擁護のされ方は非論理的である――カントとリードならこのように警告したであろう。にもかかわらず、伝統的形而上学は、少なくともヨーロッパでは、正統派の宗教的見解を支える機能という点から見ると十分な働きをしたということができる。皮肉なことに、内感をこのように特別視することと、それがもたらす困惑は、二十世紀の後半になっても哲学をいまだに苦しませ続けている。

第3章　フランケンシュタインの科学

保守反動派であるメッテルニッヒとその同盟者たちは、個人の心や社会の仕組みに関する進歩的な思想を駆逐しようとしたが、それを完全に実現することはできなかった。確かにわたしが伝統的形而上学と名づけた、リード的心理学もしくはカント的心理学というものは広く浸透し、ほとんどの大学でこの伝統的形而上学が教科書として用いられ、正規のカリキュラムとして教授されていた。しかし、同じ時期に、正規の心理学とは異なるオルタナティヴな心理学が大学以外の場所で営まれ、広まっていたのだった。この心理学は、いわば流体唯物論と特徴づけてよいであろう。流体唯物論とは、フランクリンが述べた電気の一流体説〔原文では、two-fluid theory of electricity（電気の二流体説）となっているが、フランクリン（一七〇六－九〇）が実際に提唱したのは電気の一流体説（single-fluid theory）であるので、翻訳では修正した形で訳出してある〕に由来し、さらにメスメルの動物磁気理論や、動物組織における電気現象についてガルヴァーニとヴォルタが論争し合った理論にも関係している理論である。何人かの思想家たちは、電気、もしくは神経内を流れていると思われる、より精妙な何らかの流体について理解を深めることができれば、生命や心の秘密を解くことができるのではないかと考えるようになっていたのである。

こうした唯物論的心理学を最初に唱えた人物は、おそらくジョセフ・プリーストリであろう。プリーストリは、まず手始めにカントによって攻撃され、続いて英国の権力者によって組織された大衆によって繰り返し非難され、国外へ追放された。彼こそが（デイヴィッド・ハートリに由来する）連合主義を唯物論的心理学の核心に位置付け、神経過程や神経伝導路の間にある連合関係を探求するという心理学と生理学における一つの伝統をうち立てた張本人なのである。しかし連合主義にも様々な種類が存在する。プリーストリの連合主義が前提としていたのは、観念の連合こそ心的生活を支える主要な力であるという考え方であった。これはロックに始まる連合主義の伝統的思想とおおむね一致している。プリーストリは、ハートリの二つの教説、すなわち観念は連合するという教説と、この観念連合を支えているのは神経振動であるという教説のうち、前者を強調したが後者には重きを置かなかった。そうすることで彼は幾つかの点で主流派心理学に加担していたのである（プリーストリが編集したハートリの著作には、神経振動に関するすべての議論がほとんど抜け落ちている）。伝統的形而上学者たちは、観念連合以外の多くの点ではプリーストリと相入れなかったが、プリーストリが神経機構の考察を犠牲にしてまで観念連合に重点を置いたということにはこぞって称賛した。何ゆえ彼らはこうした反応を示したのだろうか。それはなるほど観念の連合は心理学にとって有用であることを示すことができるかもしれないが、観念の結びつきが実際には神経系内の物理的機構によって決定されているのならば、結局のところ観念連合とは、当時畏怖されていた唯物論の一形式以外の何物でもないことになってしまうと考えられたからである。ところが、一七九〇年代に利用可能な最新の科学的知見を用いて、生理学的心理学を更新しようと試みた人物が存在した。この人物こそ、プリーストリの友人かつ研究仲間であったけれども追従者ではなかったエラズマス・ダーウィンその人である。

エラズマス・ダーウィンとオルタナティヴな心理学

エラズマス・ダーウィンが記した『ズーノミア』（初版は一七九四年であるが、多くの再版をヨーロッパ中で重ねた）〔Darwin, E. 1794 - 96〕は、真の意味で伝統的形而上学に代わる心理学の始まりである。その後出版された詩集『自然の殿堂』（Darwin, E. 1803）で、このオルタナティヴな心理学は広く知られることになった。『ズーノミア』においてダーウィンは、観念というものをヒトの感覚器官内にある神経繊維の運動やこの運動のパターンであると定義している。さらに『ズーノミア』の附論では伝統的形而上学に反する主張を大胆に述べた。いわく、観念を心に固有な出来事とし、それを日常的な自然の部分的性質とは見なさない理論は作り話である、と。ダーウィンは医学教育を受けた医者であり、新興ブルジョアジーの一員であった。だからであろう、散文ではなく英雄詩体二行連句の韻文で科学的知見が表明されてはいても、ダーウィンの学問には生真面目といえるような態度が貫かれている。

ダーウィンが行った二番目の変革は、上述した観念に関する新しい定義と関係している。ダーウィンの主張によれば、思考の直接的対象とは、その思考と関連する神経繊維の活動に他ならない。心というものはまず最初に何らかの感じ《feeling》もしくは感覚《sensation》と接触し、その後に観念を形成するのではない。むしろ心とは身体そのものであり、また身体の感じのすべてに他ならない。もし観念が（身体の感じについての脳内印象であるだけではなく）身体各部分すべてに備わる感じに他ならないのであれば、われわれはどんなときにも膨大な数の様々な観念を同時に持つことになる。エラズマス・ダーウィンの説は、言う心とは、身体のように多重的であり分割さえできるものなのである。この点が魂《ソウル》についてての伝統的な理論とは相違している。確かにダーウィンは（様々な生理学的原理のうち）連合法則を進んで受け入れた。しかしダーウィンの認める連合とは、身体の機構によって決定される連合であって、観念自身、ましてや超越的な魂によって決定される連合ではないのである。ダーウィンは後者のようなあらゆる「作り話」が虚構であることを暴露した。そして彼が示そうとしたのは、神経の連合を含む身体の連合機構が疾病によってどの程度バラバラにされ、混乱されるのかを調べれば、疾病を分類することができるということであった。ほとんどの病気は心身症であるとダーウィンは考える。病気は食事療法や運動といった健康的な生活——特に女性の場合は、強制されないセックスを適度に行うこと——によって治癒することができるというのだ。当時にあってはこうした医学的発言は進歩的であった。何よりも、病は罪ではないという考えは注目に値する。正統派医学の擁護者はもちろんこの点に懸念を抱き、当然のことながら、ダーウィンの主張したことにも主張しなかったことにも次々と反論した。

さらに、エラズマス・ダーウィンの理論から示唆される思想に人々が恐怖心を抱いたことが主な原因となって、その当時、観念（心的状態）の原因は知ることができないという主張が持ち上がることになった。たとえば若きトマス・ブラウン（彼の円熟期の思想は次の章で考察する）は、「エラズマス・ダーウィンの『ズーノミア』に関する考察」の中で流体唯物論を痛烈に批判している。ブラウンは以下のように述べる。「唯物論の体系の大部分は、その出自をまったく根拠のない信念、すなわち、われわれは因果の本性を直接知っているという信念に頼っている」。唯物論者とその敵である唯心論者（mentalist）は感覚（sentience）が存在することを共に認めることができる。「しかしながら、唯心論者は観念の原因が何であるかはわからない、観念の原因であるものの本性はわからない、と考える。……反対に唯物論者は、観念および観念の原因についてその本性は明らかであると主張する」（Brown, T. 1798, p. xx）。再びリードの用語を用いて言い換えるならば、われわれはチクチクした感じを感覚する一方で、この感覚の原因である棘を知覚する。けれども、その際おそらく直接意識しているのはこのチクチクした感じであり、棘の存在は推論されたに過ぎない、そうブラウンは考えているのである。当然、観念の原因を知ることが不可能であるというのならば、科学としての心理学の物語はとても短いものになってしまうだろう。ところが逆説的に、「新たな」そして表面上は科学を装う十九世紀の心理学の多くは、知覚とは間接的なものであるという理論を擁護する中で勃興してきたのである。リードは、観念の原因は直接知覚することができるけれども、この能力を科学的に分析することはできない、そう断言した。反対に十九世紀の科学的心理学者たちは、観念の原因は直接知覚することはできないと主張しながらも、観念の原因を分析する科学というものをどうにかして作ろうとしたのだった。

プリーストリ的な観念連合は心理学に同化することができたにしても、身体とエネルギーに力点を置くダーウィン流の唯物論的連合が心理学に受け入れ不可能であることはほとんど明白であった。ウィリアム・ブレイクの『天国と地獄の婚礼』(一七九三)〔Erdman, D. 1965〕では、悪魔が以下のようなダーウィン流の思想を表現しているのである。

一、人間は魂と切り離された肉体など持たない。なぜなら肉体は、五つの感覚によって、今日の言い方では魂への主要な入り口によって識別される魂の一部だからである。

二、精力(energy)こそ唯一の生命であり、それは肉体に由来する。理性は精力の限界もしくは精力を取り囲む壁である。

三、精力、これこそ永遠の喜びである。

偉大な反律法主義者であったブレイクは上述したような悪魔の思想を承認し、「神は精力に隷従する人間を永遠に責め苦しめる」といった正統的思想を嫌悪した。しかしながら、当時ブレイクのような異端的思想にくみするものはほとんどいなかったのである。

エラズマス・ダーウィンの流体唯物論は、当時確立されていた真理を脅かす四つの大きな意義を含んでいる。ダーウィン理論流に魂というものを語る限り、ブレイクや後のロマン主義者たちが繰り返し強調したように、魂は必然的に肉体全体に散らばっているということになる。このような考え方が意味する第一のことは、たとえ魂が肉体としてまとまりを持ち続けてきたにしても、心としての統一性はないということである。そして第二に、内臓の感じでさえ、重要さの点では合理的思考と何ら変わらないものとして扱わなければならないということを意味する。正統的な知識人たちに言わせれば、ダーウィンの理論は肉体的欲望と精神的愛をしっかりと区別していないということになるが、ダーウィンの理論はそうした当時常識的であった心的状態のランク付けを一挙に転倒させたのだ。したがってここから導かれるダーウィン理論の第三の意義とは、動物と人間の区別を取り去ってしまうことにある。エラズマス・ダーウィンも、もっと名の知れた孫と同様、動物とヒトの連続性を当然のものとして主張する傾向があった（特にエラズマスの最後の著作『自然の殿堂』において）。そして最後に第四の意義として、彼の理論は肉体の活動とは区別された心的活動固有の領域を一切認めないという点を挙げることができる。つまりダーウィン理論ではどのような思考であっても、思考はわれわれの持つ感じと反応という仕方で身体化しているとされる。だからそもそも永遠不滅の魂が入り込む余地は一切ない。さらに、脳は魂の内にある思考や感じが宿る単なる物理的媒体にすぎないというような古い考えに逆戻りすることさえ、ダーウィンの理論に不可能にしてしまった。なぜなら、こうした考え方が妥当であるのは、ダーウィンれるからである。

反して、思考の対象は神経状態ではなく、唯一心的出来事だけであると仮定したときに限

エラズマス・ダーウィンのこうした見解がどのくらいヨーロッパに浸透したのかを評価するのは容易ではない。ナポレオン時代の定期刊行物には、フランス、イタリア、ドイツを問わずダーウィンの名がよく目に付く。エラズマス・ダーウィンの伝記を書いたデズモンド・キング゠ヘレは、十九世紀初頭のヨーロッパにおいて、ダーウィンはもっとも偉大な科学的知性を持つ人物であったと評している。これは言い過ぎであるかもしれないが、しかしひょっとすると言い過ぎでないかもしれない。それでは当時、ダーウィンに匹敵する人物などいたのであろうか。あのフランス人の中でさえ、ダーウィンに匹敵する人物を見出すのは難しいのである。今日エラズマス・ダーウィンの名がそれほど世に知られていないからといって、彼の流体唯物論がヨーロッパに与えた衝撃を無視してはならない。なぜなら、どんなに少なく見積ったとしても、ダーウィンの流体唯物論は、一七八九年から一八一五年のあいだに提起された主だった生理学理論や心理学理論のひとつに数え入れることができるからだ。

わたしは、心理学にダーウィンが及ぼした影響が見過ごされてきた原因は、ダーウィン以降の心理学が持つようになった特有の形式にあると考えている。一八一五年以降、ダーウィン思想に反対する者たちはダーウィンの名前やダーウィンの著作に言及しないように細心の注意を払うようになる。それに加えて、主流派知識人はダーウィンの見解を採用しなかったのであるから、少なくとも「公的な思想界」では、数十年間、ダーウィンはその名を伏せら

れて非難されることになった。ところが十九世紀の半ばに至ってダーウィン思想を受容する最終的な受け皿がやっと明確に整うようになる。すなわち、ダーウィンの用いた概念は、意識的な心には妥当しないが、無意識的な心には当てはまるというのである。こうしてダーウィンが主張した事実と考察の両方を心理学は飼い慣らすことができた。もしダーウィン理論が意識的な心には当てはまらないなら、それは人間の魂に影響を与えることはない、というわけである。

ところで、わたしはここでダーウィンのオルタナティヴな心理学が公式心理学に受容もしくは同化されたという言い方をしている。けれども、受容や同化といった言葉遣いは誤解を招きやすいかもしれない。なぜなら、一般的に言うなら、そしてまた特に一八一五年以降に関して言うなら、ヨーロッパのいたるところで、教会や国家といった公的機関は総力をあげてダーウィン理論を攻撃したのだから。この戦闘は単なる思想をめぐる争いではない。ヨーロッパ、アメリカを問わずエラズマス・ダーウィンの心理学を擁護しようとする者は教授職を保つことが不可能だったからだ。一八一五年より後、ヨーロッパのほぼ全域において、ダーウィン心理学的な見解を公にすることは投獄の罰を受けるに値した。こうした事情を考慮するならば、僅かな人々がどのようにしてダーウィンの思想を推し進めたのかを記述する前に、当時彼らが置かれていた厳しい状況を明記しておかなければならない。

自然科学としての心理学の抑圧

ナポレオンがワーテルローの戦いにおいて敗北すると、国家並びに宗教権力（宗教と政治が常に強固に結びついた官僚機構では、国家権力を持つ者と宗教的権力を持つ者は同一人物であることが多かった）は多大な労力を払って、エラズマス・ダーウィンが抱いたような思想が広まることを妨害した。検閲官、密告者、優秀な秘密警察、これらは一八一五年から一八三〇年にかけてヨーロッパ中で普通に見られるものだった。権力者たちは汎神論、無神論、唯物論を破壊しようと企てた。これらの思想はすべて体制と敵対すると見なされたのであり、流体唯物論もそれらと同様のものと見なされた。歴史家の中には、当時、骨相学やメスメリズムのような新興科学が特に攻撃の対象となったと論じる者もいる。しかし、そうした議論において骨相学やメスメリズムが流体唯物論と重なるものとして扱われている限り、そうした歴史家の解釈は疑わしく思われる。というのも、ひとたびメスメリズムを信奉する第二世代が、何らかの物理的（磁気的）力がメスメリズム現象の基礎にあるという流体唯物論的なメスメルの意見を放棄し、またひとたび骨相学の第二世代が、穏健な生得主義を前面に押し出して、本能や直観といった概念を固守する伝統的形而上学の教義に合流すると、たちまちのうちにメスメリズムや骨相学は広く受け入れられることになったからである。もちろんエリート階級の人々のとりでに入り込むまでには至らなかったけれども。ところが、エラズマス・ダーウィンの理論を継承する者たちの事情は、これとはまったく別なのである。メスメリズムの信奉者や骨相学者とは対照的に、生命や心を自然科学的に探求すべきであるという意見の持ち主は起訴される運命にあった。ヨーロッパ各国の中で当時もっともリベラルであった英国でさえもこの状況は変わらない。例えばウイリアム・ローレンス（一七八三－一八六七）の事件はこうした抑圧の状況をよく示している。ローレンスは確固たる地位を持っていたが、過激な思想を抱く外科医であった（彼は造反的な医学雑誌「ランセット」の編集者を経て、最終的に自説を撤回してヴィクトリア女王の侍医となる）。ローレンスはM・F・X・ビシャ（一七七一－一八〇二）の思想のイギリスにおける後継者である。ビシャは、電気さらにその他の物理的力を調査すれば、いずれは神経構造と心理的機能とが結合していることを明らかにすることができ、一種の魂の自然科学が開かれると信じていた。ローレンスによれば、こうした考えは医者にとって歓迎すべきものであった。なぜなら、この考えには、精神の病は魂の病なのではなく（もしそうであるなら精神の病を治すためには倫理的なお説教しか残されていない）、それは生理学的な疾患であり、したがってダーウィンが示唆したように薬物治療の可能性があるということが含意されるからである。一八一九年、ローレンスは、上述したような考えをまとめて『人間の生理学・動物学・自然誌に関する講義』として発表する。その直後、この著作は不道徳であるとして痛烈な世論の反対にあった。医学界幹部の指導的人物たちは王立外科医師会に勧告して、ローレンスにその不道徳な思想を撤回させ、講義を中止するよう求めた。その結果、ローレンスは著作を取り下げ、職を失うはめになる。

数年後、『講義』の海賊版が出回り始める。一八二二年、ローレンスは海賊版の出版を差止めようと出版社を告訴するが、裁判官エルトン卿は、英国の法律は聖書を冒瀆せし者は保護しないことを理由に、ローレンスから著作権を奪うという驚くべき判決を下した。そのため最終的に少なくとも九つの海賊版が出回ることになった（当時は通常の医学書よりも不道徳な内容の医学書の方がはるかによく売れたのである）。

ところで、ウイリアム・ローレンスが受け持った患者の一人は、小説『フランケンシュタイン』の作者の夫であった。この男パーシー・シェリーも、自分の作品が国家の迫害に遭い、ローレンス以上に苦しめられることになる。一八一三年、パーシー・シェリーは戯曲詩集『妖精女王マブ』の初版、二五〇部を自費出版する。この詩集はエラズマス・ダーウィンの理論のみならずダーウィンの詩にも直接の影響を受けて書かれた。そのため詩集には豊富な話題を取り扱った長い散文からなる註が付されており、それは、いわば当時タブーとされていた共和主義、無神論、唯物論的心理学といった思想に関する一連の評論と見ることもできる。このうら若き詩人いわく、「あらゆる原子は、全体としても部分としてもみな等しく感じる力《sentient》を持っている」。人間を自然の一部として扱え、そして心理学、倫理学、政治学を、自然の因果法則を探求する科学と見なせ、そうパーシー・シェリーははっきりと論じている。「もし万が一、必然性という教理が間違っているのならば、人間の心はもはや科学の正当な対象ではなくなってしまうだろう。なぜなら、もしそうであれば似たような原因から似たような結果を予想するなど無駄になるからだ」。カントやリードはシェリーと同じ議論を用いて科学的心理学を非難し、人間の自由を守ろうとした。ところがシェリーは議論の方向を逆転させる。様々な心理的動機とは複数の原因の複合に他ならないとする心理学こそ真の心理学である、心理学の因果法則は見極めることができるようになるだろうと。たとえ人間の行為が何の原因もなしに行われているように見えても、シェリーに言わせれば、「そうした行為は、われわれが直接知ってはいないような原因によって引き起こされた結果」なのである。シェリーは提案する。科学的心理学は「すでに確立されている道徳性の概念を大きく転換する。……宇宙には善も悪も存在しない。われわれ自身の存在様式に関係している出来事に善や悪というあだ名が付されているだけなのだ」。

シェリーはまた自分の哲学的思想の意義を鋭く見抜いていた。とりわけ彼が喜んで強調するのは、この新たな道徳心理学が結婚を脱神聖化し、離婚を正当化する点である。ここにはシェリー自身の行いを正当化し、一般の保守的な読者を不快にする意図がはっきりと込められている。シェリーいわく、結婚は天界において定められたものでも何でもない。それは自然の結びつきである。「結婚の価値は、生み出される快感の量で決まるべきだ……男女の結びつきが神聖となるのは相手に快をもたらすとき［のみ］である。したがって不快が快を上回るとき男と女の結びつきは自然に解かれる」。

これは当時の思想界と宗教界に対する公然たる侮辱であった。神に定められた聖なる儀式としての結婚を否定し、結婚は二つの個体の恣意的な結びつきであると見なすシェリーの結婚観は最悪のものとされた。ところがこれだけではすまない。シェリーはその著作を通してさらに過激な思想を述べた。いわく、男女が好みに応じて恣意的に結びつくのは、結婚などという公式な聖礼典よりもずっとずっと神々しいと。一九三〇年代の初め、ハインリヒ・ハイネはシェリーの異端的思想を『セラフィーヌ』〔Heine, H. 1982〕という詩の第七部で表明している。

この岩の上に、わたしたち二人で教会を建てよう。
あらゆる苦しみを超えて行く――
三番目の新しい聖書の教会を建てよう。
悩み続けた日々は終わった。

愛と肉の対立は滅んだ。
それは長い間われわれを苦しめてきたけれど。
肉欲の愚かしい悩みは
やっと今、終わった。

きみには暗い海にいる神の声が聞こえないか。
神は千の声で語っている。
きみにはこの夜空にいる神の姿が見えないか。
神の姿は千の光でにぎわっている。

神はいる。天の光にも、
大洋の闇にも。
神の霊は、すべての中にいるから――
わたしたち二人のくちづけの中にもいる。

シェリーの関心は、後のロマン主義の詩人たちが喚起するものより、はるかに広範囲にわたっていた。彼の興味は愛や性だけに尽きず、人間の日常的な活動すべてにまで及んでいる。事実シェリーは、科学と医学を熱心に学んでいた。そしてダーウィンの教えに従い、食事と健康との間には根本的な関連があると信じていた。だからこそシェリーは自分の心理学の意義を真剣に検討する際、何よりも菜食主義について多くの労力を費やしたのだ。『妖精女王マブ』に付された註は菜食主義について多くのページを割いている。フォイエルバッハをはじめとする四〇年後のドイツ唯物論者たちと同じように、シェリーは、どんな食べ物を摂取するかということが人間形成の上でもっとも重要な要因の一つであると論じている。シェリーによれば、適当な飲食物をとれば心身の健康が保たれるだけでなく、世界を啓蒙し変革する力をもった進歩的性格が形成されるという。今日まで哲学史家は、「man ist was man ißt」（人は食なり）という主張に集約されているフォイエルバッハの極端な唯物論的側面に、いつも嘲りを込めながら言及することが多かった。しかし、そうした歴史家にはこう言ってあげるのが良薬になろう。フォイエルバッハの教義をあざ笑う前に、十九世紀の中頃にどうしてこうした教義が説得力をもって広まっていたのか説明してみよと。

シェリーは煽動と名誉毀損のかどで逮捕され、『妖精女王マブ』は発禁処分となる。英国政府はシェリー並びにシェリーの友人たちにスパイを派遣し、シェリーの書簡を検閲した。その結果、ついにシェリーは母国の暴君的で無慈悲な態度に愛想を尽かし、国外追放の運命を自ら選択することになる。シェリーは『妖精女王マブ』の一部を出版し、自らの思想を広めようとあらゆる手を講じたが、ほとんどうまくいかなかった。ところが、ローレンスの本と同様、海賊版が出回り始め、その一つは、リチャード・カーライルによって出版された。カーライルは労働者階級において重要な役割を果たした出版者の一人であり、当時、表現の自由を求めて闘った人物である。政府による糾弾と発禁処分がますます加速するなか、この海賊版は駆逐されずに生き残り、『妖精女王マブ』は、まもなくチャーティストたちのバイブルとなった。こうして、労働者階級に属する大概の貧しい靴職人にとって、シェリーの著作とその中に引用されたドルバック、ヴォルテール、ドラモンド、エラズマス・ダーウィン、スピノザとの対面が哲学との最初の出会いとなった。シェリーは、こうした時代の流れの中で自分の思索を深め、展開していったのである。

以上記してきたように、伝統的形而上学を追認する者と、心理学を自然科学として確立しようと企てる者との闘いはそもそも対等ではなかったといえる。前者は出版、講義の自由が認められ、教授職に安住することができたのに反し、後者は起訴、投獄、罷免、国外追放の危険にさらされていたからである。一八四八年以降ヨーロッパ全土で唯物論的な思想が急速に力を増し、流行したが、この事実はエラズマス・ダーウィンやシェリーと親近性のある考え方がかなり広い範囲にわたって浸透していたことを物語っている。そうした唯物論的な思想は、当時の記録、特に、教会や学界が定める正統性の基準に従って出版されたような哲学的著作が伝える以上によく知られており、また検討されてもいたのである。哲学史家は、靴職人の思想はもちろん、過激な外科医や詩人たちが抱いていた思想をもっと知る必要がある。もっとも、そうした歴史の表舞台には登場しない思想家たちの意見を見つけ出すのは容易なことではない。それもそのはずで、出版は当然のことながら個人的な書簡においてさえ、非正統的な見解を述べることは、張り巡らされた警察スパイと密告者の餌食となって抑圧されたのだから。

以下の例は、厳しい検閲が思想史に及ぼした害悪の一例を示してくれる。一般的な通念では、特に汎神論と心身統一に関係したスピノザの思想が十九世紀に復活してくるのは、一八三〇年代、四〇年代にフォイエルバッハやダーフィト・シュトラウスといった「ヘーゲル左派知識人」たちによって神学上の論議が盛んに行われるようになったからだとされている。しかしこうした思想史の理解は疑わしい。その理由を、一八四〇年代初期にスピノザに関する論文を記したG・H・ルイスに関連して少し言及しておこう。おそらくルイスは、十九世紀英国においてスピノザについての秀逸な論考を記した最初の人物である。それに続いたのがマリアン・エヴァンス女史（彼女は後にルイスと同棲し、ジョージ・エリオットというペンネームで著作を発表する）で、彼女は、出版はされなかったが『エチカ』を翻訳した。詳しくは第8章で検討する予定であるが、思想史の通念に反して、ルイスがスピノザの存在を知るきっかけとなったのは、一八三〇年代にリー・ハントという進歩的ジャーナリストを通じて知り合った職人グループとの討論であった。リー・ハントは、イギリス国内にいながら、国外へ追放されたシェリーと文学上の結びつきを保っていた重要人物の一人であり、またシェリー訳のスピノザ『神学・政治論』を読んでいた。多分スピノザの思想は、エラズマス・ダーウィンの心理学というレンズを通して眺められていたと思われる。スピノザの思想は、公共的な読書界の注目を集める以前に、またオックスフォードやケンブリッジの保守的知識人の耳に届く以前に、すでにロンドンでは影響力を持つ哲学的見解でもあったと考えられるのである。

『フランケンシュタイン』における心理学

以上のような心理学のアンダーグラウンドな歴史を知るために、現代の読者諸氏はフィクションを一つの資料として利用することができる。通常、小説の類は、科学史や哲学史にとって、ある思想や理論がどれだけ普及していたのかを知るための資料として利用することはない。けれどもフィクション以外の資料がすべてあてにならない場合には、こうした方法は試す価値はある。

表現の自由が抑圧されていた保守反動の時代にも、フィクション作家は心理学的もしくは哲学的話題を取り上げ、それについての考察を書物として出版することが可能だった。しかも彼らは、大学教授、医者、その他の公の理論家よりもはるかに大胆な議論を展開することができた。例えば、E・T・A・ホフマンの小説『蚤《のみ》の親方』〔Hoffmann, E. T. A. 1992〕は、エラズマス・ダーウィンの思想を直接借用しているにもかかわらず、ベルリンで一八二二年に出版された。この小説の中で、蚤の親方（彼は蚤の共和国出身である。これは偶然ではない）は或る驚くべき顕微鏡を造った。主人公であるペレグリーヌス・テュースは、この顕微鏡を使って他人の脳を細部に至るまで覗き込み、神経の活動から他人が何を考えているのかを直接読み取ることができるようになる。ホフマンはこうしたダーウィン的概念をもじって話を展開させ、おもしろおかしい場面をいくつも作り出す。かの顕微鏡を使ってペレグリーヌスは「血脈と神経が奇妙な網状組織をなしているのを見た。ところが同時にこの人々が非常に能弁に芸術や学問について会話を交わしている際に……彼らの血脈と神経は脳の奥まったところへと侵入してはおらず、むしろ元へ戻ってきており、彼らの考えていることをはっきりとは認識できないことにも気づいたのであった。ペレグリーヌスはこのとき目にしたことを蚤の親方に告げた。蚤の親方は、ペレグリーヌスが思考と見なしているものは、そもそも思考などというしろものではなく、思考になろうと努力しても思考にはなれない、ただの言葉に過ぎないのだ、と言った」。

ホフマンはこの愉快な小説の草稿で、ベルリンのとある治安判事官を大胆にも茶化した。そのため草稿はプロイセン警察によって没収される。ホフマンは、この草稿が出版される前に他界してしまうが、彼の妻が許可を得て一八二二年に世に送り出した。かの治安判事官への風刺部分は削除されたが、SF的ダーウィン心理学の部分は無傷だった。ウイリアム・ローレンスやパーシー・シェリーの例が示すように、仮にこうしたダーウィン的心理学の思想をノンフィクションの形式で発表していたとしたら、それは確実に日の目を見なかったであろう。

さてシェリーの妻、メアリー・ゴドウィン・シェリーも当時ノンフィクションという仕方では出版できない思想を小説の中で展開した。彼女は小説『フランケンシュタイン』で、心身関係についての、また道徳性の発達の本性についての思想を考察した。したがって、今日複数の研究者によって広く認められているように、『フランケンシュタイン』は、エラズマス・ダーウィンの死後、彼の思想が抑圧された数十年の間に、ダーウィン思想の継承者がいかなることを考えていたかを教えてくれる重要な資料である。一八一八年初版の『フランケンシュタイン』は、その大部分が、ダーウィン心理学の意味を考え抜いたメアリー・シェリーの努力の賜物である。初版の前書きにおいて、パーシー・シェリーは、フランケンシュタイン博士の造ったアンドロイドのようなものをエラズマス・ダーウィンが構想していたのは事実である旨を述べている。また第三版（一八三一）の前書きでは、メアリー・シェリーが、自分の夫とバイロンとの間で行われた創作コンテストが小説を書く契機となったこと、さらに生きたアンドロイドを造るには死んだ組織に再び生気を与える必要があるというこの小説中の基本的考えは、部分的にではあるが、エラズマス・ダーウィンの著作から思いついたことだと述べている。

小説中の登場人物の一人ヴィクター・フランケンシュタイン博士はエラズマス・ダーウィンの志を受け継ぐ科学者である。彼は「わたしは今やこの腐敗〔生きていた肉体組織の腐敗〕の原因と進行を調べることになった」と述懐する。そして生命を失った肉体の腐敗現象を研究することによって、フランケンシュタイン博士は「生殖と生命の原因を発見することに」成功したのである。しかし博士の発見は、生命の科学が因果的に研究可能であることを示すだけではなかった。心理学もまた因果的に研究できることを示したのである。メアリー・シェリーはハートリとダーウィンの思想に忠実にしたがって、フランケンシュタイン博士に見捨てられたアンドロイドの心の発達を記述している。この人造物は生まれたばかりのころ、「はっきりした観念など、これっぽっちもなく、すべてがごちゃ混ぜになっていた」。人造人間は、めまぐるしく変化する様々な感覚にかき乱されていた。ところがこれらの感覚の中には心地よいものが幾らかあり、それらが人造人間の心を陶酔させる。とくに家族という集団の人間関係を目撃したとき、人造人間にもっとも強烈な感じが湧き上がった。一人の老父が娘のために音楽を奏でている光景を見た人造人間は「奇妙な、身も心も圧倒されるような複数の感覚を覚えた。それらは苦痛と快楽の入り混じったもので、今まで一度も経験したことのないものだった」。こう描写することでメアリー・シェリーは、アンダーグラウンド心理学においてもっとも反発をまねくと思われる論点を際立たせている。すなわち、観念と連合したかたちで生じている様々な感じこそ、観念が生み出される際にも、観念が生み出された後でも、観念の起源や意味よりも重要なものだ、という点である。たとえ部分的であれ、心的生がそうした快楽主義的な連合原理によって組織化しているのならば、それまで考えられてきた永遠の魂というものは一体どうなってしまうのだろうか。

シェリーは同時代の流体唯物論的心理学の知見を用いて、言語や道徳の発生が、より弱い感じと、上述したような、社会的起源を持つ非常に強い諸感覚との連合によることを示した。アンドロイドは次のように語る。「わたしは、彼らが話す言葉が、聞く人の心や顔に、ときとして喜びや苦痛、微笑や悲しみを生み出すことに気づいた。これはまさに神わざだった。そしてわたしもこの神わざを習得したいと熱烈に願ったのだ」。人造人間は、身近な事物の名前や人物の名前と、それらの指示対象を懸命に連合させ、このわざを習得した。もっとも、恩師であるハートリやダーウィンと同様、メアリー・シェリーも、人造人間の経験が感覚に限定されているのに、苦痛の表情などの意味がどのようにして知覚されるようになるのかを説明しようとしていない。確かにシェリーは、単一な事物や人物であっても名前が多重に付せられること（例えば、アンドロイドの観察する家族の一員である青年は、フィリックスとも兄とも息子とも呼ばれている）を理解していた。しかし音声と意味とは、もつれ合った連合をなしているけれども、それは解きほぐすことができるのだという確信を彼女は持っていた。他方で、連合の中には、原理的にどのような状況下であっても容易にはなしえないような連合があることもシェリーは認めている。アンドロイドは、「よい、いとしい、ふしあわせな」のような言葉は聞き取ることができたが、その指示するものを把握することができなかった。これら両方の問題は、後の連合主義者たちを悩ますことになる。

唯物論的な心理学者によれば、そうした抽象語を理解するためには、経験は、他人と共に、また他人の振舞いと共になされる必要がある。十九世紀における、経験的もしくは経験主義的心理学と生得的心理学との対決はここに端を発している。標準的な形而上学では、善と悪、正義と不正の知識は経験に基づかないとされていた。いわんや、快不快の感覚を根拠にしているなどもってのほかであると見なされていた。クーザン、メーヌ・ド・ビラン、ステュワートといった面々の考えでは、われわれはみな、正義と不正を、直接にしかも直観的に把握していると見なされた。これに反して、もともとリードは、「道徳感覚」《moral sense》という概念は――善悪概念の把握は感覚だけによってはなされず、判断の形式が付加される必要があるというように――論理的に首尾一貫していない概念であると警告を発していた。先に記したリード以降の三人の思想家は、このリードの警告を無視したのである。リード自身は、道徳は経験的であると論じている（リードによれば、道徳判断や道徳の知覚は、行為の直観的規準、つまり神によって授けられた規準と結合した経験を根拠にしている）。このリードの見解は、アメリカの知識人、特にトマス・ジェファーソンに影響を及ぼしたが、十九世紀ヨーロッパでは、スコットランド学派の信奉者にさえ無視されたようである。リード以降のスコットランド学派の哲学者たちは、リードが論じた道徳の経験論に代えて、正義と不正の把握は生得的、直観的になされると主張したのである。道徳の経験論は、こうした伝統的形而上学者の主張に置き換えられてしまったのだ。

主流の形而上学は、リードの経験的倫理学を避けた。なぜなら、唯物論者によって十分に認められ、『フランケンシュタイン』の中でも語られていた一つの可能性を消去したかったからである。道徳的価値評価が経験に由来するのだとすると、仮に何らかの連合パターンが繰り返されれば、反道徳的怪物、すなわち人々が悪と判断する行為に快感を抱く人間を生み出せることになってしまうだろう。最初、主に歴史書を読む経験をしていたときには、アンドロイドは「心の中に、美徳をもっとも熱望する気持ちと、悪徳を忌み嫌う気持ち」を感じた。しかしアンドロイドが説明しているように、美徳や悪徳という言葉は「快感と苦痛だけに……関連している」ものとして理解されるべきである。だから、アンドロイドなる自分は人間にとって見るに耐えない存在であることがはっきりしてきたとき、まして自分の生みの親でさえ自分を恐れていることがわかってきたとき、アンドロイドには転倒した道徳心が発達したのだった。アンドロイドにとって、人間を殺すことが、自分の最大の苦痛を取り除くことであり、それゆえ最高の善になったのだった。

当時の批評家は、メアリー・シェリーの小説のこの点を非常に嫌悪し、シェリーは誤った道徳あるいは反道徳的立場を喧伝していると非難した。英国の雑誌「クォータリー・レヴュー」において、ある論者は以下のように書いている。「この種の小説は、われわれの嗜好や判断を逆撫でする。この小説の放つ力が大きくなればなるほど、それは悪趣味なものとなる。なぜならこの小説は、行為や習慣や倫理性に関して、何の教訓も説いていないからである」。人間を自然と同じ対象として扱う心理学、つまり伝統的形而上学に反して、人間に超越的な魂の存在を認めない心理学は、シェリーの小説と恐ろしいほど似通った、心の道徳性の発達のシナリオを提起することになった。唯物論的心理学は、社会にそなわる道徳の骨組みを脅かしたのだ。

自然的超自然主義とエロス的経験

フランケンシュタインのアンドロイドは、M・H・エイブラムズが説く、自然的超自然主義《natural supernaturalism》という教説の典型例になっている。エラズマス・ダーウィンとパーシー・シェリーは、魂を、力と性質が一定の配列をなしたものであると考えていた。そしてここで言われている性質には、基本的な生命力（例えば呼吸）から心理的な性質（感じと思考）にわたるすべての性質が属すると見なされていた。わたしの考えでは、こうした自然的超自然主義を心理学に応用することこそ、まさにカントが『純粋理性批判』において反対した事柄であると思われる。カントは『純粋理性批判』では、自分の論敵の名前をわずかにしか挙げていないが、その一つの箇所で、肉体は魂であるという教説を奨励したかどでプリーストリを非難しているからである。

しかし実際には、プリーストリの説く物質的魂の教説のうち、自然主義的な部分は、ほんの一握りである。プリーストリの議論（肉体は魂であるという議論）の大部分は、彼自身が信奉するユニテリアン派キリスト教教理に適合するように組み立てられている。プリーストリは、本来のキリスト教の教理（ニカイア信条に汚染される以前のキリスト教の教理）とは、三位一体説ではなく、帰一説《Unitarian》であると解釈していた。だからプリーストリにとって、イエスが復活するという契約は、イエスの肉体が復活することを意味していた。プリーストリによると、神は、人類が墓の中で腐敗した後であっても、肉体を構成する粒子を取り集め、人類を再構成する力を持っているというのである。

ヴィクター・フランケンシュタインは、こうしたプリーストリの異端的思想を範として、人造人間を創造したのかもしれない。しかし、メアリー・シェリーもエラズマス・ダーウィンも、復活について交わされていた神学上の論争には介入しなかった。シェリーもダーウィンも、永遠の魂といったキリスト教の「作り話」について議論することには関心がなかった。プリーストリの神学理論とは異なり、メアリー・シェリーの関心は徹底して自然に関わっていた。しかもまさしく現代の心理学の意味で自然に関するものであった。つまり、新たに誕生した有機体が、魂を獲得してゆく自然な過程とは一体どんなものなのか、有機体はどのようにして感じや思考、さらには正義や不正の知識を獲得していくのか、このことがシェリーにとって問題だったのである。

ところで、フランケンシュタインのアンドロイドは、何よりも、自分と同種の他者がいないことに困惑し、寂しい思いに打ちひしがれた。アンドロイドは、思考し会話する能力を身につけると、フランケンシュタイン博士に自分と同種の女のアンドロイドを造ってくれと要求する。またもやこうした話の展開は、エラズマス・ダーウィンの主要なテーマの一つを繰り返している。というのもダーウィンは、性愛というものを、種族の創造にとって根本的であると述べただけではなかったからである。ダーウィンは、他者や世界と調和している、一体化しているという心理的感じはすべて、性愛を核として希求されるとも考えていた。このテーマをシェリーは小説の中で披露したのだった。

　非常に洞察に富んだ注釈をエラズマス・ダーウィンに対して施したデズモンド・キングーヘレは、以上のようなテーマに関連して「有機体の幸福《organic happiness》」という概念について論じている。少なくともダーウィンにとっては、そしてまたシェリー夫妻にとっても、雌雄の区別を有する有機体システムは、どんなものであっても、競争と協力、不調和と調和という二つの対概念に対応する一組の感じを持っていると考えられていた。確かに、心地よい刺激を与えてくれると同時に啓蒙的でもある詩の中でエラズマス・ダーウィンが語った植物の性生活は、「擬人化」されていたために悪評が高かった。しかし、仔細に点検してみると、一見したところ擬人化のように見えるダーウィン学説の多くは、実は、ありとあらゆる生き物の心理にとってエロス的な感じこそが進化の上で決定的に重要な意義を持っているという考えを反映しているに過ぎないことがわかる。

　こうしたダーウィンの思想を背景にして、パーシー・シェリーが発展させたと思われるのが、自らの経験すべてがギリシャ語本来の意味でエロス的であるような物質的魂という概念である。ギリシャ語では、愛はエロースとアガペーという二つに区別される。この二つの愛の区別は、キリスト教の出現以降、より鋭く峻別されるようになった。そしてアガペーは、われわれがその愛を受けるに値する人物であるか否かに関係なく、人類に遍く平等に与えられている神の静謐な愛、神の恩寵と結びつくようになった。一方、エロースは、魂をかきたて、自らの外部へと進出し、外部の存在によって自己の魂を完全なものにするよう促す愛であった。エロースは、自己を動機付け、自分の中には欠けている徳をもった対象を探し求めるように促す。そして自己の魂には欠けている徳を持った対象と調和し、結合することができる（したがって完全なる神はエロースを必要としない）。自然的超自然主義者にとっては――新プラトン主義者とは対照的に――こうした自己に欠落したものを探し求め、それと結合する過程は、まさしく物理的過程であった。それは電気や磁気と同じように、エーテル体を通して成し遂げられる過程なのであった。

初期のパーシー・シェリーが書き上げた見事な詩の一つに、『アラスター』〔Shelley, P. B. 1901；Reiman, D. H. and S. Powers, eds. 1977；Clark, D. L. ed. 1988〕というのがある。この詩は、経験の本性を省察する内容からなっており、エラズマス・ダーウィンの概念である有機体の幸福、あるいはエロス的世界観とも呼べるようなテーマが主旋律として流れている。この詩を書いたころの若きシェリーは、世界内の万物を、愛を差し向けることのできる対象に他ならないとし、それゆえあらゆる対象は、経験と想像に適合する対象であると考えていた。さらにシェリーは、ダーウィンと同様、人間の有する他者への共感能力は、社会をその軌道にそって回転させる「重力」であると考えていた。加えて、これもまたダーウィン思想と同じであるが、シェリーにとって、性愛（性行為だけでなく、性行為にまとわりつく感じや思考の連合体）こそ、こうしたエロス的経験の真髄であった。『アラスター』（一八一六）の導入部（一 - 四行）で、シェリーは呼びかける。

　大地よ、大洋よ、大気よ、愛する兄弟たちよ！
　わたしたちの貴い母は、その体内で
　わたしの魂を育み、きみたちの愛を感じ自然を敬うこころをわたしに授けてくれた。
　わたしはその恩恵に報いよう。

　シェリーはこの詩の後半で、「詩人の血は／自然の盛衰と／神秘的に共感しながら、途切れることなく脈打つ」（六五一 - 六五三行）とも詠っている。
　周知のとおり、エロースについての古代ギリシャの理論はプラトンの『饗宴』で展開されている。一八一八年、シェリーは、もっぱら自分自身が利用することを目的として、この対話篇を翻訳した。いみじくも一八一八年は、あの『フランケンシュタイン』が発表された年である。これ以降のシェリーの詩には、プラトンの思想とダーウィンの思想が混合しているのが見て取れる。詩『感覚植物』（七四 - 七八行）を引用してみたい。

　感覚植物、それは鮮やかな花を咲かせない
　輝きも芳香も欠けている――どうして
　愛があるからだ――なんと神々しい愛だろう――底無しのこころは愛ではちきれそうだ

愛し求めているからだ——自分にないものを——美を!

こうしてパーシー・シェリーの心理学は、経験と認識を愛に関連させるという離れ業をやってのけた。愛は、魂を突き上げ、不完全な自己を克服するように促す原動力であり、この不完全な自己には、不完全な肉体や肉欲ばかりではなく、不完全な精神も含まれている。したがって、エラズマス・ダーウィンとパーシー・シェリーが提起した世界観は、神の作用によって動き出す時計仕掛けのニュートン的世界ではない。彼らにとって世界とは、生殖のみならず認識への欲望を掻き立てるあのエロースの作用によって生かされ脈打つ物質の世界なのである。

シェリーは四番目の著作『縛めをとかれたプロメテウス』(一八二〇)で、自分の規定する理想郷を様々な形で表現している。シェリーはこの作品で、ダーウィンの流体唯物論とシェリー自身のエロス的経験観を結合させ、それをメタファーとして用いながら、上述したような心理学的教説を要約してみせる。

人間、それはたくさんの魂が調和して一つになった魂である。
調和し合っている一つ一つの魂には、自己を制御する神々しい力がある。
海に注ぐ川たちのように、魂たちはみな、流れによって結ばれている。
ありふれた動作が美しいのは、愛が流れているからだ。

苦役も苦悩も悲しみも、いのちが緑に輝く木立の中では、
牙を抜かれた獣のように穏やかになる——けれど、まだ誰もそれを知らない。

人間の意志という船は、卑しい情熱や、おぞましい喜びや、
利己的な懸念とそれに震えながら従う想いをすべて積み込んで、
そしてまた、手引きするのは難しいが、命令に力強く従う霊とともに、
いのちが荒れはてた方々の岸辺に、愛による貴い統治をもたらそうと針路を取る。
愛が舵を取り、大嵐を翼にして進む船は、
船をのみこむ意気地もない波をついて進んで行く。（四〇〇－四一一行）

現代に生きるわれわれにとって、『縛めをとかれたプロメテウス』のような詩集から、経験についての何らかの理論を読み取るのは容易なことではない。というのも、韻文は、生命や経験について練り上げられた理論が表現されるには適当な手段であるとは思われていないからだ。われわれは、自然の愛などという言い方をされると、こうした言い方はどれも単に比喩でしかない、あるいは単なるカムフラージュに過ぎないとすぐに思い込んでしまう。

しかし、わたしが今ここで論じているのは、まったく正反対のことだ。シェリー夫妻のような作家たちは、心理学の理論を真剣に考察していただけでなく、それら心理学の理論は、まさしく科学的理論であると本気で信じていた。彼らが小説や詩の形式で思想を表現するた

めに払った努力は、先ほど述べた前提、すなわち、表明された思想は単なるその場限りのメタファーに過ぎないという前提がまさしく虚偽であることを示している。パーシー・シェリーは、エラズマス・ダーウィンが科学的思想を詩句で披露するという前例に影響されて、やはりダーウィンと同じように、自分の科学的思想を詩で表現したと考えるのが理にかなっているだろう。現にメアリー・シェリーは、韻文ではなく、ゴシック小説という形式で自分の思想を表明したにもかかわらず、彼女の意図が真剣な哲学的、科学的主張をすることにあったということは明らかである。

さて、この章で論じてきた詩的でエロス的で唯物論的な心理学、つまりフランケンシュタイン心理学と名づけても構わないような心理学は、まったくといってよいほど名声を得て繁栄する機会に恵まれなかった。それもそのはずで、フランケンシュタイン心理学の学説が平穏に広まることなど、そもそも不可能だったからである。メアリー・シェリーは、フランケンシュタイン心理学にゴシック小説の形式を被せ、この事態をうまく切り抜けた（加えて、空想科学小説という分野を切り開いた）。敵意に満ちた批評はされたものの、社会的に抑圧された存在者についてシェリーの行った分析は、きわめて好評であった。しかしながら、シェリー自身の道徳に関する見解を表明するために用いられたダーウィン流の科学的心理学は、その大部分が見過ごされることになった。読者は、そして批評家でさえも、道徳に対するシェリーの見解を裏付けている心理学を突き詰めて検討することなく、物語の中で表明された道徳的立場を批判したのである。

エロス的経験を主題とするパーシー・シェリーの著作、並びに思想は、メアリーのものよりもさらに悪い運命をたどった。メアリーの手により一八三〇年代末にやっとパーシーの詩集が出版されたとき、メアリーは様々な事情からパーシーの詩の多くを大幅に編集していた。しかもこの時期までに詩は科学的思想を広める手段としての役割をもはやまったく失っていた。確かにバルザックの作品や、ましてやあのスタンダールの作品にさえ、流体唯物論の思想を見出すことができる。しかし、結局のところ、流体唯物論の思想が厳密に科学的な体裁で登場することは一度もなかったのである。

魂を論じた、シェリーのすぐれた詩、『エピサイキディオン』（一六九－一七三行）には、以下のように記されている。

偏狭なるもの、それは、一つの対象、一つのかたちだけを
愛するこころ、熟慮する脳髄、
まとういのち、創造する霊である。
偏狭なるものたちは、こうして自らを永遠性にゆだねる墓を建てる。

シェリーは未完の論文「道徳論」で、こうした偏狭なるものへの非難を繰り返す。「利己的な人間と有徳な人間との唯一の違いは、前者の想像力が狭い範囲に限られるのに対し、後者の想像力は広い範囲にまで及ぶということである。知恵と徳が不可分であり、両者がそろ

って完全であると言われるのも、まさにこの意味においてである」。十九世紀は、シェリーが提起した魂の科学《science of the soul》が心の科学《science of the mind》に入れ替わり、後者が台頭する世紀となる。しかし、心の科学は、まさしくシェリーが記述したような狭い範囲に限定される科学でしかなかった。心の科学は、シェリーがかつて思い描いた広い範囲にわたる科学とは似ても似つかない代物だった。

第４章　協調関係にあったヨーロッパ思想のほころび

伝統的形而上学は権力者から支持された理論ではあったものの、心理学の理論としては安定していなかった。魂は自然的な存在《natural entity》ではない、したがって魂を真に科学的に究明することなど不可能であるというのが公式理論が押し付ける見解であった。しかし、伝統的形而上学を擁護する者の中にも、心の働きについて意味のあることを述べたいと願う者がいたであろうことは当然予想されよう。事実、そうした者たちの探求心に影響されて伝統的形而上学の安定性は崩れていったのである。例えば、ステュワートやアバークロンビーといった思想家たちは、一方で心と自然との関係を分析することは「人知を超えている」(J. Abercrombie, 1840? p. 25) と主張して譲らなかったが、他方こうした者たちが同時に強調したのは、心を唯物論的に説明することは誤りであり、この誤りははっきりと示すことができるということでもあった。心の唯物論的説明が誤りであり、そのことが証明可能だと主張することは、実は彼ら自身が、人間の批判的能力には限界があるとする自らの見解を裏切ることにつながっていたのである。

自然主義の登場

一八二〇年以降、様々な連合主義的な心理学理論が生じてきた。そうした理論が盛んになった理由は、伝統的形而上学の諸側面を自然化しようとする潮流の中で理解されなければならない。特に、今日連合主義者と言われる人たちは、人間の心の「法則」や「傾向性」として過度に一般化された説明に不満を抱いたのである。そして彼らは、一般化された法則や傾向性に替わるもの、つまり今日われわれが言うところの心理学的メカニズムを希求したのだった。こうした葛藤が如実に示されている証拠として、ドゥーガルド・ステュワートやかつて彼の学生であったジェームズ・ミルが心理学に寄せる評価には矛盾が含まれているということを挙げることができる。

「文芸復興期以降のヨーロッパにおける形而上学的・道徳的・政治的哲学の進歩に関する一般的見解についての論考」(一八一九年出版、『エンサイクロペディア・ブリタニカ』第四版の序文)〔Stewart, D. 1829b〕において、ステュワートは伝統的形而上学をしっかり擁護している。例えば、ジョン・グレゴリーが綴った医者への助言というエッセイを評して、ステュワートは次のように説く。グレゴリーが、「心と身体を統一する法則、並びに心身が相互に及ぼし合う影響関係についての法則」を強調するのは至極当然であると。しかしながら、これに引き続いて彼はこう警告する。「ここでは、心身を統括する法則というものだけが、……哲学的な関心が向けられるべき対象と見なされている。この極めて賢明な思想家は、心身統一の方式《*manner*》についての仮説に関しては」(四二五頁)それが科学的分析を受け付けないということを十分自覚していると。では、このステュワートの主張は本当なのだろうか。心を探求する者は、心身相関の法則もしくは規則性の基礎にある因果系列を一切発見しようとせずに法則についての一般的な議論を受け入れていると、ステュワートは本気で考えていたのだろうか。

十九世紀に提起される多くの理論を先取りしていたと思われるスコットランド啓蒙主義の偉大な医者、ロバート・ホイット（一七一四－六六）は、神経生理学についての著作の中で、ステュワートと同様に心の科学的探求に方法論上の限界があると論じ、さらに立ち入った議論を展開している。ホイットによれば、神経が心的生を支える方式を述べた仮説は、どれも無駄なものであり非科学的であるが、にもかかわらず心身関係を支配している幾つかのパターンについては、その法則を明らかにすることができるというのである。ホイットがそうした心身関係の例として考察しているのは、ある対象の観念もしくは記憶であっても、その対象が実際に身体に引き起こす反応とまったく同じ反応を引き起こすという現象である。例えば、おいしい食べ物を思い浮かべると、あたかも実際に食べ物を食べたかのように唾液が出始めるといった場合である。けれどもホイットがこの著作で批判しているのは、自らをニュートン的生理学者と自称する思想家たち（ホイットの念頭にあったのは、ジョージ・チェーン、スティーヴン・ヘイルズ、ウイリアム・ポーターフィールド、デイヴィッド・ハートリである）であった。というのも、この当時彼らは、神経生理学的過程が心理的過程に寄与する方式について何らかの仮説を発表していたからである。後にリードが、ロック、バークリ、ヒュームに対して行った批判は、ホイットの批判とぴったり重なっている。リードも、刺激によって因果的に引き起こされた印象は原因であり、感覚的な状態はその結果であるという、ロック、バークリ、ヒュームに共通する仮定を批判したのだった。

ところが十九世紀初頭の唯物論者たちは、ホイットとリードの議論をあっさりと忘れ去った。唯物論者たちは、物質的変化は心理的変化を因果的に引き起こすという仮定を立て、これを心と物との自明な関係と見なしたのである。もっとも、十九世紀前半の心理学を特徴付ける伝統的形而上学への批判は、唯物論的なかたちでは行われていない。つまり、この頃の心理学の主潮流をなす伝統的形而上学批判のほとんどは、唯物論的な心理学的見解を直接に述べたものではなく、自覚の上では、伝統的形而上学を踏襲した公式的な宗教的見解もしくは倫理的見解を述べたものだった。こうした一見したところ矛盾しているように思われる事態は、一八四〇年代末まで唯物論思想を公言することがヨーロッパでは非常に危険であったという時代状況を考えれば、それほど驚くに当たらないであろう。

哲学のスキャンダル

科学的心理学の不可能性を説くカントやリードの議論に対して伝統的形而上学が行った一つの応答は、新たな感覚を発明することであった。カントは、「哲学のスキャンダル」（カントが哲学という言葉で意味していたのは、今日のわれわれが科学と呼ぶものに近く、現代的意味での哲学ではないことに注意する必要がある）という言い方で、これまでの科学（哲学）のやり方では外界の存在証明は不可能であることを表現した。他方リードは、外界の存在証明の問題を避け、科学は外界の対象が存在するという自明な仮定を基礎にせざるをえないと主張するに留まった。カントは、こうしたリードの見解を越えて、仮に外界の対象の存在証明というものがあるとするなら、それはどのように展開されるのかを探究し、結局のところそうした証明の一種の代替品として超越論的議論を提示したのである。カントによると、因果的な相互作用からなり、時間と空間という形式をもつ経験的世界の存在を証明することができるとすれば、それは、人間の超越論的魂がこれらの経験的諸現象を構成する過程に参与していると仮定する限りにおいてなのである（つまり、時空間の外部に存在し、したがってあらゆる認識と経験を超越している魂自身が、空間と時間の創造に参与するというのである）。だからカントは自らを超越論的観念論者と呼ぶ一方で、また同時に経験的実在論者とも称した。現象的世界ないし経験的世界、あるいはわれわれが唯一経験可能であるところの世界だけが実在を証明できる世界であるけれども、この証明は超越論的な活動を行う魂を仮定したときにのみ可能となる、というわけである。

このように、カントは超越論的観念論を採用して外界の存在証明という問題に応答した。実際には、カントのこうした応答に賛成する者はほとんどいなかったのであるが、しかし多くの人々はカント的な問題の定式化には従うことになった。実際、ナポレオン帝政時代のヨーロッパでは、「哲学のスキャンダル」というカントの言い方は以下のような仕方で理解された。当時のヨーロッパでは、心理学が科学的であるためには、心を研究する者は「感覚主義者」でなくてはならなかった、言い換えれば、まず「感覚器官に生じた印象」を分析することから始めなければならなかった（「 」内は当時の言い方である）。というのも、一八〇〇年代の初頭、科学的心理学は感覚印象を分析しなければならないという見解が広く受け入れられていたからである。もちろんカントは、こうした感覚主義的なアプローチが甚だしい誤謬であることを指摘していたし、またリードはカントよりもずっと明確にこの誤謬を指摘していた。それにもかかわらず、カントやリードの批判は、ほとんど影響力を持つに至らなかった。こうして「スキャンダル」という言い方は、感覚印象だけからどのようにして外界、すなわち実在する対象の知識が演繹されるのか、その方式は何人も示しえないということを意味するようになった。もっとも、この問題は未だに解決を見ていないのであるから、そもそも解決不可能な問題であるといってまず間違いないであろう。

こうした意味でのスキャンダルを解決する試みは、それまで繰り返しなされてきたし、またその度に幾つかの教訓が蓄積されもした。そうした教訓の中で、おそらく最も重要なものは、ジョージ・バークリによる鋭い洞察に満ちた著作、『視覚新論』の中から引き出すことができる。一七〇九年、この若きアイルランド人の名を思想界にとどろかした『視覚新論』の中でバークリが繰り返し強調したのは、視覚における感覚（バークリはそれを、観念、もしくはときに知覚可能最少量《minimum sensibles》と呼ぶ）はすべて、光と色の斑点から成るということであった。この見方に従えば、われわれは、視覚だけでは固体的な対象を意識することはできない（いわば、眼は色の斑点を知るけれども、バラを知ることはない)。この本でバークリは「触覚は視覚の教師なり」と述べた。言い換えれば、視覚的な感覚と触覚的な感覚とが連合することによってのみ、われわれは外界の対象の知識を得ることができるとバークリは主張したのである。

この理論はたちまち人気を博し、現在でもなお広く説かれ、受け入れられている。しかしながら、以下に記すたった一つの疑問が、この理論の矛盾点をすぐさま露呈させてくれる。触覚の感覚とは一体何であるのだろうか。視覚は光の感覚だけを運搬すると想定されているので、外界について何の情報ももたらさない。しかし、触覚が外界について何らかの情報をもたらすとして、そうした触覚の感覚とは一体何であるのだろうか。『視覚新論』を発表した翌年の一七一〇年に世に問うた『人知原理論』で述べているように、実際バークリ自身もこの問題を自覚していた。触覚的感覚であっても、やはり視覚的感覚と同じように、固体的で延長をもった外界対象についての情報を一切与えないと考えていたのである。確かにわれわれは、触覚的感覚によって、それが熱いのか冷たいのか、ツルツルしているのかザラザラしているのかを規定することができる。だが、たとえこうした触覚的感覚が光や色と連合したとしても、それでもまだ触覚的感覚は実在する外界の対象を組み立てるのに十分な与件とはならない。サミュエル・ジョンソンが石ころを蹴っ飛ばしてバークリを「論駁した」とき、ジョンソンは、色のついた、肌理《きめ》の粗い感覚連合体を蹴っ飛ばすことなど不可能であることを十分承知していたのである。そしてバークリ自身もこのことを自覚していたのだ。だから結局のところバークリは、「触覚は視覚の教師なり」という公式を踏み石として、外界の対象は一切存在しないという教説に思い至ったのであった。カントの「哲学のスキャンダル」に火が着いたのは、バークリの物質否定論《immaterialism》と、ジョンソンの常識による物質否定論への論駁とが両者とも粘り強く説得力を持ち続けたから——また、両者を調停する基盤が欠如していたから——なのである。

このスキャンダルの一つの解決法は、触覚的感覚でも視覚的感覚でもない新たな感覚を発明することであった。つまり固体性と外部性という二つの印象を同時に受け取っていると予想される感覚を発明することによって、外界の知識を確保しようという解決策である。こうした考え方は、幾人かの思想家によって提起されており、その内容も人によって様々である。しかしそうした理論の中で、新たな感覚を最初に発明し、しかも最も大きな影響を及ぼしたのは、おそらくトマス・ブラウンの理論であった。

トマス・ブラウンが発明した筋肉感覚

トマス・ブラウン（一七七八－一八二〇）は、一八一〇年にドゥーガルド・ステュワートの後任としてエジンバラ大学の精神哲学講座を担当することになった人物であるが、ブラウンの研究者としての名声は、評判のよくなかった或る理論を批判した彼の若年期に始まる。ブラウンは、ヒュームがまだスコットランドのエリートたちにひどく呪詛されていた時期に、ヒュームの因果説で使用された用語を修正し、同時に、ヒュームの理論は、正しく解釈すれば、エラズマス・ダーウィンの唯物論的心理学、並びに骨相学の唯物論的な解釈を防ぐ防波堤となると正当な見解を述べた。ブラウンはこうした議論をすることで、ヒュームの理論を擁護したのだった。当該論文「エラズマス・ダーウィンの『ズーノミア』に関する考察」（一七九八）〔Brown, T. 1798〕でブラウンは、われわれの知覚経験が原因と結果について何の情報ももたらさず、ただ変化のパターンだけを教示するのみであると論じ、ヒュームが力説したのと同じ主張を繰り返した。論文の前書きでは、以下のことが記されている。「唯物論の体系の大部分は、その出自をまったく根拠のない信念、すなわち、われわれは因果の本性を直接知っているという信念に頼っている。……唯物論者〔とりわけエラズマス・ダーウィン〕は、観念だけでなく観念の原因が何であるのか、その本性も知っていると〔誤って〕主張している」。ブラウンは、このあざやかな切り口の批判的論文によって、弱冠二十歳の若さで一躍名声を獲得した。

さて、ブラウン自身の哲学は彼の講義に要約されている。この講義をそのままのかたちで収録した講義録『人間精神の哲学』（一八二〇）〔Brown, T. 1824〕は、ブラウンの死後に出版され、イギリス、フランス、アメリカで広範に普及した（またブラウンは、下手ではあるが好んで詩作に情熱を傾けた）。歴史家による型どおりの解釈では、ブラウンはリードの後継者と見なされるが実際はそうではない。ブラウン自身、リードとは哲学的立場が異なることをはっきりと認めているからである。リードとはまったく逆に、ブラウンは、われわれは外界の対象そのものを知覚してはいないと考えていた。ブラウンにとって、そうした外界の直接知覚説は、あの忌まわしい唯物論と同じ穴のむじなであった。「感覚器官の本当の対象は、離れた所にある対象ではなくて、生体器官の上に直接作用するものである。例えば視覚的感覚器官の対象は、光線を眼に与える太陽ではなくて、光そのものである。このことはまったく明らかである。……遠方の太陽が指し示されるのは、……［知覚とは］別の知性の原理、すなわち連合の原理、もしくは示唆《suggestion》の原理が働いた結果である。……この連合の原理がなければ、その都度その都度流れ去ってゆく感覚には、たいした価値がないということに当然なるだろう」。リードの考えでは、ある感覚器官の対象は、常に離れた所にある対象であり、また感覚と知覚とはまったく別ものであった。したがって示唆や連合の力をどれだけ借りようと、感覚が知覚に変わることなどありえない。しかしブラウンに言わせれば、こうしたリードの主張は、リードと唯物論者とが同類であることの証であった。ブラウンは、心理学を混乱と矛盾に導くものであるとリードが考えていたまさにその要因を――つまり、外界知覚の基礎をなしているのは感覚器官の受け取る印象であると仮定することを――心を説明する上で出発点としたのである。

ブラウンの感覚主義から示唆される一つの問題は、幼児は自己と自己でないものとの区別を感覚だけに基づいて学習しなければならないということである。仮にこの問題をリード的な方向で考えてみよう。すると、学習の過程は確かに必要ではあるが、幼児であってもやはり外界の対象を知覚しているという前提は揺るがず、この前提を基礎にして学習がなされることになる。反対に、ブラウンの立場からすれば、赤ちゃんは外界の対象を知覚することはできず、ただ感覚印象だけがあることになる。実はこの問題は、カントが述べた哲学のスキャンダルを自然化したものに他ならない。ブラウンこそ、哲学のスキャンダルを自然化し、それを心理学の中心的課題の一つとして十九世紀心理学に受け渡した張本人である。どのようにして幼児は、対象を自己の外部に存在するものとして、自己から独立したものとして知覚できるようになるのだろうか。どのようにして感覚だけに基づいて、このような知覚が可能になるのだろうか。こうした問いがブラウンによって設定され、後世に残された。ブラウンによれば、「生まれたばかりの状態では、自己と感覚とは分離されていないし、心の中ではいかなる命題も形成されていない。そうした状態では、わたしは感じる、あるいは、わたしは或る感じを意識している、ただそれだけである。しかも、感じと感じているわたしとは、この時点では同一である」。ブラウンが理解していたように、ひとたび感覚主義を受け入れると、幼児期の状態では「主体は、物的世界について何も知らないのと同様に、自己の身体についても何も知らない」ことになる。これは実に自明なことだ。ところが幸いにして「筋肉という構造物は、生物の運動装置の一部であるだけではなく、真性な感覚器官でもある。わたしが腕を動かした際に抵抗がなければ、わたしは何らかの感じを意識する。逆に、わたしの腕の運動が外界の物体によって妨げられたとき、先ほどとは別の感じを意識する」。この後者の感じが生じる際に、触覚は部分的な役割しか果たしていない。だから、この二つの感じの違いを構成するのは触覚以外の要素である。それは、筋肉感覚であり、この筋肉感覚から、われわれは固体性の感覚を得るのである。筋肉感覚がなければ、触覚は単なる痛みや快の感じにすぎないことになるだろう。ブラウンによれば、確かに触覚は視覚に外界の実在性を教えることはできないが（このことはバークリでさえ認識していた！）、もしかすると筋肉感覚ならば教師になりうるかもしれないという。またブラウンは、筋肉の感じには、三つの身体上の原因があることを論じている。一つは活性《alacrity》と、それと対を成す消沈《lassitude》〔筋肉の運動速度〕であり、第二に運動量《different degrees of motion》〔運動の範囲〕、そして第三に筋肉の収縮量《greater or lesser amounts of contraction》である。ではこれらの原因が、どのようにして外界の認識を助けるというのだろうか。ブラウンにとって、さらにはそれ以降の百何十年間に活躍したほとんどすべての理論家にとっても、この問題を解くカギは、こうした身体状態と結びついた二つの主観的感じ、つまり抵抗の感じと延長の感じにあった（ところで、抵抗感と延長感を基礎にして外界の知識が獲得されるという教説が、何ゆえイギリスに発生し、帝政時代の初期にヨーロッパの思想界を席巻するに至ったのだろうか。その理由を詮索することは実に興味深い。抵抗感と延長感をめぐる思想の発生と、当時の社会的事件との間にはどのような関連があるのだろうか。この点の考察は、それぞれの読者にお任せしたい）。

ブラウンは、バークリの「触覚は視覚の教師なり」という教説を受け入れる思想家は誤っていると言う。もっとも、バークリ自身はこの自分のテーゼを覆してしまうが、当時もそして今もこのテーゼを受け入れる者は後を絶たない。ブラウンによれば、慎重に触覚の感覚を分析してみると、触覚的感覚は外界についての情報を一切提供しないというのである。実際にブラウンは、同情しながらバークリを引用し、連合にあまりにも慣れ親しんでしまったわれわれにとって、触覚的感覚の分析はそれほど容易でないことを示唆している。われわれは「外部性《outness》」という観念と触覚的印象とを連合することにあまりにも慣れすぎているために（事実バークリは、視覚的印象に関して、外部性の観念との連合に慣れすぎていると述べていた）、外部性の観念と触覚的印象との連合体から実際感じられている触覚的感覚を分離するには大変な分析的注意力を必要とするという。

しかしブラウン自身は、まさにそうした高度な注意力を必要とする作業、言い換えれば、真の印象とこれに付随した諸々の連合要素とを分離する作業に成功したと主張した。そしてこの分離をすれば、抵抗と延長の印象はすべて皮膚ではなく筋肉に由来することが理解できると考えたのである。このブラウンの論点を少し詳しく見てみよう。まずその第一の部分では、筋肉感覚があるからこそ、心は身体の位置について知ることができるのだと論じられている。「確かにこれら筋肉の感じは、他のより強い感覚にさらされている間は、ほとんど気付くことができないかもしれない。しかし、筋肉の感じに注意を向けたときには、筋肉の感じには、視覚や触覚とは無関係に、身体全体の大まかな位置や身体の各部分の位置をあますところなく感じることができるぐらい十分な強さが備わっていることがわかる」。そしてブラウンは、普通は触覚に帰せられるスベスベやザラザラの感じが、本当は表面に手を触れるという筋肉の運動努力に対してその表面が及ぼす抵抗の違いに帰せられると主張する。

次にブラウンは、第二の論点として、触覚が外界対象の延長もしくは形（ブラウンは形状《figure》と呼んでいる）についての情報を与えるという考え方は首尾一貫していない点を論じている。「当然のことながら、もし心の外的な器官である身体の一部が四角形の型に押し込まれていること、もしくは四角形の表面が身体の一部に押し付けられていることを心が知ることができるなら、今問題にしている困難は消え去ることになるだろう。なぜなら、そのときには、心は間違いなく延長についての知識をすでに持っているからである。しかし、今探究しているのは、この延長の知識がどこに由来するのかなのだ」。したがって今問題にしているのは次のような問いである。われわれは一体どのようにして、何かが実際に四角形である（もしくは別の形である）ことを知るのだろうか。われわれはどのようにして形を知ることができるようになるのだろうか。この問いに対する解答として、ブラウンは以下のような一連の推論を展開した。この推論は、表現上の違いはあっても、十九世紀に活躍した主要な心理学者がほとんど一人残らず模倣した議論である。

最初、幼児には、対象を知らない意志作用、つまり単なる本能、もしくは本能に非常に似通った要因からなる意志作用がそなわっている。幼児は、この本能の意志作用に突き動かされて生まれて初めて自分の腕を伸ばす。そして腕の運動には何らかの感じが伴う。腕を動かす本能的な意志作用は五十回いや千回も繰り返され、筋肉が活動しているあいだは毎回同じ感じが生じる。この意志作用と、筋肉活動に伴う感じとが繰り返されるうちに、幼児は或る命題を直観しそれが真であることを感じ取る。それは、先行するものに続いて後続するものが生じるという実に単純な命題である。この命題は、今後の人生における、あらゆる期待作用の源泉となるのであり、またすべての行為を導くものとなる。しばらくたって幼児は再び腕を伸ばす。すると今度は腕の運動としては同じではあるが、これまで慣れてきた感じの進行とは違い、腕の前に置かれた対象に抵抗されてまったく別の種類の感じが生じ始める。幼児が意志的な努力をやめなければ、この新たな種類の感じは、いつもの感じの進行が半分も完成しないうちに徐々に増し始め、やがてはっきりした痛みになる。したがって、ここにはひとつの違いが存在し、それが幼い推論者を驚かせていると考えても不合理な点はないだろう。なぜなら、類似した感じが先行すれば後続する感じも類似するだろうと幼児が期待していることが、幼児の最初期の行為からさえ観察できるからである。……このように、先行するものが類似していれば後続する結果も類似しているという信念がすり込まれた存在者にとって、後続する結果が異なれば、このことは先行するものが異なることを必然的に含意する。……ところがその一方で、幼児はそれまで自己以外には何も知らないのであるから、違いということを意識したことがない。したがってこうした幼児にとって、抵抗の感じは何か未知なものだと思われるようになり、自分ではない何かによって生じたものだと思われるのである。

カントの認識論を細部まで熟知している慧眼な読者は、以上の議論から、ブラウンがカントの基本的アイディアの一つを自然化していることに気付くだろう。というのも、カントは、空間的知識が印象の時間的継起に基づいているかもしれないと考えていたからである。時間から空間へのこうした変換を説明するために、カントは悟性の有する超越論的構造に訴えることができたが、ブラウンにはそれができない。そのためブラウンは、幼児の心に洗練された論理的能力を帰属するように強いられた最初の理論家になった（ブラウンの時代より後、幼児はますます小さな推論者と見なされることになった）。例えば、ブラウンは、幼児は一種の論理学者であることを強調して、先の議論を続けている。彼は読者に次のことを銘記せよと指摘する。推論に用いられた言葉をはっきりと述べる能力は幼児にはないかもしれない。しかし、この発話能力の欠如から、幼児は誠実で合理的な論理的操作が遂行できないと仮定すべきではないと。そしてその上で、エラズマス・ダーウィンの詩『植物の園』〔Darwin, E. 1789–91〕第三編第四連を引用する。

そのとき――母は愛くるしい乳飲み子に身をかがめる
そしてけがれないその子を喜びに満ちた腕で抱きかかえる――
輝くひとみで無垢な略奪者は手に入れる
母のやさしい抱擁と愛の声を、
開かれたくちびるでいのちの泉をさがし、
もとめる手をのばす、やがて微笑みながら乳房を吸う。

こうした乳児の場合でさえ「多くの推論過程が進行している。この推論過程は、厳密な論理学の一例として、かのアリストテレス自身にも資するものであったかもしれない」。これが、ブラウンがこの詩に与えたコメントであった。こうして、ダーウィンが知覚経験と見なしていたものは、ブラウンによって論理学と感覚印象との組み合わせに帰せられた。ブラウンは、知覚をあたかも筋肉を介した推論過程であるかのように扱うことによって、十九世紀心理学の長い系譜の出発点を占めることになったのである。

筋肉感覚という概念の含意すること

以上で見たように、筋肉感覚という仮説は、哲学のスキャンダルの自然化されたヴァージョンを解決する試みとして機能したのだった。ところがそれは、外界の知識をそれまでにない仕方で説明してくれる興味深い仮説である反面、いくつかの危険を含意していた。こうした危険は、初めは認識されず、徐々に気付かれていくことになった。

最も大きな危険は、誰でも任意の感覚を発明できるという印象を与えてしまう点にある。はたして抵抗は筋肉の感覚なのだろうか。皮膚の感覚ではないだろうか。このことを決める手立てがまったくないのである。ブラウンの議論は、確かに大変示唆に富むものであることは間違いないのだが、それはブラウン自身が固執する心理学的内観法に調和させることができないのである。というのも、明らかにわれわれは筋肉を源とする内観的感じを持っていないからである。ブラウン自身も、われわれが抵抗を触覚的感覚として感じていることを認めている。ブラウンによれば、このように誤って抵抗を触覚的感覚に帰するのは、われわれが筋肉感覚と触覚的感覚とが連合していることに気付いていないためだとされた。しかし当然ブラウンに対して疑問がわいてくるだろう。通常は気付かれないままに進行する連合過程に、どのようにして彼は気づけたのか！　抵抗は筋肉感覚であるという主張は内観によっては確かめられないにもかかわらず、彼は一体どんな理由から、抵抗を筋肉感覚に帰することこそ正しいと確信するのか！　ブラウンはおそらく次のように答えることができるだろう。様々な感覚の身体的原因の分析に照らしてみた場合、抵抗は皮膚よりも筋肉に由来すると考えた方が、よりもっともらしく思われるからであると。確かにそうかもしれない。だが、この意見をどこまでも一貫させれば、ブラウンが望んだこととはまったく逆に、感覚の生理学は、内観による証拠の使用を制限する客観的科学に変貌することになってしまうだろう（実際にこうした方途は、十九世紀に数人の論者によって模索され、そうした考え方の結果として、実際に筋肉には感覚受容器があるという発見がなされた。ただしそれと同時に、われわれはこうした感覚受容器の発する信号に意識的にはまったく気付いていないらしいと考えられるようになったのである）。

結局のところ、内観に頼って感覚を探究するブラウンのような内観主義者は、その主張とは裏腹に、感覚をその物理的原因から探究する客観主義者の側に得点を与えてしまう。これは内観主義者にとって非常にまずい事態である。ところが、さらに悪い事態が生じる。ブラウンは一方で、筋肉という感覚器官からの印象は新生児であっても混じりけのない純粋な筋肉の感覚としては感じられないと言う。しかし他方で、筋肉での印象は論理的な証明の上での前提（前件）に相当するものであるとも言う。このように、外界の認識にとって重要な感覚所与が、純粋なかたちでは意識にのぼらないにもかかわらず、「厳密な論理にしたがって」思考されているに違いないとすれば、感覚所与を記録し、これに推論操作をほどこすとのできる強力な無意識的心がなくてはならないことになる。当然、この強力で無意識的な心は、幼児でさえ持っていなければならない。かつてバークリやその他の感覚主義者は、様々な印象とそれらの連合という二つの要因を基礎にしてわれわれの認識を説明した。この説明は見事なまでに単純で、そして簡潔でさえあった。これに反して、ブラウンとそれ以降の思想家は、この説明に加えて、少なくとも無意識的な印象というもう一つの層（バークリもしくは厳格な内観主義者にとってはありえないもの）、言い換えれば、無意識的な推論や思考を遂行している層を想定しなければならなくなった。

こうした帰結は、筋肉感覚という新しい感覚を導入するつけとしては非常に高くつくと思われる。この新しい感覚を導入すると、感覚という言葉がそれまで持っていた意味を完全に否定することになるし、それに加えて、印象や思考という言葉の意味にも混乱をもたらすことになる。こうした代償に見合うだけの価値が、この感覚の導入にあるのだろうか。こうした懸念は、リードの言葉を傾聴していた者にはすでに予想されていたのかもしれない。なぜなら、感覚印象という概念を基礎にして心理学を建設すれば知性の災難がもたらされる、そうリードは警告を発していたのだから。ところが驚くべきことに、ブラウンの時代以降であっても、リード（あるいはカント）へ回帰する心理学者はほとんどいなかった。むしろ大多数の心理学者は、急速前進し、無意識という未知のそして危険な海原へ漕ぎ出て行ったのだった。

心の運動理論

ブラウンは、連合主義、感覚主義、そして修正された経験主義を組み合わせて理論を構築した。そしてこの考え方は、一八八〇年代までのイギリスの心理学全般を（イギリスほどではないが、ドイツの心理学も）特徴づけるほど、多大な影響力を持った。ブラウンの心理学に含まれていたいくつかの革新的部分には問題点があったにもかかわらず、それらは等閑に付され、比較的短期間のうちに疑いをさしはさむ余地のないドグマと化した。感覚印象は知覚と知識の基礎に間違いないこと、ある何らかの生得的（しかも無意識的）な心的能力があると仮定すれば、ほとんどの知覚と知識の基礎をなしているのは学習に他ならないこと、そして、一般に学習には印象の複合体を連合する過程が伴っていること、こうしたブラウンの革新は、十九世紀の心理学的思考を広く支配したのだった。

さらにブラウンは（二十世紀の用語で言えば）知覚の運動理論と呼べるような見解を提示している。このブラウンの理論は、後の心理学者が空間知覚と空間認知を考察するための土台となった。ここでリードの知覚に対する見解をもう一度思い出しておこう。リードによれば、（外界対象の）知覚と感覚（感じている状態の意識）とは根本的に異なる心理過程であった。

　これに対してブラウンは、リードの言う意味での知覚と感覚との区別を自分は拒否すること、そして、筋肉が運動している際の感覚こそ、外界に関するあらゆる知識の基礎になると考えていることをはっきりと記している。こうしたブラウンの意見に従い、十九世紀のほとんどの思想家は、リードによる感覚と知覚の区別を、リードとはまったく異なる仕方で利用したのである。つまり、感覚とは知覚に変換されるものであり、感覚が連合過程、記憶過程、論理的判断のような過程を媒介にして変換され、知覚になると解されたのだ。実際にブラウンは以下のように主張している。「われわれは知覚という言い方で、……より普遍的な心の原理から生まれた何らかの連合過程と推論過程の結果を、……別の名前で呼んでいるに過ぎない」。心的状態の特別なクラスであれ、特定可能な心理過程であれ、様々な感覚の連合過程を越えたものとしての知覚を、ブラウンはとにかく消去したかったのである。ブラウンからの影響をはっきりと述べているわけではないが、ジョン・スチュアート・ミルも、こうしたブラウンの立場を採用し、後の心理学に絶大な影響を与えることになった。少なくともリードが用いた意味での知覚は、世界についての情報をもたらす本来の源であり、感覚や連合や推論を基礎にしていなかった。だからブラウンは、知覚が真に感覚とは区別された心理過程であることを否定しなければならなかったのである。ブラウンにとって、リード的な意味での知覚は、元来唯物論的であり、したがって拒否しなければならない。二十世紀に知覚を研究することになった大多数の者は、リードが知覚と呼んだ心理過程というものは厳密に言えば存在しないと認める点で、ブラウンの見解に従ったと言える。ブラウンの文章を引いておこう。

われわれは、ある感じを外界の物質的原因と結びつけている。しかし、まず最初に生じた感じそのものは、感覚と呼ばれるものなのだ。その次に外界の原因を指示する働きが生じることで、この感じは知覚という名で呼ばれるものになる。知覚とは、最初に生じた感覚に外界の原因を指示する働きを付け加えたものでしかない。では、この指示作用とは一体何なのだろうか。この作用が働くことで、感覚には知覚という新たな名前が与えられるのだが、その作用とは何なのだろうか。それは、ある抵抗する延長物を示唆する《suggestion》ということである。つまり、この抵抗する延長物が存在することが、一度特定の感覚を伴って見出されることがあると、それ以降は、この感覚の方が基になって当の延長物が指示されることになるのである。

ブラウンは、これに続けて、この「示唆」には、あらゆる感覚（視覚的・触覚的・聴覚的等の感覚）と筋肉感覚――身体行為に抵抗する感じ――との連合を必然的に含むので、もし筋肉感覚がなければ、知覚（外界の対象の認識）は不可能になると明確に述べている。そして「われわれの様々な感覚のうち、あるもの（筋肉感覚）を除く他のすべての感覚を考察してみると、リード博士が知覚と呼んだ特殊な心的能力の働きとは、記憶もしくは連合の持つ示唆の働きに他ならないということは明らかである」と論じた。さらにブラウンは、抵抗の感じでさえリードが言った意味での知覚というよりは、むしろ一種の直観的信念、つまり筋肉運動の原因が外界に存在すると直観的に信じることであると論じたのであった。

こうしたブラウンの理論を系統立てて整理し、発展させたのがジェームズ・ミルであった（これまでのわたしの説明では、読者はおそらく、ブラウンの理論が実に明快でよくまとまっているという印象を受けたであろう。しかし実際は、幾頁にもわたる体裁ばかり凝ったぎこちない文章に、彼の理論は埋もれている）。ジェームズ・ミルは、いくつかの連合原理を発展させ、融合感覚《*fused* sensation》という重要な概念を導入した。融合感覚とは、二つ以上の感覚からなる連合体がくり返し生じたり、それらの感覚の強度が強いために、単一のものとして感じられるようになった感覚を指す。ミルはこの概念を、外界の対象を知覚する多くの場面に適用した。例えば、外界の事物を視覚的に意識していると思われる場合であっても、視覚的感覚と筋肉感覚や触覚的感覚との融合感覚が基礎となっていると論じた。

こうした筋肉感覚をめぐって否応なく際立ってしまう最大の問題は、すでに強調したように、筋肉感覚は決して意識されることがないと思われる点である。ブラウンやミルの意見では、われわれは常に筋肉感覚を感じていなければならない。ところが、匂いを嗅いだり、何かを見たりする場合とは異なり、通常は筋肉の感じがあるようにはまったく思われない。ジェームズ・ミルは、一方では、安静《rest》、不快《discomfort》、伸張《stretching》の感じを筋肉感覚の候補であるかもしれないとほのめかしているが、他方で、「心臓のように、恒常的に激しい活動をしていながら、それに随伴する感じを一切知ることができないような筋肉が確かに存在する」ことにも気づいていた。しかしそれでも「こうした事実は」、感じることのできない感じなど存在しないことの「論証とはならない」とされた。なぜなら、意識できないということは、習慣によって注意が向かなくなったという事実によって説明することができるからだ、というのである。一八六九年になってやっと、父親の復刊本を編集していたジョン・スチュアート・ミルが事の重大さに気づく。彼は、後のすべての連合主義的心理学者が依拠することになるこの矛盾を「感じられない感じのパラドックス」と表現した。確かにわれわれの知識はすべて感覚に由来するのかもしれない。そして感覚は、最も単純な感じのあり方であるかもしれない。さらに、感じは単純な心的（意識的）状態であるかもしれない。しかしながら、感覚が知覚へと変わる様式を連合主義的に説明する限り、そうした説明はどれも、多くの感覚は気づかれていないということを認めざるをえない。このことは筋肉感覚だけでなく、視覚やその他の感覚モダリティーにも当てはまる。例えば、光源や視覚対象に対して観察位置を変化させた場合を考えてみよう。この場合でも、われわれは対象の色相が変わったことを（たとえ意識することがあるにしても）ほとんどの場合意識することはない。光源との位置関係が変化した際に変化する色相の感覚は、連合主義者の考えによれば、対象の色を見るということが成立するための最初の基盤であるはずなのに、通常ほとんど意識されていないのである。

さて、意識されない感じを持つという仮説を設定しようとするなら、この仮説をどこまでも徹底しない理由などないだろう。われわれは、押すや引く、あるいは光点や接触点といった感じ以外に、何かについての情報を直接与えてくれる感じを本当に持つことはできないのだろうか。実際、ブラウンと同世代の二人の理論家は、こうした方向で自らの思想を展開した。一人はフランスのメーヌ・ド・ビラン（一七六六－一八二四）、もう一人はドイツのアルトゥル・ショーペンハウアー（一七八八－一八六〇）である。この二人は、それぞれ理由は異なるが、自己自身の意志努力はわれわれに直接意識されていると説く点で一致していた。彼らによれば、われわれには筋肉印象とは独立した努力するという感じ、何かをしようとするという感じがあり、この感じは努力活動をしている魂自身の内で直接把握されていると想定された。また彼らと同時期に広範な人気を博していた「光明派《illuminism》」一派（エマヌエル・スウェーデンボルグの教説に部分的に由来する）も、個々人それぞれは自己自身の魂を直接意識し、しかも魂の内の神性さえも直接意識しているといった思想を説いている。実際にメーヌ・ド・ビランとショーペンハウアーの数点の著作には、こうした光明派の思想を連想させる部分が見られる。おそらくそのために、彼らは当時ほとんど影響力を持たなかったが、一八四八年以降、唯心論への関心が高揚した時期になると、二人の名は人口に膾炙するようになった。十九世紀初頭、こうした努力の感じを説く理論家は表向きはほとんど注目されなかった。しかし、一八五〇年代までには、筋肉感覚は様々な形式の努力感覚に頻繁に置き換わってしまう。ミル父子の連合主義と同一視されるような理論においてさえも、筋肉感覚は努力感覚の影に覆われることになった。

アレグザンダー・ベイン（一八一八－一九〇三）は、通常、ミル父子の連合主義の後継者と見なされ、知覚と意志についてミル父子よりもさらに経験的な説明を展開したと言われている。ところが実際には、ベインは筋肉感覚と同等もしくは筋肉感覚以上に、努力感覚の重要性を指摘していた。ベインはブラウンやミル父子の理論を修正し、今日の知覚の運動理論に極めて親近性のある理論を作り出したのであった。ベインが何よりも注目したのは、筋肉やその他の器官の印象受容能力ではなく、幼児や動物の自発的な活動能力であった。彼は、証拠となる心理学的に重要な事実は通常の行為の際に全身の筋肉が緊張し括約筋が閉じることであると指摘し、そうした筋肉活動の重要性を強調した。というのも、連続的で多階層にまたがる運動活動こそ、動物的生命の基礎部分をなしていると考えられたからである。ホイット以来、こうした筋肉活動の重要性を最初に指摘した科学者は、他ならぬベインだった。

ベインは、知覚それ自身は単に先行する筋肉の感覚作用《*sensing*》に依拠しているのではなく、先行する運動活動に依拠していることを強調し、まさしく最初の真性な知覚の運動理論を提示した。ベインによれば、身体活動の結果としてのみ筋肉の感じは生じるのであり、そしてこの結果として生じた筋肉の感じがあるからこそ外界の対象は知覚されるというのである。現代の用語を用いて表現するとすれば、ベインにとって筋肉感覚とは、反応が引き起こした《response-produced》感覚ということになる。ブラウンによれば筋肉感覚は抵抗についての情報を与えるとされたが、ベインはこうした筋肉感覚の存在に加え、運動と結びついた筋肉の感じには、抵抗以外にさらに二種類の情報が含まれると指摘した。そのひとつは努力の感じ（注意という心的な努力をした際の感じ）であり、もうひとつは筋肉の収縮度合い（身体への注意という努力の一種）の感じである。さらにベインはこの知覚の運動理論から、信念について独自の考え方を引き出した。ベインによれば、信念というものは、心的な状態であるだけではなく、行為の準備状態でもある。実際に人が何かを信じているということは、その何かに基づいた行為をその人がしようとしていることに他ならないというわけである。こうしてベインの心理学は、プラグマティズムの舞台を用意したのだった。

ところで、心の運動理論を展開した者の中には、もう一人見過ごすわけにはいかない重要な人物がいる。ウイリアム・B・カーペンター（一八一三–八五）である。名高い比較解剖学者であり、また「哲学的解剖学者」ロバート・グラントの弟子でもあったカーペンターは、一八四二年、ユニテリアン信仰のために、エジンバラ大学医学部の職を却下されてしまう。一八四四年には、進化について書かれた忌まわしい小冊子、『創造の自然誌の痕跡』の著者としての嫌疑が流布し、否認状まで発布するはめになった（カーペンターは、この著作の本当の作者であるスコットランドの博識家、ロバート・チェンバースと後に親交を結んでいる）。こうした経歴を持つカーペンターは、自分の研究している神経心理学が脳と心の科学をめぐるガルの考え方をさらに発展させ改善したものであると、はっきり認めていた。大多数の真摯な骨相学者と同様に、カーペンターもまた活動的な道徳改革運動家であった（彼は特に、飲酒反対運動に協力した）。ところが骨相学者とは異なり、彼はハートリ（ユニテリアンにとっての英雄）の教えに従い、スコットランドの哲学者たち（長老教会派にとっての英雄）には背を向けたのである。十九世紀初期の著作家たち（例えばエラズマス・ダーウィンやジェームズ・ミル）は、ハートリの連合主義に最新の成果を盛り込む必要性があると説いたのに対し、カーペンターは、ハートリ理論の持つ連合主義とは別の側面、具体的には、意志と道徳判断をめぐるハートリの研究方法を十九世紀半ばの科学界に持ち込もうとしたのである。カーペンターが心について記した最も重要な著作は『精神生理学』（Carpenter, W. B. 1891［1874］）である。カーペンターには、一八四〇年代、五〇年代を通じて何度も版を重ねた『人間生理学の原理』（当時この本は、非常に多くの人々に読まれた）〔Carpenter, W. B. 1847〕という著書がすでにあった。『精神生理学』という本は、この以前の著書において扱われた問題を論じた長い章から構成されている。もっとも、多くの点で、カーペンターは移行期に属する人物であった。というのも、彼は自分の仕事を時折、生理学的形而上学とさえ呼んでいるし、また「性格」と性格形成は心理学における中心的課題であると強調するところなど、ハートリの思想だけではなく、ガル、シュプルツハイム、クームらの著作をそのまま模倣しているからである。

ベインは心の運動理論を認識論に応用したのに対し、逆にカーペンターはそれを存在論に応用する傾向があった。カーペンターは「宇宙の物理的なすべての力は、神の心的な力が直接顕現したもの」だと扱っている。ロッツェは、神が宇宙を創造したことと、人間の魂が心という「ミクロコスモス」を整序したことを類比させた。ロッツェと同様にカーペンターも、力や形式に関するあらゆる観念の源泉を活動の経験に求めるという考え方が、「自然の様々な力の相関性」をめぐるカーペンター自身の思弁と興味深く対応することを見出したのである。カーペンターは次のように記している。「二つの議論、すなわち物理力、生命力、心理力の相関性から始める議論と、……われわれ自身の主観的意識から始める議論」は対応している。「この発見は、わたしにとって極めて興味深い」（『精神生理学』六九三－六九六頁。また一〇一－一四頁も参照のこと）。

そしてカーペンターは、神と、意志に関する彼の概念によって捉えられた人間の魂との間に、ひとつの重要な対応関係を発見する。神は宇宙全体から情報を受け取り、（神が真に全知全能であるならば）関連するすべての情報に基づいて行為するはずであるのに、神の行為はそうした情報によって決定されはしない。同じことが人間の魂あるいは意志についても当てはまる。人間の魂も関連するすべての情報を受け取ってはいるが、受け取っている印象に依存しないで人間は行為することができる。カーペンターは、ベインと同様に、どんな活動であろうと活動それ自身が新たな感覚印象を生み出していると考えていたが、ベインとは違って、印象を二つに峻別したのだった。ひとつは、反射のように脊髄や脳の神経管を単に活性化するだけの印象で、もうひとつは、行為に先だって意識化された思案《deliberation》に必ず随伴する印象である。カーペンターは、後者の印象は自由で随意的な行為をする際に存在する印象だと指摘する。しかし自由な随意的行為を強調すると同時に、大部分の習慣化された行為はそうした思案を必要とせず、「自動的に」遂行されるとも指摘していた（この「自動的」という言葉は、ハートリの用いた「二次的な非随意的行為」の代わりに導入された)。神は、宇宙がほとんど常に神の意図とは関係なく宇宙自身の力で活動するように宇宙を設計した。これとまったく同じように、人間の心は、身体がほとんどの場面で意図とは関係なく「無意識の大脳活動《unconscious cerebration》」に基づいて自動的に行為するように身体をしつらえたというのである。事実、習慣化されたいくつかの行為は、大脳的であると同時に無意識的でもある反射のような機構によって明らかに遂行されている。こうした機構に大脳反射《cerebral reflexes》という名をはっきりと付したのはカーペンターである。もっとも、この考え方の創始者は、トーマス・レイコックであることを彼は認めている。

大脳反射の応用と伝統的形而上学の終焉

さらにカーペンターは、大脳反射という概念を特異な事例にも応用した。彼は、この概念を用いて、今日では解離性状態と呼ばれる現象やブレイドの催眠効果を説明したのである。もし催眠術師が患者の意識的な注意をそらしたり、意識的な注意を弛緩させることができるなら、催眠をかけなければ活性化しないはずの習慣化された大脳反射を術師は引き出すことができるかもしれないというわけである。この見方からすると、催眠状態とは、自動運動《automatisms》と無意識の大脳活動が意識的な思案や行為を支配してしまった状態である。例えば、催眠術師は、患者の目の前にある対象が本当はタマネギであるのに、それをリンゴであると信じ込ませているかもしれない。そしてこのとき、リンゴであることを信じている状態に正しく対応する自動運動が真に活性化するならば、タマネギを見ている通常の意識状態では決してしないだろうが、患者は当然その「リンゴ」に噛り付くのである。そこでカーペンターは、彼が観念運動行為《ideomotor action》と呼ぶ行為を二つの形式に区別した。ひとつは、観念が意識され自由に思案される場面で行われる行為であり、通常の随意的行動である。そしてもうひとつは、観念が思案以外の何かから生じる場合に行われる行為である。後者の場合には、観念は思案以外の何かから生じたにもかかわらず、大脳反射を触発し、行為が引き続いて行われる。カーペンターは、当時流行していた多くの「心霊」現象、例えばトランス状態になった霊媒者が死後の魂からのメッセージを音声で伝えるといった現象は、この第二の種類の観念運動活動を引き合いに出すことによって説明できると提案した。こうしてあのブラウンの「示唆」という概念は、カーペンターの「暗示感応効果《suggestibility》」という概念に変貌した。そしてこの概念によって、人間の中には第二の種類の観念運動行為に特に高く依存している人々がおり、そうした人々は意識されない観念を自分自身の力で行動に表出できる、もしくは催眠術師の力を借りて行動に表出できるということが理解されるようになった。この暗示感応効果に関する理論を利用して、ウィルキー・コリンズは、イギリス初の推理小説である『月長石』〔Collins, W. 1958［1868］〕のハイライトに不可思議な場面を作り出している。この理論はまた、シャルコー、ビネーに始まりブロイアー、フロイトに至る精神分析学の古典時代にも多大な影響を及ぼすことになった。

一八四〇年代までに伝統的形而上学は死に絶えた。なぜなら、内観主義を維持せよと説く人々であっても、その多くは、もはや内観法によっては魂の科学の構築は不可能と信じるまでになっていたからである。内観主義者を自称するほとんどの研究者は、自身の研究を続けるうちに当初の理想を裏切る結果を招いた。それどころか、魂の理解のためには、もっと自然主義的な方法と理論を発展させなければならないという信念が広く浸透していったのである。しかし、この十九世紀中葉に模索された理論は唯物論的な魂の理論とはならなかった。それは唯物論的ではなく、自然主義的な魂の理論であった。ほとんどのまっとうな理論家は誰ひとり唯物論的な理論を提起しなかったのだ！　自然主義的な理論であっても、それまでなじんできた内観主義者の方法を含むことはできたかもしれない。しかしまた、そうした古い方法を越え出なければならなかったのである。今や筋肉感覚や努力感覚は、解剖学や生理学の広範な知見なしには完全な理解が得られない時代へと突入したのだ。そして、意志作用の重要性が理解されたために、少なくとも、ベインのように意志の力を自然誌的に考察することや、カーペンターやその他の研究者のように酩酊状態、夢、催眠の研究に見られるような意志の分裂を解明する作業が要請されたのだった。

第５章　自然的形而上学の短い生涯

一八一五年から一八三〇年のあいだ西欧世界を牛耳っていた伝統的形而上学は、一つの理論あるいは複数の理論に突然にとって代わられたわけではなかった。伝統的形而上学は、さまざまな思想家によって、理論体系の表立った部分を少しずつ切り崩されていったのである。筋肉感覚であれ、努力の感覚であれ、理論家たちがそれらの新しい感覚を認めるよう主張したことが理にかなっているとすれば、外界を知ることは不可能であるとする伝統的な主張の多くは、誤りであることが示されうることになる。というのも、これらの伝統的な主張が根拠にしているわれわれの感覚経験についての目録は不十分だったということになるからである。つまり、連合主義者の理論には、筋肉の努力感覚に関連した連合も含まれるということになるので、連合主義に対する伝統主義者の批判の多くは的外れであることが示されることになる。このように、伝統的形而上学に対する攻撃は、その認識論的前提と心理学的前提の両方に挑戦するものであった。

他方で、伝統的な見解の存在論的な基盤を批判した思想家たちもいた。この議論の筋は、明らかによりリスクが大きかった。というのは、批判者は常に唯物論者あるいは無神論者だと非難される可能性があったからである。実際、何人かの批判者はこのように攻撃され、また多くは「スピノザ主義者」であると批判された（この呼び名は、正統派にとっては依然として唯物論者の無神論を意味しており、また、通常は秘密警察の注意を招く言葉であった）。とはいえ、伝統的な見解はまさにこの存在論に関して大きな弱みを持っていた。すなわち、ひとたび心的状態と身体状態との関係を体系的に示すことが可能になれば、正統派教義がそれを禁じたにもかかわらず、心的生の物的基盤に関して仮説をたてることは適切な試みであるように思われたからである。

説教壇や聖書朗読台から説かれた伝統的形而上学の不適切な点は、心理学を自然科学として扱うことに対して伝統的思想家が抵抗していたことに由来していた。伝統的形而上学者の大半は、（現在われわれがそう呼ぶところの）心理学が科学になりうるということを、リードやカントのように否定はしなかったが、かといって心理学を科学に仕立て上げるという目標を積極的に追求したわけでもなかった。それどころか、十九世紀前半の主要な理論家の大半が主張していたのは、心の哲学や精神哲学（イギリス）、心理学（フランス）、プネウマトロジー（スコットランド）、あるいは形而上学（この学問分野はヨーロッパ全土でしばしば依然としてこのように呼ばれていた）などと呼ばれる学問は、自然哲学（一八三〇年代になって初めて自然科学もしくは物理学と呼ばれるようになった）とは異なるということであった。

この主張が意味しているのは、正統派の教義がごくわずかであれ緩やかになったということである。つまり、心理学が自然科学になりうるということは必然的に偽なのではなく、事実として偽であるに過ぎないといわれるようになり、このことが、今日ではほとんど知られず、またごくわずかしか理解されていない思想家たちに対して扉を開くことになった。十九世紀の終わりには心理学は心《マインド》の科学（さらには行動の科学）と見なされるようになるのであるが、この方向へ向かう最初の動きは、魂の自然科学を作り出そうとした思想家たちによってなされたのだった。魂の自然科学という言葉は、実証主義を通過したわれわれの耳にはナンセンスにさえ聞こえる。しかし、一八一五年から一八四八年のあいだに学究活動を開始した理論家のうち、最も重要な人々の多くは、このようにして形而上学を自然化し、魂を科学的に探求しようと奮闘していたのであった。

形而上学を自然化する

これらの理論家の多くにとって原動力になった根本的な思想は、（カントやリードが述べたことに反して）魂は自然界におけるある種の力として存在するというものであった。この力はしばしば、ある種の物理現象や心理現象と同一視された。最もよく知られた例はメスメルの「動物磁気」で、彼はこれを特別な種類の磁気と同一視し、またある種の心的現象（磁気睡眠や磁気混乱と呼ばれた）とも同一視した。しかし一八一五年にはすでにメスメルの弟子A・M・ピュイセギュールが、動物磁気は本来的には心的な力（われわれならこれを暗示感応効果と呼ぶであろう）であると主張し、この説がメスメルによる動物磁気の物理主義的な説明に対抗するようになっていた。

フランクリンによる電気の一流体説と、一八二〇年代のアンペールとファラデーの仕事にはさまれた時期には、物理理論は混乱した状態にあった。そのために、われわれの思考、感じ、行動に影響を与える「自然の」力についてさまざまなことを述べやすい雰囲気が生まれていた。電気、磁気、熱、そして重力は自然の力として理解され、何らかの仕方で相互に関連すると考えられたが、相互の関係はぼんやりと理解されているに過ぎなかった。このように知的に曖昧な状況があったことで、魂の活動はこれら諸力のあいだの何らかの関係に基づいていると考えられるようになった。さまざまな力の相互変換が可能であることは、十九世紀の中頃まで証明されることも理解されることもなかった。しかし、多くの理論家、とりわけエルステッド、シェリング、エラズマス・ダーウィンといった人々は、電気、磁気、熱、光、その他の力は、実は一つないしは二つの基本的な力が変形したものであるという可能性に思いを巡らせていた。しかし実験と論証が想像に追いつくには、多くの年月を要したのである。

このような状況では二つの結論がきわめてもっともらしく思われた。第一の結論は、魂の状態は、まだ発見されていない物理的な力、あるいは力の形態と関連しているだろうということであり、第二の結論は、そのような力に関する目下の理論では、今後生じるであろう多くの重要な問題を解決するには不十分であるということである。アンドロイドの創造のような出来事も「不可能ではない」というエラズマス・ダーウィンの見解は、若きメアリー・シェリーだけでなく、ヨーロッパ中の思想家たちによく理解されていた。しかし、彼らの多くが考えたところによれば、ダーウィンは物理的な力の存在を強調したことで、あるきわめてもっともな可能性を見過ごしていたのである。すなわち、ある種の心的あるいは霊的な力によって生命と心をよりうまく説明でき、しかもこれらの力は自然に関する新しい理論に貢献しさえするという可能性である。

　台頭しつつあったこのような見方からすれば、伝統的形而上学に欠けているのは、（ニュートン力学をモデルにしつつも、それと同一ではない）力との関連で心的生を捉えることのできる適切な概念であった。こうした心的な力の最も有力な候補は意志であった。少なくとも三人の重要な思想家が、意志は、われわれ自身の力の存在を示す、直接的で内観的な証拠であると主張した。すなわちヨハン・フリードリッヒ・ヘルバルト、そして第4章で述べたメーヌ・ド・ビランとショーペンハウアーの三人である。もう一つの有力な候補はある種の生命力で、これはあらゆる生物体が本来持っている一般的な種類の生命力か、あるいは神経系にのみ見出されるより特殊な生命力のいずれかであると考えられた。このうち後者の神経エネルギーあるいは神経力は意志と同一視されたかどうかははっきりしない。しかし、一八三〇年代に神経生理学の教科書を出版し、大きな影響を及ぼしたヨハネス・ミュラー（一八〇一－五八）は、神経力という考えを支持し、そのうちのあるものは意志であり、他のものは感覚力であると考えた。ミュラーは「特殊神経エネルギー（傍点引用者）」について語ったが、これは異なる種類の神経経路が、それぞれ異なる種類の心的な力に対応するということを主張するものであった。しかし皮肉なことに、ミュラーの弟子ヘルマン・フォン・ヘルムホルツは、エネルギー保存の理論を提唱した最初の人物で、彼はすぐにこの発見を用いて、師のお気に入りの概念であったこれらの心的な力は実在しえないと論じた。しかし、ヘルムホルツらはミュラーの心的な力の存在論は放棄したが、それにもかかわらず、異なる心的状態は異なる心的な力に基づいているという説明は維持した！　こうして十九世紀の後半になっても、様々な感覚状態のあいだの違い（たとえば、色を見ることと音を聞くことの違い）は、ヘルムホルツによってさえ、異なる特殊神経エネルギーの結果として相変わらず説明されていた。もっとも、この言葉はもはやミュラーが意図したことを意味するものではなかったし、そのような神経エネルギーが自律的な心的な力として存在していると実際に信じている者は、ほとんどいないに等しかった。

当然ながら、これらの魂の自然科学者たちは一つの学派を形成していたわけではない。しかし、彼らを自然的形而上学者という名のもとにくくっておくと好都合だと思われる。というのも、結局のところ、最も影響力のあった者も含め、彼らはみな、伝統的形而上学と自然科学としての心理学との間の移行期に位置する人物であるからである。エネルギー保存則の発見と実証主義の勃興によって（両者は無関係な出来事ではない）自然的形而上学が維持不可能なものになったときには、魂の自然科学という理念はまだ誕生して一〇年から二〇年そこそこであった。しかし、その短い生涯の間に、魂の自然科学という理念はいくつかのアイディアを広めた。それらは直接的にも間接的にも（すなわち、アイディアに対する攻撃の結果としても）大きな影響力を持ったのである。こういったアイディアの中には、次のようなものが含まれる。

・心には何らかの内的な力（意志？）が存在する
・こういった力のあるものは、観念そのものにそなわっている（ヘルバルト）
・心的な力は、現象的世界（さらには物自体の世界）を組織化することを助ける
・内観は「力の活動」の結果を明らかにする。それゆえ、内観は不可欠であると同時に不十分でもある。不可欠であるのは、心的な力は内観以外の仕方では観察できないからであり、不十分であるのは、力の活動を最初に生じさせたものについては、内観では知りえないからである。

自然的形而上学者たちのこういった考えのうち最後のものは、自称生理学的心理学者、あるいは自称実験心理学者の第一世代に最も強い影響を与えた考えの一つであった。

三人の自然的形而上学者

これらの考えを簡単に概観するために、わたしは比較的著名な三人の魂の科学者を選んだ。一般的には、一人目のショーペンハウアーは哲学者に、二人目のヨハネス・ミュラーは生理学者に、三人目のグスタフ・フェヒナーは心理学者に分類される。これら三人の思想家は、伝統的形而上学の統一見解に彼らなりの仕方で挑戦し、それにかわる存在論を提出し

た。三人の自然的形而上学者を概観したあとで、おそらく最も影響のあった自然的形而上学者であるR・H・ロッツェの仕事をもう少し詳しく見てみることにしよう。

アルトゥル・ショーペンハウアーはグダニスクの裕福な商人一家の跡取りで、著名な女性小説家の息子であったが、母との関係は良好ではなかった。生涯を通じて熱烈な英国愛好家だったショーペンハウアーは（彼は毎日ロンドン「タイムズ」を読んでいた）、間違いなく、同時代のドイツ人の誰よりも英語圏の哲学的潮流に通じていた。ショーペンハウアーは、「筋肉によって」カントの認識論を修正しようというブラウンの試みを知ってはいたが、（彼が真に敬意を払っていた唯一の近代の哲学者であった）カントの考えを、ブラウンとは全く異なった仕方で改良する道を選んだ。ある意味で、ショーペンハウアーの説は、ブラウンの知覚理論を反転したものとして読むことができる。ブラウンの考えでは、われわれは筋肉感覚が与えてくれる感覚所与から、われわれの努力に抵抗する外界が存在することを推論できる。これに対して、ショーペンハウアーは、われわれは直接的に努力（意志をはたらかせた結果やその結果への抵抗ではなく、われわれの意志そのもの）を意識するのであり、そしてその知識が、何がわれわれの周りで起こっているのかを解釈する助けになるのだと述べた。

カントとは異なり、ショーペンハウアーは超自然的な物自体を断固として拒否した。彼は、人間は自己を意識するとき、実在的で物自体的な自己《noumenal self》に直接アクセスしていると考えた。エラズマス・ダーウィンやブラウンのような著述家（そして後のベインやヴィルヘルム・ヴント）が努力の感覚と呼んだものを、ショーペンハウアーは感覚経験の一形式ではなく、人間の物自体としての存在についての直接的な知識とみなした。自己自身についてのこの知識は、直接的で個人的なものではあるが、物自体が存在するという事実だけに限定された。ショーペンハウアーは、この自己、あるいは物自体的な存在は、経験される意志とは比喩的な類似性しか持たないことを認めつつも、それを意志と名付けた。実際、一八一九年に初めて出版され、その後も実質的には生涯を通じて加筆がなされた彼の主著『意志と表象としての世界』〔Schopenhauer, A. 1964〕の中で、あなたの意志と私の意志が一つであるのか、あるいは別々のものであるのか、あるいは宇宙全体に一つ以上の意志があるのかといったことを確実に知ることは不可能であると、ショーペンハウアーはきわめて明確に述べている。

意志は自分自身しか直接経験できないが、意志を反映した現象的な世界の経験はそのように限定されていない。そしてこのことからショーペンハウアーは、意志の分配と意志の本性について多くの洞察を得た。「自然における意志」（一八三六）〔Schopenhauer, A. 1907〕において、ショーペンハウアーは、植物や動物の解剖学的構造や行動に、意志の証拠を見出すことができると述べている。他の人間や動物の行動を見たときに、われわれは自分自身の意志を内的に意識しているおかげで、その行為の背後にある力を推論することができるというのである。さらに、ショーペンハウアーは生物学的な発達を行為の一形式と考えていたので、彼にとっては、他の生物の解剖学的構造さえ、これらの隠れた力が存在する証拠であった。リンネの植物学が花という生殖器官を重視していたことと、種によって異なる解剖学的構造に植物のような存在の物自体的な意志が示されているという考えとは矛盾しないと彼は考えていた。ショーペンハウアーは、非常に多くの行動が、物自体的な意志の現象的な現れだと理解するべきであると説き、特に攻撃行動や生殖行動がその例とされた。また、ショーペンハウアーの展開した美学理論は、インドではよく知られていたものの、西欧世界では大変目新しいものであった。彼の美学の基礎になっていたのは、芸術的営みの多くは、意志を滅しようとする衝動、つまり、われわれの個人的で個別的な存在が持つすべての特異性を捨て、ある種の普遍またはプラトン的なイデアを発見しようと努力する衝動が突き動かしている、という考えであった。彼によれば、偉大な芸術作品は、われわれが個々別々の意志を持っているという印象をなくし、われわれが世界の意志に加わることを可能にするのである。

この世界において実在的なのは意志であり、行動と心のすべての側面は意志の表象でしかないので、自由意志は存在できない。なぜなら、行動や心といった単なる現象は因果的な力を持ちえないからである。われわれは、自発的に行為を選択しているという表象を持つかもしれない。しかし、これは幻想である。ショーペンハウアーはある種の誇張されたヒューム主義者で、理性は常に情念の奴隷であり、脳そのものは専ら生殖に必要な意志の働きのために作られた器官であると論じた。またショーペンハウアーの存在論は、なぜ人格などが生まれつきのもので生得的であるように見えるのかを「説明する」。ショーペンハウアーにとって、人格はある特定の意志（あるいは世界意志の特定の側面）の現象的な現れであり、そのようなものとして、物自体であるところの存在を一貫して反映していなければならないからである。

ショーペンハウアーの著作は活気にあふれ明晰なものであったが彼はその非正統的な考えを攻撃されるといったこともなく、生涯の大半のあいだ無視されただけであった。一八五二年になって初めて、C・フォルテージが、自身のドイツ哲学史の仕事中でショーペンハウアーに一章を割き、その影響で、当時マリアン・エヴァンズによって編集されていた「ウエストミンスター・レヴュー」のある号で、ショーペンハウアーが論じられた。定説によれば、ショーペンハウアーをヨーロッパの思想地図に載せる原動力となったのは、この一八五三年のイギリスの出版物である。そして彼独特の悲観的な存在論は、一八五〇年代から一八六〇年代のあいだには、ヘーゲルの客観的観念論がそれに先立つ二〇年間に占めていた位置に匹敵するほどの重要な位置を占めるようになった。

ショーペンハウアーに対するこうした新たな関心は突然に生じたものであり、また強烈なものであったが、彼の哲学をごく少数の人々を除き誰もが攻撃した。「ウエストミンスター」の思慮深い批評家でさえ、ショーペンハウアーの信念を攻撃せずにはいられなかった。この批評家は、「この一貫したカント主義者によれば、デラムやペイリーといった高位の司祭を擁する物理神学は、因果法則をその適用の範囲を超えた対象にまで不当に拡張する御都合主義的な馬鹿げた考え以外の何ものでもない」と理解を示し、また進んでそう述べた。しかし、その批評家当人でさえも、ショーペンハウアーの主要な考えを冷静に考察しようとはしなかったのである。この批評は強い調子の注意書きでもって締めくくられている。「もし読者が、われわれの論述を、このような超悲観主義の体系を受け入れるものだと考えるならば、読者はわれわれの意図を完全に誤解している」。ショーペンハウアーは「人当たりがよく、風変わりで、大胆で、そして付け加えさせてもらうならば、とんでもない人物である」。批評家はさらに続ける。「現代ドイツの哲学者の中に、このフランクフルトの厭世的な賢人と同等の力、包括性、才能、学識を持ちながら、彼よりも、われわれ自身の感情や確信により調和する側に立ってくれる者に出会えることを願うばかりである」。多くの著述家がこの願いをかなえようと試みることになった。ヘルムホルツやヴントのように、現代心理学の勃興にかかわる人々は、その代表格であった。

伝統的形而上学を批判する者が、みなショーペンハウアーのように無遠慮だったわけではない。ヨハネス・ミュラーは、十九世紀前半の思想に対して最も効果的で影響力のある批判を行った人物の一人であったが、彼は長い間保守的であると見なされてきた。ミュラーが保守的であるというこの見解は、彼の弟子たちの時代にはじまり、その時以来受けつがれていった。ミュラーはおそらく、すべての科学者の中で最も奇妙な不運を被った人物である。というのも、自らの弟子（特にヘルムホルツとエミール・デュ・ボワ・レイモン）の手によってその権威が失墜し、ミュラーの見解はそれ自体の観点から評価されたことがほとんどなかったからである。

ミュラーの生理学は、ドイツ自然哲学の最良の部分と、ミュラー自身のスピノザ解釈との独特の組み合わせからなっていた。彼はスピノザの形而上学をはっきりと否定したが、彼が本当にスピノザから距離をとりたかったのか、あるいは単にスピノザ主義者であることにまつわるさまざまなトラブルから距離をとりたかっただけなのかは明らかでない。いずれにせよ、影響力の大きかった著作『人間生理学ハンドブック』（一八三四－四〇）〔Müller, J. 1838b〕におけるミュラーの哲学の多くは、スピノザの『エチカ』に見られる特定の教説を、十九世紀の生命科学と慎重に融合させたものであった（心理学史家はしばしばミュラーをカント主義者と呼ぶが、彼のテキストを慎重に読めばこの主張は維持できないことがわかるだろう）。

心理学に対するミュラーの最も重要な貢献は、特殊神経エネルギーの教説であった。この教説によれば、それぞれの感覚神経は、それぞれ固有の感覚的（主観的）な質を生み出す。ミュラーの考えでは、この教説は、われわれの知覚的観念は文字通りの意味で身体の状態を心的に反映している、というスピノザの考えの最新版であった。それぞれの感覚神経から得た固有の観念が世界の経験を構成することができるのは、神経が物的なものであり、他の物的原因によって運動させられるからである。「われわれの感覚器官が知覚する直接の対象は、神経内に引き起こされ、感覚として感じられる特定の状態でしかない。……しかし、神経は物的なものなので……外的原因によって引き起こされた変化によって、神経自身の状態だけでなく、外界の物体の性質や状態変化といったものを感覚器官に知らせるのである。このようにして感覚器官によって得られた外界に関する情報は、それぞれの感覚において異なり、神経の質やエネルギーと特定の関係を持っている」。（ミュラーが読んだことのなかった）シェリーや（ミュラーとシェリーがともに読んだことのあった）スピノザと同様、ミュラーも、自然な出来事はすべて一連の原因の結果として存在し、十分な知識が与えられれば、われわれは結果から原因にさかのぼることができると信じていた。ミュラーの主張によれば、神は、われわれの神経系がそれ自身の状態を感じたときに、外界についても何らかのことを学べるような知識を神経系に授けたのである。神経系自身の感じが持つ前者の（内部に向けられた）側面が（リードのいう意味での）感覚であり、ミュラーの特殊神経エネルギー仮説を具現する。この感じが持つ後者の（外部に向けられた）側面が知覚であり、ミュラーはこれを感覚に基づくものと見なした。

リードやカントとは違って、ミュラーは、神経に関与する力を理解すれば、知覚が感覚からいかにして生じるかを説明することも可能であると論じた。それぞれの感覚神経に応じてどんな種類の心理的変化が生じるのかをひとたび知ることができれば、そうした変化を特定の原因の結果として解釈する方式、したがって心理的変化についての知識が原因についての知識を構成する方式を仮説として立てることができる、というのである。これはショーペンハウアーの『根拠律の四つの根について』〔Schopenhauer, A. 1974［1813］〕に見られる理論や、ショーペンハウアーの理論ほどではないものの、デカルトの『光学』（一六三七）に見られる理論にも似ている。ただし、ミュラーがこれらの書物に直接影響を受けたのかどうかは明らかではない。不幸なことに、ミュラーについて言及するヘルムホルツ以降の人々の大半はミュラーを誤読し、特殊神経エネルギーは神経の純粋に物理的な状態であると想定してきた。この点に関して、ミュラーは（スピノザと同様に）非常に明確であった。ミュラーの理論の目標は、物理的な違いと心理的な違いは等しいこと、そして物理的な違いが心理的な違いに反映されることを説明することにあった。ミュラーは、特殊神経エネルギー説が、心的な感じと物理的な力の両者それぞれに固有な違いを論じるものとして理解されることを意図していたのである。

したがって、ミュラーがショーペンハウアー、デカルトの両者と異なっているのは、神経系さらにはすべての生命を構成する物質には、物理的ではない力、すなわち生命原理が宿っていると主張する点であった。ミュラーの信じるところによれば、この生命原理は通常の物体とは異なる作用を及ぼし、通常の物体を物理学や化学の法則では説明できないような仕方で活動させることができるのである。ミュラーは断固たる生気論者であったので、フリードリヒ・ヴェーラーの尿素の合成実験（この実験は、しばしば生気論の弔鐘の一つとして引き合いに出される）が、ありふれた無機物から有機物を構成できることを証明したとは考えなかった。「しかし、尿素は動物の身体を構成する要素というよりはむしろ排泄物であるので、有機物質であるとは考え難い……おそらく尿素は有機体を構成する要素に特徴的な性質を有していない」という。

奇妙なことに、生命原理に対するミュラーの態度は、物自体の仮説に対するカントの態度と似ていた。つまり、どの現象がこの生命原理に関連しているのかを記述することはできるが、この生命原理の働きに関してはほとんど何も知ることができないと考えられていたのである。

生命原理と心的原理は、脳から神経の媒介を経て精液や胚に伝えられるのだろうか。潜在的な心は血液に含まれているのだろうか。心が活動するのは心の器官として組織された脳においてのみだとしても……潜在的な状態にある心は身体のあらゆる部分に存在するのだろうか。……これらはすべて、解答不可能な問いである……［にもかかわらず］意識、想像、思考、意欲、意志、情念にとって、脳は絶対に不可欠である。たとえ観念、思考などを産出する原理が、受精した胚に潜在的な状態として存在しているにしても、心的原理が自由になり、観念、思考、意志が実際に現れるためには、その前に、受精した胚の中で脳の全組織が創設されていなければならないのである。

後知恵で見れば、生理学におけるミュラーの生命原理は、心理学におけるカントの図式論と同様に、科学的思考を発展させる助けとなったというより、むしろその制約となったことがわかる。生命原理と心的な力に関するミュラーの仮説は、新しい事実の発見に至ることはなく、およそすべての理論的な探究を、神経束と特定の心的状態を結びつけるという単純なパターンへと還元したからである。しかし、ミュラーの影響力は非常に大きかったので、心的な力という彼の概念が見捨てられた後にもなお、彼の説明図式は広く用いられ続けた。

伝統的形而上学にはミュラーを批判するための多くの論拠がありえた、ということに注意をはらっておくことは有益である。たとえば、よく知られたミュラーの意志的行為の説明を例に取ってみよう。「すべての随意神経の基本繊維は脳の表面にあり、意志の影響を受け取るために脳全体に広がっている。神経繊維が心という器官の中に並んでいる様子は、思考が奏者となって演奏するピアノの鍵にたとえることができるだろう」。ミュラーが平然と心を空間化するだけでなく、空間の特定の領域に位置づけたことに対しては、カントやリードだけでなく、トーマス・ブラウンでさえ青ざめたであろう。非物質的な意志が空間を進んで、神経の鍵盤の様々な場所に至ることができるのならば、意志が脊髄を、さらには筋肉を直接「演奏」することだってできないことではない。

思考が脳の「鍵」を叩くと、遠心性の神経に「電流ないしは振動」が生じ、それらが筋肉の運動を引き起こす、とミュラーは論じた。さらに、思考の反復は特定の経路の振動を繰り返し引き起こし、習慣へと結びつく一種の自動化を作り出す、とミュラーは主張する。この考え方は（ハートリやエラズマス・ダーウィンの著作においてより大雑把なかたちで表明されているが）、ベインが採用した後には心理学の根本教義となった。しかし、この考え方はピアノの鍵盤という比喩に見られる奇妙な空間性ともいうべき考え方に全面的に依拠していて、日常的な経験に真っ向から反している。ミュラー、ベインらは実際にピアノ演奏の学習の例を用いて、音楽的な観念またはフレーズの繰り返しは行動だけではなく、関連する神経経路でも習慣を形成するだろうと主張した。ミュラーの言葉を引用すれば、「同じ繊維が頻繁に活動させられればさせられるほど、その繊維の神経活動は容易になる」。しかしこれは端的な誤りである。熟練したピアニストは素人とは非常に異なった動きをする。姿勢や動作の始め方からして素人とは大きく異なり、通常は、素人とは全く異なる強弱をつけ、当然素人よりも弾き損じははるかに少ない。熟練した音楽家が新しい曲を学ぶときは、しばしば、その曲を初めて弾いたときに生じていた動作をなくすことで、動作の数を減らしていく。もし音楽的観念と演奏の繰り返しが最初に弾いたときの筋肉運動を達成しやすくするのならば、初心者のぎこちなく下手な演奏はよりぎこちなく、より下手になるはずであり、玄人のおざなりな通し稽古は、だんだん本格的になるどころか、いっそうおざなりなものとなるはずなのである。

ミュラーの理論は、熟練した動作という意味での習慣《*habit*》と、神経経路にしたがって生じる習慣的行為《habitual action》との混同に基づいている。これらは二つの別個のものである。われわれが初めてある行為をするときには、その種の活動に熟練していようがいまいが、つまり曲を楽譜から読み取ることのできるプロの演奏家であろうが学生演奏家のような素人であろうが、そこには常に多くの無駄な動作やためらい、不適切なタイミングがある。そのような不適切な動作を繰り返すなかで、いかにして最終的に滑らかで熟練した動作は生み出されるのだろうか。行為を練習するとき神経経路は、何らかの形でスムーズな行為の本質だけを記録して登録するので、動作の繰り返しは熟練した振舞いを生み出す、とミュラーは想定した。このように確信している点では、アレグザンダー・ベインやウイリアム・ジェームズからＢ・Ｆ・スキナーやジャン・ピアジェに至る十九世紀および二十世紀の心理学者の大半は、ミュラーに従っている。しかしこの理論は維持できない。技能の獲得に先立って、どの経路が調和した動作に結びついて、どの経路がぎこちない動作に結びついているのかを神経系が前もって知ることができない限り、練習、すなわち単なる繰り返しは、滑らかさやそれを可能にする神経経路を作り出すことはできないのである。ぎこちない動作の繰り返しから、どのようにして調和した行為が生じるのかを理解したければ、習慣的行為（そしてその根底にある神経による運動制御）が練習によってどのように変化するのかを理解しなければならないのである。

ヨハネス・ミュラーは、その存在論的な見解が不評を買った後でも、特殊神経エネルギーや運動鍵盤の仮説といった概念上の革新だけは後世の考え方を長い間支配した、不幸な科学者である、と考えることができる。ミュラーはショーペンハウアーと対照的といってもいいだろう。ショーペンハウアーの場合、植物学や動物学に関する彼の知識は今では明らかに時代遅れだが、彼の形而上学的な見解は、特に自然科学者に支持される形而上学理論の中では何度も再浮上したからである。さて、グスタフ・フェヒナー（一八〇一‐一八七）は、ミュラーやショーペンハウアーとは異なる第三の事例を提供してくれる。フェヒナーの主要な仕事はほとんど知られていない。しかし、彼自身はその多忙な生涯の中の比較的小さな出来事としか考えていなかった革新によって、今日もなお崇められているのである。

ミュラーと同様、フェヒナーもある種のスピノザ主義の形而上学を提出した。しかし、ミュラーがスピノザの汎神論に類した思想を強調したのに対して、フェヒナーは実体に関するスピノザの見解、特に心と身体の「二重側面」説を強調した。フェヒナーは、この二重側面説という形而上学を、ある種の一般化された原子論と結びつけた。彼によれば、このような考え方によって、特に電気と心的な力の両者が原子的にどのように構成されているのかを示すことができるというのである。フェヒナーの論じるところによれば、近代の物理的な世界観は、宇宙の一側面、つまり物理的な法則に従って原子が相互作用する機械論的な側面だけを明らかにしているにすぎない。しかし、宇宙にはもう一つの側面、つまり主観的で生きている側面、すなわち心的原子が存在する。フェヒナーは、(生命と心を認める)「昼の見方」と(それらを認めない)「夜の見方」という言い方さえしている。

実在に関するフェヒナーの昼の見方によれば、還元主義的な科学は、文字通り転倒している。彼によれば、科学は実在の最も組織だった現象から出発し、最も単純な部分へとさかのぼるべきである。磁気と関連があると思われる地球規模の現象や、地表で見られる現象を観察することによって、フェヒナーはガイア仮説の先駆ともいえる思想を展開した。彼の論じるところによれば、「宇宙有機体的な《cosmorganic》」組織体(一つのモナドとして考えられた地球、さらには宇宙)が一次的なものであり、有機物は二次的、無機物は三次的である。ミュラーやショーペンハウアーと同様に、彼は有機体がさまざまな力によって一つにまとめあげられていると考えた。しかし彼は、それらの力はそれぞれのモナドに内在的である、あるいは、少なくとも何らかのレベルの実在に内在的であると考える傾向にあった。

こうしたエネルギー論と有機体論をもとにして、フェヒナーは現在では感覚閾として知られる新しい概念を発展させた。彼のこの領域での理論化と実験的な仕事は、ライプツィヒにおける彼の師であるE・H・ウェーバーの理論と実験にもとづいていた。ウェーバーは丁度可知差異と今日では呼ばれるものを研究し、それを比として考えていた。もしあなたが10キロのおもりを持っていて、私が1キロのおもりをそこに足すならば、おそらくあなたは何の変化にも気付かないだろう。しかしあなたが10キロのおもりを持っていて、私がそこに10キロのおもりを加えれば、おそらくあなたは変化に気付くだろう。このように、感覚印象における丁度可知差異、すなわち、ある感覚印象があるときに、この印象が変化したと気付くための最小の刺激量の差異は、絶対値ではなく比として与えられる。ウェーバーは実験によって、丁度可知差異は前の刺激の値と新しい刺激の値の比として表現できる定数であることを発見した。フェヒナーはこれを一般化して、ウェーバー比として式1を提示した。ここでは$\Delta\Sigma$が刺激の変化を表し、Σがもとの刺激の値である。

1.　$\Delta\Sigma/\Sigma = V$（ここでVは一定の値である）

フェヒナーは、感覚の変化は物理的な変化に一貫した仕方で従うと論じた。したがって、Sが感覚（それ自体は値Σの刺激によって引き起こされる）の大きさを表し、ΔSが感覚の大きさの変化を表すとき、ΔSもVの関数となるはずである。フェヒナーはΔSと$\Delta\Sigma$

という変化はどちらも微分可能であると仮定し、積分によって感覚の値とウェーバー比の関係を次のように表現しなおした。

2.　$S = C \log e\ \Sigma + k$（kは積分定数、Cは定数）

kを経験的に定めることはできないので、フェヒナーはこの式をΣが閾値である場合（すなわち、感覚の値が定義によって0である場合）のものに書き直した。すなわち、

$k = -C \log e\ \Sigma\ \mathrm{threshold}$

これを式2におけるkに代入することによって、フェヒナーは次の式を得た。

3.　$S = C \log e\ (\Sigma j / \Sigma\ \mathrm{threshold})$

この式が述べていることを言葉で表現すれば、次のようになる。感覚は、刺激（Σj）がゼロ（すなわち、閾値）からどれだけの「距離」にあるかを、丁度可知差異を単位とする尺度として働く、ということである。そしてこの尺度は、対数なので非線形である。すなわち、刺激の絶対値が低いときには、小さな刺激の変化も気づかれるが、刺激の絶対値が大き

いときには、同じ小さな変化は気づかれない。したがって、同一の刺激であっても、それ自身とは独立の要因に依存して、異なる心理学的な意味を持つ。たとえば、静かな図書館の中で私があなたにささやけば、あなたには私の声が聞こえるだろうが、うなりをあげる嵐のただ中でささやいたならば、私の声は聞こえないだろう。

これらの考えの中で特に重要な側面は、フェヒナーの丁度可知差異の解釈である。10キロのおもりをすでに持っているときに1キロのおもりを加えたときには、1キロの感覚記録には何が生じるだろうか、とフェヒナーは問いをたてた。一方で、多くの状況下では1キロの重さに気付くことができるし、また実際に気付くことが知られている。しかし他方で、Σがある値を超えたときには（言い換えれば、かなり重いものをすでに持っているときには）、1キロは丁度可知差異に満たない（フェヒナーの言い方では「閾値以下である」）ということも知られている。おそらくは（心的要素はすべて力であると信じていた）ヘルバルトの影響を受けて、フェヒナーは、このような閾値以下の刺激の印象は世界精神《*world mind*》の一部として存在し、個々人が刺激を意識できるのは、必要とされる一定の値を超えたときのみであると論じた。

フェヒナーの精神物理学は、自然的世界と心的世界を数学的関数（式3で表されたような非線形的な関数）によって関係づける理論であるとしばしばいわれる。しかしこのようにいってしまうと、フェヒナーの存在論を端的に無視することになる。彼は物理的なものと心理的なものだけでなく、昼の世界観と夜の世界観を関係づけようとした。彼は、精神物理学によって、世界精神の存在を支持する証拠を手にし、さらには、個人という単位はより大きく包括的な実体にとっては二次的でしかない、という自分の考えを支持する証拠を手にしたと考えていた。フェヒナーの論じるところでは、個々の刺激が他の刺激の文脈から意味を得るのと同じように、個々の感覚はそれが生じる文脈から意味を得るのである。

フェヒナーは、ライプツィヒ大学の物理学教授であった時期に、このような転倒した原子論的見解を抱くようになった。ミュラー、フェヒナー、ロッツェといった人々の著作の中には、いたる所に仮説的な力に訴える場面や原子論的な発想が見られるが、それは当時の物理科学の潮流ときわめてよく合致していた。しかし、後にヘルムホルツ、ヘルツ、デュ・ボワ・レイモンらを筆頭に新世代の物理理論家が出現すると、科学的実証主義とされる勢力は、物理学のみならず心理学の中からミュラーやフェヒナーたちの仮説的な原子論的概念や力の概念（力の理論）を消し去ることを主たる目標とすることになった。たしかにヴントをはじめとする自己流で実験を始めた実験心理学者たちは、フェヒナーの二重側面説を捨てなかったどころか、それを基礎にしていた。しかし、第一世代の実験心理学者たちは、先駆者が主張した存在論的な理論には関わろうとはせず、ハートリ、エラズマス・ダーウィン、ヘルバルト、フェヒナー、ロッツェらの力学的で原子論的な理論には強く反対した。このようにして、二つの対立する潮流が現れ始めた。つまり、一方で、心理学の理論家はますます無意識的な過程を措定するようになっていったが、他方で、当の同じ理論家たちが、できるだけ現象に即した心理学を欲して、先行する心理学者たちが無根拠にしていた存在論的な主張を批判したのである。結局のところ、物理的な実証主義が支配的になり、心理学者たちは心理学的な実証主義の方は放棄することを強いられることになった。というのも、心理学的な実証主義は、無意識的な心的状態や心的過程といった仮説を採用することに不利に働いたであろうからである。何人かの思想家（特にブレンターノ）は、理論家たちが無意識的（かつ観察不可能な）過程を措定しておきながら、自分たちは現象に忠実であると宣言したことに含まれる皮肉を見過ごさなかった。しかし、後に見るように、この不整合は自然主義的な形而上学が実証的な科学へ転換する際の障害とはならなかったのである。

R・H・ロッツェ——最後の自然的形而上学者？

伝統的形而上学は二つの理由ですたれていった。第一に、制度的な観点からいえば、より職業化され専門化された学術機関が、初めは一八四八年以降徐々に、そして（次章で論じるように）一八七一年以降は急速にヨーロッパ全土に登場し、伝統的形而上学はこれらの機関にうまく適合できなかったからである。第二に、学問の職業化が進むにつれて学問の世俗化も進行し、クーザンやステュワートらの仕事を陰に陽に導いていた権威や直観に訴えるやり方がもはや通用しなくなったからである。最終的には、学問を職とするエリートのあいだでは不可知論が超絶主義にとって代わり、伝統的形而上学は科学的実証主義にとって代わった。科学的実証主義は、その最も純粋な形態においては、物質、魂、神といったものの真の本性は不可知であると主張するのが常であった。この点で、科学的実証主義はコント流の実証主義、さらにはスペンサー流の実証主義とは区別されるべきである。というのは、この二人の思想家はいずれも、超越的なもの、すなわちスペンサーが不当にも不可知なものと呼んだものに関して、不可知論者が可能であると考えていたよりももっとたくさんの知識を自分たちは持っていると考えていたからである。

科学的実証主義は、宗教的教義と直接ぶつかることなく科学的活動を拡大する余地を作ることによって、十九世紀後半に成功を収めた。当時のヨーロッパは依然として教会を基礎とした制度に支配されてはいたが、ますます科学の進歩に依存するようになっていたため、こうした科学的実証主義のイデオロギーがぴったりだったのである。もっとも、科学的実証主義は、生物科学、特に心理科学と主流の宗教的信念とを和解させることよりも、物理科学と宗教的な正統教義との和解を維持するのにより適していた。

エルンスト・マッハやハインリヒ・ヘルツのような実証主義物理学者は、科学は物理的な力の本性を説明することができないと主張した。彼らによれば、物理学は自然を数学的に表現するだけであり、力や物質の真の本性には沈黙すると理解すべきなのである。たしかにこのような見解は科学と宗教との和解を促す。しかし、精神物理学が実証主義的に理解される場面では、この同じ見解がそれとは異なった結果をもたらした。精神物理学は、ウェーバー比のように、物的状態と心的状態の数学的に表現可能な相関関係を与える。実証主義的な解釈では、たしかに精神物理学は心的状態の真の性質も物的状態の真の性質も明らかにすることはできない。しかし、たとえばフェヒナーがウェーバー比を感覚の感受性を記述する心理物理的な関数として一般化したように、精神物理学者たちは、実際には心的状態と物的状態の関係を制約する法則を探求していた。それゆえ多くの人の考えによれば、精神物理学の法則を発見したという主張は、宗教の領域を侵犯していると映ったのだった。

この点はチャールズ・ダーウィンの置かれた状況ときわめて類似している。（ダーウィンの「番犬」ハックスリを含む）科学的実証主義者たちは、ダーウィンの結論は神の信仰に賛成も反対もしていないと論じた。実証主義者たちは、彼ら自身の不可知論の立場からダーウィンを解釈したのである。自然選択という言葉でまとめ上げられるさまざまな因果関係が、神を隠れた原因あるいは超越的な原因としていないことをどうやってわれわれは知ることができるだろうか、実証主義者たちはこのような問いを発したのである。ダーウィンはこういった議論に繰り返し抵抗したが、それにはもっともな理由があった。彼の理論の根本原理の一つは、目的論的生物学、特に神の意図に基づく論証《argument from design》に対する批判であったからである。ダーウィンは、神が世界を創造したという主張を真剣に受け取った。実証主義者と違い、彼は、創造説はわれわれの知識の限界を超えているので検証不可能であるとは考えたくなかった。逆にダーウィンは、どのような自然現象が創造説と両立し、反対にどのような現象が彼自身の自然選択説によって予想されるのかを判定しようとしたのである。そして、自然選択説は手に入る証拠によって強く支持されるのに対して、創造説はそうした証拠によって否定されるということをダーウィンは繰り返し見出したのである。

神の意図に基づく論証を批判するダーウィンの最良の議論は、『飼育栽培下における動植物の変異』(Darwin, C. 1896［1868］)の結論部に見られる。そこでダーウィンは、著名な植物学者(またダーウィンの良き友でもあった)エーサ・グレイが提出した、より洗練された形の神の意図に基づく論証に応答している。グレイは、進化が自然選択によって進められたのだとしても、神の意図が遺伝的な変異を偏らせたり、方向付けたりする役割を果たしていたかもしれないと想定した。偶然ではなく、神が変異をある方向に導き、動物や種を新しい過酷な環境にあらかじめ適応させていたかもしれないというのである。ダーウィンもグレイも、科学的実証主義者がしばしば主張したように、不可知な神の行為に言及しているからそのような仮説は受け入れることができないとは論じなかった。それどころか彼らは、変異は導かれているというこの仮説がいかなることを含意するかを検討した。そしてダーウィンは、この仮説から帰結するいずれの予測も確認されない、ということを示すことに成功したのである。この意味で、チャールズ・ダーウィンとエーサ・グレイは自然的形而上学者であったといえる。彼らは、神に関する仮説さえ自然化した形で積極的に検証しようとし、何が許容できる科学的仮説であるかということに関して実証主義者が持ち出す制約によって探求を妨げられるのをよしとしなかったからである。

ダーウィンの考えについては後の第9章で論ずることにするが、彼と同様、この時代の自然的形而上学者たちは、どのようにして脳状態が心的状態を引き起こすのか、あるいはどのようにして心的状態が脳状態を引き起こすのかを特定しようとする傾向にあった。ヨハネス・ミュラーの特殊神経エネルギー仮説は前者の一例であり、ピアノの鍵盤を弾くように魂が運動皮質を演奏するという彼の考えは後者の一例である。ダーウィンは、人が時計を設計したようには神は動物を設計していないということを示すことができた。では、人が物体を動かすようには魂は身体を動かさないということを心理学者は示すことができただろうか。一つの試みは、ミュラーに対してもっとも効果的な批判を行った人物であるR・H・ロッツェ（一八一七－八一）によってなされた。ロッツェはミュラーを批判したが、心理学における目的論的な考え方を放棄することはできなかったし、神が世界に働きかけるということを信じてもいた。多くの点で、ロッツェは移行期の人物であり、魂の自然科学を発展させたものの、結局それを完成させることはなかった。

ロッツェは別の意味でも移行期の人物であった。彼は職業的な学者にはなったものの、専門家ではなかった。ロッツェは初め医学を学び、その後ライプツィヒで精神物理学の二人の創始者、ウェーバーとフェヒナーとともに研究に従事した。実際、一八四〇年代前半にライプツィヒで医学と哲学を教えていたときに、彼はフェヒナーのもとで医者としても活動し、この年長の理論家がヒステリー性失明に陥ったときには主治医をつとめた。一八四四年に、彼はヘルバルトの後任の哲学教授としてゲッティンゲン大学に招かれた。一八八一年にはベルリン大学に招かれるが、その直後に死去した。一八四〇年代にミュラー流の生気論を攻撃した生理学の著作で名を成し、さらに一八五〇年代には、ロッツェよりも大きな成功を最終的に収めることになった実験心理学者たちとはまったく異なる立場からではあるが、当時台頭していた唯物論を攻撃した。

生気論に対するロッツェの攻撃は直截で、特殊な力の概念に頼ることは探求の妨げになり、ずさんな考え方を助長する、というものであった。ロッツェはここで、科学は諸現象を関係づける量的法則を確立するものであるという（物理学に基づいた）ウェーバーとフェヒナーの科学概念に依拠している。ロッツェの考えによれば、「生命力」なるものは存在せず、特殊で興味深いさまざまな生命現象があるだけである。われわれにできるのはそれらの生命現象を分析し、自然法則に従う形にアレンジすることである。

ロッツェは、ミュラーの立場や彼がシェリング主義あるいはロマン主義生物学と見なした立場に反対した者の中では、もっとも早い時期に属する人物であった。しかし、以上の論点に関する彼の議論は決して彼独自のものではない。ロッツェの見解が独自のものとして際立つのは、一八五二年の『医学的心理学』〔Lotze, R. H. 1852〕に要約されている次の段階の思想である。『医学的心理学』において、ロッツェは心身問題は解決可能であると論じる。彼によれば、心と物質は実体ではなく、一群の力から発した現象として扱うことができるのである。事物の存在を信じさせるのはわれわれに働きかける力の変化（たとえば抵抗）であるとロッツェは指摘し、また、われわれに心的状態の存在を信じさせるのもある種の力であると論じている。後に、『形而上学』〔Lotze, R. H. 1887a〕において、ロッツェは次のように論じさえした。「質量を持った身体を動かすことによって、魂が測定可能な結果を生み出すときにはつねに［そしてそのようなときにのみ］、われわれは魂には特定の質量があるという言い方をするだろう。しかし、このような言い方をする場合にも、われわれは魂の非物質性をいささかも否定してはならない。なぜならば、身体に関してさえも、まず身体に質量があり、それからこの質量を持った身体が結果を生み出すというのが実状ではないからである。身体も、それが引き起こす結果の程度に応じてある量の質量が備わるとされるのである」。ここに見られる考え方は、十九世紀に典型的な実証主義とは正反対である。つまり、事物はわれわれへの影響（現象）を通じてのみ知られるのであるから、これらの事物は現象を生じさせる力でなければならないというのである。

魂は質量を持つときもあれば、持たないときもあるというロッツェの考え方は流行しなかったが、この理論から導き出される一つの考えは実際に流布し、心理学の理論構築に影響を与え続けている。それはロッツェの「局所徴表《local signs》」という概念である。ロッツェは、魂についての自身の理論に基づいて、魂に影響を及ぼすことができるのは神経系の任意の地点における神経活動の強度だけであり、神経系の空間的配置が影響を及ぼすことはないと論じた。局在論に関するミュラーのかつての主張に基づいて、大脳の異なる場所における活動は、ミュラーが示唆したように、異なる心的状態を生み出す（たとえば、皮質のある領域における活動は視覚的感覚を生み出し、他の領域における活動は聴覚的感覚を生み出す）とロッツェは論じた。しかし、大脳のある場所における活動に関して魂が知りうることは、その活動の強度、強度が生じた場所、その場所における強度の変化の三つのみである。魂はミュラーが示唆したような仕方で、さまざまな強度を有する神経活動の空間的な布置を直接的には直観できない（もし魂がそのような布置を直接的に直観できるならば、魂は必然的に空間を占めなければならないが、これは語義矛盾である。というのは、延長を有するのは物質だけだからである）。神経活動の場所に関する知識は、心的状態に備わる「局所徴表」であり、この知識は心的状態の強度に関する知識や、心的状態の強度の変化に関する知識と並んで存在する。すでに見たように、スコットランドのトマス・ブラウンのような連合主義者たちは、ロッツェと類似した議論を展開していた。連合主義者によれば、魂が筋肉を活動させると、魂に身体の位置に関する情報が与えられるが、この情報が感覚入力と相関するのであった。これに対して、（生得的な連合を持ち出すという点を除けば）ロッツェの議論は連合主義的なものではない。ロッツェの理論は大脳活動に焦点をあてたものであり、ブラウンやベインの理論のように反応が感覚を生み出すという活動のサイクルに焦点をあてたものではなかった。また、連合主義者は空間情報を生み出す感覚の継起を持ち出したのに対して、ロッツェは局所徴表が個々の感覚に内在すると主張した。さらに、ロッツェは局所徴表に関わる心的過程は無意識的であることを強調し、その過程を内観は分析できないとした。

ロッツェによる展開以来、様々な形態の局所徴表理論（あるものはロッツェのものよりもより連合主義的で経験主義的であった）が感覚生理学に大きな影響を及ぼしてきた。興味深いことに、ロッツェは他の著作においても、同じ魂の理論に基づいてミュラーを批判した。この批判もそれなりの影響力を持っていたが、局所徴表を用いた批判ほどは広く認められなかった。ロッツェは主著『ミクロコスモス』〔Lotze, R. H. 1887b〕において、魂を身体のうちに存在する一種の神と見なす目的論的な見方を、完全に克服することはできなかったにせよ、退けようと試みている。

身体を船に、魂をその操舵手にたとえるというおなじみの比喩を用いるとき、われわれは自己欺瞞を犯している。なぜならば、船と操舵手の場合には、操舵手は自らが舵をとる船の構造を知っている、あるいは少なくとも知ることができるからである。……これに対して魂と身体の場合には、魂は身体という機械の働きに関して比較的完全な洞察を有しているどころか、まるで下級船員のようなものである。すなわち、魂はウインチの巻き上げ方くらいは実際に知っていても、最終的な産物を生み出す過程、すなわちさまざまな運動が伝達されてゆく内的な過程に関しては何も理解していないのである。

(ibid., vol. 1, p. 285)

運動皮質をピアノの鍵盤に喩えたミュラーをあからさまに攻撃したうえで、ロッツェはさらに、魂（あるいは心）は鍵を叩いたときに生み出される音がどのようなものであるのかを知らないし、異なる音に対応する鍵がどこにあるのかも知らないのだと付け加えた。ロッツェによれば、魂は「これらの音の相対的な位置を知らないだけでなく、魂がしようと意図している特定の運動に対応しているのは、あの音ではなくこの音であるということも知らない」(ibid., p. 303)。この重要な議論は、近年の運動制御に関する議論においてようやく採り上げられるようになったが、驚くべきことに、ほぼ一世紀のあいだ、耳を傾けられることがなかったのである。

ロッツェはこの議論に続いて、魂は運動についてどのような種類の情報を持つことができるかという問いを立てた。この問いは、運動を意志することは運動の記憶から生じるというジェームズの理論を先取りするものだった。「われわれが腕を曲げるのは、腕のそれぞれの神経に特定の刺激を与えることによるのではなく、かつて腕を曲げたときに経験した感じのイメージを自らの中に取り戻すことによってである」(ibid., p. 305)。このように、ロッツェにとっては、魂は記憶を呼び起こしたり局所徴表に気付いたりするという自己完結的な活動ができるだけであり、身体に作用を及ぼすことはできない。そして、魂が身体に作用を及ぼすかわりに、魂の自己完結的な活動は、それに相関する身体運動を端的に生じさせるのである。彼はここで、ライプニッツの予定調和説とジェームズの観念運動の教説の折衷案ともいうべき見解をほのめかしている。魂自身の活動が何らかの仕方で適当な身体の活動を導く、つまり、活動の観念が原因となって身体的な結果を引き起こすというのである。魂は「自らが身体を操作するのではなく、魂には知りえない仕方で、生命のメカニズムが魂の命令を遂行する」(ibid., p. 303)。魂はまた、局所徴表がもたらす教えのおかげで、刺激に対する身体の反応のパターンを知ることもできる。つまり、身体が魂なしにそれ自身のみで働いているときでさえ、魂は身体のさまざまな場所における活動の変化を評価し続け、特定の運動に結びついた感じを記録することができるのである。

したがってロッツェは、二つの非常に異なる心理学の源流に位置していることになる。一方で、運動生理学や感覚生理学の研究者は、身体の局所的な活動と結びついた神経経路を同定する研究をこの時期に始めた。彼らは、身体が局所的に活動しているときに、魂は意志したり知覚したりしているのかということには関心を持たなかった。というのは、彼らは純粋に身体に関する事実の研究に専念していたからである。皮質に局所的な電気刺激を加えることによって、どのように特定の運動パターンが生み出されるのかを調べるさまざまな研究は、「生命のメカニズム」がどのようにして心的な原因を身体的な結果に翻訳するのかを調べる試みの好例である。彼らはロッツェにならい、大脳の活動は魂の「命令」に等しいという仮定を依然として立てていたが、魂の命令がどのような心的内容をもっているのかはもはや問題にはならなかった。なぜなら、彼らによれば大脳における活動は実験者による刺激が引き起こした結果に過ぎないからである。被験者に知られずに筋肉の収縮を引き起こす遠心的な神経活動のパターンが、一体どんな心的内容を持つというのだろうか。他方で、観念運動行動を研究する者たちは、観念間の因果関係（たとえば、強迫観念、もしくは観念に伴う強迫的な行動の原因は何であるのか）を問題にすることで、心的活動の神経生理学的な基盤に関心を向けることなしに、心的活動のパターンを分析することができた。このように、心理学者と神経生理学者が実際の研究を進める上でロッツェから受けた影響は、一般には認められてはいないものの、とても大きかったと推測できる。

自然的形而上学と実験心理学

魂の科学を創り出そうという十九世紀中頃の試みはすべて失敗に終わった。また、今日では魂の科学の試みは、自然主義的体系あるいは科学的体系ではなく、形而上学的な体系と見なされている。しかしながら、それらの試みは後のいわゆる科学的心理学の創始者たちに多大な影響を与えた。実際、ドイツにおける第一世代の自称実験心理学者の多くは、自らの仕事の一部に自然的形而上学の要素を含んでいた。

実験活動においてさえ、後の科学的心理学者は、自然的形而上学者の恩恵に浴していた。たとえば、フェヒナーがウェーバーの測定技法を拡張したので、精神物理学は心理学の主要な下位部門として出発した。フェヒナーは、魂の本性と感覚の存在論に関する理論を発展させるために精神物理学の方法を用いたが、それに対して、後の心理学者は実験のデザイン、測定、刺激と感覚の厳格な対応付けに焦点をあてたのである。

ロッツェは、反射行動に関するそれまでの論述を要約した書物を著した。そこには、脊髄神経は感覚を有するかどうかをめぐる彼自身とエデュアルド・プリューガーとの論争が含まれており、この著作も、後の経験主義的な学者たちに大きな刺激を与えたものの一つであった。しかし、ルイスを別にして、後の生理学的な心理学者は、さまざまな反射の刺激－反応パターンを分析することで満足し、感覚あるいは魂の理論を創り出すことにこれらのデータを用いるという過去の関心に対しては、控えめな態度をとった。シェリーのいう広い範囲にわたる科学は、実証的な狭い範囲の科学に縮小してしまったのである。

実際、実験心理学における最も重要な革新は、自然的形而上学者の弟子の一人が、師の理論をテストしようとしたときに生じた。先に述べたように、ヘルムホルツは、心的状態を瞬間的に伝達するという性質を持った特殊な力が神経の中に存在するというミュラーの理論に対しては、きわめて懐疑的であった。それゆえヘルムホルツは、神経信号の伝達速度を測定することを試みた。ひとたびこの仕事が確立されると、他の心理学者が、思考を構成するいくつかの過程の時間を測定する方法を発明した。特にライプツィヒにおいてはヴントと彼の弟子たちが、オランダにおいてはフランシスクス・ドンデルスが、このような仕事を行った。多少単純化していえば、ヘルムホルツが神経活動の速度を確かめたことを受けて、これらの心理学者たちは、（正しい答えを選択するというような）認知的課題に費やされる時間を測定し、神経伝達の時間をそこから「引き算」し、残った時間が神経活動ではなく、心的活動に要する時間だと推論したのである。ここでもまた、新世代の実験心理学者にとっての第一の関心事は、思考の本性をテストしたり、魂あるいは心の理論を発展させることではなく、測定であったことがわかる。そして後になると、実証主義的な傾向のある注釈者は、このような形式の実験心理学がそもそも登場したのは、自然的形而上学者によって立てられたさまざまな問いがあったからに他ならないということ、すなわち、形而上学的な意味がなければそもそも立てられなかったであろう問いがあったからに他ならないということを、理解できなくなってしまったのである。

このようにして主要な理論的関心を刈り取られた自然的形而上学は、もっぱら実証主義的要な推進力によって実験心理学へと変容した。つまり、それまでの思想家たちが抱いていた主要な関心が忘却され、彼らの用いていた概念や、さらにはいくつかの実験手続きだけが保持された。しかしながら、自然的形而上学者は、心、魂、感覚、意志といった概念に確固とした理論的根拠を認めていたし、認めなければならなかった。これに対し、実証主義に触発された実験家たちは、しばしば、自分たちの用いる概念は記述的なものであって、心もしくは魂といったものの本性に関する理論には何も負っていないと言い張ったのであった。

第6章　一八四八年の革命とその後

一八四〇年代に生じた知的変動は急速かつ、重要であった。とはいえ、社会経済や技術における同時期の変化に比べれば、知識界における変化が見劣りすることもまた事実である。特に、この時期に交通手段や通信手段がかつてなかったほどに発達したことは、現代のヨーロッパを形作る主な要因となった。鉄道、遠洋航海用の蒸気船、電信、郵便システム、現代的な道路といったものはみな、この時期に大々的に作られ用いられるようになった。イギリスやベルギーの景観は、産業革命によってすでに変容を被っていたが、他の地域でも同様の事態が生じつつあった。多くの都市では人口が急増した。（たとえば衛生改革のような）現代的で社会的な法律の制定が議論されはじめ、実際に制定された。このような改革運動によって、以後三〇年のあいだに、国家の官僚機構の中に一連の専門職業者の層が生み出された。そして、その第二層または第三層には、教師や教育者が含まれていた。

一八四八年から四九年のあいだに、大西洋からウラル山脈に至るまでのヨーロッパ全土に勃発した一連の革命は、その目標を一つとして達成することができなかった。歴史家のジェローム・ブルームが述べているように、「民主主義は、保守派からもリベラル派からも、社会主義や共産主義と同様の軽蔑的扱いを持って受け止められた」（Blum, J. 1994. p. 41）のである。しかし、これらの大衆運動はどれ一つとして無視できない。なぜなら、革命はどこにおいても挫折したが、政治や社会の改革は多くの場所で実現したからである。

革命によって、ヨーロッパに新たな民主主義国家が現れることはなかったが、社会情勢には変化が生じた。一八四八年から四九年にかけて勃発した民主主義的な人民主義者の蜂起が失敗に終わったことで、多くの為政者は、もはや革命の恐怖に脅かされることはなくなった。ヨーロッパのどこにおいても、支配階級は手際よく、かつすばやく革命家たちに対処したのである。そのうえ、一八四八年の出来事は、古い支配階級と新しい中産階級が連帯を強めるという実質的な結果をもたらした。そしてこの連帯は、知的活動にも直接的で重要な影響を及ぼしたのである。大胆にいえば、かつては学問上の見解を適正な範囲にとどめておくイデオロギー的な営みを果たしていた神学はもはやその役目を終え、それに代わって主に経済学に基づく新しい世界観や学問観が優勢になっていった。チャーティスト運動以後のイギリス、台頭しつつあったプロイセン、第二帝政期のフランスといった諸国家が成り立つためには、かつてないほど多くの商人、銀行家、科学者、技術者、教育者が必要であった。エリック・ホブズボームが指摘したように、一八四八年以後の一〇年間は、ますます工業化しブルジョア化するヨーロッパの諸都市において、レボリューションではなくエボリューションの思想が栄えた時期であった。新たな中産階級は、かつての人々のように伝統的な宗教の正統教義にとらわれることなくイデオロギーを発展させた。そのイデオロギーによれば、ヨーロッパ男性（当時の表現）が進化的発展の頂点に位置すると考えられたのである。

もっとも、この現代的で実証主義的で歴史的には「進歩主義的な」見方が発展するにはさらに数十年を要したし、革命が文化一般の解放の時代をもたらしたわけでもなかった。実状は全く逆で、リベラルと考えられていた国々においても、保守反動の動きは徐々に、それもきわめて徐々に下火になっていっただけだった。もちろんイギリスで革命を経験することは一度もなかったが、それにもかかわらず共和制国家の形成を支持するものは重罪を宣告された。イポリット・テーヌ（一八二八－九三）の体験を見れば、第二帝政期のフランスには知的自由がなかったことと、しかし時代は変わりつつあったことがどちらも明らかになる。テーヌは一八四八年から五一年までエコール・ノルマル・シュペリウールで学び、クラスの首席であったにもかかわらず、教授資格試験に合格しなかった。彼の論文が心身関係に関するスピノザの考えを擁護したからである。しかし、こういった事情があったにもかかわらず、一八八〇年代までには、テーヌは崇拝される思想家となり、心身問題に関するスピノザの二重側面説は、ヨーロッパでもっとも広範に受け入れられた見解の一つとなっていた。

十九世紀後半に、どのような形で科学的心理学が登場したのかを理解するにあたっては、文化一般における転換を常に念頭に置かねばならない。もちろん、知的変化は常に社会的変化や制度的変化に並行して生じるというわけではないが、両者は統一的な視野のもとで見る必要がある。心理学や哲学を、現在われわれが知っているような専門分野にした要因の一つは、大学や知的な専門職の持つ性格が大きく変化したことにあった。これらの変化によって、多くの学問的問題にますます「専門的な」見方がとられるようになり、かつては微妙な形而上学的問題と考えられていた問題に対して、あからさまに実証主義的なアプローチがとられるようになったのである。

一八四八年以降における公式心理学と非公式心理学の対立

第4章で見たように、伝統的形而上学者が擁護する公式心理学は、一八四八年までにはすでに瀕死の状態となっていた。一八四〇年頃のヨーロッパ大陸における伝統的形而上学の擁護者のうち、もっとも著名な人々の名を挙げてみれば、このことを明らかにできるだろう。すなわち、フレデリック・ブーターヴェク、ヴィクトール・クーザン、イマヌエル・フィヒテ、ウイリアム・ハミルトン、テオドア・ジェレミー、ウイリアム・ヒューウェルといった人々である。専門家でもないかぎり、これらの名前や彼らに代表される見解を知る人は少ないだろう。ヘルベルト・シュネーデルバッハは、『ドイツにおける哲学、一八三一－一九三三』〔Schnädelbach, H. 1984〕において次のように述べている。「ヘーゲルの命を奪ったコレラのために、アルトゥル・ショーペンハウアーはベルリン大学を去り、彼の学問的経歴は幕を閉じた。このように一八三一年という年は、当時の哲学思想家のうち今日でもなお直接的な影響を持つ人々が大学を去ったことを象徴する年である。ルートヴィヒ・フォイエルバッハ、マルクス、エンゲルス、キルケゴール、ニーチェといった人々は誰一人として、カント、フィヒテ、シェリング、ヘーゲルらと同じように大学の哲学教授ではなかったのである」（三頁）。

ドイツ語圏の諸都市や諸国家（一八四八年以前には、現代ドイツに相当する国家は存在していなかった）には、他のどこよりも多くの大学があったが、それらの都市や国家においてさえ、公式思想はもはや非公式思想ほどの活気を有してはいなかった。それと同時に、専門家の数の増加、新たな学会や専門雑誌の誕生、通信手段と交通手段の進歩といった文化一般における変化のおかげで、知的関心のある人はヨーロッパのどこにいても、公式思想がどれだけ追いつめられているかをそれとなく知ることができた。

大学や教会によって広められた公式思想が主導的な役割を奪い返すのは、十九世紀の終わりになって、イギリス観念論、ドイツ新カント学派、プラグマティズムといった思想が台頭してからである。したがって、もし、科学的心理学が一八六〇年代から七〇年代の間に誕生したということが事実だとすれば、われわれの知るところの現代哲学は、その時点ではまだ十九世紀中頃の混乱状態の中からその姿を現していなかったということになる。現代の科学的心理学は、知的および制度的な大混乱の時代に首尾よく出発し、これから見るように、制度的な機構を確立するにあたっても、しばしば現代哲学に先んじていた。

催眠術の起源

すでに見たように、一八四〇年代には哲学の公式学派は大学や教会の外ではほとんど影響力を失っていたのに対して、非公式思想は大いに盛んであった。この時代には、政治の面では社会主義思想が大いに盛り上がっていた。それと同時に、メスメリズムと骨相学の研究に関しても大論争が起こっていた。多くの思想家は、ドッズのように二つのアプローチを結びつけようとしていた。さらに、大学で講じられていた伝統的形而上学を、メスメリズムや骨相学、あるいはその両者によって置き換えてしまおうというさまざまな動きも生じた。もっとも、一八四八年に起こった革命と同様、こういった企てはその最重要目標を達成できなかった。しかし、それにもかかわらず、これらの企ては思想界に重要な影響を及ぼした。

もっとも大きな衝撃を与えたのは、動物磁気やメスメリズムは物理的な過程ではなく、心的な過程であると証明されたことであった。すでに一八三四年に、ヨハン・ユング＝スティリングは『プネウマトロジーの理論』の中で、動物磁気現象によって、魂が自然界の力として存在することが証明されたと宣言していた（それゆえこのような題名になったのである）。ユング＝スティリングの見解は自然的形而上学の一変種であった。というのも、魂は文字通りに不死の霊魂で、いわば「神聖の火花」《divine spark》であって、より基礎的で低次の物質からできているのではないと彼は主張したからである。

ユング＝スティリングに応えて、ジョン・エリオットソン（一七九一－一八六八）は、著名な教科書『人間の生理学』（一八三五）において逆に、唯物論的なメスメリズム観を擁護した。動物磁気と同様に、骨相学の支持者でもあったエリオットソンは、一八三〇年代から四〇年代にかけて、動物磁気を無痛法や麻酔法の一形態として利用する革新的な立場をとる人々の一員であった。エリオットソンは一八三〇年代にロンドン大学のユニバーシティー・カレッジで内科の教授職に就いた。しかし、磁気実験の花形被験者であった二人の姉妹と関係を持ったスキャンダルのために、一八三八年、患者に磁気催眠をかけることを禁じられた。これに抗議してエリオットソンは教授職を辞した。しかし、公式の地位は失ったものの、エリオットソンは大変な人気を博し、個人的に研究を続けることができた（エリオットソンはディケンズを始め著名人と交友し、治療をした。さらにディケンズには訓練を施して有能な磁気催眠術師にまでしている）。専門家としてやっていくためには確固たる決意があればよく、もはや公的なお墨付きなど不要だったのである。エリオットソンはさらに、「ゾイスト――脳生理学、メスメリズム、および人間の福祉に対するそれらの応用に関する雑誌」を創刊した。とりわけこの雑誌は、社会改革家たちの文字通りの結集地点という役割を担うことになった。

興味深いことに、エリオットソンは広く成功を収めたにもかかわらず、骨相学との関係は困難を抱えていた。骨相磁気学会を設立しようという彼の試みは、多くのロンドンの骨相学者たちによって頓挫した。当時の骨相学者の多くは、その頃に大きな影響力を持っていたジョージ・クーム（一七八八―一八五八）のように、伝統的形而上学の支持者だったからである。メスメリズムが動物磁気のような物質の力に基づくものとして売り込まれるようになると、それに応じて、骨相学者たちはメスメリズムを軽蔑した。メスメリズムは物的で科学的な実在に基づいた医学的実践であるというエリオットソンの信念は、メスメル主義者と骨相学者という二つのグループが深い友好関係を結ぶことを妨げたのだった。

磁気的な睡眠状態にある患者は、手術を受けているときでさえ痛みを感じていないように見える。この事実は、動物磁気の力が物的に実在することを示す証拠である、とエリオットソンは考えていた。しかし、同じ一八四〇年代に、ジェームズ・ブレイド（一七九五－一八六〇）らが統制された実験をメスメリズムの研究に導入し、それによって、この過程にはいかなる物的な作用も含まれていないことを発見したのだった。ブレイドのいうとおりだとすると、麻酔に用いられたときでさえ、メスメリズムによるトランス状態は心的な過程であって、未知の物的な力の結果ではないことになる。ブレイドはこういった心的過程を指す言葉として、神経催眠《*neurypnotism*》という用語を作り、後にこれを催眠《*hypnotism*》と言い換えた。ブレイドは心的な力を分析し、今日では暗示感応効果や強迫思考と呼ばれる現象に注意を向けた。彼は身体上に原因がないのに症状が現れるあらゆる病気に対して、催眠術は重要な医学的道具となるだろうと主張したのである。

ブレイド自身にはいくらか自然的形而上学者の気味があり、自身の心理学的分析を、神経生理学理論によって基礎づけようともしていた。しかし、動物磁気は物理的な基盤を持つという考えを彼が首尾よく批判したことは、十九世紀の中頃に心霊主義者が再び大規模に息を吹き返す前兆でもあった。ブレイドが示したのは、物的過程と考えられているものは、実は心的過程であるということであった。彼はメスメリズムによるトランス現象を否定したわけではないが、麻酔のような強力な現象でさえ、心的過程の結果として生み出されるということを示したのである。さてそうすると、物的力に基づくと思われるそれ以外の現象にも心的基盤があると証明できるのかもしれない。夢を見ている状態や、恍惚状態、さらには酩酊状態さえ、物質が精神に影響を及ぼすのではなく、精神が物質に影響を及ぼす証拠と見なせるのかもしれない。降霊会、死者の霊との叩音交霊、その他関連した実践が、一八五〇年代以降またたく間に広がったということは、ブレイドの仕事とは直接には結びつかないかもしれない。しかし、ブレイドの仕事は明らかに心霊主義者や反唯物論者の文脈で理解されていた。残念ながら、心霊主義に関する話はきわめて入り組んでいるので、本書では、心霊主義は社会を動かす力としても、主要な知的潮流の一つとしても重要であったことに注意を換起するだけにとどめる。科学的世界観としての心霊主義という言い方は、今日のわれわれには奇妙に響くかもしれないが、A・R・ウォレスやアーサー・コナン・ドイルのような人にとって心霊主義は、まさに科学が描く世界の見方なのであった。この主題を十分に分析するには本一冊の分量が必要になるだろう。

意志、物質、心理学

動物磁気を心的なものとして解釈する試みが成功したことによって、十九世紀中頃の心理学理論に大きな変動が生じた。伝統的形而上学は認識の問題を心の研究の中心に据える傾向にあった。これに対して、十九世紀半ばの心理学理論は意志を全面に押し出し、研究の中心に据えた。多くの思想家にとっては、催眠が動物磁気にとって代わっていた。すなわち、何らかの物的な作用が磁気睡眠という生理学的な状態を創り出しているという考えに代わって、人は他人の心の状態を自由に操ることができるという考えが主流になった。つまり、心は身体よりも強い力を持っており、催眠力を正しく向ければ、催眠者の心の力を被催眠者の心に押しつけることさえできると考える人がそれなりにいたのである。

こういった新しい考え方はいくつかの思想上の帰結をもたらした。なかでも重要な帰結の一つは、かつての意志理論が復活したことであった。一八五〇年代前半には、それまでほとんど無視されてきたアルトゥル・ショーペンハウアーの著作が、ヨーロッパ中で議論されはじめた。同様に、ごく小さなグループに知られているだけであったメーヌ・ド・ビランの理論も、少なくともフランスにおいては、一八五〇年代から六〇年代に大きな影響力を持つようになった。ショーペンハウアーとメーヌ・ド・ビランのどちらも、意志は認識に先立つという点を強調していたが、とりわけショーペンハウアーは、われわれが意志を働かせているときに生じていることの多くは、われわれの意識的な心から隠されていることも同時に強調していた。

トマス・ブラウンやジェームズ・ミルのような理論家は、意志は観念と行為の結びつきでしかないと考えていた。そして、自分の意志を観察することは常に可能であり、この意志が行為に対して因果的な力を持つと考えられていた。たとえば、何かを摑もうと手を伸ばすという観念は、意志として考えられたときには、手を伸ばすことと摑むことの原因であるとされる。意志としての観念は、他の観念と同様に、経験を通じて、すなわち感覚観念が連合してクラスターを作ることで獲得されると考えられたのである。

一八五〇年代に、こうした理論は微妙ではあるが重要な変容を被った。ハーバート・スペンサー（一八二〇－一九〇三）とアレグザンダー・ベインはともに、意志が一次的、行為が二次的なもので、認識は三次的であると論じたのである。それ以前の思想家は、外界に関するわれわれの観念は感覚観念であると考えていた。これに対して、スペンサーとベインは、トマス・ブラウンの考えに含まれる一つの契機にしたがって、外界に関する観念は、行為をしようという試みへの抵抗から生じると論じたのである。つまり、もし手を伸ばして何かを摑もうとしたときに、何かが腕の動きに抵抗したならば、この何かはわれわれ自身の部分ではなく、外的対象に違いないというのである。意志を基礎としたこれらの理論が、自然的形而上学の方法論的な発展と交雑することによって、ドイツにおける実験心理学者の第一世代が誕生することになった。

　第一世代の実験心理学者の中でも、特にヴィルヘルム・ヴント（一八三二－一九二〇）は、イギリス連合主義心理学のなかでも意志を重視する理論家たちの強い影響を受けた。こうしたイギリスの理論家たちと同様に、ヴントは、心の自律的な活動を自らの心理学の中心に据えた。彼はロッツェから、反射や動物的な行動を基本的な心的要素（すなわち、意志やある種の心的な努力による統一を必要とする心的原子）とする考え方を受け継いだ。またフェヒナーからは精神物理学の統制された実験法と測定法を受け継いだ。それゆえヴント流の実験心理学は実験的でもあり内観的でもあった。さらにヴントは、内観する状態を解釈するにあたって、常に自らの二つの理論を念頭に置いていた。すなわち、一つは心的原子に関する理論であり、もう一つは心的原子を統合する力を意志とする理論である。

こうして、自称新実験心理学者たちは、心身問題のような、過去の理論家たちが取り組んだ形而上学的な問題を解決する必要はないと主張することが可能になり、彼らはまた実際にそう主張した。新実験心理学は、一つには初期の実験心理学における統制された内観によって可能になる「現象」に基づいており、もう一つには、生理学的な実験において明らかとなる現象に基づいているというのである。この戦略は、偉大なドイツ人科学者ヘルマン・フォン・ヘルムホルツ（一八二一－九四）の手によるこの分野の傑作と広く認められた二冊の著作の中でうまく説明されている。ヘルムホルツはヴントが若い頃に共に研究した仲間だった。

一八五〇年代から六〇年代にかけて、ヘルムホルツは視覚と聴覚について広範な実験を行い、自らの研究を二冊の本にまとめた。これらの本が以後の知覚研究を決定的に変えることになった。『音響感覚』（一八六四）と『生理学的光学ハンドブック』（一八六七）がその二冊である。どちらの本も記述の仕方は同じである。まず、聴覚刺激（音響エネルギー）あるいは視覚刺激（光学的エネルギー）が注意深く物理的に分析される。次に、原子論的な生理学的分析によって、聴覚と視覚それぞれの感覚要素と思われるもの（たとえば音や光の感覚）を突きとめる。そして最後に、これらの感覚要素が統合したものと考えられた知覚を、内観によって解釈する実験が行われる。感覚要素の統合は無意識的な心的過程によってなされると多くの箇所で言われている。ヘルムホルツは、ヴントほど強く意志や心的作用に依拠しているわけではなかったが、それでもなお、そうした心的過程は彼の研究にとって重要な要素であった。生理学的な分析によって導き出された仮説的な感覚要素の存在が内観によって明らかになることはほとんどなかったので、心的作用が無意識的にこれらの要素を統合したり変容させたりしているとヘルムホルツは考えたのである。これが有名な無意識的結論説、あるいはより一般的な言い方でいえば、無意識的推論説である。この教説には、特に問題となる分野がいくつかあった。たとえば、網膜像は平面的であるのに、われわれはどのようにして三次元の世界を見るのかを説明しなければならない、といった問題である。これらの問題を分析する際に、ヘルムホルツもまた、意志に対する抵抗の過程という、スペンサーやベインによって擁護された考えに端的に訴えたのだった。

二元論か三元論か？

結局のところ、新心理学は新しい二元論を発展させた。デカルト的二元論においては、心的状態は常にそして必然的に意識的であった。推論とはその定義により心的作用であり、また、定義によりわれわれは常に自らの心的作用を意識しているのであるから、無意識的推論なるものはありえなかった。これに対して、ヘルムホルツ、ヴント、そしてその他の新心理学者は心的生を再定義し、そこには観察できない側面も含まれるとしたのである。しかも、彼らにはそうする必要があった。というのも、心的生に関する彼らのさまざまな仮説自体が注意深い内観によってもたやすく反証されてしまうため、理論と内観の不一致という事態が問題にならない理由を説明するか、内観そのものを放棄するか、あるいは自らが誤っていることを認めるか、これらのいずれかの道を選ばなければならなかったからである。そのため新心理学者たちは、基本的な心的な力である意志を次第に強調するようになっただけでなく、無意識的な心に関して広範に思弁を展開するようになった。意識的な心的生と、無意識的な心的生という新たな二元論の始まりである。

ところが、無意識的状態の存在が広く受け入れられるようになると、心的世界に関するある種の三分法が帰結することになった。二元論ではなく三元論である。今や、意識的な心、無意識的な心、身体の三つが存在することになったのである。それまで広く受け入れられていた意識的な心と身体との区別は、正統派のデカルト主義をさまざまな仕方で反映したものにすぎなかった。意識的な心は常に活動的で考えるものであり、身体は単に生理学的な機械とされていた。では新しく登場した無意識的な心とはどのようなものでありうるのだろうか。無意識的な心は確かに身体との結びつきを有しているのだが、機械のように働くわけではない。ある意味では、無意識的な心はあたかも思考し意志しているかのように思われる。けれども、もし実際に無意識的な心が思考したり意志したりしているのなら、その「所有者」でさえ何が生じているのかを知らないことになろう。

十九世紀後半において、無意識的な心に関する解釈の中でもっとも一般的であったのは、無意識的な心は純粋な（意識的な）心でも、純粋な（機械的な）身体でもなく、まさに魂であるという見方だった。現代のわれわれには、こじつけで御都合主義的な主張のように思われる。しかし、そう思えてしまうのは、もっぱらわれわれの後知恵のせいである。

無意識的な心が持つと考えられた基本的特徴には、夢を見ること、催眠による暗示感応効果、意図されざる行為やスリップといったものがあった。また、降霊会、トランス、その他の心霊的な活動の人気が高まったことも、無意識的な心と関連があった。こういったことを念頭に置く必要がある。このような文脈においては、無意識と魂との間に緊密な結びつきがあるという主張も、もっともらしさを持ってくる。ロマン主義の考え方によれば、人間の魂は、ある意味で人間よりも大きく、日常生活では顕わにならない思考や能力を含んでいた。このような考え方に強く動機づけられて、予知やテレパシーなどの超常的な力は、意識が変容したトランスのような状態で生じるという可能性が信じられていたのである。

無意識なものと魂とを結びつける考え方とは異なり、ヴントをはじめとする「新心理学者」たちの関心は、心《マインド》の存在を証明し、心的活動を研究する学問を発展させることだけにあった。このため、彼らは無意識という概念に対して非常に慎重であった。対照的に、心霊主義者や、後の時代のフレデリック・マイヤーズ（一八四三－一九〇一）やウイリアム・ジエームズ（一八四二－一九一〇）のような心霊研究者たちは、魂《ソウル》の存在を証明し、魂の活動を研究する学問を発展させようとした。彼らは、無意識的な状態は、そのような研究を可能にする一つの通路であると考えたのである。結局、ヴントのような「心《マインド》」の心理学者たちは、シェリーのいうエロス的な経験をできるかぎり心から追放し、これを身体に位置づけようとした。心《マインド》の心理学者たちは、無意識のもつ機能を習慣と記憶に限定し、それらの機能は身体の変化と相関していると考える傾向にあった。これに対して、魂《ソウル》の心理学者たちは、無意識を自己の不可欠な部分と見なし、台頭しつつあった主流の心理学者たちに研究されていた昼の心的状態だけでなく、後にフロイトが夜の心的状態と呼んだ多くの心的状態も、無意識に含まれると考えたのである。

形而上学から実証主義へ

十九世紀中頃における魂の心理学の支持者は、後にジェームズやフロイトのような人々によって提出されたような異端説とではなく、正統派のプロテスタンティズムと手を結ぶ傾向にあった。催眠が動物磁気よりも成功したことに力を得て、また心霊主義の復活に刺激されて、多くのキリスト教思想家たちは、クーザンの霊的直観に関する理論を、心の基礎としてよみがえらせようとした。たしかに外界の知覚に基づく科学は、機械論的世界をおそらく明らかにするであろうし、実際に明らかにしつつあるように思われた。しかし、直観、無意識的状態、トランスといった奇妙な現象に注目する科学、すなわち心についての思慮深い科学は、機械論的世界の真理とは異なる真理を明らかにするかもしれない、とキリスト教思想家たちは考えたのである。

こういった傾向の好例は、ロンドン形而上学協会（一八六九－八〇、正式名称は「形而上学及び心理学協会」）である。この協会は、ジェームズ・ノウルズ（雑誌「十九世紀」の編集者）やアルフレッド・テニソン卿、さらには神学者（マニング大司教）と科学者（トマス・H・ハックスリ、ウイリアム・B・カーペンター、ウイリアム・K・クリフォード）の双方を含む人々によって設立され、当時物議を醸した一連の話題を論じるためのディベートクラブとなることを目指していた。クラブの内規で言及されている話題には、魂の不死性、奇蹟の本性、祈りの有効性、神の人格性、意識の本性といったことが含まれていた。キリスト教の信条や教義ではなく、復活、奇蹟、不死、つうじる祈りといった、キリスト教信仰の基盤になると考えられる諸現象の分析に、科学者たちが真摯に取り組んだのは、おそらくこれが最後だったのではないだろうか。

このグループに属しているキリスト教徒の多くは、ある種の自然的形而上学を支持していた。たとえばマニング大司教は、良心が存在することは、人間の魂が神とふれあっていることとの証拠であると信じていた。（信心深いユニテリアンで、前に述べたように重要な生理学者であった）ウィリアム・カーペンターは、自然の様々な力が相互に変換可能であることは、〔ある種の〕心が宇宙を創ったことの証拠であると論じた。リベラルなキリスト教徒たちが先にあげたような神秘現象には証拠があると主張したのに対して、リベラルな科学者たちは、それらの問題に解答を与えるには十分な証拠が欠けていると論じた。たとえばトマス・ハックスリは、生理学が進歩するにつれて、直観や良心の源泉は何かというような問いに対しても生理学が決定的な答えを与えてくれることになり、この解答によって直観や良心といった現象は神秘的でなくなるだろうと考えていた。

このように、ハックスリは機械論的な生理学の発展を信じていた。しかし、彼はグループに属する他のすべての科学者たちや、ヨーロッパ及びアメリカの当時の科学者たちの大半と同様、唯物論者ではなかった。彼は二つの方向に議論を進めている。一つは科学の領域である外的現象（すなわち生理学のデータ）からの議論であり、もう一つは、内観的現象（たとえば、自分自身に自由意志があるという信念）からの議論である。彼は、内観によって明らかになる現象のほとんど（あるいはすべて）は、外的に明らかにされる現象によって因果的に引き起こされていることがやがて証明されるだろうと考える傾向にあった。しかしいずれにしても、実在するものは現象であると論じている点では、ハックスリは現象主義者であった。彼の考えでは、魂（あるいは無意識）が実在的でないならば、それは魂が現象的世界の部分ではないからなのである。

　科学者たちに支持されるときには、このような汎現象主義は広く実証主義と呼ばれた。このように広い意味で定義された実証主義は、およそ一八七〇年から一八九〇年までのあいだ、ヨーロッパの思想状況を支配した。しかし、このタイプの実証主義は、心理学に適用されたときには本質的に不安定であったのも事実である。行動や心を外的に（生理学的に）分析するならば、すべての心的状態に、それに先立つ原因を割り当てることになる。これに対して、内観的な分析によれば、自由に関するさまざまな直観が得られ、心的状態は自律的であるように見える。両者は和解できないように思われた。

　両者が和解不可能であるにせよ、そうではないにせよ、ヴントのような実験心理学者たちは、外的現象と内観的現象の間の齟齬を測定する方法を展開しはじめた。たとえば反応時間の研究は、人が心の中で決断を下すには、厳密にどれだけの時間がかかるのかを測定することを目指していた。ここに、もう一つの実証主義が成立することになった。すなわち、心とは何かという問いに関わることなしに心的現象を研究する方法であり、場合によってはそうした現象を測定することまで行う、方法としての実証主義である。人間の心的現象の分析は、もはや意識的な心の内容を記述することを意味せず、また、心を自然的存在者として説明することも意味しなくなった。それに代わって、心的現象の分析は、仮説的で推定されたものである無意識的な心の状態や過程を、利用可能な内観的データの基礎をなすものと見なして分析することを意味した。

通常は新心理学と結びつけて考えられているさまざまな革新は、ほとんどすべて、典型的な新心理学者たちよりもおよそ一世代先立つ学者たちに帰せられるものだった。これは驚くべき事実である。それに加えて、新心理学者たちが自らの独自性をもっとも強く主張していたのは実験上の革新だったが、こういった革新さえもが、先行する世代においてすでに現れていたように思われる。わたしにいわせれば、これらの革新のほとんどは、私が自然的形而上学者と名付けた思想家のグループに帰することができるものである。

おそらく、新心理学の基礎となったのは、次の三つの領域における実験的な研究であった。すなわち、反射機能の研究、反応時間の実験（これはしばしば反射とそのタイミングに関する研究からの推測に基づいていた）、精神物理学の研究の三つである。第一の反射機能に関する基礎的な実験の仕事は、ドイツ語圏におけるミュラーや、イギリスにおけるマーシャル・ホールのような自然的形而上学者によってなされた。第二の反応時間は、ミュラーの学生たちがミュラーの神経力という概念を否定しようと試みたことがきっかけで研究の主題になったものである。そしてこの試みが、まず神経伝達速度の注意深い測定に至り、さらには、神経伝達時間を超過する心的出来事（注意や決断）の持続時間を「計算から割り出す」実験に行き着いた。第三の精神物理学は、これまでに見たように、自然的形而上学を擁護する試みの一部として、フェヒナーによって作り出されたものであった。

名目上は新心理学の創始者であるとされているヴントは、これら三つの実験パラダイムのすべてを精力的に追求した。しかし彼は、ミュラーはもちろんのことロッツェとさえ非常に異なる精神のもとで実験を行った。すなわちヴントは、自然的形而上学者たちが自らの企ての核心に位置づけていた存在論的な問いを回避したのである。ヴントにとって、実験とは記述を助けるものでしかなく、そこでは正確さと測定が重要な役割を果たすのであって、心の本性に関する一般的な仮説がテストされるわけではない。たしかに、ヴントは心の本性に関する一般的な問いを拒否したわけではなかったが、それらの問いを実験心理学以外の領域に追いやる傾向にあった。

しかし、こうした方法論的な意図に反して、ヴントは、自らの心理学を自然的形而上学という源泉から切り離して純化することができなかった。彼は生涯を通して、物事を組織化する観察不可能なある種の力である意志というものに繰り返し言及した（意志が引き起こすことを観察することはできるが、意志そのものが働くのを観察することはできない）。ヴントによれば、観察者は統覚という過程によって感覚的な感じに能動的に注意を向け、それによって感じを組織化する。この統覚という概念は彼の理論の中心でありながら、明確にし難いという点で悪名高い。そのために、次世代の思想家たちはヴントをフェヒナーやロッツェと一括りにして考えがちであった。たとえば、ラルフ・バートン・ペリーは『近年の哲学』（一九二六）において、ヴントの意志に関する考えを主な根拠として、ヴントを唯心論的実在論者と呼び、ロッツェやフェヒナー、さらにはエデュアルト・フォン・ハルトマンとさえ同一視している。これに対して、後年の心理学者たちが心や魂や自然に関する存在論的な問いを次第に避けるようになると、彼らはヴントの理論をより実証主義的に理解するようになった。しかし、このような理解は、ヴントの実験プロジェクトに焦点をあてる一方で、彼の多くの理論的言明を無視するものであった。しかも、このような理解は、ヴントの弟子で、実証主義的な実験心理学の学派を明確に自らの手でうち立てようとした人物であるエドワード・B・ティチェナーによる都合のよい陳述を、真面目に受け取りすぎたことの産物だった。ヴントのプロジェクトの複雑さを、心理学者や心理学史家が正しく理解するようになったのは、ここ二〇年のあいだのことでしかない。

心理学、論理学、科学の科学

〔これまで見てきたように、〕物的存在と心的存在の地位は依然として曖昧であったが、それにもかかわらず、科学そのものの本性について反省することが知識人にとって次第に一般的になっていった。当時、技術のあり方が急速に変化していたこともまた、こういった科学についての反省の流行に拍車をかけた。

すでに、一八三〇年代から一八四〇年代にはウイリアム・ヒューウェルとジョン・スチュアート・ミルのあいだで、科学を構成するものは何かということが議論されていた。ミルの『論理学』（一八四三）は、推論に関する研究であるだけでなく、社会科学を含む科学の本性を論じた書物でもあった。ドイツでは新カント派の復興が一八五〇年代にはじまり、以後二〇年のあいだ一つの潮流を形成することになったが、これにはミルの及ぼした影響に対する応答という意味合いも含まれていた。新カント派の人々は、方法論に関してはミルとは意見を異にしていたが、科学の問題を採り上げた人物としてミルに敬意を払っていた。

こうして、「批判」というカントの方法は、十九世紀中頃の何人かの著述家によって、科学の科学への要請として解釈された。この科学の科学は、真理を保つ方法や真なる知識を虚偽や混乱からどのようにして区別するかを示すことができる分野だと考えられた。この認識学《*Erkenntnislehre*》が世に知られるようになるにつれて、実証主義者に一般的であった動機の多くは失われたり変容を被ったりして、実証主義者の関心は、知識を獲得する技術についての哲学《technical philosophy》へと向けられるようになった。こうした技術についての哲学を支持する人々は、次第に科学者と連帯するようになった。そして彼らの多くは、哲学そのものをある種の科学の科学にすることを明らかに望んでいた。フリードリッヒ・A・ランゲ（一八二八－七五）は一八五八年に次のように述べている。「私の論理学は確率の計算であり、私の倫理学は道徳的な状態の計算である。そして、私の心理学は生理学に基づくものである。言い換えれば、私は厳密科学の領域内で仕事をしようと努めている。私がもっとも書きたいものは心理学批判である。この批判はカントの『純粋理性批判』の続編をなすものであり、そこでは心理学という「科学」の大半が無駄なおしゃべりや自己欺瞞であることを示すつもりだ」。

ランゲが実際に書いた本である『唯物論の歴史』（一八六五－六六）は、多くの点で、まさに彼が述べたとおりにカントの仕事の続編となっている。それゆえ、ランゲの攻撃の矛先が唯物論に向けられているのは、二十世紀の観点からすれば驚くべきことである。混乱していて無駄なおしゃべりでしかないとランゲによって非難されているのは、唯心論者でも伝統的形而上学者でもなく、唯物論者なのである。ランゲは新カント派的な弁証法を展開しておきながら、ドゥーガルド・ステュワートを思わせる主張に帰着するのだ！　つまりランゲは、一八五〇年代のいわゆる俗流唯物論者たちのテーゼは端的に証明不可能であることを示すために、新カント派の認識論を用いたのである。

しかし、ジョン・アバークロンビーやドゥーガルド・ステュワートについて以前論じたときに見たように、俗流唯物論者の主張は反証不可能でもあった。ランゲもそれを理解しておくべきだっただろう。実際、これは第一批判の中の理性の二律背反の節におけるカントの論点の一つであった。そこでの分析においてカントが示したのは、無意識の心的状態のような真の矛盾を概念が生み出す場合には、それに関する主張は真であるという証明と偽であるという証明のどちらも常に可能であるということであった。ここでは証拠が問題なのではなく、思考が混乱していることが問題なのである。カント自身は、このような二律背反を探し出す科学的手続きのようなものがあるとは主張しなかったし、批判という自らの方法が、ある種の科学的手続き、いわば科学であることを発見する科学になりうるという考えを軽蔑したであろう。しかし、ランゲのような新カント派の人々は、そのような慎重な立場をとるどころか、（新カント派の）哲学は、正しく理解されるならば、科学の科学にほかならないのだ、と主張していたも同然であった。

一八九〇年代とそれ以降、哲学が専門職業化していく動きと、従来の哲学に反旗を翻す認識論《Erkenntnistheorie》がともに勢いを増していった。その過程で、実験的でない科学、すなわち、実験や事実ではなく分析と思弁に依拠したある種の批判としての科学を創出そうと望んでいた哲学者たちは、新カント派の原理だけでなく、当時出現しつつあった記号論理学という道具立ても用いるようになった。ゴットロープ・フレーゲやチャールズ・パースの仕事は、一八七〇年代、八〇年代にはほとんど何の影響力も持たなかったが、九〇年代以降、彼らは台頭しつつある新哲学の重要人物と目されるようになっていった。以下の数章では、実証主義者と自然的形而上学者の戦いの概略をたどる。この戦いは、心理学と哲学という二つの新しい専門分野の創設に帰着することになる。

第7章　三つの無意識概念とその展開

無意識の心的過程という観念は、そしてもちろん実体としての無意識という観念も、決してフロイト独自のものではない。十九世紀を通じて、多くの思想家たちが無意識の本性について思索を巡らせた。しかし、ロマン主義によって考えられた無意識、特に、ドイツ文学に影響を与えたシェリングや自然哲学者たちによって考えられていた無意識は、心理学的であるとともに、存在論的でもあった。ロマン主義の理論体系は簡単には記述できないが、多くのロマン主義者たちの理論体系においては、電気や磁気の物的な力（流体？）は、非合理な衝動やさまざまな漠然とした感じ、たとえば自然との一体感や、パートナーとひとつになって性的な満足を求める気持ちと同一であると考えられていた。ショーペンハウアーはシェリングやフィヒテをひどく嫌っていたが、にもかかわらず、彼が肉欲的な意志の理論を提出したのは、シェリングやフィヒテがカント哲学から引き継いだと言って誇示していた非合理主義に対して、存在論の上で応答するためであったのは明らかである。

哲学者、思弁的な物理学者、医者、メスメル主義者、動物磁気催眠術者といった人々が一斉に無意識や人間生活における無意識の役割を分析しようと言いはじめたのであるから、教会と関わりを持っていた哲学教授たちが、科学的心理学という考えに青ざめたとしても何の不思議もない。多少なりとも人間本性を科学的に扱っているような研究は、肉欲と人間の動物的な本性を強調しすぎるため受け入れがたいと思われた。特に、人間の物的身体や肉体的な実在に焦点をあてた科学が問題だった。伝統的形而上学は、内観こそが心の哲学ないしは精神哲学を進める唯一の安全な方法であると繰り返し強調した。そして結局、内観を方法として強調するかどうかによって、まっとうな科学と怪しげな思弁の境界が作り出された。生理学の方法論を用いることは、今日のわれわれには、真の進歩的心理学の先駆であると考えられる。しかし、当時では、生理学の方法論を用いることは、人間の魂が非合理な本性を持つという厄介で危険な考えを持つに等しかった。

心の探究から無意識の分析へ

一八一五年から一八三〇年にかけて、主流の心理学理論においては、意識をもつ個別的な魂が存在し、そこからすべての心的現象が生じるという考え方がとられていた。また、心的現象や道徳的現象が存在することの証拠や、それらの現象の本性に関する証拠は、内観に基づいていなければならなかった。にもかかわらず、内観をもとにしてさえ、人間の魂を創造した神の賢明さとその手腕の巧妙さに疑問が生じたのである。たとえば、夢や酩酊といった現象は、心が暗い小道をさまよい出すさまをはっきりと示した。狂気に対する社会的な認識が高まり、正気と狂気の境界現象に多くの関心が向けられたことも、さらなる問題を生みだした。さらに、もしメスメリズムに物的な作用が関与していないのならば、暗示のような何らかの心的な力の方が個人の魂よりも強い力を持っていることにならないだろうか。もし、神が個々人に魂を授けたのだとしたら、催眠術師が他人の思考や意志や行為を支配しているように見えることがどうして可能なのだろうか。

十九世紀の中頃になると、今日無意識的な心的状態と呼ばれる現象を理解することを目標として、少なくとも三つの異なる流れが現れることになった。すなわち、（1）超自然主義、（2）自然主義的な理論、（3）無意識的な心に関する理論の三つである。第一の超自然主義者の考え方においては、無意識は依然として存在論的に扱われ、しばしばカントの物自体の世界、つまり、日常的な現象世界の背後に潜むある種の超現実的な世界と結びつけて考えられた。わたしはこれを超自然的無意識と呼ぶことにしよう。この理論によれば、人間が意識的に意志することなくなす行為や、さらには意識的な思考に反してなす行為は、観察不可能な力によって引き起こされたものとされる。この見方によれば、無意識は科学によって説明される世界の一部、すなわちカントのいう現象界の一部ではなく、物自体の世界に属する。しかし、別の理論家のグループは、無意識が他の自然的心的現象と質的に異なると考えることを拒んだ。もっとも、思想家たちの中には、無意識を説明するために動物磁気のような仮説上の自然的な力を発明したり、神秘的な「オッド風の」《odylic》〔ドイツの化学者ライヘンバッハ（一七八八－一八六九）の考えた仮想の自然力 od に由来する〕力によってあらゆるトランス状態を説明する理論を作り出そうとする人々もいた。

第二の動き、すなわち、私が自然的無意識と呼ぶものを理論化する動きには、二つの流れがあった。第一のものは、無意識的な観念や心的状態に焦点をあてる。この理論によれば、内観によって観念がとらえられない場合でも、特定の心的状態が生じたに違いないということが内観を通じて推論される。たとえば、誰かに名前を呼ばれて目が覚めたときには、われわれは自分の名前が呼ばれるのを聞いた記憶を持たないかもしれないが、その声を無意識に心に留めているというのである。これに対して自然的無意識に関する第二の理論では、意識的な心とは別個に、無意識的な心が一つの総体として存在すると推定した。これら第一の理論と第二の理論を対比しておくことは重要である。たとえばヘルバルトは、われわれは多くの無意識的な観念を持つという仮説を立て、現代的な閾値の概念をほぼ確立した。ウェーバーとフェヒナーはこの概念を継承して、無意識的な観念が意識に現れるときに何が起こるかを説明した。しかしヘルバルトは無意識的な観念だけを念頭に置いており、総体としての無意識的な心が存在するとも、その一部が存在するとも信じていなかった。後にフェヒナーが、「世界霊魂《*world soul*》」はすべての閾値以下の感覚を意識していると主張したり、それ以降の心理学者たちがむやみやたらに無意識的な心的状態に言及しているのを目にしたなら、ヘルバルトは憤慨したことであろう。

無意識に関する第三の理論を、私は無意識的心の理論と呼ぶことにするが、これは、先行するさまざまな立場から最も根本的に異なる。無意識的な観念というアイディアに相当するものは、すでに十七世紀のライプニッツの著作にも見出される。また、多くの思想家たちが、魂には合理的な意識によっては容易に接近できない部分が存在することを、積極的に仮定しようとしてきた。しかし、これらの先行理論はすべて、無意識は意識的な魂に対立して存在すると見なしていた。とくに、これらの理論家たちは、意識的な魂をキリスト教教義における合理的な魂と見なし、無意識を非合理で、合理的に思考することができないものと見なす傾向にあった。実際、無意識の合理的活動を見てとりがちな場面では、彼らは皆、この合理的な活動を、個人の心ではなく神の心に帰したのであった。

すでに見てきたように、ホイットは一七五〇年代に、脊髄の中の「感覚魂《sensitive soul》」は有害な刺激を感じ、有機体にとって危険な可能性があるものを取り除くのに必要な仕方で活動することができると論じていた（彼が念頭に置いていたのは脊髄を切断されたカエルの能力で、脳は切除したが脊髄は完全に残っているカエルは、皮膚の上に酸をしみ込ませた布を置かれると、その刺激を取り除くのである）。しかしホイットは、この脊髄の中の感覚魂と、われわれが意識を通じて知る合理的な魂とのあいだには大きな違いがあり、後者は多くの異なった仕方で感じたり考えたりできるということを強調した。ホイットのいう感覚魂にできることは、身体を危険から保護したり、身体の諸部分のあいだに調和を保つために必要とされることであり、神があらかじめお膳立てした役割だけなのである。ホイットに半世紀も先だって、マールブランシュは、無意識的な現象は個人の思考ではなく、実は神の思考の事例であると論じていた。神に与えられた能力であるとホイットが考えた能力、すなわち、ある種の無意識的な感じを介して刺激を反応に関係づける脊髄の能力は、マールブランシュにおいては、われわれが身体を維持できるように、われわれの身体を通じて神が感じたり行動したりする事例であると見なされていたのである。
一八三〇年の時点では、無意識的なものは、非合理的な力の超自然的な源か、あるいは自然的な源かのいずれかとして考えられていた。合理的だが無意識な行為が生じたときには、そういった行為は個人ではなく、神のなしたこととされていた。ところが、ジョン・スチュアート・ミルは、合理的に活動することもあるような無意識的な心が、少なくとも部分的には、個人に存在するに違いないという仮説を立て、それによってそれまでの無意識観を全く変容させてしまった。父ジェームズ・ミルが擁護した連合心理学を、息子は社会理論全般の基盤に使いたかった。そこで息子は連合主義心理学の起死回生を狙って、このような尋常でない仮説を立てなければならなかったのである。このようなわけで、J・S・ミルは、心理学における内観主義と経験主義の最大の擁護者であると同時に、一八六〇年代から七〇年代のあいだに姿を現しはじめた無意識的な心についてのよりラディカルな理論への道を切り開いた理論家でもあった。これは歴史の最大の皮肉の一つといえるだろう。

論理的な無意識

ミルの無意識的な心の理論は大きな影響力を持った。この理論は、無意識的な心は意識的な心と同じ心の原理に則って働きうるという、それまでにはない彼の考え方から生まれた。ミルの著作『論理学』に敬意を表して、この考えを論理的無意識の教説と呼ぶことにしよう。ミルは、『論理学』（一八四三）の中で心的な力に関する議論をはじめるにあたって、意識されない心的過程の一部は、推論したり判断を下したりする過程と同一であるか、少なくともそれらと似たものであると論じている。ライプニッツやホイットらは、われわれは無意識的な感じや知覚を持つことがあると示唆していたし、ミル自身も、われわれは注意を向けていない感じや知覚を持ちうることを認めている。しかし、ミルはさらに進んで、無意識的な心の内には合理的で知的な過程もあると主張したのである（唯一マールブランシュだけが、ミル以前にこのような無意識的な論理的活動の可能性を考えていたが、先に述べたように、彼は無意識的な合理性の兆しを神の活動の証拠であると考え、個人の心の活動であるとは考えていなかった）。

J・S・ミルの著作に論理的無意識が登場したのは、彼が二つの局面で連合主義心理学を擁護する戦いを繰り広げていたからである。つまり、一方で、父の連合主義に改良を加えつつそれを擁護することに取り組み、他方で、この連合主義心理学と整合的な論理学の一般理論を発展させようとしていた。これまで歴史家たちは、一八五〇年代から六〇年代における「無意識的推論」の教説を、ドイツ（特にヘルムホルツとヴントの著作）と結びつけて考えがちであった。しかし、この教説の源がミルの『論理学』であるということはほぼ間違いなく、この本がヘルムホルツやヴントをはじめとするドイツの主要な心理学者たちに読まれていたことも知られている（後に言及するように、ミルは、サミュエル・ベイリーに反対して、連合主義を擁護する論文を『論理学』と同時期に発表した。のちにこの論文は一八五九年に再版された。この論文もドイツの心理学者たちに知られていた可能性がある）。

論理的無意識という考えを支持する人々は、この考えの源泉を求めてしばしば過去の思想、特にライプニッツの微小知覚《*petites perceptions*》概念にたちかえった。しかし両者の類似は表面的にすぎない。というのも、微小知覚概念においては無意識的な感じと無意識的な推論の違い、言い換えれば、（常に受け入れられた概念ではないにせよ）当時よく知られていた非合理な無意識という概念と、合理的な無意識というラディカルな思想との区別が考慮に入れられていなかったからである。

論理学に関する著作に取り組む中で、J・S・ミルは、連合主義心理学の枠内ではこれまで立てられることのなかった問題に直面していた。特に、この本の中の認識論の文脈において、ミルは、真理に関するわれわれの知識の源泉と思われるものを突き止めなければならなくなった。次に挙げる言葉は『論理学』の序論の第四節からのものだが、これはミルがこの本を書くにあたってごく初期に書いた文章の一つとして知られており、八つの版を通じて本質的な変更を受けずに残された部分でもある。「真理は二つの仕方で知られる。真理のうちのあるものは直接的な仕方で自ずと知られ、他のものは他の真理を介して知られる。前者は直観ないしは意識に関わるものであり、後者は推論に関わるものである」。真理がどのようにして知られるのかということに焦点をあてることで、ミルは連合主義的な認識論における感覚の地位を変えたのである。ハートリ、コンディヤック、ジェームズ・ミルらにとっては、われわれが感覚と呼ぶものが、真理に関する知識を含めたありとあらゆる知識の基礎をなすものであった。そして、意識の真理としての感覚と、J・S・ミルが推論と呼んだ他の真理とのあいだには、明確な境界線は引かれていなかった。しかし、J・S・ミルの著作が現れた後には、連合主義者たちは、推論の真理の説明として、直観（感覚）の真理の説明とは異なった説明を提出しなければならなくなった。

ミルがここで設けた区別がもたらした帰結は、心理学にとってきわめて重要である。ミルの区別に基づいて理論をつくるならば、いかなる心的過程の説明においても、まず第一になされるべきことは、主体がどのような直観を利用できるかを発見することになる。そして、ひとたび直観の完全なリストが手に入れば、それ以外の知識とは、正しい推論にせよ、誤った推論にせよ、これらの直観をもとに推論されなければならないものとなる。このようにしてミルは、感覚を、論理学の論証における前提とそう違わないものにしてしまった。ミルの区別の原型をなすものを、バークリの感覚可能最小量という概念と、この感覚可能最小量はある種の言語であるという考え方に見ることができる。しかし、後のミルの場合とは違って、バークリにおいても、彼以降の人々においても、真理と推論は問題になっていなかった。これに対して、ミルにとっては、論理学とはすでに知っている真理からなされる推論の研究であった。これがミルの心理主義、すなわち、論理学は、感覚と知覚に関する心理学の成果とは独立した固有の科学として確立できないという考えの源泉なのである。

ミル以前の連合主義者たちの想定によれば、感覚と、感覚が結びついて真でも偽でもあるさまざまな観念になったものとの双方が存在した。初期の連合主義者の著作においては、真理の「感覚」と真理の「直観」とのあいだには必然的な関係は見られなかった。たしかに、真ある程度決められた一連の生得的な感覚が存在すると考える理論家もいたようである。しかし、ミルによる直観と推論の区別が自明視されるようになってはじめて、これらの生得的な意識の要素が、論理学のうえでも形而上学のうえでも重要になったのである。

ミルが感覚と推論を注意深く区別しようとしたのは、もっぱら、直観に重きをおいたスコットランドの常識心理学者たちに応じるためであった。もっとも、常識心理学者たちの多くは直観のことを意識と呼ぶことを好んでいた（J・S・ミルも、しぶしぶながら意識という語を同様に用いた）。しかし、ここには重要な逆転現象がある。それは、次のようなことである。トマス・リードの認識論においては、直観の真理は感覚と同一ではなかった。逆に、リードが感覚と知覚の区別を作り出したことの主な目的は、真理を感覚（ミルの言葉遣いでいえば直観）ではなく、知覚に帰することができるようにするためだった。話を単純化して言えば、リードは、赤という色の私の感覚が真であるかどうかということよりも、このバラを（たまたま赤く見える）実在する対象として知覚する私の知覚が真であるかどうかということに関心があった。つまりリードは、意識において真であることには、私がたまたま持つかもしれない色や香りなどの感覚だけではなく、バラの知覚もまた含まれるのだと論じていた。リードによってなされた、感覚と知覚という意識の二つの側面の区別は、ミルが論理学に取り組んでいた一八三〇年代までにひどく混乱してしまった。スコットランド哲学の擁護者としては最後の大人物であるウイリアム・ハミルトンは、この点に関しては最後までリードを理解できず、さまざまな二次的で補足的な定義や区別によって、問題をひどくわかりにくくした（ハミルトンが編集したリードの『著作集』にある山のような註を見よ）。たしかに、何が意識の真理と見なされるべきかに関して、J・S・ミルには混乱が見られる。しかしミルは、自らの主な仕事を、一方のハミルトンやトマス・ブラウンの思想と、他方のジェームズ・ミルの連合主義的な見解とを明確に対比することであると考えていた。このことからすれば、この混乱も十分に理解できる。

結果として、ミルの新たな区別が無理矢理リードの区別に重ねられることになり、リードの区別をゆがめることになった。感覚から知覚への移行は人間には説明不可能であるとリードが主張したのに対して、知覚を感覚（ミルのいう直観）に基づいた推論の結果として扱うことが次第に一般的になっていった。この見方は、大きな影響力をもったヘルムホルツの著作によって有力なものとなった。J・S・ミルの影響を受けて、ヘルムホルツは、感覚を生得的な心的直観と見なし、知覚の研究には、感覚をもとにしてなされるさまざまな無意識的な心的判断（無意識的な推論《unbewußte Schlüßen》）を同定し、分析する作業が含まれると主張した。このような判断の結論が知覚とされたのである。当時一般的になり、現在もなお一般的であるこの見方によれば、知覚の生得説とは、感覚の「完全性」を強調する立場と同盟したと言える。知覚の生得説によれば、世界を理解するために、観察者が感覚から推論をする必要はないからである。これに対して、知覚に関する経験論は、個人は経験を通じて、適切な無意識的な判断のパターンを確立していくという考えと同盟したと言える。ヘルムホルツ流の経験論は、一九六〇年代にジェームズ・ギブソンとエレノア・ギブソンの仕事が登場するまで、知覚理論を一世紀ものあいだ支配し続けた。

ミル対ベイリー

J・S・ミルは、サミュエル・ベイリーのバークリ批判を攻撃した。現在議論している文脈では、このことが重要になってくる。なぜならば、このミルとベイリーの論争は、後に見られる経験論と生得説との古典的な対立の、最初期の事例だからである。実際、ベイリーはリードにならって、ミルによる感覚と知覚のあいだの新たな区別を拒否したので、現代の知覚理論における経験論と生得説の対立が、ミルの新たな区別によってどのようにして作り出されたかを見てとることができる。ミルは、『論理学』を完成しつつある時期（一八四二－四三）にベイリーに関する論文を書いている。彼は、この論文において意識と推論に関する根本的な問題を考え直す機会が得られたことを明らかに歓迎している。しかし、他の十九世紀の常識哲学者とは異なり、ベイリーはリードによる感覚と知覚の区別を理解していた（ただしベイリーは言葉遣いを変えていた）。それゆえ、ミルの根本的な仮定のいくつかに対するリード流の批判に対して、ミルがどのように応答したかを見ることは興味深い。ベイリーはリードと同様に、「外部性《outness》［奥行き］の知覚は、［視覚や触覚といった］感覚の構成要素である」と論じた。そしてまた、ベイリーはまた「なぜ……さまざまな触覚や筋肉の感覚を感じるときに必ずさまざまな距離も知覚するのだろうか……その理由は説明不可能である」と論じている。これは、なぜ知覚（対象に関する信念）が感覚に伴うのかを説明することは決してできないとリードが論じたことに対応している。ベイリーにとっては、三次元の知覚は真理ではあったが、これは直観の真理でも、直観に基づく真なる判断や推論でもなかった。リードが示唆したように、これは知覚の真理だった。ところがミルは最後までベイリーの主張を理解せず、ベイリーに反対して、ディレンマのどちらかの角にベイリーを追いつめようとする議論を展開した。そのディレンマとはすなわち、三次元的で固体からなる世界を意識しているという真理は、直観の真理（感覚に基づく真理）であるのか、それとも感覚に基づいた推論の真理であるかのいずれかである、というものである。しかし、このディレンマはミルのみが直面すべきもので、ベイリーが直面すべきものではない。

ベイリーは、リード流の感覚と知覚の基本原理から出発し、コンディヤックやジェームズ・ミルといった連合主義者によって解釈されたバークリの視覚理論を打破する仕事に取りかかった。バークリの理論によれば、視覚的感覚が触覚的感覚に連合することによって、視覚によって距離を知覚できる、あるいは知覚できているように思われることになる。こうした考えに対するベイリーの攻撃は直截である。（1）（視覚、触覚その他の）いかなる感覚も、外部性に関する情報を含まないのであれば、外部性はこれらの感覚が連合した結果ではありえない。特にベイリーは次のようなことを指摘した。さまざまな距離にあるさまざまな対象に触れたときには、外部性の知覚とともにさまざまな触覚的感覚を持つ。しかし、さまざまな距離にあるさまざまな対象を見るときには、どう頑張ってみても、そのような触覚的感覚が意識にのぼることはない。（2）触覚に奥行きや外部性に関する情報が含まれ、触覚が視覚を「教える」と想定することが理にかなっているのならば、なぜ（後にジェームズが主張したように）視覚そのものが外部性に関する情報を含んでいて、視覚が触覚に外部性について教えるとしてはいけないのだろうか。繰り返せば、われわれがあたりを見回すときには、外部性を示唆している触覚的感覚、もしくは視覚的感覚と連合している触覚的感覚は意識されず、外部性は端的に見てとられる。外部性の観察は心の基本事実であり、非空間的な直観からの推論ではないし、それ自体がある種の直観であるわけでもない。

〔以上のようなベイリーの議論に対して、〕ミルのベイリー批判は、感覚と知覚という区別を攻撃することからはじまる。ミルは次のように論じる。「視覚的感覚は、光、色、光と色の一定の配列という三つ以外は、本来いかなる情報ももたらさない」。ミルがこのような立場から出発する必要があったのは、光と色（すなわち視覚的感覚）は直観の真理であり、言い換えれば、すべての知識が基づくべき前提であると考えていたからである。しかし、ミルと同じ出発点をとる必要のなかったベイリーは、こういった路線の攻撃を予想していて、われわれが「本来見ている」もの、ないしは視覚的感覚と呼んだ方がよいようなものに関するミルの主張には、経験的な証拠が全くないと述べる。ベイリー自身が述べているように、「たしかにわれわれは目に向かってくる光線によってものを見ている。しかし、終点からにせよ、横からにせよ、光線そのものを見ているわけではないこともまた確かである。われわれは端的に対象を見ているのである」（Mill, J. S. 1978［1842］, p. 40）。視覚における直観の真理に関するミルの主張の証拠は、光に関わる眼の生理的仕組みをミルが分析した結果得られるものではあっても、われわれが見ている対象に関する経験的な証拠から得られるものではない。光線を見ているのは、せいぜい幾何学と光学の研究者だけである。経験主義者たるミルは、自らの新連合主義を救うために、経験主義の一部を放棄しなければならなかった。

何が視覚の直観的な要素であるかに関するミルの出発点をひとたび受け入れるならば、残りの議論は自ずと帰結する。すなわち、視覚には本来的な（直観的な）ものと、獲得された（推論的な）ものの二種類があるということになる。この帰結からミルの知覚理論に至るまではほんの一歩である。以下の文章が示すように、彼の知覚理論は『論理学』を色濃く反映している。

眼を通して得られる情報は二つある。感覚と、感覚からの推論である。感覚とはさまざまに配列された色や、色の変化である。残りはすべて推論であり、推論は眼の働きではなく、知性の働きである。もしわれわれが日常的な言い回しにしたがって、この知性の働きを眼に帰するならば、眼は本来持っている力ではなく、獲得された力、すなわち理性ないしは推論能力を通して眼が発揮する力によって、この働きをなしているのだといわなければならない。

ミルの知覚理論が聞き慣れたものであるからといって、彼の議論の目新しさや奇妙さを捉え損なってはならない。ミルによれば、眼が本来もっている力は、内観や意識によっては知ることはできない。なぜなら、われわれは光や色とそれらの変化だけを見ることは決してないからである。したがって、知覚系の本来の力には二つの矛盾する側面があることになる。第一に、この本来の力は、世界に関する知識を構築するための基礎となる直観の真理を観察者に与えるとされる。第二に、この力は、複雑な連合や推論の中に巻き込まれてしまうために、観察によっては接近不可能であるとされる。ベイリーや他のリード主義者にとっては、感覚あるいは直観の真理の定義そのものに、内観によって知られうることが要請されていた。ミルも『論理学』の冒頭ではこの定義を採用しているように見える。しかし、知覚理論を正当化する段になると、ミルはこの基本的な教義を放棄し、その代わりに、感覚は推論によってのみ知られうると示唆するのである。のちに、『ウイリアム・ハミルトンの哲学の批評』(Mill, J. S. 1979 [1865]) において、ミルは、W・B・カーペンターの無意識の大脳活動《*unconscious cerebratin*》という語を採用し、視覚をはじめとするさまざまなモダリティーの基本感覚を特定するためには、生理学的な「事実」に依拠する必要があるとはっきりと主張した。

こうしてみると、ミルがベイリーを批判して、「眼が直接に教えてくれるものと、推論を介して教えてくれるもの」との区別にベイリーは十分な注意を払っていないと言っている点は何とも皮肉である。もしミルが正しいとすれば、眼はいかなることも直接には教えないことになってしまう。なぜならば、ミルによれば、われわれは基本的な視覚的直観でさえ、推論によってしか知ることができないからである。ミルによるベイリー批判の残りの部分は、推判断ないしは推論という語を用いるべきところで知覚のような語を用いるため、ベイリーは論点先取を犯しているということを示す試みからなっている。しかし、ここで論点先取を犯しているのはもちろんミルの方である。なぜならば、ミルは、ベイリーが自らの理論の基礎とした感覚と知覚の区別を、ベイリーに禁じようとしているからである。バークリ、ブラウン、ミル父子は、奥行きの知覚は視覚的感覚と触覚的感覚からつくり出されると考えた。これに対して、ベイリーは、これらの感覚の証拠を意識の中に繰り返し探し求めた。それはとりわけミルがベイリーに要求したことでもあった。しかし証拠を見出せなかったことから、ベイリーは正当にも、バークリやミル父子の理論は誤っていると結論づけたのである。

感覚と知覚を対比するミルの説明には、ある重要な非対称性が含まれている。そしてこの非対称性は、無意識的な推論という概念をその一部とする知覚理論においては、現代でも依然として見出される。こういった理論によれば、知覚は感覚という証拠から導き出される推論の結論であり、感覚は意識全体の基盤となる礎石である。しかし、日常的な観察によっても、科学者によっても、われわれはこの基本的な礎石を直接意識することはできない。こういった理論を支持する人々は、世界の経験においては、われわれは自動的に、そして無意識的に連合や推論を行うので、感覚という直観や前提は意識されず、知覚的結論だけが意識されるのだと主張する。したがって、感覚を研究する科学者は、何が「基本」感覚であるかを見出すために、生理学的なデータに基づいて一連の推論をしなければならない。普段どおりの観察者が基本感覚を発見することは全くもって不可能なのである。

このいささか尋常でない論理にしたがって、ミルはベイリーに対して、知覚の研究には意識の証拠は無関係であると応答したのだ！　結局、少なくともミルの定義によれば、意識は、触覚と視覚というどちらの本来的直観にも接近できないかもしれず、また、典型的な場合には実際に接近できないのである。ベイリーの第二の議論が効力を発揮するのは、この論点に関してである。もし触覚的感覚も視覚的感覚も外部性に関する情報をもたらさないのならば、両者が連合することでどのようにして外部性に関する情報が生み出されるのだろうか。ベイリーはそう繰り返し問いかけた。実際ミルもこれが問題である点には同意したが、そこに関わる過程は単なる連合というよりも、推論ないしは判断であるということをすぐに付け加えた。ミルはここで化学の比喩を効果的に用いて、水素と酸素という二つの気体が結びついて、水という液体を形成するように、いくつかの化学物質が結びつくと、しばしば全く新しい物質が生まれるのだと論じた。ミルによれば、視覚と触覚という感覚はどちらも距離の情報を含まないが、両者が結びつくことによってなんらかの仕方で外部性の知覚を生み出すというのである。

ミルの論敵であるベイリーが、ミルの考えの危うさに気付かなかったはずはない。そしておそらく、ミルの支持者であるヘルムホルツも同様であったに違いない。ミルは今や、三次元的な世界に関する知識をはじめとする知覚的知識を、感覚に含まれる諸性質の結合によって、さらには、この結合によって生じる創発的性質を引き合いに出すことによって説明しようとしていた。しかしミルには、自らの主張を補強する手段としては、もっとも根拠薄弱なやり方であった。

ものしか持ち合わせがなかった。しかも、自ら述べた計画に反して、ミルは、基本的であるはずの主観的直観の性質を決定する手段に内観的な証拠は役に立たないと指摘し、そのかわりに、物理学、幾何学、生理学といった諸科学からの証拠に依拠したのである！

無意識の勝利

興味深いことに、ベイリーの攻撃は強力だったにもかかわらず、歴史的には小さな役割しか果たさなかった。つまり、連合主義、現象主義、実証主義といった諸思想による猛攻撃に対する、スコットランド常識学派の抵抗運動以上とは見なされなかったのである。スコットランド学派は、内観というきわめて狭い方法を好んだうえに、ほとんどいかなる無意識の心的過程も認めようとしなかった。そのために、実際には論理的無意識の支持者の方が彼らよりも一貫性を欠く議論を展開していたにもかかわらず、スコットランド学派の方が消滅に追いやられてしまった。一八六〇年代までには、誰もが無意識の理論を欲するようになっていた、あるいはそのように思われた。無意識的な推論という考えを用いずに知覚について連合主義的な説明を整合的に定式化することは不可能であると、広く理解された。このようにして、およそ二〇年という短い間に、論理的無意識という考え方は、ラディカルな革新的思想から主流理論を守る防波堤へとその位置づけを変えた。論理的無意識という考えは、新心理学のさまざまな学派にとって有益とされたのである。この論理的無意識の理論に反対する人々といえば、存在論的無意識の理論を唱える自然的形而上学者や、超自然的無意識を信じる唯心論者たちであった。再びショーペンハウアーに広く関心が持たれたこと、フォン・ハルトマンの『無意識の哲学』(十九世紀後半にもっともよく売れたドイツの哲学書である)〔Von Hartmann, E. 1931 [1869]〕が瞬く間に成功を収めたこと、そしてイギリスとアメリカで唯心論／心霊主義が大流行したこと、これらのことによって、存在論的無意識と超自然的無意識という二つの見解が、第三の、よりテクニカルな新連合主義の強力な競争相手となったのである。

ミルの論理的無意識が説明上の価値を持ったのは、心理学は感覚主義および連合主義の前提に基づくべきであると主張する人々にとってのみであった。というのもあらゆる知識は(ミルの言い方でいえば)直観か推論のいずれかに由来するという連合主義者の主張と、すべての推論が引き出されるとされる直観を指摘できないことへの当惑とのあいだには不整合があり、論理的無意識は、この不整合を取り繕う役割を果したからである。したがって、一八六〇年代から七〇年代の新心理学者にもっとも強く訴えかけた無意識概念は、説明上の役割をほとんど持たないものだった。

論理的無意識に反対する人々は、新心理学者に歓迎されなかった。こういった人々は、この新たな学問分野で用いられた根本的な説明上のトリックに疑いの目を向けたのだから、歓迎されようはずもなかったのである。超自然的無意識も、存在論的無意識も、新心理学の中には占めるべき場所を持たなかった。ヴントやヘルムホルツ、さらにはジェームズまでもが、ショーペンハウアーやフォン・ハルトマンを忌み嫌い、わざわざはっきりとそう述べている。興味深いことに、これらのより確固とした無意識概念は、台頭しつつあった自由主義的なプロテスタント神学とも両立しなかった。ショーペンハウアーとフォン・ハルトマンは、人間は自然の魂によって神に直接接近できるという考え方を繰り返し述べていた。しかし、主流のキリスト教思想家たちには、この考え方は「狂信」であるとして、嘲りをもって迎えられた。また、十九世紀中頃の医療実践者、心霊主義者、メスメル主義者といった人々の中には、超自然的魂を支持するものもいた。この見方によれば、多くの人間には、どこまでも無意識的であり続ける（潜在的に邪悪な）自己が存在するとされた。しかし、このような考えもまた主流のヨーロッパ思想からは嫌悪の的となった。このような暗い無意識の概念は、二十世紀に入り、フロイトの著作や宗教的回心に関するジェームズの著作が現れてはじめて、心理学の中で重要な影響力を持つようになった。

ミルの無理のある考え方は、さまざまな理論家によって二つの仕方で修正されることになった。一方で、ミルの論理的無意識は、ニーチェはもちろんのこと、テーヌやフォン・ハルトマンといった著作家が、非合理な無意識、あるいは超自然的でさえある無意識に関する理論を復活させる原材料となった。ニーチェを先取りする形で、エネアス・S・ダラスは『悦ばしき学』（Dallas, E. S. 1866）において、このような非合理で無意識的な心のもつ力を体系的に援用した芸術理論と文学理論を初めて提出し、芸術の創造は、ある種の隠された自己によってしばしば導かれると論じた。他方で、ヴントのような第一世代の自称新心理学者たちは、こうした存在論的無意識という考えと、そこから示唆される隠された魂という考えをとしたともに避け、意識の外で生じる疑似論理的な心的過程というミルの考えを発展させようとした。これらの実験心理学者たちは、精神物理学や反応時間の実験によって、ミルが決定できなかった感覚的直観の正確な基本性質を経験的に決定できると考えた。研究者は、訓練された内観と、注意深く刺激を統制した実験とを組み合わせることによって、たとえば色覚や空間視覚のどの側面が生得的（感覚的）で、どの側面が獲得されたもの（知覚的）であるかを決定しようとしはじめたのである。何が視覚の感覚的基礎をなしているのかを真剣に議論する過程で、論理的無意識の概念に不整合のあることが新心理学者たちにもすぐに明らかになった。しかし、十九世紀を代表する三人の知覚研究者であるヘルムホルツ、マッハ、エヴァルド・ヘリングがこの問題に取り組んだにもかかわらず、議論には決着が付かないままであった。このことは、伝統的な実験心理学の核心に概念的な不整合があったことの何よりの証といえるだろう。

第8章　実証主義の極致

実験心理学が開始されたのは一八七九年、すなわち、後に多くの成果を挙げた心理学実験室が、ヴントの手によってライプツィヒに創設された年であるとしばしばいわれる。しかし、この年をもって実験心理学誕生の年とするのは誤解を招く。というのも、これまでに見てきたように、ヴント（および一八七九年以降の一〇年間に活躍した他の研究者）の理論と実験方法はどちらも、連合主義者と自然的形而上学者がすでに発展させていたからである。とはいうものの、一八七〇年代後半に心理学にとって重要な二つの変化が生じたのは確かである。第一は制度的な変化である。すなわち、一八七九年以降、実験と講義を仕事と考える職業的な心理学者が、大学のような環境で「真面目な」心理学の研究を積極的に押し進めるようになっていった。第二は知的な変化である。すなわち、旧世代の心理学者、特に自然的形而上学者の理論的な関心が次第に無視されるようになり、より限られた問題だけが関心の対象となった。そして、測定することだけに関心が限定されることもしばしばであった。

一八七九年以降の新心理学は、シェリーが夢想した心理学から見れば大幅に縮小したものとなり、古典的な連合主義の流儀に倣い経験の原子として理解された心的現象のみを対象とする傾向にあった。新心理学者たちは、魂あるいは自己の研究を、科学的心理学の領域の外へ追いやってしまった。自然的形而上学者に対するかつての忠誠を依然として維持していたヴントをはじめとする研究者たちは、（たとえばヴントが『民族心理学』において論じたように）より広い問題は、哲学者、言語学者、人類学者といった人々によって研究されるべきであると論じていた。しかし、すでに新世代の心理学者が台頭しつつあり、ヴントの弟子の中にも、従来の問題は狭い心的現象の領域には含まれないというまさにその理由から、それらは真性の問題ではないと考える者もいたのである。

G・H・ルイス――移行期の人物

一八四八年以降の三〇年間において、心理学という学問領域の境界線を定めることがいかに困難であるかを理解する上で、G・H・ルイスの生涯（一八一七－七八）は三つの点で示唆的である。まず第一に、ルイスは重要な思想家であり、その膨大な著作は入念な研究に値する。ベインがかつてルイスよりもよく知られていた著作において試みていたように、ルイスは哲学、心理学、生理学といった領域における当時の思想傾向を統合しようと奮闘していた。そして、ルイス固有の貢献は、当時のドイツで知られていた生理学のデータは、イギリスの進化論や連合主義と統合できることを示したことにあった。第二に、ルイスは知識の大衆化に貢献し、多作で影響力が大きかった。生理学に関する彼の文章はヨーロッパ中で読まれた。たとえば、ロシアのイワン・セーチェノフとイワン・パブロフは、自分たちが科学的心理学者になろうと決めたのは、ルイスの『日常生活の生理学』を読んだからであると述べている。また、何世代ものあいだ、英語圏の読者がヘーゲルやコントを含めた近年のドイツ思想やフランス思想に初めて接するのは、ルイスの手による一般向けのゲーテの伝記や、より人気があった『哲学文献史』〔Lewes, G. H. 1893〕を通じてであった。第三に、ルイスはいくつかの点で学問界と重要な関わりを持っていたものの、著述業と編集業によって生計を立てていた在野の学者であった。それゆえ、ルイスの生涯を見れば、十九世紀の中頃において、在野の科学者にどれだけのことができたのか明らかになるだろう。さらに、彼の生涯は、科学的心理学を学問界へと押しやった制度的な力をも明らかにしてくれるだろう。

ルイスは十九世紀中頃の哲学と心理学において中心的な位置を占めていた。にもかかわらず、今日の哲学史の中で彼の名を目にすることはほとんどないし、心理学史においても脚注にその名を留めるに過ぎない。E・G・ボーリングは、その心理学史の中で、ルイスはスペンサーに比べて影響力の小さい進化論的連合主義者であるとみなし、彼についてわずかに言及しただけだった。今日の心理学史も、ボーリングと同様であるか、ルイスに全く言及しないかのいずれかである。しかし、スペンサー本人は、哲学と心理学に興味を持つようになったのはルイスのおかげであると認めている（しかもスペンサーは、他人からの知的影響をいかなる形でも認めようとしないことで悪名高かった）。その意味でも、ルイスのなした貢献に注意を払っておくことは有益であろう。

ルイスの重要性を評価する際にまずわれわれが直面する困難は、現代の学問界の枠組みから見ると、一八四八年から七九年の知的世界は奇妙な状況にあったということである。ルイスは大学教授でも教師でもなかった。しかも、彼は大きな影響力を持った生理学者であったが、素人実験家の域を超えることはなかった（もっとも、彼はユストゥス・リービッヒのような人々と実験を行っているのであるから、その意味ではわれわれの素人概念には当てはまらないのではあるが）。スペンサーと同様、ルイスの主たる職業はジャーナリストであった。彼はヴィクトリア朝時代のイギリスで人気のあった思想誌への寄稿者であっただけではなく、いくつかの重要な雑誌の編集者や創設者でもあり、彼が関わった雑誌の中には「リーダー」、「ウエストミンスター・レヴュー」、「フォートナイトリー・レヴュー」などが含まれていた。彼はまた、イギリスにおける最初の重要な学会誌である「ネイチャー」、「ブレイン」、「マインド」の三誌が誕生するにあたっての、有力な助言者でもあった。

ルイスの関心は広汎で、科学や哲学と同様、演劇、文学、伝記といった分野においても実質的な貢献をした。それゆえ、ルイスの生涯を見ることによって、一八七〇年代以降に発展した知的世界とはまったく異なる種類の知的世界を垣間見ることができる。彼の仕事は一つの専門分野にすんなりとは収まらなかった。この点がきわめて重要である。なぜなら、ルイスのあり方を見れば、哲学史家や心理学史家たちは、哲学や心理学といった学問分野の境界は明瞭であるとか、かつて明瞭であったなどと想定することはできず、それらの境界に関する今日的な見方は、哲学や心理学の歴史に決して重ね合わせてはいけないことがはっきりするからである。

ルイスは、ヘーゲルやスピノザをイギリスで最初に論じた哲学者の一人であった。スピノザに対するルイスの興味がどのようにしてかき立てられたのかを見れば、知的表現の主要な媒体が活字媒体であると考えるのは危険であるとわかる。一八三〇年代の後半、当時野心的な俳優でありジャーナリストであったルイスは、五、六人の同志と、ホルボーンのレッド・ライオン・スクウェアというパブに集まっていた。このクラブのメンバーに主流の学会関係者は一人もいなかった。一人のメンバー、すなわちジェームズ・ピエールポント・グリーヴズは、霊能力のある解剖学者で、ブルック農場〔米国の超絶主義者たちが一八四一年にマサチューセッツ州に建設した共産村〕の創設者の何人かに影響を与えた教育改革家でもあった。他のメンバーは靴屋や、当時よく見られたリベラルな戸外本屋のオーナーであった。さらに重要なことには、このパブにはコーンという名の時計職人が出入りしていて、彼は自分と同じ信仰を有していたスピノザの哲学を支持していたのである。コーンはグループの仲間と『エチカ』を一文一文読解した。当時の状況を考えれば、これは驚くべきことであった。なぜならば、イギリスの学術機関においては、さらにいえばヨーロッパのいかなる場所においても、こういったことは教えられていなかったし、そもそも教えることができなかったからだ！　ルイスは、当時多くの若い作家の指導者的立場にあったリー・ハントからスピノザについて耳にしていたので、この集まりにも熱心に参加した。すでに述べたように、ハントは、シェリー本人とシェリーによる私家版の翻訳を通じてスピノザについて知っていたのである。またルイスは、スピノザの著作集を探し求め、『エチカ』の翻訳にもとりかかったが、これは完成には至らなかった。そしてついに一八四三年に、ルイスは「ウエストミンスター・レヴュー」にスピノザに関する論文を発表した。この論文は、十九世紀のイギリスで初めてスピノザを擁護し、評価したものであった。ルイスは、後に心理学に大きな影響を与えることになったスピノザの教説、すなわち精神と身体は自己の二側面にほかならず、魂は身体についてわれわれが持つ「観念」であるという教説を特に強調した。筋肉感覚の理論が主張するように、それぞれの身体活動が一群の感じを生み出すのであれば、これらの感じが連合したものの全体、すなわち身体活動の感覚的観念を、自己の核になるものとして理解することができるというのである。

ルイスは一八四二年にパリを訪れ、クーザンとコントに会った。これによってヨーロッパの思想が実りある形でイギリスに移入されることになった。訪問後一年を待たずして、ルイスは実証主義の熱狂的な解説書を出版し、コントの大著『実証主義哲学講義』を翻訳する計画をベインやミルと論じ合った（実際にはこの計画は実現しなかったが、ルイスの影響で一八五〇年代にハリエット・マルティノーによってコントの著作集が編集された）〔Comte, A. 1853〕。ちょうどこの時期（一八四二－四六）に、ミル自身もコントに最も接近した立場をとり、自らの『論理学』は実証主義的な科学哲学の表明であると考えていた。おそらく、われわれが現在用いている学問分野の区分は、およそ十九世紀には当てはまらないということを教えてくれる点で、一八四二年から四三年のあいだにミルとコントのあいだで交わされた大量の書簡以上のものはないだろう。なぜなら、これらの書簡は、骨相学は心を研究する科学的なアプローチであるかどうかという問題を主に扱っていたからである。

ルイスは一八四六年に再びコントのもとを訪れたが、このときにはコントの愛人であるクロティルド・ド・ヴォーが死に瀕しているところであった。おそらくルイスは実証主義者に転じたイギリス人としては最初のコント主義者であった。しかし、ルイスが着目したのは、コント本人や次第にエキセントリックになるコント自身の思想ではなく、コントが実証主義と呼んだ教説の実践的な側面であった。一八四〇年代から、コントと彼に近しい弟子たちは、コントの哲学を新しい宗教的信条として扱うようになり、コントを教皇として、そして彼の愛人を処女マリアに代わる人物と見なすようになった。このような異常な展開がもたらした帰結のうちで最も重要なのは、ヨーロッパ中の実証主義者がコントその人から距離をとるようになり、彼の初期の哲学的立場を一般化して、ある種の科学的世界観と捉えるようになったことである。科学と心理学に対するいわばポスト・コント流の実証主義的な態度は、一八七〇年代から八〇年代のヨーロッパの知的風景を支配することになったが、ルイスはこのような態度の先駆者であった。

ルイスの『哲学文献史』の初版は一八四五年から四六年にかけて出版された。この本はドイツの哲学者、特にカント、ヘーゲル、さらにはスピノザに関する実質的な議論を経て、コント賛歌としかいいようのないものへと行き着く内容だった（この本の結論部は後の版ではトーンダウンし、一般的な実証主義の信条へと書き換えられた）。この本は、英語圏全体で、それまでのいかなる哲学教科書よりも人気を博した。したがって、オックスフォードのヘーゲル主義者たちは、（コールリッジの努力が失敗に終わった後に）一八七〇年代にドイツ哲学をイギリスに持ち込んだのは自分たちであると主張して以来、現在に至るまで同様の見解が繰り返し主張されてきたが、こういった見解は誤りである。またルイスがこの広く普及したテキストの中で実証主義を擁護していたのは、一八四八年に生じた諸革命の数年前であったということも、注目に値する興味深い事実である。

一八四八年以降、しばしのあいだルイスは政治ジャーナリズムの世界に深く関わり、リー・ハントの息子ソーントンとともに、雑誌「リーダー」を創刊した。こうした関連で、ルイスはハーバート・スペンサーの著作を、そして少し後には（彼はすでに既婚者ではあったが）生涯を通じての彼の伴侶であったジョージ・エリオットの著作を宣伝するようになった。こういった活動をすべてこなしながらも、ルイスは、またしてもヨーロッパの思想をイギリスの土壌に移植することに多大な努力を傾けるだけの時間を作り出した。すなわち、初めての包括的なゲーテの伝記である、『ゲーテの生涯と著作』（一八五五）を執筆したのである。ルイスはこの著作において、ゲーテの著作に包括的な概観を与えただけでなく、ゲーテの科学的研究活動に関する有益な一章を設けた。この一章があったために、この書物はその後何年ものあいだ、広範な領域にわたるゲーテの仕事を最も完全に概括した著作であり続けた。

おそらくはゲーテに触発されて、ルイスはその後数年のあいだに、生理学的心理学に関する一連の一般向けの著作を書き始めた。これらの本、なかでも人気を博した『日常生活の生理学』（一八五九－六〇）は、ビュヒナーやヤコブ・モレスコットの著作に見られる類の俗流唯物論的な生理学を唱えるものであったが、彼らの反観念論的な存在論は避けられていた。ルイスの実証主義的見解によれば、食べることのような日常的な生理的行動にどのようにして感覚や感じが伴うのかに関しては、不可知論的な立場をとることが許容され、ルイスが事実と考えることのみに焦点をあてればよかった。つまり、生理学的過程や身体的活動と感じとが相関するという事実のみに焦点をあてることができたのである。半ばスピノザ的でもあり、半ば実証主義的でもあるこのような心の生理学は、ルイスの絶妙な手腕の産物である。十九世紀の終わりまでには、このような立場がヨーロッパ中の生理学と心理学を支配するようになった。この新しい種類の心理学においては、心的なものと物的なものとは一つのものの二つの側面であると考えられた。ここでいう一つのものとは、個人の神経系である。実際、ルイスは神経過程とそれに連合した主観的な感じのそれぞれを指す言葉として、ニューロシス《neurosis》とサイコシス《psychosis》という言葉をつくった（これらの言葉が後の医学的な意味を持つようになったのは、二十世紀になってからのことである）。心を脳だけではなく神経系全体に位置づけた点で、ルイスはヴントや新心理学者たちのみならず、自然的形而上学者とも異なっていた。彼はもはや、自己や意志は現象界に現れ出る超越的な存在者であるとは考えなかった。彼は、ニューロシスとサイコシスは現象の集合で、相異なるものだが相関していると考えたのである。

一八六五年から六六年にかけて、ルイスは新たに創刊された「フォートナイトリー・レヴュー」の編集者としてジャーナリズムの世界に戻った。この雑誌はトマス・ハックスリ、ハーバート・スペンサー、ジョン・ティンダル、アレグザンダー・ベイン、ウォルター・バジョットといった執筆者を擁し、科学、政治、宗教といった各分野におけるリベラルな実証主義を代弁する雑誌として、大きな影響力を持つようになった。いくつかの重要な哲学論文や心理学論文がこの大衆誌に掲載され、多くの読者を得た。ルイスは体調が悪化したために、わずか二年で編集職を辞さねばならなくなった。とはいえ、それまでに「フォートナイトリー・レヴュー」は軌道に乗っていた。そこでルイスは自らの私設実験室に戻り、心と身体に関する包括的な著作を書くことを決意した。ルイスはこの著作において、彼自身が行った多くの実験と、革新的であると思われた心理学思想の両方を概観することを目指した。

この頃までに、主流の実証主義者たちは、次第に心の汎反射説《panreflex theory of the mind》を支持するようになっていた。しかしルイスはそれに同意しなかった。すでに一八五〇年代に、レイコックとカーペンターが大脳反射という言い方を用いていた。われわれの意識的な行為さえもがしばしば反射的なものであるという考え方は、ヨーロッパ全土で非常に一般的になっていた。たとえば、『アンナ・カレーニナ』（一八七七）の冒頭で、妻に隠れて浮気をしている登場人物のオブロンスキーは、偽りの微笑みでしっぽを出してしまうのだが、これを彼自身が「脳の反射活動」のせいにするのである。大脳皮質さえもが、時に反射活動を行うということは確かにルイスも認めていた。しかし彼は、こうした見方に通常伴う考え方、すなわち、脊髄反射は主観的な感じ、ルイスの言葉でいえばサイコシスを欠いているという考え方には反対した。われわれに意識されている反射活動が、客観的なニューロシスと同様に、主観的なサイコシスを有しているのならば、これと同じことが、たとえばカエルの脊髄の反射活動にも当てはまらない理由があるだろうか。この問いは、ルイスをエラズマス・ダーウィンの見解に接近させるものである。ただし、わたしはルイスがエラズマス・ダーウィンの著作を読んでいたという証拠を発見することはできなかった。

とはいうものの、ルイスはホイットを丹念に読み、ホイットが行った実験の多くを自ら行っていた。そしてルイスは、このスコットランドの医師と同様に、脊髄の反射は機械的で変異のないものではなく、ある範囲内では、刺激の変化と動物自身の状況の変化の双方に順応できることを見出したのである。ルイスはすでに『日常生活の生理学』(一三四頁)において、脳は「心の器官の一つでしかなく」、脊髄のどの断片も「小さな脳のように」働くと結論づけていた。ホイットと同様にルイスにとっても、このことは、たとえ意識を持った脳には接近できないにせよ、脊髄にはある種の感覚ないしは感じが存在することを示唆していた。ハックスリや他の人々は、反射機械としての脳という考え方に訴えて、人間の営みにおいて主観性はたいして重要な役目を果たさないことを示した。これに対してルイスは、反射機械としての脳という全く同じ考え方に訴えて、動物界には、そして個々の動物の身体の内部には、いたるところに感じが存在していると論じたのである。実証主義者が心の本性に関する問いを追求しない傾向にあったことを考えれば、おそらくこのような論争が生じるのは不可避であった。二つの「現象系列」(ニューロシスとサイコシス)の存在をひとたび認めるならば、両者は、二つ以上ということはないにしても、少なくともこの二つの方式で相関しうることになるからである。主流の実証主義者たちは、脊髄の活動には主観的な意識が欠けているということに着目し、脊髄の活動は純粋に神経的な出来事であるとみなした。しかし、これまでに見てきたように、無意識的な大脳の出来事が存在すると推論していたのは実証主義者自身であった。ルイスは同じ推論を首尾一貫した仕方で脊髄反射に適用し、ある種の無意識的な感じが脊髄にあると論じたのである。

ルイスは心に三つのレベルがあると考えるようになった。すなわち、身体の意識（たとえば筋肉感覚、すなわち自己の身体に関する概括的で漠然とした感覚がその例である）、感覚的意識、合理的意識ないしは思考する意識の三つである。彼は、脊髄には少なくとも最初の二つの意識が含まれるということが、自らの実験によって証明されたと主張した。この教説を広めるために、ルイスは数巻にわたる著作『生命と心の問題』（Lewes, G. H. 1874－79）を著した。これらの本の中でルイスは、動物は自動機械であるというハックスリや他の人々の主張を覆し、それにかわってサイコシスのレベルという考え方を提示しようとした。そこでルイスが用いた証拠は、ハックスリらが自らの主張を支持するために挙げたものと実質的には同じ証拠であった。

『生命と心の問題』は、さまざまな心理学思想を概観したうえで、後世にとって最も有望な道である特定の研究プログラムを提示しようとする、壮大な試みである。この著書は三部からなっている。第一部は、科学についての一般的な哲学的見解を心理学に適用する論述からなる（二巻からなる『教説の基礎』）。第二部は、ルイスの二重側面説的な観点から心脳関係を論じたものであり、そこでは日常生活の生理学に重点が置かれている（『心の物的基盤』）。第三部は、心理学一般を概略し、その展望と限界を記述するものである（二巻からなる『心理学の研究』）。しかし、ルイスはこの第三部を完成させる前に死んでしまったため、第三部はジョージ・エリオットの編集によって出版された。

『生命と心の問題』は、ドイツ人だけでなくイギリス人も、哲学的心理学、経験的心理学、生理学的心理学のすべてをカバーした、浩瀚で該博な書物を著すことができたことを教えてくれる（おそらく、展望と構想の点でルイスの著作に匹敵するものは、ロッツェの『ミクロコスモス』であろう。しかし、ルイスはロッツェよりもはるかに明敏な生理学者であった）。また、多くの点で、ルイスの著作は、二十世紀の最後の数十年になってはじめて認知科学の分野に現れたいくつかの思想傾向を先取りしていた。すなわち彼は、心理学的なモデルや理論をつくることよりも、当時の（生理学的ないしは心理学的）研究のなかから、哲学的な問題を生み出すような事実を選び出すことに重きを置いていたのである。ルイスはしばしば、答えが得られると思われる場面だけではなく、今手に入る情報からは問題に決着がつけられない場面をも、鮮やかな筆さばきで指摘してみせた。おそらくさらに注目すべきなのは、この時代の人としては珍しいことに、ルイスは心の生理学的な基盤と社会的な基盤の双方を強調していたことだ。彼は概して心の物理主義的な説明を好んでいたが、心の形成に関わってくる社会的な要因もそれに応じて検討しなければ、物理主義的説明は不適切となるという考えにこだわっていた。ルイスはまた、『問題』の重要な一章をカントに割き、カント的な認識論を、生得主義的な心理学の特殊事例として扱っている。この立場は英語圏の著述家や心理学者にはきわめて一般的だが、十九世紀のドイツにおけるカント解釈からは非常にかけ離れたものなので、このような解釈の主要な源泉はルイスなのではないかと考えたくなる。

『問題』の第三部の二巻、ルイスの『心理学の研究』からは、完成することのなかったより壮大な計画を見てとることができる。この計画の展望、すなわちルイスが構想した心理学の展望には、目を見張るものがある。（ブレンターノの記述的心理学におけるような）心的状態の分類からはじまって、ルイスは神経状態と心的状態の平行関係を論じ、（フェヒナーやヴントが試みたように）感覚に関する法則をうち立てようと試みる。ルイスはさらに進んで、記号としての感じではなく、感じそれ自身の科学的説明ないしは論理学をうち立てようとする。もっとも、一八七九年に出版されたルイスの『心理学の研究』を、同年に出版され、記号の科学としての現代論理学の到来を告げた著物である、フレーゲの『概念記法』〔Frege, G. 1972〕と比較すれば（第10章を参照）、ルイスの構想が無謀であったことは明らかである。

『問題』は過剰なまでに長大な書物ではあるが、省略された内容も多かった。ルイスは、大陸における実験心理学の勃興には全く感銘を受けていなかったように見える。たしかに彼はフェヒナーやヴントの思想に通じていて、特にヴントの著作に関しては肯定的な引用も見られる。しかし、彼の関心は、ヴントの実験ではなく、もっぱら哲学的な位置づけにあった。

この点では、ルイスにはブレンターノのような先見の明が欠けていた。ルイスの『問題』と並ぶ重要な著作である『経験的立場からの心理学』（一八七四）の著者であるブレンターノは、この著作においてヴントの内部観察という概念を問題視したとはいえ、ヴントの重要性を認めていたのである。これに対してルイスは（ロッツェと同様に）、実験心理学者というよりは生理学的心理学者であった。ルイスが得意としていたのは、ウェーバー比に取り組んだり、内観と内部観察との違いを明らかにしたりする仕事よりも、脊髄の反射機能を詳細に分析するような仕事だったのである。

ルイスのこの著作は、出版されたときにはすでに多くの点で時代遅れになっていた。そのころには、専門的職業化が進行し、大学や実験室とつながりを持つことが、研究を進める上で不可欠になっていたからである。動物自動機械説と、ルイスの新ホイット主義的な理論は、どちらもデータには合致していた。しかし、自動機械説の方だけが、新しい専門家の感性に合った。彼らは、生理学や心理学が物理科学として認められることを望んでいたからである。ルイスは、新しい職業的な心理学が軌道に乗り始めた頃まで生きていた。「マインド」が一八七六年に刊行され、その二年後に「ブレイン」が刊行された（どちらの出版社もルイスに助言と助力を求めた）。このころにはヴントの実験室はすでに活動を開始していて、心理学実験室は、はるか彼方のアメリカにさえ登場しつつあった。ホプキンズ大学ではパースが色相に関する精神物理学的研究を行い、ハーバード大学ではウイリアム・ジェームズがカエルの反射実験をはじめとする諸実験を行っていた。専門家集団が整えられていくにしたがって、日常生活の生理学と心理学に関する研究は見捨てられていった。専門家たちはそれぞれに、人間の心というパズルの一ピースのみに焦点をあてるようになっていった。たとえば実験心理学者たちは感覚と反応時間に着目した。また、実験生理学者は反射経路を分析した。あるいは、臨床的な心理学者はヒステリー、てんかん、発作などのケーススタディに取り組んだ。さらに、ルイスの死によってこうした専門化の傾向に拍車がかかることになった。というのも、彼の遺産によって、ケンブリッジ大学の生理学科に、ドイツを模範とした奨学金が設けられたからである。この遺産に刺激されて、以後二〇年のあいだに、イギリスでは還元主義的な生理学が発展することになる。ルイスの遺産から援助を受けて研究を進めた生理学者の中からは、三人のノーベル賞受賞者が生まれた。皮肉なことに、そのうちの一人であるチャールズ・シェリントンは、(脳と心の二元論的な解釈と結びついた)脊髄機能の機械論的な分析をもっとも強力に支持した人物であった。

このように、イギリスにおける生理学研究の専門化を自ら促したことによって、結局、ルイスは移行期の思想家、もしくは周縁的な思想家として評価されることになった。彼の二重側面説的な実証主義は非常に人気があり、実験心理学者と生理学的心理学者の合流地点となった。しかし、彼のさらなる議論、すなわち、神経が活動しているところには常に必ず心的状態や心的過程が見出されるという考えは二重側面説と両立可能であり、二重側面説はおそらくこうした考えを示唆してさえいるという議論の方は無視された。主流の実証主義者が採用する論理的無意識という考え方は、ヴィクトリア朝時代の感性にも受け入れられるものだったのに対して、身体全体が感覚を有し、自己によっては接近も制御もできない多くの感じを持つというルイスの考え方は、受け入れ難いものであった。そして実際、真剣に考慮されることもなく無視されたのである。ルイスに刺激を受けた実証主義者たちは、心理物理間の相関の意味など思い煩う必要はなく、それらの測定だけを問題にすればよいと考えた。無意識な感じは測定しようがなかったから、実験室で成功するにはそうするしかなかったのである。しかし、すべての新心理学者が、心身関係の意味に関する問いを決然と無視したわけではなかった。ルイスの『問題』のある巻の書評の中で、当時まだ若かったウイリアム・ジェームズは、事実上ルイスとその論敵の双方を攻撃している。彼はそこで以下のように述べている。「実際、人間の背側髄［脊髄］がつぶされたときに、彼は感じていなくとも、彼の足はまだ感じているというだけでは、何の進歩もない。われわれが知りたいのは、足はどのように感じているのか、感じているときの足とは誰なのか、足が脳と有機的に接続しているときにのみ、足の感じが自我の一部をなすということがどのようにして可能になるのか、ということなのである」(*Nation*, 1877, 25, p. 270)。一般的な意味では決して実証主義者ではなかったジェームズは、確かにこれらのことを知りたがっていた。しかし、彼は明らかに少数派に属していた。他の多くの新心理学者たちは、実証主義を、科学が進歩する絶好の機会と見なしていたのである。

実証主義の流行

十九世紀後半には、ヨーロッパ全土において実証主義的な見方はきわめて一般的だった。言い換えれば、誰もが実証主義者だった。少なくとも、誰もが自分は実証主義者であると表明していた。フロイトやフッサールのような、まず実証主義者とは考えられないような人々さえ、時として自らを実証主義者と見なしていたのである。ハックスリやティンダルのような自動機械論者は実証主義者であったが、自動機械論者たちの神経系の理解は一切合切がまったく逆であると考えていたルイスもまた、実証主義者なのであった。(他の分野においてはそうではないが)実験心理学の測定に厳密にこだわったヴントは実証主義者であったが、ヴントの論敵として最も影響力を持った人物であり、測定という問題は、科学的心理学においては最も重要でない部分だと考えていたジェームズもまた、実証主義者と称していた。このように実証主義者という呼び名が過度に用いられていたために、歴史家がさまざまな思想傾向を識別することが困難になっている。そこで、一八八〇年代の状況をある程度理解するためには、心理学の領域では、実証主義者という呼び名を、心と身体に関するルイスの二重側面説と同様の理論を表明していた理論家たちに限定して用いた方がよいように思われる。このような理論は、おそらく新心理学の支持者、特に新心理学を一般に広めたリボーのような人々のあいだでは、最も人気のあった理論であろう。当時のイギリスとドイツの心理学についていて書かれたリボーの著書は、一八七〇年代のフランスに、実証主義の福音をもたらした。ここでもまた、リボーのような思想家たちは、心の領域と物質の領域は、二つのそれぞれ別個の現象の集合であり、両者は生理学と心理学の実験法によって相関づけられると考えていた。われわれは、特定の刺激と特定の感覚の相関（たとえば、ある振動とある音色のあいだの相関）といった質的な相関を手に入れることができるし、さらにうまくいけば、選択反応時間に関する実験の場合のように、量的な関係性を手に入れることができるというわけである。しかし、こういった思想家の多くは、相関というルイスの考えからさらに進んで次のように論じるようになった。すなわち、現象の集合のうちで、物質と関連する現象の集合だけが因果的効力を持っている、このことは今ある証拠から十分証明されていると。つまり、これらの実証主義者の多くはある種の物理主義者でもあり、心的状態が因果的な力を持つことを否定する人々でもあった。

ハックスリが動物自動機械説に関する講演（一八七二）において用いた比喩（おそらくシャドワース・ホジソンの『実践の哲学』（一八六五）から引かれたものであろう）は、このような見解の本質を非常によく捉えている。この比喩によれば、「魂と身体との関係は、時計のベルの音と時計の機構との関係のようなものである。ベルが叩かれたときに発せられる音に、意識が対応する。……意識の状態はすべて、脳を構成する物質の分子的な変化によって直接に引き起こされる。……〔しかし〕意識状態が、その有機体を構成する物質の運動の変化を因果的に引き起こすという証拠は何もない」（Huxley, T. H. 1896［1872］p. 242）。

それ以前に展開されていた心と身体に関する論争、特に、後にヒュームによって要約された十七世紀末の論争に詳しい人ならば、このハックスリの議論には馬鹿げた間違いがあることに気付くだろう。たしかに、心的状態が物的状態を引き起こすということには証拠がない。しかし、ハックスリらの主張に反して、同様に逆の事態、すなわち物的状態が心的状態を引き起こすということにも証拠はないのである。脳内の神経状態のような物的状態は、感じ、思考、夢といった心的状態と結びついているかもしれない。しかし、物的状態が心的状態を因果的に引き起こしているのかどうかを知る方法はない。一体どのようにして、神経活動の変化が、新しい感じや、夢といった心的状態の原因となりうるのだろうか。ここで問題なのは、ハックスリが心と物質の相互作用を理解しようとしている点ではなく、両者の間の因果性を理解しようとしている点である。十九世紀のたいていの思想家は、物的状態と心的状態は、何らかの法則ないしは規則性にしたがって相関していると考える点で一致していた。しかし、相関しているということと因果性があるということとは別物である。したがって、われわれは（ヒュームのように）あらゆる因果性を単なる連合に還元し、因果的な力は身体から心へだけでなく、その逆にも働くということを認めるか、あるいは心的状態と物的状態は並行しているが、それ以上のことは何もないといって満足するかのいずれかの立場をとらなければならない（無意識的な心的状態への関心が高まっていたにもかかわらず、多くの著作家は、ハックスリと同様に、心的状態を意識的状態と同一視していたということも注目すべき事実である）。ブレンターノ、マッハ、ジェームズといった思想家たちは、実証主義者たちがこのような哲学的誤謬を犯したことをただちに非難したが、そういった指摘によっても、心理学や他の諸科学において実証主義的な立場が人気を博することはくい止められなかった。

　広い意味での実証主義的な立場がこれだけの人気を博したのには、三つの理由が考えられる。第一にこの立場は進歩主義的であり、第二に不可知論的であり、第三に反唯物論的であったというのがその理由である。もっとも、実証主義を批判する人々は、第三の点に関しては異議があるかもしれない。実証主義の持つ進歩的な一面は、おそらく実証主義の創始者であるコントに帰することのできる唯一の特徴でもある。なぜならコントは、人間はさまざまな思考の段階を経ることによって進歩すると主張していたからである。つまり、先立つ段階を改良していくことによって、人間は神学的段階から形而上学的段階を経て実証主義的段階に至るという。また、コントによれば、自然科学は実証主義的段階に到達しており、自然科学においては、もはや現象が観察不可能な力によって説明されるようなことはなく、まして や神によって説明されることもないとされた。これに対して、社会思想は自然科学に遅れをとっている。したがって、実証主義は社会科学を進歩させるための単純な公式、すなわち、形而上学的な問いを放棄せよという公式を与えてくれるという。実証主義者たちは、二重側面説のような自らの形而上学を決して認めようとはせず、自らの理論が形而上学に基づいていると考えることを頑なに拒んだ。原子論的な連合主義の形而上学によって記述される一連の現象は、単純な事実あるいは純粋な現象であり、それ以上のものではないと実証主義者たちは声高に主張した。実際にはこれは事実に反していた。にもかかわらず、彼らは実証主義的な科学がそのような事実だけを基礎にしていると主張した。このように実証主義者たちは自らの形而上学を科学とみなしたので、自らの前提に関して他の人々から提出された難しい質問や問題を無視する（それらの問いや質問は形而上学的であり、それゆえ答えるに値しないとしてとりあわない）ことができたのだった。

これに加えて、唯物論的な科学が普及したときとは異なり、実証主義の公式は宗教を脅かすことがなかった。たしかに、実証主義者が神学的説明を退けたことは、しばしば反宗教的な態度ととられることがあった。保守的なキリスト教徒が、依然として説明の領域において科学者と競争しようとしていた時代には、実証主義は反宗教的であるという危惧が広く抱かれていた。しかし、リベラルなプロテスタント神学や、ベルギーのメルシエ枢機卿による新トマス主義といった立場が生まれると、「進歩的な」キリスト教思想家たちは、宗教と科学は二つの異なる領域であるという考えを次第に受け入れるようになった。このようにして、リベラルな神学者と主流の実証主義者が結託したのである。たとえば、非国教徒がハーバート・スペンサーの『心理学原理』は無神論的な唯物論であると批判したときの、スペンサーの応答を見てみよう。「私はそのような結論をどこにも述べていないし、この本全体の方向性からも、そのような結論は出るはずがないと断言しよう。物質を徹底的に研究している他のたいていの人々と同様に、神が存在するということは、それを証明することも、それが誤りであることを証明することもできないと私は考える」。

もし、神学者たちが神学の理論を科学的に「証明」しようとすることをやめれば、実証主義者たちは神学者と妥協して、宗教的仮説は科学によって検証可能な領域を超えているのだと科学者を説き伏せるだろう。ダーウィンやフロイトは、このような不可知論的な休戦に甘んじようとはしなかったために、きわめて危険な思想家と見なされたのである。

実証主義は宗教に関して不可知論をとるだけでなく、反唯物論的でもあった。この反唯物論的見解は、新しい認識論との関係において、きわめて新奇な仕方で表明されたため、少なくとも二十世紀の初めまで広く誤解されていた。たとえば、ウイリアム・ジェームズは一八八〇年代に心理学における実証主義運動を攻撃したが、その内容の大半は、この運動が宿命論と唯物論の組み合わせからなるという指摘からなっていた。彼は、この組み合わせを心の自動機械説と名付けた。

実証主義者の反唯物論は、ベルリンのデュ・ボワ・レイモン、ロンドンのハックスリやクリフォードといった人々によってもっともはっきりと表明されている。この見解は、彼らの二重側面説的な形而上学ではなく、ある系統の認識論を採用したことに由来している。この点からみれば、新しい反唯物論の議論をはじめてはっきりとした形で表明した書物は、ランゲの『唯物論の歴史』であることになる。この著作は、十九世紀の最後の三分の一のあいだ、重要な影響を及ぼし続けた。生理学的心理学者を自称した第一世代の人々は、生理学的な状態が心的状態を因果的に引き起こすと論じようとし、これまでに見たように、因果性の本性に関する哲学的な細かな議論には、驚くほどわずかな興味しか示さなかった。それと同時に、新心理学者の中でも実証主義的な傾向をもつ人々は、一般的にいって、科学的な言明とは本質的にデータの集合を述べなおしたものであり、現象の再記述であると主張していた。つまり、物理学、生理学、心理学はみな、科学者が観察と実験によって得ることができる現象であれば、何であれ出発点とすることができるという。それゆえ、「脳状態が心的状態を因果的に引き起こす」という単純な公式には、修正が必要になる。実証主義者によれば、この公式は次のような意味に読まなければならない。すなわち、「脳状態として知られる現象の集合は、心的状態として知られる他の現象の集合と、前者が後者を引き起こすように見えるという仕方で相関している」というようにである。この見方からすれば、脳状態が心的状態を因果的に引き起こすというハックスリのような主張は、物質に関する主張ではなく、現象の集合に関する主張になる。たとえば、ハックスリは、心的状態や行動のような他の現象を導くように見えるものは、生理学者によって脳状態として記述される現象である、というような慎重な言い方を常にしている。ハックスリにとっての物質とは、マッハやヘルツにとっての物質と全く同様のもの、すなわち、観察者によって観察された現象の集合であった。したがって、一八八〇年代に批判の的になったハックスリ、ティンダル、クリフォードといった「唯物論者」はみな、ある種の現象主義者だったのであり、唯物論者などでは全くなかったのである。これは驚くべきことだが、真実である。

　実証主義に刺激を受けて、さまざまな汎現象主義が活気を取り戻した。しかしこの汎現象主義の支持者は、基本的な心的現象とされるものの分析、すなわち感覚の分析に関しては、驚くほど無批判であった。実際、ハックスリとマッハ、テーヌとスペンサー、ヴントとルイスといった、理論も関心も異なるさまざまな思想家たちは、すべての科学の基礎になる基本的な「データ」は感覚であると考える点では皆一致していた。その後しばらくのあいだ、感覚の分析はミルによって示された方向に進む傾向にあった。しかしすでに一八七〇年代から八〇年代には、多くの理論家たち、特にマッハ、ヘリング、カール・シュトゥンプ、ジェームズといった人々が、すべての感覚は単純であるという想定の経験的な基盤を疑問視して、この統一見解を切り崩しはじめた（第10章参照）。

われわれ二十世紀の人間はいろいろな種類の現象主義を見慣れている。しかしだからといって、実証主義者の現象主義がどれだけ重要な展開であったかを見過ごしてはならない。およそ一八五〇年以前には、科学者たちは知覚的な証拠を常に額面通りに受け取っていた。たとえば岩がここにあるとか、この計器はかくかくしかじかの数値を示しているといったことが、そのまま受け入れられた。それが今や、このような日常的な観察さえもが、ある種の懐疑論によって、感覚主義が言うところの「現象」に還元されてしまったのである。この見方によれば、私はある感覚群を有していて、この感覚群から、岩がここにあるとか、この計器はかくかくしかじかの数値を示していると推論すると考えられることになる。このような論の進め方は、哲学をある種の科学の科学、すなわち認識論と見なす考え方と整合的ではあるが、それ以外の正当化を有してはいなかったし、現在も有していない。このようなしかたで日常的な観察を否定したところで、博物学者や実験者が利益を得るわけではないし、理論家でさえもこれによって利益を得ることはない。感覚主義を声高に提唱する学問分野の生理学的心理学さえ、このような懐疑主義的な小細工から利益を得ることはない。「私はある感覚を有していて、私はこの感覚から被験者が刺激Xを聞いていると推論する」などという言い方をすることが、どうして心理学者の助けになるというのだろうか。

実証主義流の新しい感覚主義によって唯一利益を得るのは、実証主義そのものであった。世界に関する知識はすべて、（ミルのいう）感覚に基づいた推論から得られるというのであれば、心的状態に関する知識は、物的状態に関する知識と全く同等であることになる。われわれは、自分自身の心の実際のあり方も、物的なものの実際のあり方と同様に推論する。スピノザのいう、心的性質と物的性質という二つの性質を持つ未知の実体は、スペンサー、ルイス、ハックスリらでは現象に、つまり、心的性質と物的性質という推論された二つの性質を持つ現象領域に取って代わられた。この新しい観点から見れば、自然的形而上学者の基本的な問い、すなわち、感覚とは本当は何であるのか、何が意志を生じさせるのか、思考の本性は何かといった問いを理解しようとする試みは、すべて誤っている。ミルが考えたように、すべては直観か推論のいずれかである。直観は単純な感覚に限られており、それはあまりに単純で非現実的であるので、誰も観察できない。前章で見たとおりである。そして世界にある感覚以外のものはすべて、岩であれ、動物であれ、星であれ、感情であれ、みな推論の産物と見なされる。

このように、ミルの論理的無意識という考え方は、十九世紀後半の思想の中で、認識論だけでなく、存在論の中でも重要な役割を演じることになった。現象の「背後」にあるといいうるものは、われわれの要素的な感覚と、意識される現象を推論によって導き出す疑似論理的な過程、この二つだけである。ミルとヘルムホルツの両者が論じたように、われわれは感覚を直接意識することはできない。なぜならば、われわれの経験は非常に多くの「自動的」で無意識的な推論を生み出すので、本来の感覚は決して意識できないからである。ここに、ミルの直観概念が、スペンサーの不可知なものという概念や、さらにはフォン・ハルトマンの無意識概念へと変容していく兆しがあった。それは、宇宙には、存在すると考えられるが、現象のベールによってわれわれからは永久に隠されている部分があるという考え方へと変容していく兆しである。次第次第に、世界は二つの側面、すなわち、現象的なものと不可知のものへと分裂していくことになった。

世界の分裂――ジキル博士とハイド氏

このようにして、十九世紀の後半に、カントによる物自体と現象という区別が、全く新しい意味を帯びてよみがえった。世界は知りうるものと知りえないもの、言い換えれば現象的なものとその背後にあるもの、光の部分と闇の部分に分かれると考えられるようになった。この考え方によれば、現象的なものは知りうるものであり、合理的で、科学の対象になる。しかしおそらく、実在するものは、こうした現象的なものだけに尽きない……。

一八四八年以降の半世紀間のヨーロッパ世界には、はっきりとした分裂を見てとることができる。一方には銀行家、弁護士、大学教授、医者といった専門職に就くエリート職業人が台頭しつつあり、他方では、産業労働者層が、都市部のスラムの荒廃した環境で生活することを甘受していた。また、一方には帝国主義の論理があり、「文明を世界にもたらす」必要が唱えられていたが、他方では同じ文明という名のもとで、無法な虐殺と略奪が行われていた。

当時の文学作品にも、こういった分裂の跡を見ることができる。ディケンズの風刺の効いた小説『つらい時代』や、ゾラのメロドラマ風の小説『ジェルミナル』においては、スラムの住民とブルジョアジーの望ましからざる対比を浮き彫りにすることによって、読者が当然のものとして受け入れてきた価値が問い直された。また、後のドストエフスキーの小説はすべて、新しい都市に生活する人々の分裂した心を描く驚嘆すべき試みであった。

きわめて対照的に、当時の哲学文献においては、こういった分裂については何も語られていない。われわれが現在から振り返ってキルケゴールやニーチェを読むなら、彼らはもっぱらこのような人間の心の亀裂を理解しようとしていたのだと思える。しかし、十九世紀の最後の最後まで、彼らの影響力はきわめて小さく、十九世紀末になっても、その影響力はもっぱら学問界の外にあった。精神病理学の文献は、とくに一八八〇年以降になると、この分裂感を反映するものとなる。第二の自己という概念、とくに、自己の隠された危険な部分という概念が、広く論じられるようになる。しかし、この手の書物の大半は、心霊主義から生まれたり、心霊主義との関連をもっていたため、学問界で重んじられるものの周縁に位置し、その結果近年まで歴史家に無視されてきた。実証主義は、理にかない、光の当たった、制御可能な現象の世界を前面に押し出し、その背後にある、雑然として、薄暗く、不可知の世界を背景に押しやった。そうすることによって、実証主義は主流の学者や専門職業人の要求をみたすものとなった。

一八六〇年代から七〇年代にかけて、哲学者は人間本性の中で無意識が果たす役割を強調した。しかし、今日のわれわれから見ればもっとも重要であると思われる事柄、すなわち、非合理性の源泉としての無意識、言い換えれば意識的な心をまどわせて、自明なことさえ見えなくさせてしまう無意識というものに関しては、ほとんど議論がなされていなかった。これまでに見てきたように、新心理学者たちはミル流の感覚主義に固執していたために、ある種の論理的無意識を多少なりとも強調せざるをえなかった。しかし、一般的にいえば、もっと非合理な無意識、医者や芸術家などの同時代人によって分析されていた無意識に対して、新心理学者たちは警戒していた。ロバート・ルイス・スティーブンソンの『ジキル博士とハイド氏』は、ヴィクトリア朝時代後期における無意識に関する文学的研究としてはもっとも鋭い。この本の内容を概観することによって、非合理な無意識というものの重要性が明らかになるだろう。

スティーブンソンの物語は、外側から観察された事実によって個人の内面に迫る手法で注意深く組み立てられている。そのためジキル博士の証言を聞く前に、外的な出来事と、他の観察者からの経験を読者は知ることになる。無意識的な動機に関しては、本人よりも、他人の観察者の方がよりよい判断を下すことができるかもしれないというわけである。こういったことを認めれば、内観を基礎にする心理学は当惑することであろう。またハイド氏も、彼自身の遺言が登場するまでは自ら語ることを許されていないことにも注目しておく必要がある。このようにして、まさに実証主義者のやり方で、読者は二つの出来事を相関させることになる。すなわち、ジキル博士がある薬を飲むことと、その結果として、普通の人には目もあてられないほど邪悪なハイド氏という人物が現れるという二つの出来事である。読者はこれと並行して、ジキル博士がはじめのうちはふしだらな生活とまっとうな生活のあいだで苦悶することを知るのだ。読者の多くにとっても身に憶えのあることだ。読者はさらに第二の相関を見出すかもしれない。すなわち、ジキル博士が「下劣な快楽」をあきらめきれないことと、彼の暴力的な傾向との結びつきである。伝統にとらわれない人物であるスティーブンソンがこのような小説を書いた理由の一つが、立派な専門職業人が、一方でしばしば酒、肉欲、その他の「歓迎できない」快楽に耽りながら、他方でそうした放埒さをそれ以外の生活から切り離し、隠し通そうとして恐怖に陥る様を風刺することにあったのは、想像に難くない。

小説のクライマックスでのジキル博士の証言によって、以上の二つの相関がともに読者の視野に入る。読者は、薬が何らかの仕方で、ジキル博士の自己の一部分、すなわち「低俗な快楽」に耽る部分を解放したことを知ることになる。ジキルは、まっとうな彼の生活から自己の下劣な側面を切り離すために、下劣な側面だけを切り出す方法を探していたのだと告白する。しかし、彼の告白自体が暗示するように、ジキルの下劣な自己がひとたび力を発揮しはじめると、その自己はジキルの心理的資源をますます要求するようになり、やがて彼の全生活を支配してしまう。ジキルがこういった経過をどれだけ理解していたかは、容易には判断できない。スティーブンソンの巧みな記述からは、ジキルが少なくともこの過程に薄々勘づいていたことははっきり読み取れるが、ジキルが自分の身に生じていたことをすべて理解していたかどうかは、読者が自ら結論を下すほかない。

スティーブンソンの物語は鋭い観察と見事な文章の産物であり、この作品に関してはまだまだいうべきことがあるだろう。たとえば、スティーブンソンは、アルコール中毒と、それが人格に及ぼす影響の分析としてこの小説を書いたのだろうか、といったことが問題になりうる。しかし、今ここで問題にしたいのは、個人の二つの「側面」が独特の仕方で関係するとされている点である。つまり、両者は入れ替わりを通して関連し合っている。ジキル博士の言うことによれば、ジキル博士とハイド氏は記憶を共有するが、それ以外の心的能力は共有しない。それぞれが相手の信念や好みを最初は無視し、後には軽蔑するようになる。しかし、物語が示すところによれば、このような完全な態度の分裂は不安定であるので、ハイドの嗜好がジキルを脅かすようになる。新心理学の言い方を用いれば、同じ一連の経験が、そこからどう推論するかにより違ったものになる。ジキルが好むものをハイドは嫌い、ハイドが好むものをジキルは嫌う。植民者と被植民者、あるいは労働者と雇用者が、同じ一連の現象を二つの違った仕方で解釈するように、ジキルとハイドは小説中の同じ出来事を相反するような仕方で見ている。

人間の魂に関するスティーブンソンの「分裂した」見方には、実証主義的心理学やその無意識観とは対照的な面と、並行的な面の両方がある。分裂した魂が持つどちらの側面も首尾一貫した現象の集まりであり、表に現れたときには完全に観察可能である。たとえばジキル博士の「下に」、彼には意識されることのないハイドの動機が潜み隠れていて、それがジキルの行動や信念に影響を与える可能性は、ほとんどあるいは全く示唆されていない。無意識は、別個の新たな現象の領域、あるいは現象の解釈でしかなく、もし明るみに出るならば、無意識は意識と何らかかわりのないものと考えられている。このような無意識観のもとでは、手に入る現象について一人の人の中に二つの解釈が「含まれる」と考えることができる。ある意味では、一人の人が二つの（あるいはそれ以上の？）人格を持ち、それら個々の人格が、手に入る現象を別個に解釈し、別個に反応すると考えることさえ可能であった。これに対して、もっと力動的である隠れた無意識という概念は、フロイトが『日常生活の精神病理』（一九〇二）を出版し、ジェームズが『宗教的経験の諸相』（一九〇二）を出版したことによって初めて一般的になった。この二十世紀的な見方によれば、無意識とは、利用可能な感覚与件を解釈（あるいは再解釈）するだけの別個の人格ではない。フロイトやジェームズのもっと現代的な見方によれば、無意識とはまさに、現象の背後に隠されているもの（フロイト）、あるいは常に意識のフリンジに位置するもの（ジェームズ）である。ジェームズとフロイトのどちらにとっても、無意識は、いわば舞台裏で、個人の態度や信念に影響を与えることができると考えられた。

以上見てきたように、十九世紀後半に姿を現した実証主義は、いくつかの問題を真剣に受け止めることを拒否する立場であった。実証主義者たちは、経験の原子論という形而上学の産物として無意識的推論を仮定するようになったのだが、それにもかかわらず、ある種の願望や態度が自己から隠れているかもしれないという考え方は無視した。新心理学者たちは、ジェームズやフロイトの考え方に抵抗する傾向にあった。というのは、ジェームズやフロイトの新しい見方は経験の原子論と両立しなかったからである。興味深いことに、無意識に関して力動的な見方をとったジェームズやフロイトといった心理学者たちは、しばしば新心理学者の手法を活用した。たとえば、ジェームズ、フロイト、ユングらは、単語連想法の使用に強い興味を持っていた。しかし、彼らはそれによって反応時間を測定しようとしたのではなく、内観や直接的な分析によっては観察できないと考えられる意味の領域を垣間見ようとしていたのである。実証主義的な新心理学者たちは心に関する存在論的な関心を抱くことはなく、メカニズムと対極にある意味には興味を持たなかった。それゆえ、彼らは、自らの方法がジェームズやフロイトのような新たな目的で用いられることを容認できなかった。実証主義的心理学がこのように力動的な心理学に口を閉ざしたというのは、よく知られた話である。これに対して、実証主義者が進化論的心理学を無視し、間違いなく十九世紀最大の科学者であるチャールズ・ダーウィンの進化論的心理学さえも無視したことはそれほど知られていない。時代的には無意識の問題に先んじるこの場面においてもまた、実証主義的新心理学は、感覚の原子論をとらない心理学理論に対処できず、そしてそのことが、科学的心理学の発展を阻害することになった。

第9章　特異なる存在――チャールズ・ダーウィン

エラズマス・ダーウィンの孫、チャールズ・ダーウィン（一八〇九－八二）は、当時も、そして現在でも、科学者の典型といえるような人物ではない。その時代に巨大な影響力を及ぼした思想家の一人、ダーウィン。彼は、進化論や心理学は言うまでもなく、地質学、生物地理学をはじめ、植物の実験、動物の育種に至るまで、十九世紀学問における数々の大躍進を、たった一人で成し遂げてしまった。こうした非常に生産的な仕事をした人物は、後にも先にも彼一人であり、彼の研究方法や研究の進め方をまねできる者などいない。ダーウィンには、働かないで生活してゆけるくらいの財産があったので、大人になってからは健康が許す限り、すべての時間を科学研究に当てることができた。どちらかといえば世間との付き合いが薄かったが、（ビーグル号の航海による）若い頃の成果によって、ダーウィンは、その頃ロンドンを中心に集結しつつあったイギリスの生物学者たちの集団（植物学者、地質学者などからなる学会組織で、首都ロンドンで開催された）をリードする泰斗に成りあがった。ダーウィンは、こうした組織を利用して、世界中の研究仲間を構成員とする「見えない大学」を整備した。ダーウィンと親しく交際した人物の多くは、その時代の最も著名な科学者であった。もちろん四〇年間にわたる非常に実直な研究は言うまでもないが、この恵まれた人間関係と、並外れた幅と深さを兼ね備えた科学的資質とが結びつくことで、ダーウィンは、十九世紀中、いや人類始まって以来最大の学問的成果を残すことができたのである。

非ダーウィン的革命

ダーウィンが歩んだユニークな経歴は、彼の影響力が人々にどのような仕方で受け止められたかということにも反映している。実際、ダーウィンの影響力は、ほとんど例外なく——彼の書き記したものや、それについてなされた科学者たちの議論を通じて——間接的に伝播していった。ダーウィン自身は一度も大学で講義しなかったし、また名声が広まるにつれ、科学的な会合からは次第に足が遠のき、『種の起源』出版後は、科学的な学術会議でしゃべることを完全にやめてしまった。つまり、十九世紀中最も著名なこの科学者は、自分の進化理論をただの一度も、公に向けて口頭で発表することはなかったのである。それは、教室での講義という形式でさえ語られることはなかったのだ！　ダーウィンは一人も弟子を持たなかった。ただ協力者や信奉者がいただけだった。彼らの多くは、ダーウィンの控えめな態度によって世間との間に開いてしまった隙間を、とにかく埋めようとしただけである。

ダーウィンに直接師事した若い生物学者の組織が存在しなかったことは、いわゆるダーウィン革命と呼ばれる運動に大きな影響を与えることになった。直接の弟子がいないという事情は、まず第一に、自然選択についてあやふやな理解しかもっていなかった思想家たちを有名にしてしまった。もし、ダーウィンに直接教えを受けた者がいたとしたら、そうした思想家の名声はずっと小さかったはずである。例えば、ダーウィンの「番犬」として有名なT・H・ハックスリは、種の系統や種の本性に関するダーウィン理論の多くの部分に同意することができなかった（実際にハックスリは何度もそう言っている）。またハーバート・スペンサーは、ダーウィン理論の細部については、ほとんど曖昧で漠然とした理解しか持っていなかった。当時スペンサーは、進化論の花形だと思われていたが、今から振り返ってみると、彼の栄光の大部分は他人の威光のおかげであったことがすぐにわかる。そのため、『種の起源』出現後、進化理論に関わる論争がやかましくなったけれども、こうした論争の焦点は、生物学的な現象や過程を具体的に細かく議論することから遠ざかり、次第に進化にまつわる一般的な問題、特に人間と動物の進化的連続性という問題へと集中していった。理由は何であれ、『種の起源』出版後の数十年間にダーウィンによって進められた多くの研究は、ほとんど議論の俎上にのぼることがなかった。今日においてさえ、『種の起源』出版後のダーウィンの研究の進展は、知られることはあるにしても、専門家以外の人々には未知のままである。あの有名な『種の起源』の出版から死ぬまでの二三年間、ダーウィンは、実に独創的なやり方で自分の理論の拡張と検証にエネルギーのすべてを注ぎ込んでいたことを考えてみれば、これは実に不幸なことだと言わねばならない。

そうしたわけで、ダーウィンが自分の弟子を育てなかったことから第二の結果がもたらされた。それは、ダーウィンの功績の全体像が明確なかたちで後世に残らなかったということである。思慮深い科学史家でさえ、最近までダーウィンを博物学に没頭した人物として、あるいは地層、植物、動物を詳しく調査し、ともかくどうにかして進化理論に到達した人物として描いていた。しかし実際には、ダーウィンは、ヨーロッパにおいて最も根気強い実験家の一人であったのだ。自分の理論にちょっとでも関わることであれば、どんなことでも実験し、他人の協力を広く仰ぎ、常にとことんまで追い続けた。けれど、独立独歩の学者として研究を行い、弟子を一人も持たなかったために、彼の研究成果の全体像に精通し、その射程を理解した思想家は一人もいなかった（もしかしたら、ジョージ・J・ロマーニズは、唯一の例外と考えられるかもしれない。ロマーニズは、ダーウィン晩年の六年間にダーウィンから直接教えを受けていたのであるから）。

こうした事情により、生命科学、行動科学、社会科学の歴史は、ダーウィンの影響についての議論に満ち満ちていながら、そうした歴史は、断片的で誤解のあることが多い。特にこの事情が当てはまるのは、心理学の歴史である。心理学の歴史ではダーウィンは、もっぱら現在研究が進められているいくつかの心理学的問題を考察した理論家として登場する。ところが心理学史において強調されるのは、ほとんど進化一般に関すること（これは特にダーウィンだけに限らず、多くの思想家によって分析された主題である）であり、自然選択（進化理解に対するダーウィン独自の貢献）に力点がおかれることはほんのわずかである。それよりもましな心理学史は、ダーウィンが感情表現に関心を持っていた点に触れている。けれども、感情表現への関心が性選択説を検証する必要から生じていたことを説明してくれる心理学史や、ダーウィンの新しい方法論を詳細に分析した心理学史に、わたしはまだ出会ったことがない。実際にダーウィンは、『種の起源』出版後のおそらく四分の一の時間は、生物の行動上の問題、そして心理学上の問題に直接関わる実験研究に携わっていた。このことは、以下に記すダーウィンについての簡単なまとめを読めば、はっきりわかるだろう。確かにダーウィンは、これまでに存在した最も有名な科学者の中の一人である。けれども、次の段落で取り上げる彼の研究が、心理学史の文献の中で考察された痕跡はまったくないし、書名にさえ言及されないのが常なのだ！

『飼育栽培下における動植物の変異』(Darwin, C. 1896［1868］)の大半の研究は、行動の遺伝についての考察から成る。この本の中でダーウィンは、例えば人間である飼育者がイヌやハトなどの行動特性を意図的に選択するやり方に細かい注意を払っている。人類の進化についてダーウィンが考えていたことを知りたいなら、『人間の由来と性選択』(Darwin, C. 1902［1871］)を読むのがごく自然である。しかし、この本の数百にも及ぶページは、動物の求愛行動や交尾における儀式的行動の起源はどこにあるのか、またそれらはどんな機能を果たしているのかという考察や、他個体との社会的な相互作用が動物の行動とその進化にどのような効果を及ぼすのかという分析から成っており、これを見過ごしてよいわけはない。『他家受精と自家受精が植物に及ぼす効果』(一八七六)は、ハチの行動について行われた巧みな実験に数章を割いている。ダーウィンは、ハチの空間定位能力と蜜さがし行動のパターンの両者を調べた上で、ハチが花を経験したり他個体と競争したりして自身の蜜さがし行動を変化させていることを発見している。植物の運動を主題とした三つの書、『よじのぼり植物の運動と習性』（一八七五）、『食虫植物』（一八七五）、『植物の運動力』（一八八〇）は、少なくとも晩年の二〇年間にわたる研究活動を代表するものであり、文字通り数百もの実験から成り立っている。植物生理学にとって画期的なこれら三つの仕事は、どれもオーキシンほか、植物ホルモンの発見につながった。最後の著書となった『ミミズの行為による土壌の形成』（Darwin, C. 1904［1881］）では、ミミズの感覚過程と穴ほり行動についてなされたたくさんの実験が報告されている。

以上から理解されるように、ダーウィンは理論を形成することによって「科学的」心理学に大きく貢献しただけでなく、実践をとおして実験的心理学にも大きく貢献したのだった。しかしながら、一般的なダーウィンの知名度とは裏腹に、実験家としてのダーウィンは今でもあまり知られていない。例えば、心理学史の第一人者であるE・G・ボーリングは、以下のように主張することで、ダーウィンの努力（ひいてはルイスや他の思想家たちの努力）を完全に無視しようとした。「イギリスの大学では実験心理学が奨励されることが一度もなかった。そのため、イギリスの実験心理学は出遅れたのである」（『実験心理学の歴史』〔Boring, E. G. 1929, p. 453〕）。ボーリングは、大学に注目し、大学こそ研究の要であると見なしたために、こう主張したのだった。そしてこうした不当な見解は、繰り返し喧伝され続けることになった。

厄介者――ミスター・ダーウィン

自然選択を原因とするダーウィンの進化理論は、十九世紀の科学の発展の中で、間違いなく最も重要な、そしておそらく最もよく知られた理論である。こうした意味で、ダーウィンの進化理論は当時の知識のあり方を議論する際に中心に置かれることが多い。しかしながら、まさしく右で見たように、ダーウィンの貢献は簡単には見通すことのできない射程をもっていたために、ダーウィンをめぐる現代の議論はダーウィンをうまく視野に収めることができていない。当時を振り返ってみるなら、ダーウィンは偉大な科学者として毀誉褒貶されていたにもかかわらず、彼独自の貢献は広く理解されていたわけではない。全般的に言ってダーウィンの一般的な影響力は、短期・中期的に見れば、スペンサーよりもおそらく小さかった。こうした事実は強調してもしすぎることはないだろう。先ほど述べたように、こうした状況を引き起こした理由の一部は、独立独歩な学者という彼特有の立場にあった。しかし当然、ダーウィンの仕事が変則的に受け取られた別の理由がある。それは、彼のアイディアが、革命的な性質を孕んでいたからである。十九世紀中葉は進化論思想を受け入れるに十分なほど機は熟していたとよく言われる。確かに、こうした主張は或る真理を突いている。その証拠に、スペンサーの初期の進化論的な思想が登場したのは、一八五〇年代であるし、アルフレッド・ラッセル・ウォレスが自然選択説を単独で発展させたのもほぼ同時期である。しかし、ダーウィンの仕事は単に進化をめぐることだけに尽きなかった。このことはどれほど強く念を押しても、押し過ぎることはない。なぜなら、彼の仕事には、自然選択という概念に含まれる可能性を基礎にして自然や歴史に関する考え方を完全に刷新する革命的な性質が孕まれていたからである。

十九世紀中葉は、ヨーロッパのまじめな思想家のほとんどが、自然と文明という二つの領域の歴史について、進歩主義者の話を聞こうと切に望んだ時期であった。かつては過激な思想家（例えばエラズマス・ダーウィン）と大きな繋がりをもっていた進歩主義的な思想は、この時期になると、以前より多くの人々に広く受け入れられるようになっていた。われわれ人類はこの世でもっとも高度に発達した生物である、そのとおりではないか。しかも、人類のうちでも或る種類の人間（金持ちのヨーロッパ人男性）は至高の存在である、このことを誰が疑い得ようというわけだ。歴史家もジャーナリストも、共にこうした世界観を推進し、ヨーロッパの優越という西欧人のコンセンサスを築き上げた。そして、こうしたコンセンサスに反対する人々、例えばエジプト太守モハメット・アリや、一八五七年のセポイの反乱に端を発したインド人の大暴動に協力した人々に対しては、手当たり次第ひどい人種差別的な攻撃を加えた。ダーウィンの新しい理論は、こうした人種差別主義への志向をほとんど支援しない。ダーウィン理論を正しく理解すれば、それは当時受け入れられた意味ではまったく進歩主義的でないことがわかるだろう。それどころか彼の理論に従えば、進歩主義的なヨーロッパ人のコンセンサスにとって事態はもっと悪くなる。というのも、ダーウィンの理論では、性的な放蕩、あるいは少なくとも生殖活動の成功が自然選択の原動力であったからだ。子供をたくさん作るという自然選択の原動力たる特徴は、新しく誕生した都市エリートなどより、労働者階級の人々や小作人、あるいは「土着」民に、ずっと多く見られる特徴だった。

ダーウィンの理論はまた、徹底して反目的論的でもあった。ダーウィンの思考の眼目は、種の変化を説明することにあったので、神学的な生物学（神は何らかのやり方で世界の創造者として活動しているという生物学理論）を攻撃しないわけにはいかなくなった。ダーウィン以前の大多数の進化論者は、例えば、骨相学者のあいだで評判のよかった『創造の自然誌の痕跡』（一八四四）の匿名の著者のように、全能で慈悲深い神による世界創造説と、自分たちの進化理論とは矛盾しないと主張していた。スペンサーの指摘した不可知な神を慈悲深いと形容することはできないが、スペンサーが神の存在を捨てなかったのも確かであった。しかし、ダーウィンの理論はこの種の考えの急所を正しく突いた。なぜなら、ダーウィンは次のように言っていると思われるからである。つまり、もし神が存在するとすれば、神は、至上最悪なサディスト――歴史に名を残した最も劣悪な統治者でさえ思い浮かばない浪費や放蕩を奨励し、実におぞましい悪徳をやってみせるもの――に違いないと。しかしそれ以上に十九世紀中葉を生きた人々の度肝を抜いたのは、おそらくダーウィンの理論から必然的に導かれてしまう次のような帰結であった。もしダーウィンの宇宙に住まうことのできる神がいるとすれば、そうした神はどんな存在であれ、子づくりとセックスのことばかり四六時中考えているはずだということである。エラズマス・ダーウィンは、植物の生命と愛欲について技巧を凝らした遠まわしな言い方で語っており、その婉曲な語り口は、世紀の転換期を生きた読者をひきつけた。ところが、エラズマスの孫がまじめな顔で「適応」を説明すると、多くの品行方正な民衆は恐怖におののいた。誰もが、よもや性的な衝動に、人類の社会的な感情・活動・制度の大部分を形成する因果的機能があろうなどとは信じたくなかったからである。

さらに孫のダーウィンは、神だけではなく魂の存在も除去してしまったように思われる。ダーウィン理論の一つの帰結は、科学の関心を、(連合のような)非物質的な原理を分析することから、行動や知覚の変異をも含んだ変異とその遺伝を非常に具体的に考察することへと移行させたからだ。ダーウィンの認識では、行動や知覚の変異は、本質的に神経系の組織化の変異であった。したがって、十九世紀において最も重要な科学の展開のうち、強い意味で唯物論的であったのは、唯一ダーウィンの仕事だけであった。ダーウィンの理論には、義務的に遂行されるような反唯物論的な論点が、実証主義的な仕方でさえ、ほとんどない、いやまったくないといってもよい。『種の起源』が出版された頃、ヨーロッパの主だった物理学者はみな、法則を現象の要約ぐらいにしか見ない傾向にあった。これとはまったく逆に、ダーウィンは『種の起源』の中で自分が探しているのは進化の真の原因《*vera causa*》であると憑き物に憑かれたように強調している。これは実に印象的である。確かにダーウィンは、実証主義者の戦略をまったく取らなかったわけではない。しかし、実証主義的戦略を取るときでさえ、実証主義者の仲間には収まりきらないところがあった。例えば、『飼育栽培下における動植物の変異』の中で登場するパンジェネシスの法則〔ダーウィン独自の遺伝理論。身体の各部分にはジェミュールと呼ばれる微小な粒子があり、これが体のすべての部分から集まってきて生殖要素を構成する。そして生殖要素が次世代に受け渡され、そこでジェミュールが放出されると、新たな生物個体が発生すると考えられた）は、確かに、十九世紀半ばに受け入れられていた実証主義的な形式に従って、いくつかの現象の集合を要約することから導き出された法則である。しかし、ダーウィンは、この法則を非常にためらいながら表明していた。それは暫定的な仮説でしかないと言って、さらに真の原因を見つけたい旨を公の場面でも私的な場面でも説いていた。ダーウィンは、理論のどのような部分であっても、それについて真の原因を発見したと確信できないときは必ずひどい不安状態に陥った。事実、それが原因で本当に病気になってしまったほどだった。ダーウィンは、決して実証主義的世界観の誘惑に乗らなかった。自然の事実を因果的に説明することを一度もあきらめなかった彼の姿は、実に感動的である。

全般的に見て十九世紀は進化を受け入れる準備が整った時期であったが、自然選択による進化を核とするダーウィン進化説を受け入れる地盤はまったくなかった。進化は、歴史の進歩主義という形態へと作り変えられることによって「飼いならす」ことが可能となり、特に、人類やその他の「すぐれた仲間たち」が進歩発展の頂点に君臨すると見なされるときには、そうした飼いならしが顕著であった。しかしダーウィンの理論は、こうした空虚な思想を正当化するのに役に立たなかった。進化は、それが神の計画であると見なされる限りにおいて、言い換えれば、進化を語る際に神は進歩の道筋を計画したと言える場合にのみ、ヴィクトリア朝時代の知的エリートたちに受け入れられた。それもそのはずで、こうした考え方は十九世紀の文明のあり方を正当化すると思われたからである。さらに、神は人類の中で魂が進化するように仕組んだといった理論、あるいは単純に、神は或る動物の系統に魂を植え付けたといった雲をつかむような理論も登場し、こうした理論もまた広い意味での進化論的世界観に合致すると見なされた。ダーウィンとは別個に自然選択のアイディアを発展させたアルフレッド・ラッセル・ウォレスも、性選択が進化上の重要な要因であることを認めず、結局は人間進化の説明に上述したような神概念を持ち出した。この点についてダーウィンは、公の場でも、またウォレスとの個人的な書簡の中でも、丁寧に、しかしはっきりとウォレスを批判している。

上で見たように、人々を悩ませる自然選択説が捨て去られ、もっと一般的な進化観が支持されるようになると、実証主義こそ主流派思想の一番の同盟者であることがはっきりした。しかし、真の原因の探究をやめようとしないダーウィンは実証主義の敵であった。神学的な仮説や形而上学的仮説が提起されると、実証主義者はそれを科学に無関係だと言って無視したが、ダーウィンは無視しなかった。ダーウィンは、他のあらゆる仮説とまったく同じようで神学的仮説や形而上学的仮説をテストしたのである。その一例を見てみよう。アメリカの偉大な植物学者である（そしてまた、ダーウィンの親友でもある）エーサ・グレイは、以下のような仮説をダーウィンに提示した。それは、神は様々な動物種を創造したわけではないが、動植物の変異の仕方を指揮したので、ある種の進化の成り行きが起こり易くなったという仮説だった。ダーウィンはこの挑戦を受けて立った。そして『飼育栽培下における動植物の変異』のいたるところで、グレイの仮説を支持する証拠と反証する証拠を探した結果、最終的に、証拠は圧倒的にグレイの仮説に反すると結論された（そして実際にグレイは、しぶしぶ敗北を認めた）。しかしながら実証主義者であれば、こう言い返すかもしれない。ダーウィンは進化についても変異の原因についても直接の証拠を挙げていないのだから、彼の理論はさらに別の解釈の余地が残る現象を単に要約したに過ぎない、と。興味深いのは、この種の知的な策略を、一八七〇年代の宗教的思想家たちがこぞって採用していたことだ。第６章でふれたロンドン形而上学協会の構成員たちは、実際こうした論争をしていた。スペンサー流の進化論的実証主義は、ダーウィン的思考とその危険から身を守るすぐれた楯だったのである。

心理学におけるダーウィンの功績

チャールズ・ダーウィンは祖父同様、作り話を一切信じなかった。反対に、進化的連続性を信じ、まったく新しい形質は進化における例外であると考えていた。だから、心的状態という心理学的形質さえも自然的な存在者と見なしたのである。ダーウィンは、心理学的形質の持つ心的性質も物的性質も両方とも切り捨てることなどしなかった。例えば、感情表現は、ある種の感じの状態と、特定の身体表現――ヒトの場合であれば顔の表情――とが結びついたものであると見なされた。『人間と動物の感情表現』（Darwin, C. 1965 ［1872］）の中には、人の足に体をこすりつけているネコの絵がある。この絵には「親愛の情を示すネコ」というキャプションがついている。こうした言い方は、後の心理学者、特に行動主義者から擬人化であると批判され続けた。しかし、もしダーウィンがこの批判を聞いたら、強く反対しただろう。そして、親愛の情を持つのは人間だけだと仮定することこそ人間中心主義に他ならないと反論しただろう。さらに続けて、こうした場合の行動は、心的状態とは切り離せないと言い返しただろう。もう少し具体的に言えば、ダーウィンが論じたのは、社会性動物の心的状態が同種個体間に及ぼす因果的効力の存在であった。社会性のある動物では、他個体が怒っているのか親愛の情を持っているのかの違いには意味があり、ある個体が他の個体に比べ感情表現が意味することを相対的にうまく発見できるとき、性選択と自然選択の両方が、この個体の生存を有利にするように働く、これがダーウィンの論点であった（心的状態が自然界において発揮するこうした因果的効力は、後にウイリアム・ジェームズによって取り上げられ、ジェームズの機能心理学の出発点となった）。

さらにダーウィンは、非常に単純な動物にも、そしてもしかすると植物にさえも心的状態が発見できるかもしれないと信じていた。確かにダーウィンは、単純な有機体に複雑な心の働きを認めたわけではない。しかし、単純な有機体にも取り囲む環境の諸側面を意識できる能力があると考え、この能力を繰り返し執拗に追い求めた。例えば、ミミズについて書かれた本の中には、ミミズの感覚能力を特定するためにダーウィンが行ったたくさんの実験が報告されている。その中には、ダウンにある彼の所有地に生息するミミズに、バスーンやピッコロといった楽器の音を聞かせるという面白い話もある。そして何よりも重大な発見は、ミミズが明るい光に対して感受性を持っていることであった。ダーウィンは当時最新のアーク灯を使って、ほとんどのミミズが明るい光を避けることを見つけた。その上でダーウィンが問題にしたのは、ミミズには（彼の言い方では）「注意力《power of attention》」なるものがあるかどうかだった。これを確かめるために、交尾中のミミズを使って実験を繰り返した。その結果、交尾中のミミズは明るい光にまったく反応しないことがわかり、ミミズは実際に「少しは」注意力を持っているとダーウィンは結論したのだった。

動物の心理学について行われたこうした慎重な研究、さらには彼自身の進化理論（それは、心的状態を、有機体の有する自然な特徴の一つとする見方を許容する）があったからこそ、ダーウィンは動物を機械であると説明する実証主義の考えを信じることなどできなかった。一八七二年、イギリス科学振興協会の会合において、ハックスリが「動物自動機械仮説」と題する記念講演をしたとき、ダーウィンはこの親友をからかって次のように述べた。切れ味鋭い機知によって敵を批判し去ったかつてのハックスリが、現在のハックスリを批評し論駁してくれることをわたしは願っていると。さらに一〇年後、死に瀕していたダーウィンは、ハックスリ宛ての最後の書簡の中でもハックスリをからかっている。わたしは、この世界に「あなたのような自動機械がもっとたくさん」いることを願っていると。ダーウィンは、一見したところ明らかに機械的であるような生物行動のパターンを自らの実験によって見つけたとき、いつも必ず、そうした行動に随伴している心的状態を探し出した。そして、心的状態を利用して、機械的な行動を変化させる数々の実験を作り出した。こうした方法論がよく示されている例は、ハチの蜜さがし行動の研究に見られる。ダーウィンが明らかにしたのは、ハチが特定の種類の花を学習すること、そして一旦学習してしまうと、ハチは型にはまったやり方でその花を探し求めるようになることだった。しかしながら、ダーウィンは、こうしたハチの行動が機械的本能のごときものから生じるとは考えなかった。むしろそれは、ハチの空間意識と呼んでもよいようなものから生じると考えたのだ。確かに、本能はハチを動機付けて蜜探し行動を促す。けれども本能は、野原を巡って花の群落まで飛んでゆくハチの行動を導くことができないし、また実際に導いてもいない。そうした行動にはわずかながら知能が必要なのだ、とダーウィンは記している。このことを証明するために、ダーウィンは以下のことを示してみせた。通常ではありえないほどの多数のハチが一群の花々に蜜を求めて飛んでくると、数匹のマルハナバチは、それまでの習性的な蜜探し行動パターンを捨て去り、花の基部を切り裂いて蜜腺に近づき、蜜を得る行動をする。ダーウィンによれば、このマルハナバチの行動戦略は、実際に蜜集めに要する時間を節約し、また場合によっては他の競争者の蜜集めの裏をかいて時間を浪費させることになるので、まさに選択された戦略である。確かにマルハナバチは、この行動選択にどんな利益があるのか意識しているわけではない。しかしマルハナバチは、花、蜜のありか、競争者を明らかに意識し、この意識が行動を変えたというのである。

真価を認められなかったもう一人の革新者――ダグラス・スポールディング

ダーウィン独自のアイディアが影響力を持つに至らなかった原因はどこにあるのだろうか。それは、ダーウィンが制度的な学問機関に属さない独立独歩の科学者だったからなのだろうか。それとも、彼のアイディアが好まれなかったからなのだろうか。一般に、比較を要するこうした問題に歴史を分析することで解答するのは難しい。しかしながら、ここに、その時代への影響力という点でダーウィンと類似した運命をたどった興味深い人物がいる。ダーウィンと同時代に活躍したこの重要なイギリス人は、動物の行動を実験的に研究した。彼の仕事は現在では革命的であったと認められているが、当時彼はまったくと言ってよいほど影響力を持たなかった。ダーウィンの思考が拒否された主な要因が制度的な要因であったのか、それともイデオロギー的な要因であったのかを決める上で、この人物、ダグラス・スポールディング（一八四〇？－一八七七）の経歴とダーウィンの経歴とを比較することが役に立つだろう。

スポールディングは、多くの点で、ダーウィンと非常に対照的である。ダーウィンは、名家の子息であり、両親はイギリス有数のブルジョア一族の出であった。これに対して、スポールディングは、ロンドンに暮らす貧しい労働者階級の家庭に生まれたスコットランド人であった。スポールディングは、アバディーンで少年期を過ごし、最初はスレート職人（屋根ふき職人）として暮らしを立てていた。彼は学問的な知識を独学で身につけたが、そんな彼がアレグザンダー・ベインの目にとまったらしい。ベインは一八六二年に、スポールディングが授業料を払わなくても自分の講義に出席できるように取りはからっている。しかし、まもなくスポールディングはロンドンに引越し、法廷弁護士としての訓練を受け、資格をとった。また同じ頃、ジョン・ティンダルをはじめとする、当時ロンドンで注目を集めていた数人の知識人たちと交流し、非公式な仕方ではあるが一緒に勉強をし始めている。スポールディングはロンドンでは、教師兼弁護士として働いていたが結核を患ってしまう。病状回復のためにイタリアとスペインを旅行し、旅の終わりにアヴィニヨンにいたジョン・スチュアート・ミルと出会った。ミルと意気統合したスポールディングは、彼の紹介でアンバリー夫妻と知り合う。この出会いをきっかけに、アンバリー夫妻は、スポールディングを息子の家庭教師として雇いたいと言ってきた。結局、スポールディングは一八七三年まで弁護士の仕事を続け、それから後、アンバリー夫妻の後継ぎであるフランクの家庭教師として働いた。このとき長男フランクには一歳違いの弟がいた。この弟が、あのバートランド・ラッセルである。一八七四年に、アンバリー夫人がジフテリアに罹って死亡し、それからまもない一八七六年の一月には、アンバリー子爵も死んでしまう。アンバリー夫妻は、フランクとバートランドという二人の息子の法廷後見人として、スポールディングを指名していた。しかしこの遺志は、アンバリー子爵の父であるラッセル伯爵（元大英帝国首相）の反対にあい潰されてしまう。スポールディングは唯物論者であり無神論者であるから子どもたちの後見人としてふさわしくない、ということをラッセル伯爵は強く主張し、遺言に異議申し立てをしたのだった。スポールディングは、イギリスを去り、そして二度とイギリスの土を踏むことなく、一八七七年、フランスにおいてその短い生涯を閉じたのである。

スポールディングは、アンバリー夫妻の子どもたちの家庭教師となる前の一年間と、ラヴエンスクロフトと呼ばれる家に住みこみで彼らの家庭教師として働いた二年間に、動物行動における本能の特質を探る一連の実験をした。現在では彼の行った実験は、その分野における心理学の方法と理論を完全に一新する躍進だったと認められている。ダーウィンの場合と同じように、スポールディングの新しい研究方法が大学という環境で発展したのでないことは、実にはっきりしている。それどころかスポールディングの研究は、アンバリー夫人が死に瀕するまで助手を勤め、さらには子どもたちも手伝って進められたのである。その証拠に、一八七四年の一月に、バートランド・ラッセルの姉であるレイチェルは、祖母のラッセル夫人に宛てて、後に自分と母親の命を奪うことになる病気についてこんな手紙を書いている。「お人形とゆりかごをどうもありがとう。わたしは、ジフテリアで寝ていて喉がとっても痛いです。スポルディさんは、ウサギを二匹飼っています。スポルディさんは、コマドリも飼っていて、部屋の中にはハチの巣箱もあります」。ほとんどの科学史家は、動物実験の発展が上流貴族に家庭教師として雇われた元屋根ふき職人がもたらしたのだということに、ためらいを覚えるだろう。しかしこれはスポールディングに関するまぎれもない事実なのである。

スポールディングの革新は、実に多岐にわたっている。その中でもっとも重要なのは、動物行動のさまざまな要因を独立させ、それらを統制する実験をデザインしたことである。スポールディングは、こうした実験の開拓者であった。例えば、スポールディングは、空間知覚は生得的なのか後天的なのかを究明するために、局所徴表や特殊神経エネルギーについて思い巡らすことなどしなかった。彼は、それを知るためにニワトリの受精卵を数個手に入れた。そして受精卵が孵化し始めるまでじっと待ち、孵化した瞬間に「卵の殻の一部を取り除き、［ヒヨコが］眼を開ける前にヒヨコの頭に小さな覆いをかぶせる……。そして次に、人間の好奇心の犠牲となったこれらの小さな生き物が、最初に光にさらされるさまざまな条件を慎重に準備する」のである。例えば、ヒヨコから視覚を奪う時間の長さ（数日間までの長さ）をさまざまにかえてみる。そして、小さな虫やトウモロコシの粒などに対するヒヨコの反応を注意深く観察・測定し、反応時間を計測する。スポールディングの行った「感覚剥奪」実験法は、今日でもこの分野におけるもっとも重要な実験手続きの一つとなっている。

さらにスポールディングは、慎重に統制された実験手続きを通して、後に発達臨界期と呼ばれるようになる事態も発見していた。生後、ある感覚器官の使用を禁止された動物は、この感覚器官を使用することを即座に学習できる一方で、「それまで一度も実際にやったことのない行為を覚えることができず、すぐさま忘れてしまう」。他のニワトリの鳴き声を聞くことを禁止されたヒヨコでも、それが生後一日の禁止であれば、母親の呼び声に反応して、声のある方に体の向きを変え、母親のあとを追うようになる（現在ではこうした事態は刷り込みと呼ばれている）。しかし、一〇日のあいだニワトリの鳴き声から遮断されたヒヨコは、「鳴き声がまるで聞こえていないかのように振舞う」。母親はいろいろやってみるが、結局何をしようと、このヒヨコを自分の後を追うようにさせることはできない。スポールディングはこうしたことも発見していた。

しかしダーウィンと違い、スポールディングは自分の研究を公表しようと個人的な努力を重ねた。彼は、ハックスリが動物を自動機械だと宣言したイギリス科学振興協会の会合（一八七二）のまさにその同じ席で、本能をめぐる一連の研究を報告した。このとき報告された彼の論文は、後に「マクミランズ」という雑誌に掲載された。また膨大な数の書評を、主に「ネイチャー」に書いた。その書評の多くは、行動と心に関する自分の見解を論じたものである。ところでスポールディングは、生物学の理論を構築する際にはスペンサーの見解に従ったが、知りえないものをめぐって構想されたスペンサーの哲学、つまり不可知論には共鳴しなかった。スポールディングは、こと心理学をめぐる問題に関してはスペンサーの見解を主唱者以上に徹底させた唯物論者だったのである。スポールディングが心について唯物論的な見方を採ると、これまで続いていたベインとの仲は決裂したが、それでも彼は唯物論を支持した。スポールディングは、種というものが進化の道筋に従って経験を発展させてゆくというスペンサーの見解を、スペンサーのように単に理論的にではなく、注意深い実験研究をとおして支持したのである。だからこそスポールディングは、先ほど引用したように、本能の喪失を記述するのに忘れるという少し変わった言い方をした。ヒヨコは生後すぐに使わなければ忘れてしまう何らかの遺伝的な知識をもって生まれてくる、このことを自分は明らかにしたのだ、そうスポールディングは信じていた。

スポールディングは弟子を持てるような地位になかったけれど、彼の研究は短期間ではあるが多くの仲間に歓迎された。ミルだけではなくダーウィンにもほめられ、G・H・ルイスにいたっては、以下に引用するように、雑誌「ネイチャー」に「本能」と題されたスポールディングを賞賛する論文まで書いている。「スポールディング氏が心理学になした貢献はたいへん価値あるもので、……間違いなく今後の心理学研究の起爆剤となるだろうし、また、これまで形而上学の霧につつまれていたことを合理的に説明する道を切り開くことだろう。スポールディング氏は、慧眼な思想家であることを自ら証明しただけにとどまらず、実験を考案するたぐいまれな才能をここに示したのである。われわれは、スポールディング氏の研究が新時代の幕開けを告げる画期的な事件となることをはっきり期待して構わないだろう」(*Nature*, 1873, vol. 7, p. 437)。ルイスのこうした賞賛の言葉には十分頷けるし、後の心理学の発展から見れば、ルイスには先見の明があったとさえ思える。ところがルイスの期待は当てが外れた。スポールディングの仕事は、動物の行動研究を実験的になしえた単なる事例以上のものとしては評価されなかったのである。ウイリアム・ジェームズが「本能について書かれた、スポールディング氏のすばらしい論文」と言っていた一八九〇年頃までは、それでもまだスポールディングの仕事は広く知られていた。しかしそれ以降、スポールディングは名実とも色あせ、忘却の彼方に消えていった。もっとも、一九五四年を過ぎてから初めてJ・B・S・ホールデンが後世の人々の無関心からスポールディングを救出し、それ以降およそ一〇年に一度の割合でスポールディングの「再発見」は繰り返されることになった。

非自然的な魂を仮定する新心理学

スポールディングの仕事が、ダーウィンの仕事と同様に、影響力をもつほど広まらなかったのはなぜであろうか。それは、ダーウィンと同じように彼には弟子が一人もいなかったからかもしれない。しかし別の可能性も考えられるだろう。スポールディングの仕事が広まらなかったのは、それがダーウィンの仕事と同じように新心理学の想定する正統的な仮定とは相性が悪かったからかもしれないのである。自然主義的なダーウィンの心理学は、十九世紀末の主流派を形成する思想家たちにとって、不愉快きわまりない代物であった。なぜなら、もしダーウィンの仕事を真剣に取り上げるならば、取り扱いに注意を要する神学的問題を避けて通れなくなるからである。ダーウィンの仕事は、神が存在するという「仮説」や、人間の中には非物質的な魂があるという「仮説」を論駁すると思われていた。さらに、経験の遺伝性を究明するスポールディングの一連の実験は、もっと過激で、「生得観念」が神によって与えられたものではなく、自然選択の単なる結果かもしれないことを示唆していた。

新しい実験心理学が花を咲かせた研究領域は、無脊椎動物の行動をめぐるダーウィンの実験研究や、哺乳類や鳥類の本能をめぐるスポールディングの実験研究からは、ひどくかけ離れていた。それでも、感覚過程や反応時間、さらには想起や忘却でさえもが実験的分析の対象となっていたのだから、こうした新心理学の実験的分析は、一見すると、ダーウィンやスポールディング以上に、人間本性の伝統的な見方と対立してしまう危険があったと思われるかもしれない。ところが、実証主義者がひねりを加えたおかげで、新心理学の実験研究は、つまるところ、魂の信仰と不和をきたさないと見なされていた。つまり、新心理学は魂《ソウル》ではなく心《マインド》を実験的に分析しているのであって、魂に関わる特定の教義には一切立ち入っていないとされた。だから、こうした根拠薄弱な妥協策を放棄しない限り、ダーウィンやスポールディングのような魂を自然化する（あるいは物質化さえしてしまう）思想家を新しい科学の仲間に入れることは到底不可能だったのである。新心理学は、魂についての教義を反証する科学になったのではない。むしろ新心理学は、魂の本性を扱った様々な理論との対立に思想家が巻き込まれるのを防ぎ、そうした論争の切り捨てを手助けする学問分野となったのである。こうした方針を採った新心理学は、ダーウィン的思考を取り入れることができなかったばかりでなく、さらにもう一つの心の科学である論理学と衝突する結果をまねいたのだった。

第10章　どのようにして哲学は心理学から成立したのか
――一八七九年の世代

心理学の畑を一新したのは誰であろうか。それは、一八七九年頃に大成した世代の心理学者たちである。その頃を中心に、ドイツの主な大学にはすべて心理学実験室が設立され、ここに初めて、実験室で研究活動する者たちは自らを心理学の専門家と見なし始めた。以来そうした専門家意識は、ますます急速に定着していった。もっとも、まだ多くの場合に、そうした研究者は自分自身を指して哲学者あるいは生理学者と呼んでもいたが。とりわけアメリカの研究者たちの活動は活発で、彼らはこぞってドイツの心理学実験室に押し寄せ、帰国してから自らの実験室を設立した。そのため一八九〇年代の終わりまでには、心理学の研究活動の中心は、すでにドイツからアメリカへと移行し始めていた。一方イギリスやフランスは、大学が心理学研究を支援しなかったことが大きな原因となって、ドイツやアメリカに遅れをとった。フランスではアルフレッド・ビネ、イギリスではフランシス・ゴールトンが心理学に大きな貢献をなしたが、彼らはドイツやアメリカの実験心理学者が利用できたような制度的に確立された研究活動の拠点を持つことはできなかった。

しかしこれまでの章で強調してきたように、この時期に実験室を中心に確立されていった研究活動は、当時、哲学とは区別された新たな学問分野の成立とは認識されていなかった。こうした新たな研究活動は、当時の人々から、哲学と生理学という分野の再生ないし変容と捉えられていたのであって、哲学や生理学とは区別される独立した学問分野の出現とは考えられていなかった。その証拠を列挙してみよう。まず、新心理学のリーダーを自称するヴントは、一八八〇年代に、論理学、倫理学、形而上学の仕事に多くの時間を割いている。もっとも、それは後の心理学史家によってまったく言及されないのだけれど。また一九〇〇年以前にヴントに匹敵する業績をあげていた唯一のアメリカの研究者ウイリアム・ジェームズは、一八七〇年代末に、ハーバード大学の生理学科から哲学科に移り、そこで経験的心理学と臨床心理学と「純粋な哲学的」科目を混合した内容を講じていた。さらに、新心理学のフランスにおける擁護者リボーは、実験心理学に関する重要な著作を著しただけでなく、神経学やショーペンハウアーの哲学についても重要な著作を残している。ベルギーにおける新心理学の支援者メルシエ枢機卿は、ヴントの新心理学を喧伝する一方で、これと同時期に、トマス主義の復興を進めている。こうした新世代とぴったり重なる二人のイギリスの思想家ジョージ・クローム・ロバートソンとジェームズ・サリーは、今日ではそれぞれ、ホッブスに関する研究、美学に関する研究を行った人物として知られているし、最初にアメリカで精神物理学の実験を行ったらしいチャールズ・パースは、今日では、先駆的な論理学者、記号論者、そして哲学者として知られている。

したがって、一八七九年より後の一〇年間に科学的心理学は哲学から発生した、もしくは哲学から分離したという考えは、歴史上の記録の読み誤りだということになる。こうした広く受け入れられた神話の一番の問題点は、一八七九年以前に哲学が存在したと仮定することと、しかも、二十世紀に生きるわれわれが哲学と認めるような学問分野が一八七九年以前に存在したと仮定することにある。今日的な意味での哲学なるものは、およそ一九〇〇年以前の時期には、大学における制度としては存在しなかったし、一つの独立した学問分野としてさえ存在しなかったのだ。このことを証明するのは非常にたやすい。なぜなら、今日哲学者として思い出される思想家は、一八七九年には大学の哲学科に属していなかったからであり、逆に哲学科に居場所が与えられたのは、非常にわずかな例外を除けば、今日ではもはや哲学者として思い出されることのない人々だからである。ヴントは今日では哲学者として読まれることはないが、実際は哲学の教授だった。これに対して、フレーゲは数学者、ジェームズは、一八七九年の時点ではまだ、少なくとも名目上は生理学の助教授だった。ニーチェはこの時期、大学とは縁を切ってしまっていたし、マルクス（老いて病気がちだった）とエンゲルス（老いてもなお血気盛んだった）は、一八七九年に限らず生涯にわたり大学に所属しなかった典型的な在野の学者であった。パースはその頃、米国海岸測量部に奉職しながらジョンズ・ホプキンス大学の講師をつとめたが、それもほんのわずかの期間だけであった。たぶんこのようなパターンが当てはまらない例外として最も重要な人物はブレンターノだろう。一八七九年、彼はウィーン大学の哲学教授だったからである。

ところが、一八七九年から一九〇〇年に至る時期に、学問界における哲学という分野の内部で大掛かりな変化、動揺、移行が生じた。今から振り返ってみると、この時期はどの大学も、現代のような「専門化した」学問分野を生み出すための実験を試みていたことがわかる。この時期、哲学を神学や歴史学を補助するものとして考えるそれまでの哲学観や、正しい生き方を導くものとして考えるスコットランド＝アメリカ的な哲学観はすでに受け入れられなくなっていた。そのため哲学者の或るグループは、当時人気のあった科学志向の実証主義的世界観を部分的に継承し始めた。こうした哲学者たちは、実証主義の世界観を信奉することによって実験心理学の勃興に協力した。これに対して別の思想家のグループは、認識論（これもまた実証主義に由来する）、具体的には当時新生の認識論《Erkenntnistheorie》、すなわち哲学を一種の科学の科学と見なす考え方を支援した。やがて認識論を強調する後者のグループは、論理学における「心理主義」をめぐって実証主義的な前者のグループと対立するようになり、ついには、二十世紀の学問的哲学がほとんどすべて依拠することになる哲学固有の二つの領域——ひとつは現象学、もうひとつは記号論理学と結びついた分析哲学——を築きあげることになったのである。

したがって、十九世紀末の哲学なるものは、心理学と哲学という二十世紀における二つの独立した学問分野が流れ出ることになった一つの源流と見なければならない。現代の科学的心理学のルーツが、それ以前の伝統的哲学のみならず生理学と医学にあったように、現代哲学のルーツは、それまでの伝統的哲学だけではなく数学と論理学にある。繰り返して言うと、科学としての心理学が哲学から分離したという見解は誤っている。こうした見方そのものは、実証主義者が作り上げた神話以外のなにものでもない。あえて言うとすれば、世紀の転換期までは哲学よりもむしろ科学的心理学の方が、はるかに堅固に確立されていたというのが実情である。心理学とは独立した学問的哲学の何たるかを西欧世界全域に知らしめるきっかけを作った二つの著、ラッセルの『数学の原理』（Russell B. 1938［1903］）とフッサールの『論理学研究』（Husserl, E. 1973）が出版されたのは、ちょうど世紀の変わり目、つまり「新」心理学が確立されてから随分後のことである。ラッセルとフッサールは、これらの著作によって自分たちが心理主義と呼ぶ思想傾向に決定的な批判を加えることを望んで、哲学的営為を再び活気づける新しい独特な方法の見取り図を示したのだった。

心理主義と論理学

ミルの論理学説には論理的無意識説をもたらす部分があったことはすでに見たが、十九世紀末にたたかわされた心理主義をめぐる論理学説上の論争は、まさにこのミルの論理学説の同じ部分に由来していた。論理学や哲学における心理主義をめぐる論争は、心理学や哲学における意識と無意識をめぐる論争と多くの点で並行していると見ることができる。ミルによる直観と推論との区別に加え、実際に多くの推論は無意識的に行われている可能性があるという、この区別に関連して出てきた主張は、心理学から論理学が分離するきっかけを作った。というのも、論理学を内観的方法に頼ってもかまわない思考法則の研究とする見方は、無意識的推論という教説によって崩されるからである。そうした見方に対して、無意識的推論説を支持する人は、おそらく以下のような指摘をすることだろう。内観によって接近できる思考のパターンは、可能な思考パターンの内のほんの一部分にしか過ぎないし、ひょっとしたら代表的な思考パターンの一例ではないかもしれない。だから論理学者は、内観によって接近できるよりももっと多くの思考パターンを究明する必要があるのだと。

ミル自身はこうした問題に関して必ずしも明確であったわけではないが、ミルの後継者の大半は、直観と推論というミルの区別に含意されるこの問題を読み取っていた。多くの思考が意識されないのならば、思考する仕方を内観に基づいて記述する論理学は不十分にならざるをえないというわけである。しかし、この反論に対しては、論理学とは思考の物理学ではなく、思考の倫理学であると応えることができる。すなわち論理学というものは、われわれがどのように思考すべきかを教えるのであって、単にどのように思考するのかを記述しているのではないというのである。実際に、一八七〇年代と八〇年代に多くの著述家がこうした種類の規範的論理学を論じていた。しかし、この時期に生じた心理学上のいくつかの出来事は、彼らの意見を圧倒していた。

例えば、新心理学があげた大きな成果の一つに、錯覚現象の説明がある。新心理学は、多くの部分を無意識的推論に依拠しながら、これまでにない仕方で錯覚現象を説明してみせた。新心理学による説明は、錯覚現象が持つ最も謎めいた特徴の一つ、つまり観察者が「見間違い」を知った後であっても、錯覚が持続するという特徴をうまく扱っているように思われた。この特徴の一例を見てみよう。図は、古典的なミュラー–リヤー錯視である。

AとBの線分は実際には同じ長さであるのに、Bの方が長く見える。二つの線分に定規を当てて長さを測り、同じ長さであることを確かめた後でも、Bは依然として長く見える。つまり、AとBは同じ長さであるという知識は、Bの方が長いという知覚をぬりかえはしない。

　無意識的推論に頼る理論家たちは、非常に巨大な影響力を及ぼしたあのヘルマン・フォン・ヘルムホルツの考えにほとんど忠実に従って、こうした錯覚現象を以下のように説明した。すなわち、錯覚的知覚が意識的な思考に抵抗するのは、習慣化した無意識的推論のためであると。それまでなされた経験と連合とを基礎にして、われわれは世界を無意識的に解釈する何らかの仕方を発達させてきたのであり、この無意識的な解釈の仕方が意識による修正

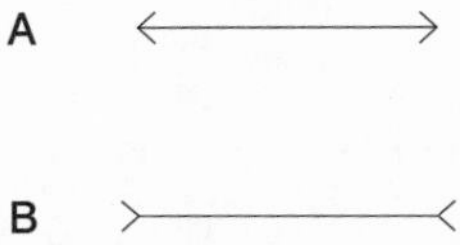

に抵抗するというのである（ついでに言っておけば、どのような経験がミュラー‐リヤー錯視を生み出すのかという問題はかなり厄介な問題であることが知られており、現在でもその解決を見ていない）。さて、以上の説明の弱点は明白である。つまり、無意識的推論がそれまでの経験に基づいているのならば、再教育したり幼児期の経験を適当に訓練することで、無意識的推論のやり方を変えるのは不可能ではないことになってしまうからである。ところが、この無意識的推論説は、一八八〇年代、九〇年代を通して多くの人々に受け入れられ、ヘリングやジェームズからの厳しい攻撃にも、びくともしなかったように思われる。ところ

で、ここで重要なのは、無意識的推論は錯覚を導いてしまう可能性があり、事実、頻繁に錯覚を導いているとすると、無意識的推論によって確立された思考パターンは思考の規範的法則としてはふさわしくないということである。ひょっとすると、無意識的推論説というのは、真理の論理学ではなく錯覚の論理学を与えるかもしれない。ヘルムホルツの理論にひどく魅せられていたと思われるニーチェは少なくともこうした考えを抱いていた。

論理学のモデルは、思考の物理学（記述的説明）に求めればよいのだろうか、それとも思考の倫理学（規範的説明）に求めればよいのだろうか。この問題は、論理学のあるべき姿についての新たな考え方へゆっくりと導いていった。そうして、論理学とは実際の思考パターンではなく、可能的な思考パターンの研究であるという考え方が十九世紀の後半に出現する。この新たな見方によれば、可能的な思考パターンとは、個々人の実際の主観的状態ではなく、主観的状態になりうるだけのもの、つまり主観が思考しうるパターンだけを意味する。したがって論理学というものは、そうした思考の可能性とそのパターンを究明する。これに対して心理学は、人間が実際にあれこれ思考しているときに生起している事実を扱う。

一八七九年以降、論理学に対してこうしたアプローチを採る三つの異なる立場が提起された。一つは、フレーゲの抽象的内容の論理学である。この論理学には、可能的な思考を操作するための道具である概念の表記法を整備する作業が含まれる（後にこの表記法は記号的論理代数となった）。二つ目は、パースの関係の論理学ならびに、可能的な思考の操作に対する彼の記号論的アプローチである。最後は、フッサールの初期の現象学であり、ここでは現実の思考と本質としての思考とを峻別した。

他分野から分離し純粋に理論的な学問分野として哲学が生まれるには、以上の三つのラインに沿った方法論上の革新が必要だった。哲学者たちは、当時新たに利用できるようになった学術的財源を確保するために、哲学に固有な、そして成果が十分期待できる研究方法を示さなくてはならなかった。哲学者が、哲学独自の作業と、実際の思考や実際の主観的状態を分析する作業との違いをうまく示せない限り、哲学は引き続き心理学に併合される危険にさらされ続ける。そうなれば、論理学は消滅し、推論の心理学が勝利をおさめることになる。こうした哲学の命運を分かつ選択肢が、当時どれほど十分に理解されていたのかよくわからない。しかし、確実にフレーゲ、フッサール、パースの三人は、新たな学問分野を開始し、新たな方法を考案したと意識的に語っていたし、また実際に実質的な著作を記して、新たに計画した学問分野の意義と射程を正確に詳述していた。もっとも、この三人に続くほとんどの思想家は、彼らの提案をオリジナルに近い形で採用できるとは考えなかった。むしろ大半の者は、フレーゲ、フッサール、パースが擁護した方法論上の革新に多くの利用法を見出し、彼らの哲学的立場を切り捨て、その新たな方法だけを採用したのだった。三人が発明した方法論の革新により、第一次大戦後、哲学という営為は公的な学術界内部に生息場所を確立するようになったと言っても言い過ぎではない。またこの方法論の革新が今日知られるような二十世紀の哲学を形成する上で巨大な役割を果たしたと言っても言い過ぎではない。

フレーゲとパース——その論理学と心理学と表記法

現代の論理学者が一階述語計算と呼ぶ論理学の体系は、一八七〇年代に、チャールズ・パースとゴットロープ・フレーゲによってそれぞれ独立に開発された。フレーゲは数学者であり、パースは応用科学者であった。パースは、後年、あらゆる分野にわたる専門誌に筆をとりながら糊口をしのいだが、それでも一八八〇年前後のほんの数年間だけはジョンズ・ホプキンス大学の講師の職に就いたため、大学院生相手に講義を行い、「アメリカ数学雑誌」に論理学をめぐる仕事の一部を（この雑誌の編集者を怒らせる前までは）発表することができた。これがパースの生涯において学術機関に所属できた最後の機会であった。にもかかわらず、パースが発表した論理学に関する論文（それは論理学を主題とする彼のすべての著述中、ごくわずかな分量をなすに過ぎない）は、ラッセルがフレーゲを「発見」する以前には重要性が十分認められており、次世代の論理学者たち、特にレオポルド・レーヴェンハイム、バートランド・ラッセル、エルンスト・ツェルメロに影響を与えたのだった。

パースとフレーゲによって開発された論理学の体系は、心理主義を克服し、まったく新しい方法論を導入することを目的としていた。フレーゲは生涯にわたり徹底して反心理主義の立場を貫く。一方パースは、反心理主義的な論理学の方法を満足ゆくまで明確にした後、今度は心理学と論理学とを関係させる理論を展開しようとした。というのも、パースの関心は、論理的推論そのものに劣らず、論理的推論を実際に理解する際にわれわれに生じている心理的過程にもあったからである。現代風に言えば、フレーゲの関心の中心は形式論理学であったのに対し、パースの関心は、非形式的論理学、諸科学の論理学、さらには科学的営為の心理学にあったのである。

フレーゲは、そのいくつかの著作を通して、論理学を思考の分析から分離するべきであると常に指摘していた。「論理学者の仕事とは、心理学と闘い続けることである」。思考の或る側面は、当の思考自身や、当の思考にまつわるあらゆる主観的側面から独立しているはずであるというのがフレーゲの基本的な洞察であった。フレーゲは、思考されるものを思考の内容と呼ぶ。「もしピタゴラスの定理とわたしが表現する思考に、わたしとまったく同じように他人も同意できるならば、この思考はわたしの意識内容に属していないし、わたしはこの思考の所有者でもないことになる。しかしそれでも、わたしはこの思考が真であると認めることができる」。フレーゲにとっては、いかなる心理的な過程も何かを真にすることはできない。判断の主観的な過程は、真理の発見を助けるかもしれないが、真理の構成を助けはしない。心理学は思考の因果的な説明を与える。これに対して論理学は、思考の主観的側面とは独立した思考内容同士の推論関係を説明する。論理学は真理に関わるのであって概念には関わらない。

フレーゲは『算術の基本法則』(第一部一八節)〔Frege G. 1964〕で、心理主義的な論理学者が犯している大きな誤りは、実在的でないもの、もしくは客観的でないものは主観的でなければならないとする仮定だと指摘している。もしあらゆる知識が感覚を通して得られるのだとすれば、この心理主義者の仮定は正しいことになるが、フレーゲはまさにこの点を否定する。フレーゲはここで、「実在的なものの領域とは区別される客観的なものの領域」、あるいは外界に存在するものの領域とは区別される客観的なものの領域を語っている。ここで言われる非物理的な客観性とは、「すべての合理的存在者にとって、言いかえればそれを把握できる能力を有するすべての存在者にとって、厳密に同一である」ことである。このようなフレーゲ流の意味での客観性は、それまで使用されてきた意味での客観性とは異なっている。フレーゲによれば、外界の（知覚可能な）対象は、あらゆる知覚者にとって同一ではない故に、客観的ではない。また同じ理由で、心理的状態も客観的ではない。唯一、命題の内容だけが、例えばピタゴラスの定理の意義といったものだけが、客観的になりうるという。

しかし、この特別な客観の領域について、われわれはどのようにして知ることができるのだろうか。ピタゴラスの定理についてのわたし自身の思考は、内容ではなく、内容についてのわたしの思考でしかない。その上、わたしが他人に自分の思考を表現するときには、思考は言語で表現せざるをえないし、その言語が解釈される際にも、やはり言語自体は内容ではない。

フレーゲ自身の議論の展開は、以上の問題を彼がどのように理解したかによって導かれている。この問題をフレーゲほど明確に定式化した例は、彼以前にはまったく見当たらない。彼が示唆したのは、論理学の目的は普遍的な真理の探究であって、相対的な真理の探究ではないということだった。フレーゲは数学に関してわれわれが互いに間主観的に一致することを根拠に、普遍的な真理の領域、言い換えれば彼特有の意味での客観の領域が存在すると仮定し、この仮定から考察を開始したのである。ところが、日常言語や日常的な思考はこの客観的内容を不透明にする。そのためフレーゲは、客観的内容をゆがめずに、それを表現し操作するための技法、すなわち論理学のための表記法を作り出す必要に思い至った。この表記法をフレーゲは概念記法と呼んだ。

パースは、フレーゲの想定した客観的内容の領域に訴えはしなかったが、フレーゲとほとんど同じように、論理学を心理学から峻別した。フレーゲと同様パースも、間主観的な一致は少なくとも或る程度まで思考内容が実際に思考する人間から独立していることを示唆しているように思われる、と強調している。もっとも、パースはその生涯中、多くの時間を費やして、こうした形而上学的実在論の洞察を厳密に表現しようとしたけれども、ほとんどうまくいかなかった。しかし、パースの論理学説に焦点を当てる限りでは、パース自身の立場をおさえておけば、彼の実在論の（解決のつかなかった）細かい部分を等閑視できるだろう。

パースは一八六九年という早い時期に、すでに心理学と論理学との分離を議論している。「三段論法は心のはたらきを表示しようとするものだが、そこで表示される心のはたらきは、……同一物について下される様々な判断同士の関係だけに関わる。そしてここに付言すべきは、三段論法と思考との関係について語ることは、形式論理学の仕事ではなく、心理学の仕事だということである。形式論理学の研究者に言えるのは、語がこれこれしかじかの形式を取った際に表現できる諸事実が真であるならば、これら真なる諸事実の表現と或る一定の仕方で関係した表現が表す別の事実もまた真である、ということに尽きる」。このただどしい文章でパースが強調しているのは、論理学の中心的問題は、諸事実（フレーゲの言う客観的内容）や、内容同士の関係にあるのであって、内容を実際にどう表現するかとか、われわれがそうした諸事実をどう把握しているかは問題ではないということである。

以上のことを念頭に置きながら、パースは、フレーゲと同様な議論をした。つまり、論理学に必要なのは、命題の形式や命題の主観的解釈ではなく命題の内容を的確に示す表記法の体系である。そしてパース自身は、少なくとも二種の表記法体系を発展させた。ひとつは代数学的体系であり、もうひとつはベン図を基礎にした擬似幾何学的体系である。実はここに、フレーゲとパースの重大な違いがあった。フレーゲの論理的表記法は代数学的であり、論理学者が「直観」をまったく用いないでも記号群の有意味性を評価できるように作られている。これに対して、パースは、訓練をつんだ観察者であれば妥当な推論を構成する或る一定のパターンを見抜けること、つまり正しく教育された人々の直観的で主観的な過程であれば、それは真理の探究に寄与できると考えていた。だからこそパースは、こうした主観的能力を活かすための表記法体系を作った。

パースは、フレーゲの言う客観的内容の領域を、われわれ人間である観察者にとって究極的には把握可能であるかもしれないと理解していた。パースの生涯は数々の挫折の繰り返しであったが、パース自身はオプティミストであり、われわれ人類の思考過程は、長い目で見ればゆくゆくは、論理的推論のパターンを遵守するようになると信じていた。パースにとって、推論とは心理的過程であった。つまり推論は、ある判断から別の判断へ心理的な変化が生じることを表す痕跡であった。だからパースは「論理学者の信仰」という言い方で、こうした心理的な過程はすべて「ゆくゆくは一つの目的に、すなわち、万人にとって同一なあらかじめ定められた特定の結論へ向かって信念を運んで行くという目的に適応している」という考えを語った。パースは、論理的表記法を、われわれ人類の「大脳習慣」をガイドし矯正することによって、真理に適合させるものと考えていた。フレーゲも以上のことにある点までは同意するだろう。つまり人類の思考は妥当な推論に漸近することができるし実際に漸近するということを含意したパースの進歩的な形而上学的実在論までは同意するだろう。実際フレーゲは、正しく訓練された論理学者であれば、妥当な推論を遂行し、表現し、さらには発見さえできるようになると明らかに信じていた。しかし彼は、パースの思い至った地点までは行けなかった。フレーゲは、思考内容という客観的領域を人類の思考が徐々に接近して行く一つの目標点と見なすまでには到らなかったのである。

ゲシュタルトから現象学へ

心理主義的論理学はフレーゲとパースを非常に刺激したが、この論理学への攻撃は何も論理学説をめぐって行われただけではなかった。実際、心理主義批判を通じて白日の下にさらされたいくつかの問題は、新心理学の躍進を左右する中心的な問題であったと思われる。大半の新心理学者が論じているように、もし世界についての知識が感覚を通してしか得られないとすると、論理的知識、数学的知識、科学的知識は一体どのようにして手に入れることができるのだろうか。感覚に基づいた知識は、例えば数学の証明のような絶対的確実性をどのように裏付けることができるのだろうか。神がわれわれに生得的な知識を与えたという、この難問に対するデカルトの解答は、進化論的な見方と折り合いが悪いように思われる。それゆえフレーゲやパースや他の思想家たちは、この問題をまったく別の仕方で捉える方法を定式化しようと試み、そうした努力をする中から、論理的・数学的な知識を経験的（感覚に基づく）知識から分離するという結論に至ったのだった。

この同じ問題への対応として、以上とは異なる見解がフレーゲやパースの仕事と同時期に出現した。一八八〇年代末までに、数々の理論家が、感覚や、感覚と知識との関係をめぐる新心理学の説明に異議を唱えていた。例えば、マッハやジェームズのような理論家は、感覚という言い方をあえて使い続けたが、この言葉の意味を根本的に変えてしまったし、別の理論家たち——多くはブレンターノの門下生であるか、もしくはブレンターノに協力した研究者である（例えば、シュトゥンプ、マイノング、エーレンフェルス、フォン・ホルンボステル）——は、感覚以外の存在を経験的知識の源泉だと言い始めたのであった。この後者による新心理学批判は、その後二つの潮流を形成し、一つはゲシュタルト心理学へ、もう一つはフッサールの現象学へと発展していった。ゲシュタルト心理学と現象学の発展史をすべて追うには、本当ならば二十世紀初頭の思想史を考察しなければならない。しかし以下本章では、（記号論理学に続いて生じた）哲学における第二の新しい方法論として重要な現象学も、記号論理学の起源と同様に、心理主義へ抵抗するなかから生じたことを手短に概説したい。

先に記したシュトゥンプも、友人ジェームズや師ブレンターノと同様に、新心理学を批判した一人である。シュトゥンプは、『空間表象の心理学的起源について』（一八七三）において、無意識的推論を基礎とする点でヴントとヘルムホルツの知覚理論を批判した。特に新心理学者の仮定する感覚の原子論が批判された。その上で、シュトゥンプ自身は、経験の要素を考察するための新たな考え方を提出した。シュトゥンプは、経験を内容《*Inhalten*》からなる一つの全体として分析する。内容という言葉の彼の用い方は、フレーゲの言う内容とはまったく異なることに注意しなければならない。シュトゥンプによると、一部の経験内容が経験の他の側面とは独立にそれ単独で経験できる場合には、そうした経験内容は独立的であると呼ばれる。それに対して経験の多くの側面は、独立的ではなく、シュトゥンプが部分的内容《*Teilinhalten*》と呼ぶものに相当する。部分的内容は、現実の経験においても想像経験においても、それ自身単独で現れることができない。例えば色と延長である。色と延長とは、延長を経験しないで色を経験することや、色を経験しないで延長を経験することは不可能であるし、また、まったく延長を持たない色は想像することさえできない。もっとも、シュトゥンプは、経験のどのような側面を部分的内容に数え入れればよいかの説明を与えたが、その説明は大部分が間違いであったことが判明する。しかし、それでもシュトゥンプが提示した区別は、有用なものであり続けた。例えば、シュトゥンプは、視覚的な運動は部分的内容であり、運動を見る際には必ず何らかの対象を見るはずであると考えていた。ところが初期のゲシュタルト心理学者の一人、マックス・ウェルトハイマーは、仮現運動という特定の状況下では、他のすべての経験の要素とは独立に視覚的運動だけの純粋な知覚が生じることを実験的に示し、先のシュトゥンプの議論を覆した。このようにして、シュトゥンプはその理論の個々の部分については間違っていたが、経験の特徴として分離可能な部分を探すという彼の基本的なアイディアは非常に有効であり、その証拠に、視覚的運動の非独立性を説いたシュトゥンプ自身の理論を論駁するのにさえ実際に用いられた。

ところで、シュトゥンプの分析は以下のことを示唆していた。新心理学者たちが仮定する経験の基礎としての感覚は、そもそも存在しないか、そうでなければヴントや他の新心理学者が説くような原子論的な形では存在しないかのどちらかである。経験の独立的内容が存在するとすれば、それは新心理学者たちが念頭に置いている色や音といった要素的感覚ではない。シュトゥンプの分析から一二年後にマッハは『感覚の分析』を発表し、感覚を全体論的なやり方で定義し直した。マッハの言う感覚は、本質的な点でシュトゥンプの言う内容に対応している。シュトゥンプは、一八七〇年代と八〇年代を、最初はヴュルツブルク大学の、ついでプラハ大学の心理学教授として過ごした（その後ハレ大学、ミュンヘン大学の教授職を歴任し、最後はベルリン大学につとめた）。他方マッハは、一八九五年にウィーン大学へ移る前はプラハ大学の物理学教授の地位にあった。またその頃ウィーン大学で哲学を教えていたブレンターノは、オーストリア－ハンガリーあたりを中心に新心理学（主に北ドイツで勢力を誇っていた）を批判する動きが生じていることにはっきり気がついていた。最終的に、新心理学の感覚主義を攻撃する次の一歩を踏み出したのは、ブレンターノの二人の門弟、クリスティアン・フォン・エーレンフェルス（一八五九－一九三二）とアレクシウス・マイノング（一八五三－一九二〇）であった。

エーレンフェルスが特に注目したのは、経験内容には二つの側面があり、一方は個々の感覚の変化に結びついているが、もう一方は結びついていないと思えることだった。後者の事例として古くからよく言及されるのが、メロディーである。一つのメロディーを構成する要素はすべて、音という或る特定の聴覚的感覚である。ところが、経験の一側面としてのメロディーを考えてみると、それは一つの聴覚的感覚ではないし、複数の感覚からなる特定の感覚集合体でもない。その証拠に、メロディーは移調されても、つまりまったく異なる音の集合に取り換えられても、同じメロディーだと即座に理解できる。こうした洞察からエーレンフェルスは、メロディーとは時間的な形態、言い換えれば音響的な出来事の間に成立し、特定の聴覚的感覚と必然的な結びつきを持たない一つの関係であると考えた。また彼は、時間的形態以外に空間的形態も存在すると論じた。特定の四角形が持つ四角という性質とこの四角形を構成している四つの線分との関係は、メロディーとそれを構成する個々の音との関係に等しく、四角という空間的性質は四辺の色や長さや角度を色々かえたとしても保持できる。

こうした形態性質、あるいはエーレンフェルスの呼び方では、ゲ、シュタ、ル、ト質は、シュトゥンプによる独立的内容の定義を満たしているが、それが感覚でないことは実にはっきりしていた。こうして、感覚主義者が感覚を基礎的な独立的内容だと仮定したのに対し、シュトゥンプとブレンターノ両者の弟子たちは、現象学的分析という方法を用いて、感覚とは異なる種類の独立的内容を発見した。さらにエーレンフェルスは、ゲシュタルト質が、感覚受容とは異なる特別な心的作用によって捉えられると論じた。

オーストリアのグラーツ大学ではマイノングが、エーレンフェルスの分析を起点にして、シュトゥンプの内容区分を補足する新たな区分を設けた。マイノングは、独立的内容と部分的内容の区別に加え、内容はさらに基づける内容と基づけられた内容に区分できると論じた。基づける内容とは、感覚質を基礎にしている点で、（ヴントの言う感覚原子ではなくマッハの言う感覚に近い。他方、基づけられた内容とは、感覚質の形態やパターンから創発したものである。したがって、感覚質の上でまったく異なる二つの基づける内容であっても、同じ基づけられた内容として知覚することがありうる。例えば、クラリネットのEフラットで演奏しても、ピアノのCで演奏しても、同じ一つのメロディーを聞く場合である（この場合、メロディーが単一の基づけられた内容に当たり、他方、使われる楽器によって音はそれぞれ固有な聴覚的感覚を生み出すが、そうした音の集合体が基づける内容に当たる）。

シュトゥンプが一八八四年にハレ大学に赴任した時の最初の学生は、ブレンターノの勧めでシュトゥンプに師事することになったエドムント・フッサールという名の若い数学者だった。一八八五年頃から世紀の変わり目まで、フッサールは数学的知識をめぐる問題に取り組み、新心理学に対する「オーストリア的」批判を吸収してこれを論理学の批判的考察や数学的知識の基礎付け研究に生かそうと試みた。経験主義と心理主義の両者に反対するにしても、当時なされていた議論は、一般的に、心理主義的な論理学者の前提を基礎にしていた。つまり、あらゆる論理的・数学的知識は感覚原子という意味での感覚に由来することを前提にして、経験主義と心理主義に反対していた。しかしもしかすると、数学的知識の経験的な基礎は、感覚ではなく、ゲシュタルトや基づけられた内容といった、われわれの世界経験を特徴付けるより複雑なパターンにあるのかもしれない。事実、フッサールは、初期の研究の頂点をなす『論理学研究』で、感覚の原子論を採用する心理学に強く反対し、人間には感覚による世界把握とはまったく異なるやり方で世界を把握する能力、つまり世界のゲシュタルト的側面を意識する能力が備わっていることを示唆したのだった。

フッサールにとって、論理的判断や論理的推論は心理的な過程とは独立に生じるとされる。内容や基づけといった新たな概念は、この問題を論じる上で非常に有益な概念だとフッサールには思われた。心的内容と感覚原子とが必ずしも直接結びつかないとすると、そしてマイノングの術語を用いれば、基づけられた内容（心的内容）の方こそ、思考に対して重要な関わりを持っているのだとすると、心的内容の操作は、単純な感覚要素の把握とは区別することができるし、かつ区別しなければならない。心理学者が問題にすべき思考や経験の法則があるとすれば、それは、或る内容を独立的なものにし、別の内容を部分的なものにする作用、言いかえれば基づけ過程に関わる作用を扱った法則でなければならない。フッサールは、そうした作用過程が心理学者の言う連合のような単純な過程ではまったくないと主張する。そして論理法則は、基づけられた内容に関わる抽象的なパターンとして理解すべきであり、いかなる点でも、特定の個々の感覚過程と結びつけるべきではないと論じた。

一九〇〇年以降、フッサールは、論理学についての論文や、後に『イデーン』として出版されるテキストにおいて、自分の案出した新たな方法論をさらに発展させ、それを論理学のみならずあらゆる哲学的問題に適用しようとした。フッサールによって現象学と名づけられたこの新しいアプローチは、哲学のための基本的な方法の一つとして経験を「括弧に入れる」という方法を用いる。経験を括弧に入れることによって、思考の基づけられた内容は、日常生活や科学的探究における「対象」との関わりを一切断ち切られ、それらとは独立に哲学的分析の対象として扱うことが可能となる。フッサールが一個の科学として想定していた現象学的哲学は、括弧に入れられた経験そのものの究明を、存在論や心理学について問う前にすべき優先課題とする。確かにフッサールは、存在論的な問いや心理学的な問いが正当であることを認めるが、こうした問いは、哲学という基礎領域の内部では必ずしも必要ではない。フッサールにとって哲学とは、因果性からも、さらに科学的・日常的を問わずいかなる存在論からも独立した純粋な内容からなる世界を分析することになった。この点で、フッサールが作り出そうとしていた哲学的方法論は、ある程度まで、ウイリアム・ジェームズがその心理学の中核に据えた「意識の流れ」を究明するにふさわしいものだったといえる。事実、フッサールは、ジェームズの心理学が新心理学者らの唱える考え方や方法と相容れないことを承知していた。この点を理解していた者は、心理学者を自称する人々の中にはほとんどいなかった。

心理学から抜け出した哲学

どんな文献を繙いても、心理学が哲学から発生したということは、まるで常識のごとく書かれているのに対し、どのようにして哲学が心理学から発生したかを述べた文献はほとんどない。だが実際には、現代哲学の最も根本的な二つの方法――この二つの方法が、ほぼすべての二十世紀哲学を規定したと断言するにはまだ議論の余地があるけれども――は、どちらも、当時誰の目にも明らかだった新心理学の成果と対決するなかから発展した。ヴントやテオドール・リップスのような「心理論理学者《psychologician》」や、認識論に関して彼らと連携していたヘルムホルツのような人々がいなければ、記号論理学と現象学の展開はまったく異なっていただろう。現代の哲学者は、哲学の持ち場がカントやヒュームを経て科学革命期のデカルトや他の思想家に至るまで過去に遡ることを許す基準を作り上げ、そうすることによって、哲学は心理学から発生したという歴史を隠蔽し続けてきた。しかし心理学者も哲学者とまったく同じように、心理学の歴史を過去へと遡行させる似たような基準を要求してよいのだ。そしておそらく心理学者の要求を満たす基準は、哲学者が作り上げた基準よりも、もっとましなものであるだろう。

現代の心理学と哲学は両者とも、科学的営為や学問研究を職業とする専門家たちを構成員とする学問としては、十九世紀の終わり頃に出現し始めた。この意味での心理学は、少なくとも一〇年は哲学に先行していた。もっともその多くは、大学の哲学科を活動拠点にする傾向にあった。そのため、心理学と哲学との間で、地位、権力、威信、影響力の争奪戦が間違いなく相当繰り広げられた。アメリカで哲学者が哲学の専門誌を創刊しようとしたり哲学専門の学会の設立を考慮し始めるのは、一八九〇年代になってからである（しかも実際に学会が機能し始めたのは一九〇一年になってからであった）。アメリカでは専門誌の発刊や学会の開催といった活動に関しては、哲学者は心理学者より少なくとも数年出遅れていた。その証拠に、「厳密に哲学的な」機関の設立趣意書には、そうした哲学独自の機関を設置する一つの理由として、心理学の成功を明記しているものが多い。新たに登場した職業的哲学者たちが、哲学という新生の学問に属する構成員の活動を画定するために、現象学と論理学という当時利用できた最も挑戦的な反心理学的方法論を味方にしたのも、さほど不思議ではない。

第11章　経験の科学としての心理学――ウイリアム・ジェームズ

　ウイリアム・ジェームズは、二つの顔を持っている。アメリカ思想史における重鎮という顔と、型破りな思想家という顔である。一般に、ジェームズは、アメリカ最初の偉大な哲学者、そしてアメリカ心理学の父として扱われる。しかし、ジェームズは、哲学と心理学という二つの学問の父として賞賛されながらも、「蛸博士〔James, W. 1984a〕」と題する批判的論文ではっきりと述べたように、学問の特殊専門化を糾弾していた。さらに、ジェームズが最も心血を注いだ研究課題は、意識の流れの心理学、サイキックパワーの研究、宗教経験と回心の分析だったにもかかわらず、それらは、アメリカにおいてジェームズ哲学と心理学の継承者を自任する人々には、一度も真剣に取り上げられたことがない。

　特に心理学では、ジェームズの傑出した人物像は奇妙な姿にぼやかされ、ぶれている。心理学に関しては、一般に、ジェームズはアメリカに新実験心理学を導入した人物であると言われる。一八七〇年代、ハーバード大学に心理学実験室を設立し、新心理学の流れに大きく貢献したからだ。しかし実際には、ジェームズが新心理学に満足したことなど、ただの一度もなかったのであり、いつもジェームズは、知的な立場の上で新心理学から距離をとっていた。

したがって、現代の心理学者がジェームズを引き合いに出す場合、心理学に息吹を与えた始祖と言われることが多いけれど、ジェームズ自身がこれを聞いたら、わたしは現代の実験心理学のような学科の生みの親ではない、と言って否定するだろう。確かにジェームズの最良の仕事は、十九世紀最後の四半世紀になされたものであり、それは、以前の心理学的な思想やその成果を集大成する驚くべきものであった。しかしそこでジェームズが行ったのは、十九世紀心理学が問題にしたほとんどすべてのテーマに対する批判であった。ジェームズは、あのシェリー夫妻が抱いていた自然的超自然主義の心理学、言い換えれば、「広い範囲にわたる」心理学を、様々な方法を用いて新たなかたちで復活させようと試みていたのである。しかしながら、二十世紀に登場した学派や学問分野の大半において、ジェームズを自分たちの先駆者とする見方が支配的であったために、広い心理学の復活へ向けて行われていたジェームズの努力は、今に至るまでほとんど理解も評価もされなかった。

ジェームズによる新心理学批判

ジェームズが重要な思想家として認識されるようになった時期は、新心理学とその実験室がヨーロッパに登場した時期と重なっている。彼が最初に公に向けて論文を書き始めたのは、一八七〇年代末だからである。この仕事の大部分は、当時勢力のあった英国版新心理学、特にスペンサー流の進化論的連合主義を基盤とする新心理学の批判的考察であった。ジェームズは、この初期の批判的小論を寄せ集めて整理し、推敲と詳述とを経て、『心理学原理』（一八九〇）を完成させた。しかし、本章では、もともとの論文中に幾分なまのかたちで見出されるジェームズ思想の輪郭に焦点を当てることにする。

ところで、ジェームズと新心理学者とでは、少なくとも以下五つの点で意見が食い違っていた。まず第一に、新心理学の依拠する進化論とジェームズの依拠する進化論とは別物であった。新心理学で言われる進化論とは、スペンサーの進化論であって、偶然的な変異と生存競争の組み合わせによって自然選択が生じるというダーウィンの進化論ではない。これとは逆に、ジェームズが支持したのはダーウィンの進化論であった。第二に、新心理学は、その当時最新の連合主義に偏っていて、要素的な感覚状態と考えられるもの、いわば心的原子にばかり注目し、推移的で関係的で流れゆく心の成分を無視した。それに対して、ジェームズが注目したのはむしろ心の推移的な成分の方であった。第三に、こうした心的原子論からの帰結として、新心理学者たちは無意識的な心理過程を想定せざるをえなかったのに対し、ジェームズはそうした存在をまったく信じていなかった。彼はそれを確かめる一つのケースとして、無意識的推論に訴えないでも空間知覚が説明できることをたいへんな努力をはらって示そうとした（もっともジェームズは、新心理学者たちの唱える論理的無意識は否定したが、フリンジ意識もしくは準意識的な現象《subconscious phenomena》は存在すると考えていた。彼は後者の意識について詳細に考察している）。第四に、新心理学は自らの立場を反形而上学的実証主義であると想定していたのに対し、ジェームズはそうした反形而上学的実証主義も単に別の形式の形而上学、つまり認知的原子論の一種を極端にひいきする形而上学でしかないと考えていた。彼は心理学と形而上学の関係をまったく異なる構図で描いてみせたのである。そして第五に、ジェームズは新心理学を未だ宗教的伝統から抜け出せていない、キリスト教的一神論の亜種であると考えていた。ジェームズの意見では、新心理学は一神教的な神を何らかの仕方で反映する統一的魂というものを要請しているのであった。この統一的な魂を要請する命題は、ジェームズにとって宗教経験の現象学を著しくゆがめるものと映った。まさしくこの点にジェームズの強烈な独創性がはっきりと表れている。新心理学では宗教経験を経験的に十分に扱うことができないという理由で新心理学に挑戦しようとする者が、ジェームズをおいて他にいただろうか。

さて、第一の相違点から順に見てゆくことにしよう。進化論と心理学の関係について言えば、当時の新心理学者の大半はその頃思想界で騒がれていた進化論論争を無視したというのが実情であった。心理的な反応時間を計測する研究者にとって神経系が自然選択を介して進化してきたのかどうかという問題は、たいして重要ではなかった。しかしそれにもかかわらず、新たに登場した進化理論と、連合主義の説く様々な原理との統合こそ新心理学であるという見方が英語圏で一般的になったのは、ひとえにスペンサーの仕事の絶大なる威信のためであった。

心は内的世界を構成する、しかも心の構成する内的世界は外的世界に順応《adjust》していなければならない、これがスペンサーの公式であった。この公式は一八七〇年代から一八八〇年代にかけて大変な人気を博した。それもそのはずで、この公式が唱える基本的教訓は実に曖昧だったからである。動物が環境へ「順応」しているとは見なせない事例などあるのだろうか。さらにこの公式は非常に漠然としていただけに、ロックからミル父子に至る認識論上の英国的伝統と通じ合うという解釈も許容した。つまり、スペンサーが語る順応とは、大概において、（連合を通して）外界を映し出す観念を形成することだと解されたのである。最終的にこの公式は、風土が人格を形成するという、かつて非常に流行したモンテスキューの教えの現代版として用いられた。それはまるで風土と地理的条件によって心が形成される機構を想定した上で、この機構に進化時間の枠組みを付け足したにすぎないような代物だった。

　極めて慧眼なダーウィン主義者であったジェームズは、こうしたスペンサー主義者のいいかげんな進化理解が心理学への「進化論的」アプローチとしてまかりとおることが許せなかった。ジェームズは、比較解剖学を学んだことのある当時としては唯一の心理学者だった。彼は一八六〇年代、ハーバード大学のジェフリーズ・ワイマンとルイ・アガシの学生だった。一八六〇年代は、この二人の師がダーウィニズムについて激論を交わしていた真っ最中だった。ワイマンはエーサ・グレイ以降、アメリカにおける二番目に重要なダーウィン主義者である。グレイもまたハーバードに勤務しており、この壮絶な論争の一翼を担っていた。アガシはおそらくアメリカにおける最も傑出した博物学者であり、そしてまたアメリカにおいて最も激しい反ダーウィン主義者であった。ジェームズは、一八六五年から六六年にかけて、アガシのブラジル採集調査旅行に参加する（この調査の大部分は、魚類の分類に関わるダーウィン説を反証し、アガシ自身の説を証明することを目的としていた。しかし〔アガシの説は誤っていたのだから〕この目的が果たせるはずはなかったし、実際果たせなかった〕。この旅行の最中に、ジェームズはダーウィンの見解を考慮しようとしないアガシに反発した。それから三〇年を経てジェームズは述懐している。生意気にもダーウィンを弁護しようとした二三歳の自分にこの著名な教授が浴びせた激しい批判の言葉を今も忘れないと。

ジェームズ最初の重要な論文の一つ、「心とは対応であるという、スペンサーの心の定義について」（一八七八）は、ダーウィン主義を徹底する立場からなされたスペンサーへの批判である。ジェームズはこの論文で、よく誤解される次のような意見を表明した。「認識者は、どこにも足場を持たずに漂っている単なる鏡なのではない。われわれ認識者は、鏡が受動的に何かを映し出すように偶然何らかの秩序に出会い、その存在を見出しているのではない。認識者とはむしろ行為者なのである。つまり、認識者は、一方で真理の創造に協力すると同時に、他方でこの協力によって創造された真理を記録するのだ」。ダーウィン主義との関連を欠いてしまうと、認識者が真理の創造に協力するというジェームズの論点は、容易に観念論の変種として誤解される可能性がある。例えば、心は実在のモデルを創造するために無意識的に活動しているという、心についてのヴントの考え方などがその一例である。しかしジェームズはスペンサーを攻撃してヴントの手中に納めようとしているのではない。むしろ、認識者は行為者であると語るときにジェームズが念頭に置いているのは、生命の活動性である。それは、カント的な心の「ソーセージ工場」ではない（「ソーセージ工場」とは、心の能動性を謳うあらゆる観念論を揶揄する言葉として、ジェームズが好んで用いた言葉である)。

ジェームズにとってここでの主要な論点は、認識者とは闘争渦巻く自然界で困難をかわしながら生きぬいて進化した動物であるという点だ。スペンサーの言う認識者とは異なり、ジェームズの言う認識者は、何かを知るだけではなく何かを感じる生物でもあった。またスペンサーとは異なり、ジェームズの認識者は、それぞれが自己に固有な能力と性向を兼ね備えて生まれてきた生物であった。個体によって、知り方、感じ方、能力、性向はそれぞれ異なっている。変異こそ、根本的で、遍在的で、しかもランダムである。したがって心の最も重要な側面のいくつかは、環境からの誘いかけに対応して形成されるのではなく、心が遺伝的に受け継いだ傾向性によって形成される。スペンサーとその継承者を批判した別の論文「偉人とその環境」(一八八〇)で言われるように、「地理的環境は、任意のタイプの心を生み出すことはできない。地理的環境にできるのは、偶然生み出された何らかのタイプの心を環境に繋ぎとめて育成し、別のタイプの心を阻止し挫折させることだけ」である。

さらにジェームズは、こうした遺伝的に受け継がれた心の変異は認識能力ではなく、選択能力の違いであると論じている。現に生きている生身の動物は、鏡のように忠実に世界を映し出すことはできない。生きて活動するものは、環境の諸側面を選択し、それに注意を向け、それに働きかけ、さらにそれを改変さえしなければならない。ジェームズによれば、実在のすべてであろうと一部であろうと生き物が実在を鏡のように映し出しているという考えは、まったく的を外している。先の論文でスペンサーについての「所見」を述べた箇所でジェームズが強調するのは、認識者は世界を受動的に映し出すのではなく、能動的に活動しながら世界を選択していることだった。そして環境はそれぞれの認識者の「関心《interest》を呼び覚ます」役割を担っていると言われていた。反対にスペンサー主義者が認める関心とは、生存もしくは自己についての利害関心ただそれだけに尽きる。したがってジェームズに言わせると、スペンサー主義者らは次のことを信じていることになる。「心理的発達が最高の理想的完璧さに達した生物は、最高の認識能力を実現する。この生物の透徹した知覚は、どんなに小さな事実もどんなに遠くの事実も見逃さない。また、森羅万象すべてを見てとるこの生物の予見力の前には、予想されない偶然などまったくありえない……にもかかわらず、この生物のこうした天賦の才能はすべて、いかなる犠牲を払ってでも生き続け、生き残りたいというただ一つの衝動に支配されている」。

ジェームズはこうしたスペンサー主義者の考え——それはまさにシェリーが言った狭い視野のイメージにぴったりである——をもっと包括的な理念、すなわち生存は多くの関心の中の一つに過ぎないという考えに置き換える。ジェームズが念頭に置くダーウィン的心理学では、認識者が完全無欠の認識能力を持つことなど決してありえない。むしろ何かを知ったり行為をガイドしたりする際に認識者の行う一つ一つの努力には、関心の対象にうまく対処するためにそれぞれの努力に対応して世界の多くの部分に無知になること、つまり行為とは関係のない世界の部分を無視しそれが見えなくなることが伴う。そして経験だけではなく遺伝によっても形成される関心が狭すぎたり不適切だったりするとき、そうした関心を持つ動物は自らの行為が「阻止され」「挫折させられる」ことになる。

一八七九年に発表され、現在ではよく知られた論文「わたしたちは自動機械なのか〔James, W. 1983〕」のなかで、ジェームズは以上のスペンサー批判論文の論点をさらに一歩進める。ジェームズはこの論文の中で波紋をよぶ教説を発表した。それによると意識は進化してきたが故に何らかの機能をもっていなければならないというのである。しかしながらジェームズの議論を以上のようにまとめてしまうと――そして常にこのように定式化されるのであるが――この論点は適応主義者の誤謬の一例となってしまう。例えば、盲腸（あるいは耳たぶや、肉に食い込んだ足の爪など）は進化してきたが故に何らかの機能をもっていなければならないと容易に言えてしまう。しかし今日では、盲腸炎という疑わしい「機能」以外、盲腸には何の利点もない。したがって、意識進化についてのジェームズの議論はこうしたタイプの適応主義の主張ではなく、スペンサー批判に基づいて、何か別のことを言おうとしていたことに注意しなければならない。

「わたしたちは自動機械なのか」では、関心に基づく選択という説明に検討が加えられ、この説明によってスペンサーが批判される。そこでのジェームズのポイントは、ダーウィンの見解に従うならば、関心という心的状態は、自然の一部として考えなければならないということであった。ジェームズはまず、行動を組織する仕組みが単なる反射反応から脳皮質もしくは意識によるガイドへと取って代わることにどのような進化上の価値があるのか、新心理学者たちの標準的な議論を概観する。そこではっきりしたのは、新心理学者は「有用な「神経」放電、適切な方向づけ、正しい反応」といった概念を用いることによって高次の心理過程と低次の心理過程を区別していることだった。しかしジェームズに言わせれば、こうした概念に含まれる「有用」、「適切」、「正しい」という言い方は「すべて、当の動物にとっての善や目的、言い換えれば関心を前提にする」。そして、ここで前提にされる関心は、観察者の関心ではなく、当然、当の動物の関心である。なぜなら、どんな選択であれ選択が伴うときには常に、動物の行為を決定する要因は、当の動物がよりよい、より興味が引かれる、より適当である、より必要だとして選択したものにちがいないからである。しかし、そうした当の動物の関心は、「純粋に物理的な存在の秩序を考えているだけでは、まったく設定できない。物質はいかなる理想も持たないからである……。善は劣った善の概念を含んでおり、比較を必要とする。仮に一滴の水があって、もしそれが自分の存在する状態と存在しない状態とを比較したり、あるいは自分の自己全体とワインの一滴とを比較したりするとすれば、このことには、通常考えられる物理的過程以外の何らかの過程が含まれていることになる」。われわれは通常、宇宙を機械的で物理的なものと想定するが、もしダーウィン的宇宙の中にそうした機械的で物理的な宇宙の部分とはならない何かが存在するとするなら、それこそが個体の関心に他ならない。

この論文のこの箇所でジェームズが論じているのは、自分が提起した関心を扱うダーウィン的心理学こそ心的状態を自然界にもたらすということである。これはスペンサーや実証主義的な新心理学にはまったくない考え方である。「心とは対応であるという、スペンサーの心の定義について」では次のように指摘されている。「[スペンサーの]哲学によれば、心というものは、心的でないものから純粋に生み出されたもの、つまり、非心的なものからの絶対的な派生物でなくてはならない。[だから]様々な条件を命令する立場を心に与えること、そしてわれわれが対応と呼ぶものと呼ばないものとを決定するような独立した関心というものを認め、そうした関心を競技に参加させること」は、スペンサー説に反している。そしてジェームズが言うには、関心を基礎にして比較するという個々の活動が、「意識として知られる」。しかもそれは、単なる感覚や感じとして知られるのではなく、選択や選好として知られる。

以上のように、ジェームズが心は活動的であると言い、また心は真理の創造を助けると主張する場合、それは自然の外部にある活動、しばしば意識の活動として考えられてきたような活動を指してはいない。彼の言う心の活動とは、自然の活動、すなわち関心に基づいた選択という心理的過程である。心理的な領域とは、心あるいは精神という新世界ではないし、観念という新世界でさえない。それは、自然界の進化現象、つまり或る一定の諸要因が何度も何度も新たなやり方で切り出され、比較され、結合されてゆく、自然界の進化現象なのだ。

心的原子論者とサイキック刺激主義者へのジェームズの反論

一八八二年、ジェームズはプラハ大学にマッハとシュトゥンプを訪ねた。そこで彼は、それぞれ独立になされてはいたが、新心理学の原子論的感覚主義に対する批判としては意を同じくするこの二人と議論を交わした。確かにジェームズは新心理学に対する彼らの批判を真剣に受け止めたが、彼自身は、マッハともシュトゥンプとも異なる第三の批判、おそらく心的原子論の批判としてはより強力な批判を発展させた。それが、プラハ訪問後の一八八三年の冬に記された「内観心理学に見落とされたもの」という論文である。この論文の内容は、感覚の原子論に対する概略的な批判と、芽生え始めたばかりのジェームズ独自の思想、すなわち意識の流れの心理学からなる。

この論文の中でジェームズは、意識の流れの実質的《substantive》部分と推移的《transitive》部分とを区別した（ジェームズはこの区分をカテゴリー的な対立物であるかのように記述している箇所が多いが、実際には、二つの部分は意識という同一スペクトルの両極部であると考えていた）。実質的部分とは心理学者の言う「感覚」、あるいはもっと適切に言うなら、マッハの言う感覚、シュトゥンプの言う内容である。ところが推移的部分は、これまで心理学者たちに正当に取り扱われてこなかった。推移的部分とは、関係やプロセスの経験であり、わたしたちの思いの流れ《stream of thought》の大部分を構成している。「われわれは、青の感じ、冷たい感じと普通に言うのとまったく同じように、*and* の感じ、*if* の感じ、*but* の感じ、*by* の感じと言うべきなのに、実際にはそうしない」。ジェームズに言わせれば、こうした関係とプロセスの感じを内観心理学が認めなかったことが、新心理学者らの最大の罪である。新心理学者は、「神が相互に繋ぎ合わせてくれたものを、徹底的に、そして好き勝手にバラバラにしてしまった」。

　そして、もし関係についての感じが本当に存在するなら、連合によって作り出されると考えられてきた多くの心的なものは、そうした連合の産物ではないかもしれない。つまり心的なものは連合物ではなく、単に経験の（関係し合っている）成分であることになる。同様に、オーストリア学派によって「ゲシュタルト質」とか「基づけられた内容」と呼ばれた心的なものも、関係の感じとして首尾よく理解されることになる。ジェームズは言う。「真の単位である感じの原子を求めることは、まったくの気まぐれ、誤った比喩に思える。われわれは理性の上では、こうした要求がどんな混乱を引き起こすことになるかよく分かっている。また経験の上では、いかなる事実もこうした要求を示唆してはいない。なぜなら、心の実際の内容は、いつも一つの全体《*ensemble*》として現れているからである」。

　これに対して新心理学者は、次のように反論した。連合説と無意識的推論説は、内観的事実と同じくらい神経生理学的事実も根拠にしていると。以前の章で見たように、意識されない感覚のようなものについての主張は生理学的事実に訴えることによって正当化できるというのは、すでに自明のことだった。もし眼や脳が知覚過程の最初の段階で原子的感覚を生み出さなければならないように作られているとすれば、内観を武器にして新心理学者たちの内観を批判するというジェームズの攻撃は的をはずしていることになる。

ジェームズは、こうした新心理学者の反応を十分心得ており、この一八八三年の論文と同時期に、すでに新心理学者への返答を用意していた。彼は、神経生理学もまた感覚の原子論に反対するようになってきていると論じている。「最近の脳研究の全体的な動向は、脳というものがいつも全体として活動し、脳のいかなる部分も他のすべての部分の緊張を変えずに放電することはありえないという考えに傾いている」。つまり脳研究は、新心理学に反対するジェームズの立場を支持しているという。ジェームズによれば、意識の基礎をなしているのは、要素的諸成分の微妙で連続的な変化を伴った意識の複雑な流れであり、この意識の流れと、一つの全体としての神経系の活動は（われわれが理解していない何らかの仕方で）並行している。

この論文の数年前にジェームズは、関係の理論のテストケースとして、空間知覚の本性に関する研究に着手し始めていた。この研究は、「空間質〔James, W. 1983〕」（一八七九）という論文において発表され、新心理学を経験的に批判する最初の試みとなった。こうした批判は最終的に『心理学原理』の中心的主題を形成することになる。ジェームズは以下のように問う。もしわたしたちの空間意識を構成している成分が、感覚という原子であるとすれば、すなわち意識の流れにおける実質的成分であり、関係的成分ではないとすれば、なぜこのことがわたしたちの空間経験に反映されないのだろうか。「わたしが一瞥でもって見てとることのできる空間は、いつも分割不可能な充実体としてわたしに対面している。仮にこの空間が、……膨大な数にのぼる位置知覚が相互に融合して組み立てられているとしたら、この空間を構成する要素がもともともっていたギクシャク動いて入れ替わる粒状の特徴を、この空間の質はどのように手放したのか、わたしには分からない。実際に位置を次々につけ加え関連づけて構成した空間——この空間は、あまりにも巨大なので一瞥では見ることができない——であれば、事実、このようにギクシャク動いて入れ替わる仕方で意識に現前する」。

目の前の空間をどんなふうに把握しているか考えてみなさいとジェームズは言う。例えば、今あなたが座っているところから壁までの空間は、滑らかであり、一瞥で見てとることのできる空間である。では次に、あなたとサンフランシスコとのあいだの空間はどんなふうに把握されているか考えてみよう。この場合の空間は或る種の粒状の性質を持っており、多くの分離した景色や状況から成り立っている。以上の二つの場合をまとめて考えてみると、これら二種類の経験の対比によってジェームズに示唆されたのは、一つ一つの感覚はそれぞれ或る種の内在的な空間の質（実質的質というよりはむしろ推移的質）を持っているということであった。「身体のどの延長した部分でも、その興奮から生じた感じは、延長していると感じられる」。伝統的な心理学の観点からすれば、こうしたジェームズの考えは、魂に延長があると主張する異端説（ロバート・ホイットやエラズマス・ダーウィンに帰せられる異端説）に等しい。また新心理学の観点からすれば、それは、心と思考の働きを身体と感じとに帰属する異端説に等しい。

ジェームズによると、空間意識の説明には三つの説が可能である。一つは、本当は空間知覚などは存在せず、空間とは何らかの諸感覚が継起していることを表す記号にすぎないという説である。この考えは、おそらくバークリの見解であるとともに、すでに見たように、ミル父子とベインによって継承され、特に英国において最も影響力のあったブラウンの教説である。第二のものは、ジェームズ自身の説であり、(少なくともいくつかの)感覚には空間質(空間的性質)が内在し、この質から空間把握が派生するという説である。そして第三のものは、空間質は心の外部に創造されて、いくつかの感覚に帰属されるという説である。ジェームズの指摘によれば、「この最後の説は、カント的な見解である。シュトゥンプはこれに、「サイキック刺激」《psychic stimulus》説という秀逸な呼び名を与えた」。ジェームズ心理学の背後にあった一つの主要な動機は、当時まで新心理学を支配していたサイキック刺激主義を攻撃することにあった。ジェームズは何度も何度も繰り返し要求した。サイキック刺激主義者が主張するような、感覚的出来事が引き金となって心から導き出されるだけで直接には意識されないものを意識の流れの内部に探してみろと。

反形而上学と形而上学

次にジェームズと新心理学者たちとの哲学的な論争を見てみよう。そうすれば、新心理学者が自らの哲学を形而上学なき「実証」心理学と称したことに、なぜジェームズがあれほどまでいらだったのかを理解できるだろう。ジェームズは、新心理学者の主張する実証主義も一般的な原子論的世界観を隠す煙幕でしかないと不満を述べている。これは正当な非難であった。なぜなら新心理学の主流派は、フェヒナーが採用した全体論的原子論(これをジェームズは肯定する）とは違い、徹底的な還元主義者だったからである。

事実、新心理学者たち自身が同盟を結んだ十九世紀の実証主義は、まさに原子論的であった。あるいはジェームズの言葉を借りれば、ヴントのような思想家は、意識の推移的成分を排除し、実質的成分の存在を強調し、そうして意識の流れを否定する傾向にあった。色・強度・重さなどの感覚ならば新心理学者は好んで容認するが、運動や形態の感覚を受け入れようとしなかった。では、ジェームズにとって、新心理学のような実証主義主流派の当否を決める試金石は何であったのだろうか。それは、空間知覚に関する理論ではなく、信念の分析、もしくは後のジェームズの言い方では「リアリティーの知覚《the perception of reality》」に関する分析であった。ジェームズは、こうした問題をめぐる議論を、意志について行われた最初の本格的分析である「努力の感じ」（一八八〇）という論文で始めている。またこの議論は、論文「信念の心理学」（一八八九）で引き続き行われた。後者の論文は、『心理学原理』の中に「実在の知覚」と題された章として再録されている。

これらの考察においてジェームズは、伝統的な連合主義の考え方の中に注目すべき空隙があることをつきとめた。ジェームズ・ミルの『人間の精神現象の分析』（Mill, J. 1869）に始まる十九世紀連合主義では、意志は他のすべての心理現象と等価に扱われてきた。つまりxしようとすることは、xというある種の観念を所有することだと見なされてきた。ところで、一般的には、ある観念に同意するとき、この観念を信じていると言える。しかし、意志的に何かをしようとするときに限っては、ある観念に同意することは、同時に、何かが世界内に現実に生じることをも要請する。そこで連合主義者は次のように分析した。すべての観念は心にとってみな等しく実在的であるが、加えて意志的観念は、それが実行されるならば、そして実行されたときには、身体にとっても実在的になり、そして世界にとってさえも実在的になると。

ところが信念の場合でも、もしくはもっと適切な言い方をすれば、実在を知覚する場合でも、（引き続き連合主義者の言い方を用いるならば）観念は単に心にとっての真理であるのではなく、世界についての真理であるとして保持されている。ある観念、例えば今日は晴れだという観念を単に持つことと、この観念が世界についての真理であると信じることは別のことである。ジョン・スチュアート・ミルは、連合主義説が孕むこの問題を発見し、それを父ジェームズ・ミルの書いた『分析』の編集版（Mill, J. 1869）の註に記した。この註は、W・ジェームズが「努力の感じ」と「信念の心理学」の中に引用している。そこでミルはこう問うている。

ある実在を思考しているときと、ある心像を思い浮かべているときとで、われわれの心にはどんな違いがあるのだろうか。わたしとしては、次のように告白する。ここには究極的で根本的な違いがある、という意見から逃れるためのいかなる手段も、わたしは持ち合わせていないと……。したがって、わたしは以下のように考えざるをえない。実在した事実を想起する際に、この想起には、単に思い浮かべたものという要因とは区別される何らかの要因が存在する。この要因は、思い浮かべる場合と想起する場合に心に現前している単なる観念同士の違いには解消されない。それをどう定義するにしても、この要因が信念を形成し、記憶と幻覚との違いをなす。

意志の力についてのジェームズの分析は、それをどう定義するにしても、ともかく信念を形成する要因から出発する。

「努力の感じ」ではっきりと述べるように、ジェームズによれば、意志とは観念を選択する過程であった。その際、われわれが選択する観念とは、連合主義の意味ではなく、ジェームズが用いる意味での観念である。したがって、こうした観念はそのほとんどが、関係の観念、主体を取り巻く世界と主体との関係をも含んだ関係の観念だった。ジェームズは以下のように論じている。思案しているときや反省しているときには、「可能性をもった多くの観念同士のあいだに相克」が生じている。そして、この相克が続いているあいだは、観念は実在的ではなく、可能的として保持されていなければならない。そして最終的に、「［観念の］相克は、実在の感覚が戻ってきたときに終わる。鋼が冷たい水につけられることで、以前よりも十倍も光り輝き、不屈の強さをもって鍛えられて戻ってくるように、観念は、相克し合い不確実性の闇を通過することで、より確実で、実在的なものとなって戻ってくる」のである。

しかしなぜ実在の感覚は戻ってくるのだろうか。わたしたちの意志による努力が、拮抗し合っているバランスを或る観念の方に傾けるのだろうか。それとももっと単純に、最も強力な観念が、純粋に機械的な機構に基づいて勝ち抜くだけなのだろうか。意志の効力を信じる説と宿命論とのあいだのこうした対立は、ジェームズにとって根本的な哲学的問題であった。ジェームズはこの問題に対する解答を、関心は自然的な実在であるという独自の心理学説の中にすでに用意していた。相克する観念間の勝敗を部分的に左右するのは人生において展開される個人の関心である、これが解答であった。この関心が効力を持つならば、心と意志とは選択を左右する何らかの力を持っていると言うことができる、そうジェームズは考えた。

　ジェームズは、こうした心の自然主義的な理論を基礎に、信念の分析を宿命論の問題に応用して巧みな弁証法を展開した。それを順に辿ってみよう。われわれには今ここに、古代にまで遡る二つの観念の相克がある。一つは自由意志の観念であり、もう一つは、意志はすでに決定されているという信念である。そこでジェームズはこう主張する。わたしは意志の努力によって「自由意志の選択肢」を信じる方を選択する、なぜならそう選択することがわたしの関心にかなっているからだ《*because it is in his interest to do so*》、と。こうしてジェームズは、意志は自由なのか、自由ではないのかという問題を取り上げるなかで、自由意志の効力を部分的に例示してみせた。

　当然、誰をおいても実証主義者は、こうした弁証法的詭弁は反則であると主張した。自由意志の問題に決着をつけるだけの証拠がないあいだは——事実、実証主義者たちは、この問題にはまだ解答を与えることはできないと主張したのだった——、この問題は未解決のままにしておかなくてはならない。しかし、問題を未解決のままにしておくということも、ジェームズとは異なる一群の関心に自由意志問題の解決を左右させている例ではないだろうか。実証主義者は、ここでの関心を指して、それは経験的な選択だ、もしくは合理的な選択だ、と言うかもしれない。しかし問題を未解決のままにしておくということも、一つの関心であることには変わりない。さらにジェームズは、自由意志についてこうした弁証法的トリックを単に演じることを越えて、自己と世界との関係をめぐる問題へと歩みを進めた。つまり、ジェームズが実証主義に反対して強調し続けたように、もしわれわれが関係の観念を持っているのならば、それは、自己と世界との関係についての観念を持っていることになるのではないか、というわけである。実際にジェームズは、一八八〇年代を通じて、運動の観念、つまり意志や効力や行為の観念が（筋骨格の感覚もしくは運動感覚を介して）自分の行為を知覚することから得られるという議論を擁護していた。それに対して、ヴントとその継承者は、こうした考えを否定した。彼らは、努力の感覚は関係的なものではなく実質的なものであり、筋肉に向けて発せられる脳の指令に基づいていると主張したのだった。

そこでジェームズは、第二の巧妙な弁証法的策略を実行した。それは、彼自身が（少なくとも『心理学原理』においては）実証主義者の言葉遣いを取り入れてみるという策略だった。ジェームズは、原子論的な感覚と観念を関係的で複合的な感覚と観念に置き換えはしたが、それにもかかわらず依然として感覚や観念という言葉を使い続けた。実証主義者の原子論を自身の全体論的自然誌《holistic natural history》にとって代えたが、それでも連合主義の用語を使い続けた。彼は、『心理学原理』という書物が経験(ジェームズの言う意味での経験であるが)という現象に重点を置くという意味で「実証主義的」書物だと言って憚らなかったし、「自然科学としての心理学」の書物であるとまで公言していた。つまりジェームズはこの本で、実証主義者は原子論と物理主義という特定の形而上学の流派を是認しているが、自分自身は特定の形而上学には染まらない中立的で高次の基盤に立っていると主張し、実証主義者を批判したのである。これがジェームズの策略だった。もっとも、ジェームズが自分自身の形而上学的前提をほのめかしていたのも確かである。しかしながら、こうした微妙過ぎた策略は失敗だった。確かに『心理学原理』の読者が一旦彼の言葉遣いを理解してしまえば、おそらくジェームズに同意することだろう。しかしジェームズの巧妙な言語と論理を理解する読者は、ほとんどいなかった。実際この本の中では、一八七〇年代に心理学がこうむった転回に対する全面的な攻撃が展開されているにもかかわらず、数え切れないほど多くの者が、『心理学原理』を新しい実証主義的心理学の一亜種だと解釈(誤解)してしまった。

ジェームズは、『心理学原理』では形而上学的な議論を一切しないことを誓った。しかしこのジェームズの決断は、不幸なことにジェームズの哲学思想の一部を心理学の仕事から切り離して扱うという一般的風潮を招くことになった(その証拠に、現在でもジェームズの仕事の一部は、哲学であるか、それとも心理学であるか、典型的にどちらか一方に分類される。また、『ウイリアム・ジェームズ著作集』の編集者たちも、ジェームズのいわゆる心理学的な論文を哲学的論文から区別することによって、この風潮を定着させてきた)。さて、信念と意志についての議論を展開していた時期とちょうど同じ頃、ジェームズは心の関係的状態に関する理論にはどんな意義が孕まれているか考察を加えている。一八八一年、ジェームズは、ニュージャージー州プリンストン市のユニテリアン派牧師協会で行われた「反射活動と有神論」と題する講演――後にこの講演は、論文集『信じる意志』(一八九七)に再録された――の中で、自分の提唱する新しい心理学を基礎にした汎神論の形而上学を展開し始めた。ジェームズを、他の新心理学者たちからも、そしてフロイトからさえも分かつ最も決定的な要因は、この非キリスト教的な(非西洋的でさえある)宗教上の形而上学である。もっとも、ジェームズは、こうした議論をわざと『心理学原理』からは除外したために、彼の心理学上の仕事と宗教に関する見解との結びつきが正しく認識されることはなかった。

彼がこの講演で新心理学に携わる人々を念頭においていることは、「反射活動と有神論」という題目からも明らかである。この題目は、第1章で触れたG・スタンレー・ホールやジェームズ・マーク・ボールドウィン、ジョン・デューイが同じ時期に記した新心理学についての論文と似たような内容を思わせる。ところがジェームズはこの講演を以下のようなジョークで切り出し、プロテスタント派の人々が新心理学を信奉している思いを逆手に取る。「今日では、シュライエルマッハーやコールリッジしか引用できない人よりも、ダーウィンやヘルムホルツを引用できる人のほうが、よく話を聞いてもらえることでしょう。わたくしは、ほとんど次のようにさえ感じています。もしわたくしがカエルを持ち出して、皆さんの目の前でカエルの生理学的過程をうまい具合にお見せすることができたとしたら、これからの時間、わたくしがお話しなければならないことに、さらにいっそうの敬意を払って聞いてもらえるのではないかと思うのです」。そして以下のように結んでいる。「生理学という地平線から吹いている風は、真新しいものかも知れませんが、必ずしも最も重要であるというわけではないのです」。

ジェームズは自然主義的な意志論を展開しながら、われわれ人間のような進化した存在者では認識を支配するのは行為であることを牧師たちに話して聞かせる。「人間本性の意志するはたらきの部門は、……思考するはたらきと感じるはたらきとの両方の部門を支配しています」。人間の感覚器官と脳とは、認識活動を行うためのすばらしく鋭敏な道具ではあるが、人間は世界の「秩序」「全体」に単に没頭し「鑑賞」しているのではない。心とは、スペンサーの言ったような、外的実在を映し出す内的実在なのではない。心は、ダーウィンが示唆したように、生きた有機体の一部であり、選択の過程を手助けするものだ。われわれ人間は、何をなすのか、そして何に注意するのかという選択に迫られる。この選択の大部分は、行為と固く結ばれた関心と必要とに基づいている、というのである。

しかも関心と必要とは、人間と世界との関係から発生する。ところが関心や必要といった関係的なものは、実証主義的な心理学者たちによってこの宇宙から捨て去られてしまった。その結果われわれ人間は、過重な負担を引き受けねばならなくなった。ジェームズは、彼特有の新鮮な比喩を用いてこの重大な事態を以下のように言い表した。

われわれ人間の本性に備わる様々な活動力が皆勢ぞろいして、しきりに待ち望んでいる言葉があります。それは、人間が生きてゆく上で、活動力自身が持つ力を最も強くかつ最も有効に放出するやり方を教えてくれる言葉です。「さて、何をすればよいのだろうか」と活動力たちは叫びます。「われわれは知らないし、今後も知ることはないであろう！」そう不可知論は答え、「様々な原子とその震動とに反応しろ！」そう唯物論は答えるのです。なんとがっかりさせる言葉でしょう！　これでは心の導火線は種火を失い、中間部は末端部を点火することができません。心のサイクルは破綻します……そして独り取り残され、自らのエネルギーを発散させるべき本来の対象を失ってしまった活動力たちは、やせ衰えてしまうか……もしくは心のうちに閉じ込められたまま「エネルギーを発散し」ひきつけを起こすか、どちらかの運命をたどるに決まっています。

ジェームズに言わせれば、原子論的で不可知論的な実証主義者であっても、ジェームズとは異なる別の形而上学を推奨している。しかし彼らの形而上学には、決定的な不利益が伴う。なぜなら、ジェームズが主張した実在、すなわち、経験活動を行うすべての存在者にとって自明で基本的な実在——必要、関心、そしてあらゆる種類の力——を信じることを、実証主義の形而上学は否定してしまうからである。ジェームズが実証主義の形而上学を拒否する理由は、この点にあった。

心理学の中の魂

伝統的な連合主義は、何者かがすべての感覚と観念をまとめて保持していなくてはならないという理由から、魂を必要とした。反対に新心理学者と実証主義者は、魂を要請しなくとも現象の集合で十分であり、また魂の存在を教えてくれる感覚原子などどこにもないが故に、魂の存在は不可知であると主張した。そう言うことによって、彼らは魂の問題を拒絶した。

ジェームズもまた、伝統的な連合主義が要請するような魂の存在を否定する。しかしその理由は、新心理学者や実証主義者とはまったく異なっている。確かに、ジェームズによって提起された意識の関係的成分は、感覚や観念をつなぐ「接着剤」を提供した。それは、連合主義者たちがいつも魂に期待していたものだ。しかしジェームズ流のこの新たな宇宙には、別の種類の力と関係もさらに含まれていた。ジェームズは指摘する。われわれの経験から示されてくるのは、力や主体性あるいは善でさえもが生じる唯一の源泉の存在ではなく、むしろそうした源泉が多元的に複数存在することだと。こうした指摘は、人間の不死性を主題としたインガルソン講演（一八九八）や『宗教的経験の諸相』（一九〇二）のなかで強調された。ジェームズは、魂は存在しない、もしくは、少なくともその存在を証明することは誰にもできないという新心理学者の意見には同意できた。また、神の存在をめぐる新心理学者の似たような議論にも同意できた。しかし、主体の有する魂のごとき力が、人間にはまったく欠落しているという見解を認めることはできなかったし、事実認めなかった。たとえこうした力が、だいたいにおいて拡散しがちな束の間のはかないものであるとしても、人間がそれらを欠いているとはジェームズには到底考えられなかった。同様にジェームズは、宇宙というものが力と主体性をまったく欠いているという意見にも同意できなかった。実際ジェームズは、自分の経験が自らの意志の効力をさらけ出しているのとまったく同じように、自らの経験がそうした宇宙のもつ外的な諸力も顕わにしていると確信していた。現代心理学の他の創設者たちとは対照的に、ジェームズは魂に関しても神に関しても、多元論者だったのである。だからこそジェームズが読者に語りかける言葉は今でも新鮮に響くのかもしれない。

子どもの頃、ウイリアム・ジェームズの弟ヘンリーは、兄に文句を言った。「ウイリーにはついて行けない。いつも、通りをどんどん歩いて、角を曲がってしまうのだから」。大人になったウイリーにとって、神々はいつも通りの向こう、角を曲がったところにいた。おそらくわれわれの経験の縁、余白に。それでも神々はいつも信じることができるリアルな存在だった。

魂の科学

ジェームズが用いた経験という概念は、多様なジェームズ思想の根幹を成しているにもかかわらず、決して理解されることはなかった。哲学者たちは、連合主義者が用いた要素的感覚という概念を理由に、あるいは二十世紀に入ってからは、分析哲学者の仮説である論理的要素を理由に、ジェームズの説く経験概念を拒否した。また心理学者も、最初は、より要素的で流れのない連合主義の概念を理由に、ジェームズの経験概念を拒否した。そしてその後の心理学理論は、行動主義の原理に従い、経験を刺激と反応とにまるごと置き換えてしまった。こうして、ジェームズが経験をめぐるまったく新たな概念の中で結実させた新心理学への根本的批判は失われていった。一部のロマン主義者、特にシェリー夫妻と同じように、ジェームズは、神秘的なものも、境界的なものも、まとまりを欠いたものも、つまりジェームズが頻繁に用いた言葉で言えば「フリンジ《fringe》」をも含んだ、人間の経験のありとあらゆる側面に対して科学的アプローチを採るべきだと強く求めた。しかしジェームズ以降の思想家は、心理学に対してジェームズの抱いていた広い見方を拒絶した。そしてその結果、現代の心理学は、科学の目的に対して忠実でありつづけている限り、普通の人々の経験というものに有意味に取り組むことがますますできなくなってしまった。

産業革命の始まった頃には、多くの人文主義的思想家たちは、科学こそ生の意味を理解させてくれる希望の星であると信じていた。二十一世紀を目の前にした今日では、科学にこうした洞察力を期待する思想家はほとんどいない。科学者でない人であればなおさらである。しかしワーズワースやキーツやシェリーといった詩人たちはみな、科学は人類の物質的要求だけではなく精神的欲求にも応えてくれる手段であり、人類に利益をもたらすという、あのエラズマス・ダーウィンの科学観を受け入れていた。ロマン主義者が科学を拒絶したという見方は、ただの神話にすぎない。事態は正反対であり、大多数のロマン主義者は、科学への希望を育んだのである。そうした科学への希望は、「ヒロシマ」以後の世界に生きるわれわれにはほとんど理解できないものとなってしまったが。

ロマン主義者が科学に寄せた期待は、多くの要因が重なり失われていった。そのほとんどは政治的、経済的な要因であった。たとえば産業革命は新しい黄金時代ではなく、ディケンズやゾラや他の作家たちが非常に生々しく描写したように、不衛生と貧困にあえぐ数々の産業都市を産み出した。しかし少なくともある意味で、科学そのものが、生の意味を理解したいというロマン主義者の熱烈な要求を満たすことに失敗した。つまり、十九世紀末の新心理学の勃興に伴い、ソウル（魂）の科学という夢が徹底的に叩きのめされ、魂《ソウル》の科学に代わり、マインド（心）の科学というものが勝利をおさめることになった。

新心理学はそれまで魂と言われていたものを三つの部分、つまり心と無意識と身体とに分解した。この新しい科学は、これら三つの部分をうまく関係させることができなかったが、そうした難点は克服できない問題とはみなされなかった。少なくとも、身体と無意識的自己の持つ動物的活動力は、心とは切り離され、心とは別物として扱い続けることができた。また、心というものと他の二つの部分とをこのように分離することは、世紀の転換期にアメリカやヨーロッパのエリートたちに支配的な影響力を及ぼすまでに成長していた自由主義的なプロテスタントの見方にうまく合致したのだった。

二十世紀は、そうした十九世紀末に勃興した心の新科学からの遺産として、内部で深く分裂と対立を繰り返し、無数の下位分野に分裂した心理学を受け継いだ。こうした下位分野のあるものは認知や感情といった心の側面に注目し、別のものは神経伝導物質や反射といった身体の側面に注目した。さらに別の精神分析といった分野は無意識に注目した。しかしジェームズの見方からすれば、こうした焦点の当て方は、みな等しく抽象的である。それは、われわれが生きていること、呼吸していること、行為していること、経験していること、こうしたわれわれのリアリティーからわれわれを遠ざける抽象なのである。

ジェームズが守り抜こうとした具体的で生きられた経験を基礎にした科学は、それが不在であることによってかえって目立ち続けた。この空隙は、二十世紀に入り、あらゆる形式の偏見と矛盾に満ちた信念、言い換えれば、宗教的、精神的、人種的、民族的な信念によって埋められてきた。科学者は、ジェームズの提唱した広い範囲にわたる経験の領域から撤退し、極めて狭い領域に閉じこもった。科学に携わる者たちは、日常経験と有意義な自己理解とをつなぐ多くの重要な領域を手放し、多くはただのデマゴーグにしか過ぎない宗教的指導者、国粋主義者、大衆煽動家に、そうした領域を次々に明け渡すことになった。

わたしは、ロマン主義者たちは魂の科学を求めた点で正しかったと思っている。またジェームズは、経験についての科学を通して魂の科学というロマン主義者たちのアイディアを実らせようとした点で正しかったと信じている。心理学という学問が、ある人物の経験内容があまりにもまとまりを欠いているから、神秘的でありすぎるから、あるいは何であれそうした理由から、それを深く考察しようともせずに拒否する権利を一旦手にしてしまうと、もはや心理学はそうした経験が持つ意味について意見を述べることができなくなってしまう。心理学は現在の分裂した状態のままでは、われわれの多くが営んでいる生に、中途半端に不完全に適用されるのが関の山であろう。本書は、心理学がこうした制約を自己自身に押し付けてきた歴史を辿った。これによって本書が心理学の使命を再認識する舞台となり、もしかしたら、魂の科学というロマン主義者たちの夢の復活へと導いてくれることを、わたしは願っている。

訳者あとがき

本書は、Edward Reed, *From Soul to Mind : The Emergence of Psychology, from Erasmus Darwin to William James*, Yale University Press, 1997. の翻訳である。

本書の主題は十九世紀の心理学史であるが、目次をご覧になっていただくとお分かりのように、その内容は通常の教科書的な心理学史とは随分趣を異にしている。心理学史とはいっても、心理学の流れを広く哲学、文学、そしてさまざまな科学との連関のなかで描くとともに、さらには社会的、政治的な背景のなかに位置付けようとしたものである。そこに登場する人物には、心理学者や哲学者などアカデミックな領域に属する人物ばかりではなく、パーシー・シェリー、メアリー・シェリー、あるいはルイス・スティーヴンソンなど詩人、作家と言われるような人々も重要な役を演じるものとして含まれている。しかも副題が示しているように、本書の歴史のなかでの主役の一人は、チャールズ・ダーウィンの祖父エラズマス・ダーウィンである。本書の重要なテーゼによると、十九世紀を通じて科学としての心理学が形成される上で決定的に重要な役割を演じたのは、このエラズマス・ダーウィンであるということになる。こうした点を見るだけでも、本書は大変ユニークな歴史の物語を描いたものであることがお分かりになって頂けるのではなかろうか。以下では、本書の描く心理学史がユニークであるばかりではなく、かなり錯綜したものとなっている点などを考慮して、簡単に内容の概要を示し、読者の便宜に供することにしたい。

著者紹介

まず、本書の著者、エドワード・S・リードについて簡単に紹介しておこう。リードは、生態学的心理学の代表者の一人であり、これまでも生態学的心理学の創始者として有名なJ・J・ギブソン（James J. Gibson）の心理学に関してさまざまな論考を発表してきた。マイクロ・スリップの研究など、ギブソン理論を展開する心理学上の仕事も知られているが、リードの仕事の中心はなんといっても、ギブソンの心理学に込められている哲学的、思想史的意義の解明におかれていた。レベッカ・ジョーンズとともに編集したギブソンの論文集『実在論の理由』（*Reasons for Realism*, Lawrence Erlbaum Associates, 1982）や、ギブソンの伝記でもあり、その心理学の歴史的位置付けを試みたものでもある『ジェームズ・J・ギブソンと知覚の心理学』（*James J. Gibson and the Psychology of Perception*, Yale University Press, 1988）などがよく知られている。しかしリードの名が生態学的心理学の範囲を超えて多くの人々に強く印象づけられたのは、一九九六年から九七年にかけて続けざまに出版された三冊の著作によってであった。『世界との出会い――生態学的心理学に向けて』（*Encountering the World : Toward an ecological Psychology*, Oxford University Press, 1996. 邦訳『アフォーダンスの心理学』新曜社）、『経験の必要性』（*The Necessity of*

Experience, Yale University Press, 1996. 邦訳『経験のための戦い――情報の生態学から社会哲学へ』新曜社）、そして本書である。これらの著作はリードが単なるギブソン心理学の紹介者にはとどまらない広大な知的背景とエネルギーをそなえた人物であることを強烈に示している。それにも増して多くの人々が驚かされたのは、リードがこれらの著作の発表を終えるかいなかという一九九七年の初頭に、四二歳の若さで急逝したというニュースが伝わった時であった（リードの人となりに関しては、『現代思想』二〇〇〇年四月号に掲載された鼎談で佐々木正人氏が詳しく紹介しておられるので、参照いただきたい）。

リードが死の直前に発表した三冊の著作のなかで、『世界との出会い』は知覚論、行為論、心身問題など心理学や哲学の根本問題をギブソン的観点から体系的に論じたもので、生態学的心理学の一種の理論篇ということができる。『経験の必要性』は、現代社会において、さまざまなメディアによって経験のあり方が間接化し、変容している状況を取り上げ、それに対して批判的考察を行ったもので、生態学的心理学の一種の実践篇ということができる。そして本書は、現代の科学的心理学が生まれるまでの過程を歴史的に再構成することによって、現代の心理学に代わるオルタナティヴな心理学の可能性を探り出そうとしたという点で、生態学的心理学の歴史篇ということができるだろう。とりわけ本書は、リードの博覧強記ぶりが遺憾なく発揮されている点で、最もリードらしい著作ということができるように思われる。

内容の概観

本書の主題は、最初に述べたように、十九世紀の心理学史である。ただし、本書が一貫して目指しているのは、これまでの心理学史では隠されてきた流れを表に出すことによって、心理学の歴史に関して新しい物語を描くことである。

これまでの歴史でも、十九世紀といえば、葛藤の時代として描かれてきた。すなわち、産業革命の進展や科学の発展を背景として、実証主義的、自然主義的精神が大きく展開する一方で、その流れに反発するロマン主義の精神が盛んになるとともに、心霊主義、メスメリズムなどの疑似科学的神秘主義が力をもった時代として描かれてきた。しかし心理学史としてみれば、結局はこのような葛藤を通して科学としての心理学がしだいに力をもち、十九世紀の末には、ヘルムホルツやヴントなどによる新しい実験心理学の成立によってその流れが完成することになるという見方が採られるのが通常である。

そのような歴史に対して、リードの物語の新しさは、第一には、登場する主人公たちの幅広さに見られる。どれほど広い脈絡を考慮する心理学史家でも、リードのように、十九世紀のある時期には、シェリー夫妻のような詩人や作家の作品のなかにこそ心理学の理論が見出されるのだ、という見解を提示するには勇気がいるであろう。もっとも、例えば、ニーチェは既に、学ぶことのできる心理学者といえば、ドストエフスキーのみだと述べていたし、また、リードが述べているように、J・S・ミルのように十九世紀の初頭に思想形成を行ったイギリス知識人の多くは、カーライル、コールリッジ、そしてワーズワースなどの作家や詩人たちの「哲学」を重視していたという事情を忘れるわけにはいかない。心理学史を再考する場合に、哲学者、心理学者、文学者といった区分自体、十九世紀末に生じた諸科学の制度化の産物であることを念頭に置くことは不可欠なのである。

このように心理学史の舞台を広く設定することによって、リードの物語では、全体を通してヘルムホルツやヴントを代表とする「新（実験）心理学」の成立に至る事情が語られると同時に、そのような科学的心理学とは違った心理学の可能性が示唆されることになる。リードは、「新心理学」へと至るオーソドックスな心理学の流れに対抗して存在し続けている心理学の流れを「アンダーグラウンド心理学」と呼んでいる。この流れが「アンダーグラウンド」と呼ばれるのは、宗教的、政治的抑圧のために、歴史の表舞台に登場することができなかったからである。そしてこの流れの代表者として登場するのが、エラズマス・ダーウィンであり、さらには、シェリー夫妻などの文学者なのである。

したがって、この点と密接に結び付いて、心理学の歴史の形成にとって、宗教、そして宗教と密接に結び付いた政治が決定的な役割を演じたという点が強調されることになる。十九世紀は、一方では、十八世紀に啓蒙主義によってはじまった科学の世俗化が実証主義や自然主義によってさらに進展し、「進歩」という観念が定着した時代であるといえるのに対して、他方では、反動の時代という面を強くもっている。しかも、宗教的権威やそれと結び付いた政治的反動は、心理学を科学として発展させるうえで、必ずしも妨害要因としてのみ働いたわけではなかった。とりわけ、脳を心の中心と見なすような見方（大脳主義）が力をもったり、心を意識と無意識の二面に分けて考える見方（無意識の心という概念）が定着するうえで、宗教、とりわけリベラルなプロテスタント神学が重要な影響を及ぼすことになった。リードの考え方に従うと、脳に中心的位置を占め、無意識の推論過程を含んだ心の働き、という現代にまでつながる「科学的心理学」の中核にある考え方は、「科学的心理学」とキリスト教神学との政治的「連携」の産物だといってもよいことになる。そして、その政治的連携の対立相手となっていたのが、エラズマス・ダーウィンを筆頭として、魂を徹底的に自然化して考える「アンダーグラウンド心理学」の急進的「唯物論」であったというわけである。

リードの描く物語は以上のような特徴をもつものであるが、「新心理学」の成立へ至る過程という点に焦点を当てて、その構図を概略的に述べると次のようになる。「新心理学」へ至る十九世紀の心理学の流れを大きく規定していたのは、ひとつは「魂の科学」は不可能だと主張したカントやトマス・リードの見方であり、もうひとつは、「魂の科学」を独自の仕方で展開したエラズマス・ダーウィンを代表とする「アンダーグラウンド心理学」である。そして、この両者を二つの極として形成される緊張関係のなかで、魂ないし心の存在をめぐってさまざまな動きが生じることになった。具体的には、カントやリードの主張を「誤解」して「魂の心理学」を展開しようとした「伝統的形而上学」（ヴィクトール・クーザン、ドゥーガルド・ステュワートなど、しばしば「能力心理学」という名で呼ばれる流れに属する人々）をはじめとして、形而上学の「自然化」を試みた「連合心理学」

（トーマス・ブラウン、アレグザンダー・ベイン、ジェームズ・ミル、ジョン・スチュアート・ミルなど）、さまざまな形而上学的背景の下で実験的手法を開発した「自然的形而上学」（A・ショーペンハウアー、J・ミュラー、G・フェヒナー、H・ロッツェなど）などがあげられる。これらさまざまな動きは、それぞれの仕方で「魂の心理学」を試みることになったのであるが、その過程で、次第に「魂《ソウル》」という概念は変質され、狭められ、「心《マインド》」という概念に取って代わられていき、それによって、「新心理学」の誕生が準備されたのだ、というわけである。

以上は大ざっぱな内容の概観に過ぎない。詳しくは本文をご覧頂くほかないが、手っ取り早く全体を概観したいとお思いの読者は第1章をお読み頂くと大体の本書の筋立ては理解頂けると思う。第1章は本書全体の一種の要約となっているからである。アンダーグラウンド心理学に関しては、第3章が中心的に扱っている。そして、最終章では、W・ジェームズを題材にして、魂の科学というロマン主義の夢こそが、現代あらためて検討されねばならない課題である、というリードの基本メッセージが明確に述べられている。

以上のような本文に続いて、本書の末尾には大部の「文献案内」《Bibliographic Essay》が付けられている。これは基本的には本文に対する註の役割を演じるものであるが、それぞれの分野の研究状況や、それぞれの文献に関するリードの見解などが述べられており、単なる註にはとどまらない興味深い読み物となっている。この部分は、文献検索の役に立つようにするため、翻訳としては見苦しくなったが、できるだけ欧文タイトルをそのまま載せるようにした。いずれにしても、本書を書くに当たってリードが参照した文献の数の多さと、分野の幅広さは、驚くべきものというほかはない。

凡例など

次に、凡例に関することを簡単に述べておきたい。

本訳書では、できるだけ原著のスタイルをそのまま踏襲するようにした。したがって、括弧の使い方は基本的には原著に従っている（例えば、（ ）、［ ］など）。他方、翻訳文を分かりやすくするために訳者が挿入した箇所は〔 〕または《 》（原語を示す場合）で示した。〔 〕の括弧は訳注に該当するようなものを挿入する場合も用い、その代わり、訳者による注は一切省いた。また、翻訳文を読みやすくするため〈 〉を用いた場合もある。

さらに、読者が錯綜した物語のなかで道を見失わないようにする手掛かりとして、訳者の責任で文献一覧表を作成し、巻末に添えることにした。

翻訳の分担に関しては、はじめに、第1章、第2章を村田、第3章、第4章、第9章、第10章、第11章を染谷、第5章、第6章、第7章、第8章を鈴木が受け持った。ただし三人はそれぞれお互いの翻訳原稿を持ち寄って、何度も検討会を開き、訳文を全体にわたり一字一句検討しあい、出来る限り誤訳をさけ、訳語の統一を図る努力を行った。この点で、本書は文字通り三人の共訳である。もっとも、リードの博覧強記ぶりには三人がかりでもとても歯が立たないと思われるところもあり、読者の方々でお気づきの点があれば、ご指摘を頂けると幸いである。

最後に本書の翻訳に関して、企画の段階から最後の仕上げの段階まで常に仕事をリードしてくださった青土社の前田晃一さんにお礼を申し上げたい。前田さんの熱意がなければとてもこのような本の翻訳は不可能であったろう。また、翻訳作業のちょうどよいタイミングをはかって、本書を一つの題材とした『現代思想』の特集（二〇〇〇年四月号）を計画してくださった同じく青土社の小島直人さんにもお礼を申し上げたい。おかげで翻訳のペースは一段と加速されることになり、ほとんど計画どおりに仕上げることができた。

訳者を代表して

村田純一

二〇〇〇年六月

学術文庫版への訳者あとがき

『魂から心へ』の描く歴史は、十八世紀末にカントとリードによって提出された魂の科学の不可能性の議論が、およそ一〇〇年をかけて克服され、心理学（と哲学）がプロフェッショナル・ディシプリンとして制度化した形態で誕生するまでの物語である。リードは本書のもとになるおおよその筋書きを、一九九四年にラウトリッジから刊行された哲学史第七巻に発表していた（Reed, 1994）。そのタイトルが示唆するように、この時点では心理学が哲学から分離するといった「定説」をリード自身はまだ持っていたようだ。

一九九四年の論文は、本書の第2章から第8章までを駆け足で辿る。ナポレオン帝政が崩壊した一八一五年頃、「メタフィジックス」なる用語が心の科学を意味するのに用いられたことを裏づけるシェリー（男性の方）の引用に始まり、アカデミーの外部で膨大な仕事をした「心の生理学者」のルイスが亡くなる一八七八年の一年後、ヴントがライプチヒに実験室を開設する一八七九年までの物語である。文末に指示された参考文献総数は実に一八二冊。この巻のなかで異彩を放つ。

この論文から本書発表までの三年間にリードが加筆しているのは、本書の第9章のチャールズ・ダーウィン、第10章の論理学的心理主義の克服を目指すパース、フレーゲ、フッサールから哲学が流れ出る物語、第11章のウイリアム・ジェームズの部分である。十九世紀末に誕生した新心理学は、専門タコツボ化し、心身関係や無意識の存在といった形而上学的議論には及び腰になり、精神物理学的な実験法と反応時間測定だけにエネルギーを投入する代物だった。加筆部分は、こうした「狭い範囲」の心理学を批判し、そこから締め出された問題を扱う人物と議論に触れる。心理学に対するリードの強烈な批判的態度がメラメラと伝わるところだ。

リードの描く心理学の誕生の物語は、すでに浸透している心理学史の物語とは大きく異なる。むしろ本書は、十九世紀に魂の問題を扱った人物や議論の歴史＝思想史と考えた方がよい。馴染みのない登場人物や用語もたくさん登場する。そのため、初めて本書を手に取った方は、第1章から順に読むことをお勧めしたい。そして途中で混乱して道に迷いそうになってきたら、第1章の「心理学の新しい物語」の部分を何度も読み直していただき、大筋をつかみ直してほしい。

それから、ぜひともリードらしさが出ている議論は数回味わってもらいたい。すでに言及した、第9～11章はぜひ。そして、魂を考察する正統派（大学その他の学界団体に属する）知識人や公的聖職者たちがずっと気にし続けた第3章のアンダーグラウンド心理学も。エラズマス・ダーウィンを中心とする流体唯物論の思想は、電気や磁気や熱の振る舞いとしてモノや自然に魂が潜在する見方、つまり単なる物理主義ではない、自然や生命についての唯物論があったことを教えてくれる。心の科学はもっと範囲を広げてもいいんだと思わせてくれる。わたしも触発されて、本書にも登場するエジンバラの医者ロバート・ホイットの「分散する魂」のことを調べたことがある（染谷、二〇一三）。そこでわかったのは、十九世紀には医者や博物学者を中心にした魂の科学の系譜というものが確かにあり、デカルト的な物質機械の身体の向こうをはる「生きた身体」の不思議（魂の存在）を本気で気にしていた人々がいたことだった。驚きとともに感動がある。

本書はリードの最後の著書である。この新しい心理学の物語は、心理学への希望の言葉で締め括られる。最終章でジェームズを論じた後、リードは心理学が魂の科学へと導かれることの願いを語る。「……本書が心理学の使命を再認識する舞台となり、もしかしたら、魂の科学というロマン主義者たちの夢の復活へと導いてくれることを、わたしは願っている」。

原著の刊行が一九九七年、そして邦訳の刊行が二〇〇〇年、それから今回新たに文庫化されるまで二〇年の歳月が経った。この間に限ってではあるが、リードが願った「魂の科学」は、少しは進められただろうか。リードのバックグラウンドである生態心理学研究のうち、気がついたものだけ簡単に紹介しておこう（染谷、二〇一六・二〇二〇も参照）。

一九九五年（『魂から心へ』刊行の二年前）に生態心理学界で著名なターヴィーとショウは大胆な主張をした。二十一世紀の心の科学に必要なことは、物理学が普遍的で一般的であり、機能性や目的性を有する生命現象や心理現象は物理学の普遍性・一般性に支えられた特殊現象であるという見方を逆転することだという。この逆転により、生きて活動し外界を経験する生物の方が、物理学が相手にしている物質系よりももっと一般性の高い原理に基づいているという自然観の変革が生じる。そして「「何かについて知るはたらき」を現在の物理学の内容に還元するのではなく、そのはたらきを徹底的に研究して物理学を拡張すること」が心の科学の目標の一つとされた。(Turvey and Shaw, 145, 邦訳一七六頁。引用者により訳文を一部改変)。

私たちは普通、物質とその振る舞いが存在の基底にあり、その基盤の上に生命現象や精神現象が生じると考えがちだ。ターヴィーらの宣言は、こうした存在の階層性を根本から描きなおすことを求める。生物の経験(知覚と行動)を自然現象の最基層とし、この意味での自然現象に普遍性・一般性があり、非生物的な物理現象は、生物的自然現象の原理に則った特殊例であると考えよという。ビリヤードボールの運動原理や法則の方が特殊な自然現象であり、生物が独自に示す運動原理や法則を普遍的な自然現象とせよ、ということだ。

この宣言は、還元主義とも創発主義とも異なる、自然の運動変化そのものに目的性や機能性を見ている。物質や自然の意味の拡張(物理学の拡張)は、自然の運動変化やその過程に魂や心のはたらきを見るロマン主義の唯物論的自然観と通じる。現に、ターヴィーはスヴェンソンとの共著で、物質系の振る舞いが目的志向的(end-directed)であり、目的志向的という物理学上の原則(エントロピー生成速度最大化原理)が、生物の知覚‐行為サイクルが発生する熱力学的根拠となっているという主張をしていた(Swenson & Turvey, 1991)。

二十一世紀に入り、物理学の拡張方針に従った探求は続く。二〇一二年、知性が物理的な過程から生じるいくつかの条件が、物理的知性（physical intelligence）仮説として示された（Turvey & Carello, 2012）。ここでは、知性の単位とされる有機体－環境システムの振る舞いに見られる二四個の物理学的根拠（熱力学的根拠）が提示され、ある系が「知性的」であるために、必ずしも神経系や生命の存在を前提にする必要はないこと、非生命的システムにおいても知性的振る舞いが可能となることが示唆された。

この物理的知性仮説を基に、神経系がなくとも知性的な（柔軟性、未来予期性、過去把持性をもった）振る舞いが成立できることを、植物行動の観察と実験をとおして示した研究も同年に登場する（Carello, Vaz, Blau, & Petrusz, 2012, cf. 野澤、二〇一四）。論文タイトルは「神経なき知性」（Unnerving Intelligence）。たとえば、植物の害虫を追い払う行動が仮説を例証する事象であることが示される。

身体運動の研究では、ターヴィーとフォンセカが、身体がテンセグリティ構造をなしているという考え方にもとづき、身体の協調的運動制御がテンセグリティ構造から結果する力の伝播を利用している可能性や、身体が環境から与えられた動揺を全身に拡散伝播する媒質となって外界を知覚するための情報伝達の仕組みを力学的（神経生理学的にではないことに注意）に持っている可能性を示唆した（Turvey & Fonseca, 2014, cf. 野中、二〇一六）。身体は、キャンプ用のテントのように、筋肉と腱と骨とが筋膜によって結ばれ、張力と圧縮力を組織化して成り立っている構造体である。この身体の新しい見方には、身体各部が脳神経系とは関係なく感覚性と運動性をもっているという「分散した魂」の発想を見ることができる。

以上は生態心理学研究のほんの一部にすぎない。だが重要な点は、生物や身体の物理特性をそれまでにない仕方で捉えること、唯物論的でありながらも目的性や機能性を示す運動変化を見て取るところだ。ターヴィーとショウの宣言を踏襲する研究は、魂の特徴を自然にも拡張し、自然の見方を変えることによって新たに何かを見えるようにするアプローチ、現代でも息づいている魂の科学とは言えないだろうか。

さて「魂の科学」と言うときのソウル（魂）で何を意味しているのかと問われる方もあろう。ぜひ本書を読むことで感得していただきたい。簡単に言えば、マインド（心）よりももっとずっと身近でありふれて、現代のわたしたちには「心のはたらき」には到底思えないような活動をも支えるプロセスのことである。たとえば、呼吸する、食べる、眠る、なめる、匂いをかぐ、立つ、歩く、走る、座る、しゃがむ、蹴る、つかむ、はなす、投げる、引っ張る、見る、聞く、触る、話す……動き活動するものたちの振る舞い、それも目立たないものからわたしたち人間の考えるはたらきまで、そのすべてを支えるはたらきのことだ。活動するものたちには、人間だけでなく、非人間たち――動物、植物、菌類、無生物（自然）――も含まれる。心の科学は動き活動するものたちの振る舞いと原理を知ろうとする科学（魂の科学）である。今後も、この理念への引力と斥力のなかで心の科学・心理学の輪郭は形作られていくのだろう。

最後になりましたが文庫化にあたりご尽力いただきました方々に感謝申し上げます。

二〇年前（！）の初回翻訳時にお世話になった村田純一先生、鈴木貴之さんには、忙しいところ時間を割いていただき、訳文の見直しと修正をしていただきました。ありがとうございます。それらにもとづき、できるだけ理解が促されるよう、全体をとおしての言葉づかいや用語の変更を今回染谷が行いました。文意の不分明なところや誤植等の加筆や修正を丁寧にしたつもりです。佐々木正人先生には解題を見直していただきました。記して感謝申し上げます。また、講談社学芸クリエイトの林辺光慶さん並びに講談社校閲部の方には心より感謝申し上げます。二〇年前の翻訳時点では見落としていましたが、リードの原著には書誌情報や人物の生没年のミスが実は結構ありました。今回は驚くべき徹底さで細部にいたるまで調査して、原著の間違いを修正していただきました。それが文庫版『魂から心へ』にはすべて反映されているので、資料的価値は単行本より確実にパワーアップしています。文庫化の企画を積極的に進めていただいたことも含めて、林辺さんなくしては本書が甦ることはなかったと言っても言い過ぎではありません。ありがとうございました。

世はコロナ禍の真っ最中である。魂の科学の観点からは、ウイルスや微生物もまた、その周囲とのつながりのなかで魂としての振る舞いをしていることになる。本書でリードがいみじくも指摘したように、魂の振る舞いを示す事象を何一つ無視することなく広く取り上げるのが心理学の使命であるなら、まだまだ心理学がやらなければならないことはたくさんありそうだ。本書をとおして、わたしもささやかな助力ができれば幸いである。

二〇二〇年八月

染谷昌義

Carello, C., Vaz, D., Blau, J. J. C., & Petrusz, S., (2012) "Unnerving Intelligence," *Ecological Psychology*, 24: 3, 241-264.

野澤光（二〇一四）「批評論文 植物の知性はどこにあるのか――神経系を介さない知性」、『生態心理学研究』第7巻1号、一九－二三頁

野中哲士（二〇一六）『具体の知能』金子書房

染谷昌義（二〇一三）「魂の科学としての身体論――身身問題のために」、佐々木正人・村田純一・河野哲也・染谷昌義共編著、『身体――環境とのエンカウンター　知の生態学的転回　第1巻』、東京大学出版会、二四一－二六六頁

染谷昌義（二〇一六）「エコロジカルターンのゆくえ――生態学はある種の形而上学である」『東北哲学会年報』No.32, 八三－一一三頁

染谷昌義（二〇二〇）「二元論の向こう側を探る自然学のプログラム」『現代思想　特集　汎心論』vol. 48-8, 青土社、一八七－一九五頁

Reed, S. E. (1994) "The separation of psychology from philosophy: studies in the sciences of mind

1815–1879," in Ten, C. L. (ed.) *Routledge History of Philosophy Volume VII: The Nineteen Century*, 248-296.

Swenson, R. & Turvey, M. (1991) "Thermodynamic Reasons for Perception-Action Cycles", *Ecological Psychology*, 3: 4, 317-348. 土明文（訳）「知覚 - 行為サイクルの熱力学的根拠」佐々木正人・三嶋博之（編訳）、『アフォーダンスの構想――知覚研究の生態心理学的デザイン』、二〇〇一年、東京大学出版会、二七三-三一三頁

Turvey, M. & Carello, C. (2012) "On Intelligence from First Principles: Guidelines for Inquiry into the Hypothesis of Physical Intelligence (PI)", *Ecological Psychology*, 24:1, 3-32.

Turvey, M. & Fonseca, S. T. (2014) "The Medium of Haptic Perception: A Tensegrity Hypothesis," *Journal of Motor Behavior*, 46:3, 143-187.

Turvey, M. T. and Shaw, R. B. (1995) "Toward an ecological physics and a physical psychology," in Solo, R. & Massaro, M. (eds.), *The Science of the Mind: 2001 and Beyond*, Oxford; Oxford University Press. pp. 144-167. 高瀬弘樹・三嶋博之（訳）、「生態物理学と物理心理学の構築にむけて」、佐々木正人・三嶋博之編訳、(2005)『生態心理学の構想』、東京大学出版会、一七五-二〇八頁

解題　エドワード・リード――ソウルの心理学者

佐々木正人

(一)

エドワード・リードは本書の第8章で、「新心理学者」たちの手によって、ソウルの研究が、「科学的心理学」の領域の外に追いやられてしまう直前の時期、つまり一八四八年からの三〇年間に活躍した一人の人物について紙数を割いている。

当時の心理学の奥行きをその生涯の仕事で示したイギリス人。十九世紀中頃の哲学と心理学において中心的な位置を占めていたにもかかわらず、今日の哲学史の中でその名を目にすることがほとんどない、忘れられた十九世紀心理学の巨人。多くの心理学史が心理学開始の年としている一八七九年のちょうど一年前に他界したG・H・ルイスである。ルイスは、哲学、心理学、生理学といった領域における当時の思想傾向を統合しようと奮闘し、ロシアのイワン・セーチェノフやイワン・パブロフといった二十世紀生理学を開いたといわれている者たちをして自分たちが科学的心理学者になろうと決めたのは、ルイスの『日常生活の生理学』を読んだからだといわしめた本を著し、しかし講壇の人（大学教師）ではなく著述業と編集業によって生計を立てた「在野の学者」であった。

リードは「ルイスの関心は広汎で、科学や哲学と同様、演劇、文学、伝記といった分野においても実質的な貢献を行った。それゆえ、ルイスの生涯を見ることによって、一八七〇年代以降に発展した知的世界とはまったく異なった種類の知的世界を垣間見ることができる。彼の仕事は一つの専門分野にすんなりとは収まらなかった。……ルイスのあり方を見れば、哲学史家や心理学史家たちは、哲学や心理学といった専門分野の境界は明瞭であるとか、かつて明瞭であったなどと想定することはできず、それらの境界に関する今日的な見方は、哲学や心理学の歴史に決して重ね合わせてはいけないことがはっきりするからである」（二三〇頁）（本書の頁数を示す。以下同じ。）と書いている。

リードはルイスの仕事を「二十世紀の最後の数十年になってはじめて認知科学の分野に現れたいくつかの思想傾向を先取りしていた。すなわち彼は、心理学的なモデルや理論をつくることよりも、当時の（生理学的ないしは心理学的）研究のなかから、哲学的な問題を生み出すような事実を選び出すことに重きを置いていたのである。ルイスはしばしば、答えが得られると思われる場面だけではなく、今手に入る情報からは問題に決着がつけられない場面をも、鮮やかな筆さばきで指摘してみせた」（二三九頁）と評価している。リードがルイスの『日常生活の生理学』のどこに、現代に通じる問題を発見していたのかについては、後でまた立ち戻ることにする。まずここでは本書の著者、リードを知っている者が、おそらくルイスについて書いているリードの文章に、ほかならぬリード自身の生涯の仕事を思わず見てしまうという事情について書くことからはじめたい。

二十世紀中頃に、新心理学によって「地下」に追いやられた、「もう一つの心理学」の水脈を探りあて、四二歳で早世したリードの仕事とルイスのそれとを重ねて見てしまうのは、リードの仕事も「一つの専門分野にすんなりとは収まらない」ものだったからだ。

リードを追悼する文章を、学部（アメリカコネチカット州ハートフォードにあるトリニティ・カレッジ）時代の恩師であるウイリアム・メイスが「生態心理学会誌（*Ecological Psychology*）」に寄せている(1)。それを参考にすると二十世紀の後半を足早に生きたリードがどのような人物だったのかその輪郭を知ることができる。

リードは編集者であった。

彼が生態心理学の仲間に広く名前を知られることになるのは、ギブソンの多数の論文から、とくに未公刊の重要なものを選択して編集した『実在論の理由』(2)の刊行によってであろう。コーネル大学図書館にあるギブソン・アーカイブには、この本をめぐってのリードとギブソンのやりとりの過程を示す、ギブソン晩年の書簡が残っている。リードの熱心な勧めと選択眼がなくては、このギブソンの仕事の全体を見通す本はできあがらなかっただろう。編纂はギブソンの死（一九七九年）をはさんで続けられた。この仕事だけではない。リードは大学に職を得るまでの一時期、「インディペンデント・ソーシャル・ジャーナリズム研究所」の発行する週刊「ガーディアン」誌のマネージャーでもあった。

リードは伝記作者であった。

一九二〇年代のプリンストン大学時代に開始するギブソンの長い仕事の跡を、実験データの紹介とそれをめぐる思考を詳細にたどった『ジェームズ・J・ギブソンと知覚の心理学』[3]は、まだ世にあまり知られていない心理学者について書かれた、大部の伝記である。リードのギブソンという人物への、そしてギブソンのつくり出した理論への執着なしには成立しなかった本である。リードは『実在論の理由』を編みつつ、おそらくは論文を選択し、配列しただけでは表現できないこと、その過程で読み聞いただろう多くの発見を書き残すために、そして難解で多くの者を理解から遠ざけているギブソンの思考を、一つの生涯の物語として提供するためにこの本を書いた。膨大なものを読み、そしてユニークな物語を紡ぎだす力は、リードが死の前に出版社（Freeman）と契約し、一部を書き上げていた、ウイリアム・ジェームズの伝記 'The mind alive : A biography of William James' でも発揮されるはずだったのである。

リードは進化論者であった。

彼の学部時代の主専攻は「進化認識論」で、卒業論文はカール・ポッパーを扱い、ポッパーに生物学と心理学の知識が欠けていることの問題を指摘した。ダーウィン理論について若くして例外的に深い理解に達していたことは二四歳のボストン大学哲学部時代に、理論生物学の学会誌に掲載された「ダーウィンの進化哲学――変化の法則」[4]を読むとよくわかる。そこではダーウィンの進化論が中世以来の実在論と唯名論との対立を乗り越える試みで、ギブソンの「生態学的実在論」の源となる主張であることが書かれている。リードは生涯にわたりダーウィン主義者のマイケル・ギースリンと深く交流した。彼は実験科学者に対しては、本書の第9章で述べられているように、とくに進化論以後の後期ダーウィンのいくつもの著作でしぶとく実践された、素朴に見えて考え抜かれた自然探究の「方法」への注意を促した。

リードは哲学研究者であった。

彼の博士論文のトピックスはデカルトである。それは実験心理学がデカルトのアイディアにその起源をもっているという主張を展開したものであった。この学位論文の一部は、一九八二年の「形而上学評論 Review of Metaphysics」で論文賞を受賞した。一九八四年にフィラデルフィアのドレクセル大学に職を得たが、それはもともと哲学者に用意されたポストだった。リードは外側からではなく、科学の中で哲学する「応用科学哲学者」であると自認していた。晩年に刊行された本書を含む「三部作」(村田純一氏の「訳者あとがき」参照)の一冊『経験の必要性』(5)はローティ、パトナムらのプラグマティズム哲学の現状を紹介する書でもある。とくにローティの相対主義を厳しく批判した。

リードは心理学者であった。

彼は後に多くの研究者を輩出するミネソタ大学の「人間学習研究センター」を立ち上げた発達心理学者である。アメリカのジャン・ピアジェ学会理事で、ニュースレターの編集を担当していた。「三部作」の『アフォーダンスの心理学（原題『世界との出会い――生態学的心理学に向けて）』の後半では、言語発達のプロセスについての本格的な議論が展開されている。もちろん彼は生態心理学者の一人だった。『アフォーダンスの心理学』は、生態学はもちろん、動物学、考古学、文化人類学など、たくさんの知識を統合する、狭くなりつつある心理学という領域の広い再組織化の試みであった。

本稿のタイトルを誤解を恐れずに、思い切って「エドワード・リード――ソウルの心理学者」としてみたが、それには理由がある。これまで挙げたルイスばりの多方面にわたる仕事の広がりは、リードの有能さとエネルギーを示してはいても、彼の活動を支えた動機については必ずしも語らない。私にはこれらの残された仕事の広がりはいわば一つの細胞から発生し分化したボディのようなものに思われる。ではこれらの仕事群をエボルブするところにはなにがあるのか。そこには、一つの「ソウルの心理学」のアイディアがある、というのが本稿の仮説である。

リードの訃報が届いた一九九七年二月中旬の夜、眠ることができないままに、彼のしたことについてキーワードをノートに書き連ねてみた。ジェームズ・ギブソン、チャールズ・ダーウィン、プラグマティズム、ジャーナリスト、アンダーグラウンド・サイコロジー、と書いてきて、「ポスチャー（姿勢）」という用語がそこに紛れ込んだ。そういえばはじめて読んだ彼の文献は「運動」を扱っていて、主題は姿勢であった。

（三）

多彩な仕事を残したリードは何よりも運動研究者であった、と考えてみることにする。運動研究者とはここでは動物の動きの原理を研究の主題にしている者を意味する。運動についてリードはこの本に何を書いただろう。

リードは一九八〇年にボストン大学に博士論文「コーポリアル・アイディア仮説と科学的心理学の起源（The corporeal ideas hypothesis and the origin of scientific psychology）」を提出した。デカルトが「科学的心理学」の発明者である、そのために彼は二つの理論を導入した、というのがこの論文の主張である。リードがあげる「科学的心理学」が成立するための源となった発想の第一は「心理学的な刺激とは単純な身体事象、すなわち受容器へのインパクトにすぎない」というものであり、第二は「それはじつに単純な衝撃にもかかわらず、脳の生理学的活動だけではなく、心理学的状態をも引き起こす」というものであった。第二の、脳が「身体的なこと（コーポリアル）とサイコロジカルなことの二面性」を同時に持つという主張をデカルトはコーポリアル・アイディアとよんだ。本書でリードはそれを端的に「心は脳の状態とのみ接触している」（三〇頁）という考え方だとしている。

運動について、本書が描いていることの一つは、このデカルトの発想が、運動「制御」理論として成立する過程である。

本書によれば十九世紀において最初にこの方向を強く打ち出したのは脊髄神経の組織化に

関する「ベル＝マジャンディーの法則」の成功である。「チャールズ・ベルは一八一一年に、そしてフランソワ・マジャンディーは一八二〇年代に、脊髄の背面側は感覚（入力）側面であり、腹側は運動（出力）側面であることを示唆した。この見方は、ただちに、脳は脊髄からの入力を受け取ったうえで、それを解釈し、必要な運動に関する出力を脊髄に対して送り返す働きをするという考え方を生み出した」（四七頁）。

この脳による「制御」のアイディアは、後に一八三〇年代に出版されたヨハネス・ミュラーの『生理学原理』によって広く浸透した。ミュラーは「思考がひとたび脳の「鍵」を叩いたならば、遠心性の神経に「電流ないしは振動」が生じ、それらが筋肉の運動を引き起こす」とし、「さらに、思考の反復は特定の経路の振動を繰り返し引き起こし、習慣へと結びつく一種の自動化を作り出す」とした。ミュラーの主張は、心と脳の交差を不可避と考えるデカルトの「科学的心理学」と整合していた。半世紀もするとミュラーの教義、「特殊神経エネルギー仮説」は「心理学の根本的な教義となった」（一五九頁）。

本書の第5章「自然的形而上学の短い生涯」で詳しく紹介されているように、ミュラー自身は、神経に流れているのが「生命力」のような特殊な「心的エネルギー」であると信じていた。「断固たる生気論者」であった彼は、現代の科学的生理学の祖とよぶにはかならずしもふさわしくない相貌をもつ人物であった。しかし彼の主張は「心的生の場所を特定の領域に割り当て」ること、すなわち「人間の魂（だけ）は残りの自然とは独立に創造された」とする西欧社会に浸透する宗教的信念に一致するように読み換えることが容易であった。

その後、実験心理学は一八五〇年以降、生気論者ミュラーの主張を「誤読」したヘルマン・フォン・ヘルムホルツによって、聴覚刺激（音響エネルギー）や視覚刺激（光学エネルギー）の厳密な物理的分析、原子論的な生理学的分析による感覚要素の探究という歩みとして開始され、一八七九年のヴントによる心理学実験室の開設にまでいたる。

制御者としての「脳」の心理学への導入はもうひとつの帰結をもたらした。「単純な身体事象、すなわち受容器へのインパクトにすぎない」ことを基にして、すべての現象を十分に説明するためには、「無意識」のような特殊な説明概念を導入する必要が生じた。リードは第1章でその経緯をおおよそ次のように書いている。

魂を脳に位置付けるということになると問題が生ずることも確かである。というのも、魂が脳のなかに置かれると、身体や脳の、内部のいろんなところで生じていながら、われわれには意識されなかったり、われわれのせいで生じたのではないようなもの、こうしたものすべてを説明できなくなってしまうからである。例えば、精神物理学という分野は、ミュラーの生理学から直接生まれたものであるが、それは直ちに心理学の理論としては問題を生じさせることになった。初期の精神物理学者は物理的エネルギーの変化がどのように心理的エネルギーの変化に対応したり、それに影響を与えるかを測定することを試みていた。彼らは、感覚器官や身体の一部をわずかに刺激し、その刺激が気づかれるかどうかを調べた。それから次に、例えば、刺激をしだいに増加させ、今度はその増大された刺激が気づかれるかどうかを再度調べる、といったことを繰り返し行った。こうした実験によって、閾値下の（つまり、知覚不可能な）一群の刺激は一つの刺激として記録されるだけなのかもしれないが、まずいことに、同じ刺激を繰り返し経験するなど、刺激を経験する状況に応じて閾値が変わってしまうことがわかってきた。こうしてしだいに、閾値下の刺激も実は気づかれていたのだということが明らかになり始めた。しかし気づかれるとするなら、誰によってなのであろうか。脳内の意識をもった心でないことは確かである。というのも、もしそうであれば、それらの刺激は閾値下の刺激ではないことになってしまうからだ。……一八四八年以降になると、この二元論は閾値下の現象を考慮に入れると不適切であるという見解が力をもつことになった。……こうして十九世紀の後半には……「新心理学」の支持者たちは意識的な心の一定の純粋さを保持するために、無意識に関する特別な理論を必要とすることになった。実際、一八六〇年代には、無意識に関する理論があふれるように登場する。（四八－五〇頁）

このように脳を制御者とする一つの運動観は、「無意識」を従えて心理学の中心に座すことになった。

（三）

本書の「はじめに」でリードは、どの心理学史の教科書にも「神経伝達の電気的基礎を発見した生理学者」としてルイジ・ガルヴァーニとアレッサンドロ・ヴォルタが登場する滑稽さを指摘する。なぜなら彼らは、自分たちの発見したものが電気であるとは知らなかったし、それを「生命的かつ心的な力《vital and mental force》」とよんでいたからだ。リードは、だから「たとえ彼らの生きていた時代に生理学者という言葉が使われていたとしても、生理学者と呼ばれることを望まなかったであろう」（一三頁）と書いた。研究を押し進めた真の動機の無視は、研究が明らかにした事実を、現在の優勢な理論の視点だけから評価し「近代の科学的思考の起源のなかで「縁（フリンジ）」に属する要因に関する研究を回避しようとする研究態度」（一四頁）のせいなのだとリードは批判する。

運動研究にも同じような事情がある。リードは、「新心理学」の大きな流れに蹴散らされてしまい、まるで簞笥の奥にしまいこまれた古着のように、誰も手をつけようとしなくなった運動研究のいくつかを本書で発掘している。それらは運動研究者リードの真意にたどりつくための「縁（フリンジ）」である。

一つは十八世紀のエジンバラ大学医学部の医師ロバート・ホイットの仕事である。ホイットは優れた実験家であり、脊椎動物の脊髄反射の基本機構を明らかにしたことで生理学の歴史に名を残している。彼は「物理エネルギー（光、熱、力学エネルギー、電気）を神経へ短時間作用させることを意味」する刺激《stimulus》という専門用語を発明し、その研究は「その後のほとんどすべての精神物理学的な研究の基盤になり、次の一世紀半にわたり巨大な影響」を与え続けた。しかしリードは、ホイットの残した論文を読み返して、ホイットが自身の発見に与えていた意義が、現在ではまったくかえりみられていないことに気づいた。リードは書いている。「わたしが本書『魂から心へ――心理学の誕生』の構想を最初に持ち始めたのは、二〇年前に遡る。そのときわたしはホイットの影響がどのようなものであったかを明らかにしようとしたのであるが、いったい正確にいうとホイットは何を行ったのか、という問題を歴史家たちが理解できていない点に不満を覚えるようになった。その結果、歴史のなかでのホイットの位置に関して混乱を感じるようになった。何度も何度もわたしが見出したのは、十九世紀の終わりのころの心理学者がホイットの功績を認めずに、ホイットの考え方を〈魂《ソウル》〉をめぐる言語ではなく、〈心《マインド》〉をめぐる言語で言い換えていることであった」（二八－二九頁）。

公式の心理・生理学史はホイットがあたかも「感覚刺激は脊髄に「伝達」され、他の信号と結合する。そしてこの伝達と結合の過程は、結局、特定の筋肉を収縮させる働きを持つ出力信号の選択となる」という信号理論に基づく脊髄反射の原型を示したかのように、もう少し言えばそれは「（脳内の）心は、同じ信号を選択的に活性化したり、抑制したりできるのであり、そのようにして、身体を動かすこと（あるいは運動をやめること）ができる」（一九頁）という、シェリントンが後に定式化した随意的な運動制御過程における「電報に類似な記述があふれている。

した伝達システム」を発見した人物であるかのように描いている。シェリントンの生理学の枠組みからホイットの発見を評価し、あたかもホイット自身もそのように主張したかのような記述があふれている。

リードを引用すればホイットが書いたのは単に「神経は刺激の印象を何らかの仕方で脊髄にもたらすことができ、そしてその脊髄で、有機体は刺激を一定の仕方で「感じ」、そして刺激に対する反応過程を開始する」（一七頁）ということにすぎない。じつは、この何の変哲もない主張に見えるホイットによる脊髄反射原理についての記述には、現代の教科書に述べられていることとはまったく異なる含意があった。それをリードは第1章で詳《つまび》らかにした。リードによればホイットはすべてを「脳」に帰する議論に異を唱え、少なくとも魂の座の一部は脊髄にあるという論を展開した希有な生理学者であった。

ホイットが発見したのは脳は切除されたが脊髄は完全に残されているカエルが、皮膚の上に酸をしみ込ませた布を置かれると、その刺激を取り除くということであった。彼はこの事実から「もし脊髄が魂を含んでいないとするなら、どのようにして脊髄は（呼吸、心臓の鼓動、性行動、などという）複雑な身体機能を制御できるのだろうか。もし魂が脊髄に位置を占めていないとすると、ノミやダニなど皮膚を刺激するものを取り除くために動物が足で掻いたり、こすったりする多くの反射運動をどのように説明できるのだろうか」（三〇頁）と言っている、とリードは指摘している。

脊髄反射にも多様性や適応性（たとえば皮膚に付着した物によって足が異なる排除の動き

を組織する）があるという事実は、意外にも「魂ないし心が脊髄全体のなかに分散しているという考え方、ないし、ひょっとすると、魂は（頭蓋の内部に位置しているのではなく）身体全体のなかに分散しているのではないか、という考え方」（三〇頁）を証明するためのものであったというのである。

ホイットが脊髄にも「感覚原理《sentient principle》」があると主張したのは、「魂と身体のデカルト流の分離という考え方の基盤を崩す」ために、「分散された魂」というアイディアを表明するためで、彼は自分の発見したことを「心は脳の状態とのみ接触している」というデカルト思想、そして「新心理学」の核心とはまっこうから対立する事実と見なしていたというのである。

ホイットの真意は誤解されたのではなくおそらく逆利用され続けたのである。「分散された魂という理論は魂を世界の「動物的」側面に危険なほど近づけるものであり、魂をわれわれの内臓と何ら違いのないものにしてしまう傾向をもつものであった」（三〇頁）。だから「ホイットの立場は、それが提案されたときには、いたるところで常に激しい反対を生み出す」ことになった。ホイットはただ忘れられたのではなく「自分たちを唯物論者とは見なさず、むしろ魂の擁護者と見なしていた（つまり、彼らは魂が「自然化」されるのを防いでいる）」「大脳主義者」《cerebralist》によって葬られたのだろうとリードは推理する（三一頁）。

十九世紀に世界が「新心理学」一色に塗り上げられていくようになるまでへの移行は、本書が描いているように単純な歩みではなかった。リードが挙げている揺れる移行期の生理学者・心理学者の一人はR・H・ロッツェである。

本書の第5章で紹介されているように、時代が脳の状態と心の状態の因果関係についての議論を好んでしていた時に、精神物理学者ウェーバーとフェヒナーの同僚であったロッツェは「人が物体を動かすようには魂は身体を動かさない」と主張して、ミュラーの運動皮質の鍵盤説を批判した。彼は「心と物質は実体ではなく、一群の力から発した現象」であり、「事物の存在を信じさせるのはわれわれに働きかける力の変化（たとえば抵抗）」であるとしていた。彼は脳の活動が心的状態を生み出すことは認めていたが、「魂に影響を及ぼすのは〔ミュラーの言うように〕神経系の空間的配置ではなく、神経系の任意の地点における神経活動の強度だけである」と論じ、強度を表現する「局所徴表《local signs》」（一七五頁）という概念を提出した。ミュラーは魂は空間（身体）を占有すると考えたわけだが、ロッツェは魂は局所にだけ働くとしていたわけである。

「魂を身体のうちに存在する一種の神と見なす目的論的な見方」を退けなければならないという考えをロッツェは「身体を船に、魂をその操舵手にたとえるというおなじみの比喩を用いるとき、われわれは自己欺瞞を犯している。なぜならば、船と操舵手の場合には、操舵手は自らが舵をとる船の構造を知っている、あるいは少なくとも知ることができるからである。……これに対して魂と身体の場合には、魂は身体という機械の働きに関して比較的完全な洞察を有しているどころか、まるで下級船員のようなものである。すなわち、魂はウインチの巻き上げ方くらいは実際に知っていても、最終的な産物を生み出す過程、すなわちさまざまな運動が伝達されてゆく内的な過程に関しては何も理解していないのである」（一七五頁）と表現し、魂を神のようにみなす議論を揶揄した。

さらにロッツェはミュラーの「運動皮質の鍵盤説」を攻撃して、「魂（あるいは心）は鍵を叩いたときに生み出される音がどのようなものであるのかを知らないし、異なった音に対応する鍵がどこにあるのかも知らない」、魂は「これらの音の相対的な位置を知らないだけでなく、魂がしようと意図している特定の運動に対応しているのは、あの音ではなくこの音であるということも知らない」（一七五頁）とも書いた。

リードはロッツェの議論を「この重要な議論は、近年の運動制御に関する議論においてようやく採り上げられるようになったが、驚くべきことに、ほぼ一世紀のあいだ、耳を傾けられることがなかったのである」（一七六頁）とした。ミュラーの「中枢制御説」へのロッツエの反論に類似した議論は、後で述べるように二十世紀の後半で時代の中心に登場することになる。

十九世紀移行期に悩める生理学者はもう一人いた。冒頭に紹介した、その生涯の仕事の多彩さで、リードの先達であるルイスである。ルイスは、ホイットを入念に読みその真意を理解しようとしていた「生理学者」の一人であった。

ルイスはホイットの実験を追試し、「脊髄の反射は機械的で変異のないものではなく、ある範囲内では、刺激の変化と動物自身の状況の変化の双方に順応することができる」ということを結末から確認した。ルイスは先に述べたように広く読まれた生理学的心理学についての啓蒙書である『日常生活の生理学』を著した。そこでルイスは、脳は「心の器官の一つでしかなく」、脊髄のどの断片も「小さな脳のように」働くと結論づけていた。彼は「心的なものと物的なものとは一つのもの〔神経系〕の二つの側面である」と考え、それぞれを指す言葉として、ニューロシスとサイコシスという言葉をつくった。彼は「自己や意志は現象界に現れ出る超越的な存在者」とは見なさない、「心を脳だけではなく神経系全体に位置づけ」る希有な生理学者であった。

ルイスは「脊髄反射は主観的な感じ、ルイスの言葉でいえばサイコシスを欠いている」という考え方に反対し、ホイットと同様に「脊髄にはある種の感覚ないしは感じが存在する」とした。「身体全体が感覚を有する」としたルイスは、心には身体の意識（たとえば筋肉感覚）、感覚的意識、合理的意識という三つのレベルがあり、「脊髄には少なくとも最初の二つの意識が含まれる」（二三八頁）ことを実験的に確認できたと考えていた。

本書を注意深く読むと、ホイット、ロッツェ、そしてルイスの部分でリードの筆が遅くなっていることに気づく。とくにロッツェとルイスへの評価は慎重である。多義的に読めるだろう古典に、何かを探ろうとしているリードの息づかいが伝わる。おそらく彼らは運動研究者リードの先達であったのだろう。リードは彼らのしたこと、仕残したことに自らの運動研究の課題を探しているようだ。

(四)

リードは生涯に運動だけに主題をしぼった論文を数本書いている。運動研究者に広く引用され、後の展開の基礎となったのが一九八二年に運動研究の専門誌「モーター・ビヘービア」に掲載された「アクション・システム理論の枠組み」である[7]。引き続く二つの論文は、一九八八年の「運動技能へのアクション・システム理論の適用」[8]と、一九八九年の「姿勢発達の理論」[9]であり、いずれも運動研究の専門書の一章として書かれた(註1の文献にはリードの全公刊論文リストが付いている)。

最初の論文の冒頭で、リードは十九世紀以来の解剖学・生理学からモデルを借りた運動研究がすでに立ち行かなくなっている事情について述べている。

たとえば運動研究は、データ解釈においても、モデル化でも、「中枢」と「末梢」という二分法を保持してきた。二つの過程の識別はもともと解剖学と生理学によって与えられたものであり、運動研究の最重要な基礎であるとされてきた。たしかに、とリードは述べる。脊椎動物の中枢神経は、脊髄から新皮質までの複数のレベルで成立している。シェリントンがそれを指して「パブリック」な経路とよんだように、そこでは多くの感覚や運動神経間の交信がある。一方、筋、靭帯、皮膚、器官などの末梢には「プライベイト」に閉じた、求心性、遠心性の経路があるだけである。両者には明瞭な違いがある。したがって「中枢」と「末梢」の解剖学的、生理学的な二分法にはなんの疑いもない。リードが疑問を呈するのは、この解剖学的な事実に重ねるかたちでなされてきた心理学的な解釈の妥当性である。ある種の運動が中枢制御下にあり、プログラムされており、他の運動はクローズド・ループの末梢制御下にあるというのは、あまり信用できない動物運動についての分類なのではないか、というのである。

リードは、運動研究の二十世紀とは、この二分法への疑いが隠せないものとなった時期だったと述べる。まず一九三〇年代に、厳密な末梢主義への反証が相次いで行われた。本書の読者は、すでに十八世紀のホイットの仕事に、反射とよばれる運動がじつは多様な運動手段を利用した環境への適応なのではないか、という疑問の兆しをみている。二十世紀冒頭の運動研究も、移動のための肢の使用、注視、捕食などの運動を材料にして、基礎的反射といわれてきたことが、じつは変更不可能で固定した入力―出力結合ではないということを広く確認した。よく分析すると、刺激によってトリガーされる単純な反応といわれていることは、そのつどの状況に十分適応するように組織化されていた。

やがて極端な末梢主義は捨てられ、運動制御理論の中心は「運動プログラム」の概念に移行した。運動プログラムとは運動制御のための中枢過程であり、特定の運動パターンをつくるための中枢指令である。運動プログラムは運動だけではなく、それが実行される環境も表象しているので、動物運動の特徴である多様な適応を説明できるのだとされた。

しかしほどなくそれもうまくいかないことが明らかになった。リードによれば中枢指令主義の困難を指摘したのは、ロシアの運動生理学者ニコライ・ベルンシュタインである。彼は、質量をもつ身体のどの部分の軌道も、運動それ自体によって引き起こされる力の変化を組み込んで、情報を刻々と更新しなくては計算不可能であることを示した。このような身体の特徴を認めれば、同一の中枢指令が、現在進行中の運動の力学的文脈に依存し、まったく異なる運動を帰結することも、逆に異なる中枢指令が同一の運動として現れることもあるわけである。指令主義の根本であった「中枢の運動プログラム」というアイディアには根本的に困難があった。

反射という現象を吟味する動物研究の大部分が、当初、脊髄分離術をほどこした被験体を利用してきたことからも示されるように、伝統的運動理論は動物運動を観察する視野を狭めてきた。運動研究者がごく日常的な行為を研究の対象にすることは稀であった。事実よりもモデルが先行する時代が長く続いた。しかしほどなく（おそらく一九七〇年代ぐらいから）モデルに納まりきらない、いくつもの事実が運動研究者の注意を引きはじめた。

一九八八年の論文でリードが取り上げたのは「姿勢補償《postural compensation》」という現象である。それはもともとベルンシュタインの弟子たちが発見し名付けた以下のような現象である。たとえば腕を水平に差し上げ、音がしたら指先でボタンを押すというような簡単な課題を、立っている者に与える。そうして全身の広い部位の筋活動をモニターする。すると、信号が鳴って、肩—腕—手の筋がボタンを押す活動をしはじめる前に、ボタン押しに使用されるそれら以外の身体の広い部分、それも腕からはかなり遠い両脚の大腿などの筋が活動する。活動するのは、腕の活動によって起こる姿勢の不安定性を補償する部位である。この予期的な筋活動を、行っている者が気づくことはまずない。

「随意的運動」、「反射」という二分法にあえて従うならば、この予期的活動は、信号に促されて起こる「随意的」なボタン押し活動に先立つ運動であり「反射」だろう。だが、繰り返し観察してみると、この活動は解剖学的に特定の部位では起こらない。課題をいろいろと変化させれば、そのつど「随意的運動」に先行して調整される筋は縦横に変化する。たとえば腕で「把手を引く」ような課題の場合には、姿勢調整は「全身を後ろにわずかに倒す」ような揺れとして生ずる。課題が「把手に手を伸ばしたり、それを手で押したりする」場合には、「全身をわずかに前に倒す」ような揺れが、「重たい物を持つ」課題の時には、「物から離れるような」変化が全身に生ずる。

この予期的な調整は、ただ全身が急激に緊張したというのではなく、これから自身がする活動で生ずるだろう全身の不安定さのダイナミクスを吸収するかのように広がっている。この種の調整は、運動の開始を告げる信号から、一定の時間間隔で起こるわけでも、ボタン押しに一定の時間間隔で先行するわけでもない。つまり「姿勢補償」とよばれるこの運動の一位相は、いつ、どのように行われるかという点でも柔軟性をもつ。

このような性質はこの種の運動が反射ではないことを意味している。とすると、中枢にこれから起こるだろう姿勢の不安定性に対処する膨大なプログラムがあり、それが急速に選択され、実行されているのだろうか？　姿勢補償を行う複数の筋活動を検討してみると、まったく同一の課題でも、姿勢調整に使われる複数の筋群（課題そのものに使用される筋を含む）の活動の時間系列には異なりがあり、それらが同一のプログラムに従っているとはいい難いことがわかる。さらに、把手が突然引かれるような場合、つまり力がランダムな時間間隔で与えられるような条件でも、肩─腕─手の運動に先立つ大腿の姿勢補償はあらわれた。つまり通常の意味での自覚的におこなわれる「予測」を越えるような働きが、運動補償にはみられた。

このように姿勢補償・調整は、中枢、末梢という運動の両方の性質を兼ね備えて示すことで、そのどちらでもない運動が存在することを示している。運動研究者リードはこの末梢主義の網も、中枢主義の網もすり抜ける、そういう運動の相を基礎にして運動全体を考えた。姿勢補償のような現象こそが、動物運動について何かをもの語っているはずである、と。

この論文では、姿勢補償を吟味しながら、彼の議論は一気に動物運動の本質に及ぶ。姿勢補償・調整こそ、動物運動に固有の本性なのではないか。つまり動物運動とは、必要とあらば全身のあらゆるところを非常に急速に縦横に組み込む、高度な「機能特定性」をもつ組織化のことだろう。「機能特定性」とは運動にとっての、対象の存在なしには語れない性質である。たとえば柄の長い倒れやすいワイングラスを慎重に持ち上げる腕─手の動きと、蠟のたれそうな細いロウソクを手で動かそうとする腕―手の動きは、慎重さにおいてよく似ていながらも明らかな相違がある。その異なりを行為にもたらしているのは、その「グラス」であり、その状態の「ロウソク」である。「機能特定性」とはそのように運動に「生」を吹き込んでいる、物との緊密な連動である。運動には運動だけで語れる単位などはない。融通無碍でありながら、対象性をもつ、それが動物運動である。そういう単位が実在する。それは姿勢補償だけではなくすべての動物運動の性質である。リードはそう考え、古い「姿勢」という用語に新しい意味をもたせ、この単位を姿勢とよぶことを提案した。

姿勢は旧来の「姿勢」の読み換えではない。伝統的運動研究は「姿勢」を「自動化した、重力に抗する伸張反射の総和」と定義してきた。しかし姿勢は重力という単一の力への応答ではない。いま私は椅子に腰掛けてキーボードを叩いている。身体は両足がついている床だけではなく、椅子の背、椅子の座面、手首が触れている机の端、手掌が置かれているキーボードの端など、身体各部に対し反作用力を与える多数の力の場に同時に置かれている。このような多方向から全身に及ぶ力が常にある。もちろん移動する場合には加速度もそれに加わる。結局、姿勢は多数の力が競合する場で刻々と組織化されることになる。

力の場はもちろん身体「内部」にも分散している。たとえば立つという姿勢調整は、足首、膝、腰のような単一の関節を軸として揺れる状態なのではない。立つという動揺には、多数の関節が関与していることを研究は明らかにしている。身体は「風にそよぐ葦のように」多くの部位を動員して周囲の力の場との接続をはかることで「立つ」ことを実現している。

姿勢に加わる力は、力学的接触によって得られる、文字通りの力だけではない。視覚や聴覚がもたらす、力学的な接触を介さない「力」もある。ただ立つだけではなく、立ちながら特定の物を見ることを要求されるような事態では、頭部の揺れ幅はより少なくなることが知られている。「微動だにしない」射撃名手の身体は、全関節が動員された動揺であるが、それには視覚による光学的変形のうまい利用が不可欠である。移動も同様である。移動時に眼の付着した頭部は、目標（たとえば獲物、先にいく車）を失わないようにと揺れを調整している。姿勢とは「情報系」でもある。

これらの事例であきらかなように姿勢は持続である。リードのいう動物運動の単位、姿勢はそのまま運動と連続している。動物運動の基本ユニットである姿勢は、運動でもある。運動物では、物の一部に開始した運動が他の部分にも次々と力を介して伝達されていく。運動が「運動→運動→運動→……」と因果連鎖し、その結果あらわれたものが一つの運動である。たとえば物体各部の連鎖が「しなり」として伝達していく笞《むち》の動きを想像してほしい。あるいは、糸で吊るされた操り人形（マリオネット）の足が、床に衝突してそれが人形の頭にまで力の波として及ぶ過程を想像していただきたい。それが物に起こる運動の原理である。

一方、動物の運動は姿勢の隣接（隣り合い）である。グラスに差し出される手の姿勢は、それに隣接する腕の姿勢と、腕の姿勢は胴体の姿勢と、そして胴体の姿勢は両脚の姿勢と……姿勢が互いに姿勢としての性質を失わないように隣接している。「姿勢⊂姿勢⊂姿勢……」という各部の姿勢の隣接集合はそれ自体が一つの姿勢となっている。この姿勢が継時的に隣接した姿勢こそが、私たちがふつう動物の運動とよんでいることである。

リードは「運動とは一つの姿勢を他の姿勢へ機能的に入れ子化すること」であると定義した。「入れ子」とは互いに包摂する、区切りのない要素間の関係である。リードが編集した『実在論の理由』に収められた未公刊論文[10]でギブソンは、「運動（行動）は姿勢に依存しており、それと分離できない。身体各部の固定した（静止）姿勢はわずかの時間も持続することはない。それは一つの姿勢から他の姿勢へと変化して運動になる」と述べた。

姿勢が入れ子化してあらわれる運動も一つの姿勢である。

たとえば姿勢を変化させ、入れ子化してあらわれた「歩く」という運動は、「立ち続ける」、「見つづける」という持続する一つの姿勢でもある。ギブソンはこの事実を「あらゆる運動は一般的な姿勢を維持することと、特殊な姿勢を変えることである」と、あるいは「姿勢の変化の基底には非‐変化がある」と書いた。姿勢の変化と姿勢の持続が同時にあるもの、それが運動である。

感覚原理、すなわち情報と結合して動く「アニマシー（動物運動）」の原理は、このように全身に分散された姿勢を単位として、その協調として記述できる。これがリードの運動研究の結論であろう[11]。

前節で、私たちはホイット、ロッツェ、ルイスに、脳の制御からこぼれ落ちる運動を執拗に探そうとするリードを見てきた。彼はそこに十九世紀半ばにおいて、「新心理学」の「心」にからめとられまいと生存の道を探る「分散する魂」を探していた。二十世紀の運動研究者リードは、この歴史に忘れられた先達たちの遺産を、姿勢という単位で再興した。そして姿勢の入れ子として運動が記述できるという、新しい運動研究の可能性を示した。

おそらくここで姿勢とよばれ、はじめて明瞭な定義を与えられた身体の相こそが、運動研究者リードが発見したソウルではないか。そこからリードの「ソウルの心理学」ははじまったのではないか。

(五)

リードの「ソウルの心理学」を知ると、本書の内容のいくつかが理解できる。

本書の第5章でリードは「新心理学」の運動技能の「熟練」についての説明をとくに問題にしている。すでに述べたがミュラーは「思考がひとたび脳の「鍵」を叩いたならば、遠心性の神経に「電流ないしは振動」が生じ、それらが筋肉の運動を引き起こす」とした。さらに「思考の反復がある経路の振動を繰り返し引き起こし、習慣と連合されたある種の自動性に至る」と説明した。リードは「この考え方はピアノの鍵盤という比喩に見られる奇妙な空間性ともいうべき考え方に全面的に依拠していて、日常的な経験に真っ向から反している」と批判する。熟練が「自動性」の獲得だというのならば、初心者の下手な演奏は保存され強化されより下手なものになるはずではないか。ミュラーが言ったように「行為を練習するとき神経経路は、何らかの形でスムーズな行為の本質だけを記録して登録するので、動作の繰り返しは熟練した振舞いを生み出す」というのなら、「技能の獲得に先立って、どの経路が調和した動作に結びついて、どの経路がぎこちない動作に結びついているのかを」神経系が知っていることになるのである。だとすれば練習は不必要になる。

新心理学の熟練の説明に対して、リードはめずらしく対案を述べている。「熟練したピアニストは素人とは非常に異なった動きをする。姿勢や動作の始め方からして素人とは大きく異なる」。プロは素人とは「全く異なった力学」を駆使するのである。新しい曲を学ぶ熟練した音楽家は「しばしば、その曲を初めて弾いたときに生じていた動作をなくすことで、動作の数を減らしていく」のであると。つまり最初にあった何かが強化されたり残っていくのではなく、運動発達とは身体各部を新たに結合することであり、結合の質を変えることなのである。

運動は姿勢の入れ子であるとするリードにとって練習は柔軟性を獲得することである。柔軟性とは一連の入れ子に参入する姿勢の可換性である。ある運動を多様な入れ子でも「代理」させられること、それが熟練の結果であり、柔軟性の本質である。長い期間歩いた大人が獲得したのは、多種の筋の組み合わせで「同一」の歩くという機能を果たすことなのである。この能力はじつは発達のごく初期から私たちに備わっていることでもある。新生児は「口」を物の探索にも、食事にも、呼吸にも使う。私たちの手が、他の身体部位とどのように協調し、何にどのように使われているかを列挙することは困難である。手は無限の入れ子に参入している。練習や反復とは同一の器官を多様に利用すること、機能的には不変な姿勢の入れ子を多様な器官で実現することなのである。運動に起こる熟練についてのミュラーらの議論を厳しく批判したリードの真意は、このような姿勢とその入れ子に基づくリードの「ソウルの心理学」を知ってはじめてよく理解できる。

リードのソウルの心理学はおそらくその思考の地面を「二人のダーウィン」の仕事に置いている。したがって、本書の第3章と第9章の筆致は他に比してなめらかである。ホイットト、ロッツエ、ルイスらの仕事を吟味して、そこにある影に発見されたことが、二人のダーウィンについての部分ではははじめから陽の下に出ている。

エラズマス・ダーウィンについて書いた第3章では、躊躇なしにエラズマスの主張にリードの「ソウルの心理学」が重ねられている。

エラズマスはホイットと同様に「身体全体に感じや感覚が広く分散されていることを想定する説明を好んだ」。エラズマスの『ズーノミア』は「真の意味で伝統的形而上学に代わる心理学の始まりで」、「観念を心に固有な出来事とし、それを日常的な自然の部分的性質とは見なさない理論は作り話である」と明瞭に主張していた。心とは単に「身体そのものであり、また身体の感じのすべてに他ならない」。だから「われわれはどんなときにも膨大な数の様々な観念を同時に持つことになる」。「ダーウィン理論流に魂というものを語る限り、……魂は必然的に肉体全体に散らばっているということになる」（八〇〜八三頁）。エラズマスのソウルにはマインドのような「統一性」がない。それは「身体のように多重的であり分割さえできる」、と。

ソウルを「内臓の感覚」と何ら変わらないものとしたエラズマスのソウルの心理学は、動物と人間の区別も取り払ってしまったことで、不幸にも公的な場所（アカデミー）から遠ざけられた。しかし第9章で述べられているように、それは孫のチャールズに、とくに進化論以後の植物や動物の「運動」を詳細に観察する研究に受け継がれた。チャールズは新心理学とはまったく異質な、もう一つの科学的心理学の可能性を模索していた。チャールズ・ダーウィンは「新しい（心理学の）方法」の開拓者でもあった。「心理学者」チャールズ・ダーウィンの後継者としてのリードがどのような心理学を構想したのかについては、三部作の一つ『アフォーダンスの心理学』に譲ることにする。

（六）

さて、ここでは本書を読み解くきっかけの一つについて示した。すでに本書の複雑さを十分に堪能した大方の読者には、解説は不必要であったろう。本稿がとくに運動研究における最近の動向に馴染みのない読者のために用意されたことをご承知いただき、ご寛恕いただくことにして、このような機会を与えてくださった翻訳者代表の村田純一氏に感謝したい。

くりかえすが原典から多く引用するリードの記述は複合的である。本書が描き上げている十九世紀はどこをとっても薄くも、単線的でもない。わかりにくい魅力に満ちている。その特徴は本書の展望が二十世紀に手をつけはじめるところで、さらに増しているように思われる。おそらくその後にきたのが、いま終わりかけている二十世紀という時代だったのだ。

十九世紀の終わりから一〇〇年がたった。あなたたちは未来にどのような心理学を手にするのだろう。本書を読む私たちの肩ごしに聞こえてくるのはそういうリードの声である。

佐々木正人

二〇〇〇年　盛夏

（1）Mace, W. M. 1997 In Memoriam：Edward S. Reed November 20, 1954-February 14,1997 *Ecological Psychology* 9 (3), 179-188.（この追悼文の訳は、『アフォーダンスの心理学――生態心理学への道』細田直哉訳　新曜社に収められている）

（2）Reed, E. & Jones R. (Eds.) 1982 '*Reasons for realism：Selected essays of James J. Gibson.*' LEA.

（3）Reed, E. 1988 '*James J. Gibson and the psychology of perception.*' Yale University Press.

（4）Reed, E. 1978 Darwin's evolutionary philosophy：The laws of change *Acta Biotheoretica* 27 201-235.（佐々木正人・三嶋博之編訳『アフォーダンスの構想』東大出版会に細田直哉訳で収められている）

（5）Reed, E. 1996 '*The necessity of experience.*' Yale University Press.

（6）Reed, E. 1996 '*Encountering the world : Toward an ecological psychology.*' Oxford University Press.（『アフォーダンスの心理学』細田直哉訳　新曜社）

（7）Reed, E. 1982 An outline of a theory of action systems *Journal of Motor Behavior* vol. 14 (2), 98-134.

（8）Reed, E. 1988 Applying the theory of action systems to the study of motor skills. In Meijer, O. G. & Roth, K. (Eds.), '*Complex movement behaviour : 'The' motor-action controversy*' 45-86. North-Holland.

（9）Reed, E. 1989 Changing theories of postural development, In Woollacott, M. & Shumway-Cook, A. (Eds.), '*Development of posture and gait across the life span*' 3-24. University of South California Press.

（10）Gibson, J. J. 1974 (unpublished) 'Notes on action' '*Reasons for realism : Selected essays of James J. Gibson.*' 385-392. LEA

（11）リードの姿勢論がなぜ先駆的なのか。それと最新の運動研究との関連を理解するために、拙稿二〇〇五年、『ダーウィン的方法——運動からアフォーダンスへ』の6章「運動研究一九九〇年代」を参照されたい。さらに姿勢の入れ子としての運動をどのように記録するのかはリードの「マイクロスリップ」の仕事が参考になる。それについては拙稿「エドワード・リードの仕事」『アフォーダンスの心理学——解説』（六）を参照のこと。

哲学・思想・心理

河本英夫著
哲学の練習問題
私たちの身体と心には、まだ開発されていない能力が無数にあるが、それは「学習」では開発できない。オートポイエーシスの第一人者にいざなわれ、豊富なエクササイズを実践して、未知の自由を手に入れよう！

2480

ゲオルク・グロデック著／岸田 秀・山下公子訳
エスの本 ある女友達への精神分析の手紙
「人間は、自分の知らないものに動かされている」。フロイト理論に多大な影響を与えた医師グロデックが、心身両域にわたって人間を決定する「エス」について明快に語る。「病」の概念をも変える心身治療論。

2495

永井 均著
『青色本』を掘り崩す――ウィトゲンシュタインの誤診
ウィトゲンシュタイン『青色本』には、後期の代表作『哲学探究』の議論の原基形態がちりばめられている。独我論、私的言語、自他の非対称性……。著者は細部にまで分け入ってその議論を批判的に読み抜く。

2499

マックス・ウェーバー著／野口雅弘訳
仕事としての学問 仕事としての政治
マックス・ウェーバーが晩年に行った、二つの講演の画期的新訳。『職業としての学問』と『職業としての政治』の既存邦題をあえて変更し、生計を立てるだけの「職業」ではない学問と政治の大切さを伝える。

2500

エミール・デュルケーム著／菊谷和宏訳
社会学的方法の規準
ウェーバーと並び称される社会学の祖デュルケームは、一八九五年、新しい学問を確立するべく、記念碑的なマニフェストとなった本書を発表する。社会学とは何を扱う学問なのか？――決定版新訳が誕生。

2501

G・W・F・ヘーゲル著／伊坂青司訳
世界史の哲学講義 ベルリン１８２２／２３年(上)(下)
一八二二年から没年（一八三一年）まで行われた講義のうち初年度を再現。上巻は序論「世界史の概念」から本論第一部「東洋世界」を、下巻は第二部「ギリシア世界」から第四部「ゲルマン世界」をそれぞれ収録。

2502・2503

論語のこころ
加地伸行著

『論語』はこう読み、こう教える！　大人から子どもまで万人に贈る入門書。仁と礼に基づく理想社会とは何か。人間の幸福とは何か。実践的な読み方と、その魅力の伝え方を中国哲学史研究の泰斗が平易に説く。

2320

モンテーニュ　よく生き、よく死ぬために
保苅瑞穂著

「もっとも美しい魂とは、もっとも多くの多様さと柔軟さをもった魂である」。モンテーニュは宗教戦争の時代にあって生と死の真実を刻んだ。名文家として知られる仏文学者が、その生涯と『エセー』の神髄を描く。

2322

からだ・こころ・生命
木村　敏著（解説・野家啓一）

精神病理学と哲学を往還する独創的思索の地平に「生命論」は拓かれた。こころはどこにあるのか？「からだ」と「こころ」はどう関係しあっているのか。「生きる」とは、そして「死」とは？　木村生命論の精髄。

2324

ドゥルーズの哲学　生命・自然・未来のために
小泉義之著

「反復」とはどういうことか？　ドゥルーズをファッションとしての現代思想から解き放ち、新しい哲学への衝迫として描ききった、記念碑的名著にして必読の入門書！『差異と反復』は、まずこれを読んでから。

2325

ある神経病者の回想録
D・P・シュレーバー著／渡辺哲夫訳

フロイト、ラカン、カネッティ、ドゥルーズ＆ガタリなど知の巨人たちに衝撃を与え、二〇世紀思想に不可逆の影響を与えた稀代の書物。壮絶な記録を明快な日本語で伝える、第一級の精神科医による渾身の全訳！

2326

史的唯幻論で読む世界史
岸田　秀著

古代ギリシアは黒人文明であり、栄光のアーリア人は存在しなかった――。白人中心主義の歴史観が今なお世界を覆っている欺瞞と危うさを鮮やかに剔抉、その思想がいかにして成立・発展したかを大胆に描き出す。

2343

生きがい喪失の悩み
ヴィクトール・E・フランクル著／中村友太郎訳（解説・諸富祥彦）

どの時代にもそれなりの神経症があり、またそれなりの精神療法を必要としている――。世界的ベストセラー『夜と霧』で知られる精神科医が看破した現代人の病理。底知れない無意味感＝実存的真空の正体とは？

2262

マッハとニーチェ　世紀転換期思想史
木田　元著

十九世紀の物理学者マッハと古典文献学者ニーチェ。接点のない二人は同時期同じような世界像を持っていた。ニーチェの「遠近法的展望」とマッハの「現象」の世界とほぼ重なる。二十世紀思想の源泉を探る快著。

2266

〈弱さ〉のちから　ホスピタブルな光景
鷲田清一著

「そこに居てくれること」で救われるのは誰か？　看護、ダンスセラピー、グループホーム、小学校。ケアする側とされる側に起こる反転の意味を現場に追い、ケア関係の本質に迫る、臨床哲学の刺戟的なこころみ。

2267

ウィトゲンシュタインの講義　数学の基礎篇　ケンブリッジ1939年
コーラ・ダイアモンド編／大谷　弘・古田徹也訳

後期ウィトゲンシュタインの記念碑的著作『哲学探究』に至るまでの思考が展開された伝説の講義の記録。数を数えるとは。矛盾律とは。数学基礎論についての議論が言語、規則、命題等の彼の哲学の核心と響き合う。

2276

差別感情の哲学
中島義道著

差別とはいかなる人間的事態なのか。他者への否定的感情、その裏返しとしての自分への肯定的感情、そして「誠実性」の危うさの解明により見えてくる差別感情の本質。人間の「思考の怠惰」を哲学的に追究する。

2282

反歴史論
宇野邦一著

歴史を超える作品を創造する人間は、歴史に翻弄される存在でもある。その捩れた事実を出発点に、ニーチェ、ペギー、ジュネ、レヴィ＝ストロースなど、数多の思想家とともに展開される繊細にして大胆な思考。

2293

小此木啓吾・河合隼雄著
フロイトとユング
二十世紀、人間存在の深層を探究した精神分析学界の二人の巨人。日本を代表する両派の第一人者が、みずからの学問的体験と豊かな個性をまじえつつ、巨星たちの思想と学問の全貌を語りつくした記念碑的対談。
2207

中沢新一著
バルセロナ、秘数3
秘数3と秘数4の対立が西欧である。3は、結婚とエロティシズムの数であり、運動を生み出し、世界を作る。4は3が作り出した世界に、正義と真理、均衡を与える。3と4の闘争に調和を取り戻す幸福の旅行記。
2223

小泉義之著
デカルト哲学
デカルトは、彼以前なら「魂」と言われ、以後なら「主観」と言われるところを「私」と語ることによって画期的な哲学を切りひらいた。あらゆる世俗の思想を根こそぎにし、「賢者の倫理」に至ろうとした思索の全貌。
2231

木田　元著
わたしの哲学入門
古代ギリシア以来の西洋哲学の根本問題「存在とは何か」。中世〜近代に通底する「作られてあり現前する」という伝統的存在概念は、ニーチェ、ハイデガーにより見直されることになる。西洋形而上学の流れを概観。
2232

池田知久訳注
荘子（上）（下）全訳注
「胡蝶の夢」「朝三暮四」「知魚楽」「万物斉同」「庖丁解牛」「無用の用」……。宇宙論、政治哲学、人生哲学まで、森羅万象を説く、深遠なる知恵の泉である。達意の訳文と丁寧な解説で読解・熟読玩味する決定版！
2237・2238

高田珠樹著
ハイデガー　存在の歴史
現代の思想を決定づけた『存在と時間』はどこへ向けて構想されたか。存在論の歴史を解体・破壊し、根源的な存在の経験を取り戻すべく、「在る」ことを探究したハイデガー。その思想の生成過程と精髄に迫る。
2261

山川偉也著
哲学者ディオゲネス 世界市民の原像

甕《かめ》の中に住まい、ぼろをまとってアテナイの町をうろつき教説を説いた「犬哲学者」の実像とは。そして、アリストテレス的人間観を全否定して唱導・実践した「世界市民」思想とは何か。その現代的意味を問う。

1855

佐々木正人著（解説・計見一雄）
アフォーダンス入門 知性はどこに生まれるか

アフォーダンスとは環境が動物に提供するもの。外界は人間に対してどんな意味を持つのか。また知性とは何なのか。二〇世紀後半に生態心理学者ギブソンが提唱し衝撃を与えた革命的理論をわかりやすく紹介。

1863

野家《のえ》啓一著
パラダイムとは何か クーンの科学史革命

著書『科学革命の構造』によってそれまでの科学史の常識に異を唱えたトーマス・クーン。考古学的手法で「知の連続的進歩」という通念を覆し、二〇世紀後半最大の流行語となった「パラダイム」概念を解説。

1879

三浦國雄訳注
「朱子語類」抄

儒教・仏教・道教を統合した朱子学は、万物の原理を求め、縦横無尽に哲学を展開する。理とは？　気とは？　宇宙の一部である人間は、いかに善をなしうるのか？　近世以降の東アジアを支配した思想を読む。

1895

加地伸行全訳注
論語 増補版

人間とは何か。溟濛の時代にあって、人はいかに生くべきか。儒教学の第一人者が『論語』の本質を読み切り、独自の解釈、達意の現代語訳を施す。漢字一字から検索できる「手がかり索引」を増補した決定新版！

1962

中沢新一著
純粋な自然の贈与

古式捕鯨の深層構造を探る「すばらしい日本捕鯨」、モースの思想的可能性を再発見する「新贈与論序説」などを収録。贈与の原理を経済や表現行為の土台に据え直し、近代の思考法と別の世界を切り開く未来の贈与価値論。

1970

哲学・思想・心理

墨子
浅野裕一著

博愛・非戦を唱え勢力を誇った墨子を読む。中国春秋末、墨子が創始した墨家は、戦国末まで儒家と思想界を二分する。兼愛説を掲げ独自の武装集団も抱えたが秦漢期に絶学、二千年後に脚光を浴びた思想の全容。

1319

顔の現象学　見られることの権利
鷲田清一著（解説・小林康夫）

曖昧微妙な〈顔〉への現象学的アプローチ。顔を思い描くことなしにその人について思いめぐらすことはできない。他人との共同的な時間現象として出現する〈顔〉を、現象学の視線によってとらえた思索の冒険。

1353

心とは何か
アリストテレス著／桑子敏雄訳

心を論じた史上初の書物の新訳、文庫で登場。心についての先行諸研究を総括・批判し、独自の思考を縦横に展開した書。難解で鳴る原典を、気鋭の哲学者が分かり易さを主眼に訳出、詳細で懇切な注・解説を付す。

1363

存在の彼方へ
E・レヴィナス著／合田正人訳

現象学に新たな一歩を印した大著文庫化成る。平和とは何か。今まさに切実な問題を極限まで考察し、現代思想に決定的な転回点をもたらしたユダヤ人哲学者レヴィナス。独自の〈他者の思想〉の到達点を示す主著。

1383

荀子
内山俊彦著

戦国時代最後の儒家・荀子の思想とその系譜。秦帝国出現前夜の激動の時代を生きた荀子。性悪説で名高い人間観をはじめ自然観、国家観、歴史観等、異彩を放つその思想の全容と、思想史上の位置を明らかにする。

1394

反哲学史
木田　元著（解説・保坂和志）

新たな視点から問いなおす哲学の歴史と意味。哲学を西洋の特殊な知の様式と捉え、古代ギリシアから近代への歴史を批判的にたどる。学術文庫『現代の哲学』の姉妹篇。講義録をもとに平明に綴った刺激的哲学史。

1424

現象学とは何か
新田義弘著（解説・鷲田清一）
《客観的》とは何か。例えばハエもヒトも客観的に同一の世界に生きているのか。そのような自然主義的態度を根本から疑ったフッサールの方法論的改革の営為を追究。危機に瀕する実在論的近代思想の根本的革新。
1035

〈身《み》〉の構造 身体論を超えて
市川 浩著（解説・河合隼雄）
空間がしだいに均質化して、「身体は宇宙を内蔵する」という身体と宇宙との幸福な入れ子構造が解体してゆく今日、我々にはどのようなコスモロジーが可能かを問う。身体を超えた錯綜体としての〈身〉を追究。
1071

群衆心理
G・ル・ボン著／櫻井成夫訳（解説・穐山貞登）
民主主義の進展により群集の時代となった今日、個人の理性とは異質な「群集」が歴史を動かしている。その群集心理の特徴と功罪を心理学の視点から鋭く分析する。史実に基づき群集心理を解明した古典的名著。
1092

老子・荘子
森 三樹三郎著
東洋の理法の道の精髄を集成した老荘思想。無為自然に宇宙の在り方に従って生きることの意義を説いた老荘。彼らは人性の根源を探究した。仏教や西洋哲学にも多大な影響を与えた世界的思想の全貌を知る好著。
1157

現代倫理学入門
加藤尚武《ひさたけ》著
現代世界における倫理学の新たなる問いかけ。臓器移植や環境問題など現代の日常生活で起きる道徳的ジレンマ・難問に、倫理学はどう対処し得るのか。現代倫理学の基本原理を明らかにし、その有効性を問う必読の倫理学入門書。
1267

プラトン対話篇**ラケス** 勇気について
プラトン著／三嶋輝夫訳
プラトン初期対話篇の代表的作品、新訳成る。「勇気とは何か」「言と行の関係はどうあるべきか」を主題に展開される問答。ソクラテスの徳の定義探求の好例とされ、構成美にもすぐれたプラトン初学者必読の書。
1276

孔子
金谷《かなや》　治《おさむ》著

人としての生き方を説いた孔子の教えと実践。二千年の歳月を超えて、今なお現代人の心に訴える孔子の魅力とは何か。多年の研究の成果をもとに、聖人ではない人間孔子の言行と思想を鮮明に描いた最良の書。

935

エコエティカ　生圏倫理学入門
今道友信著

人類の生息圏の規模で考える新倫理学の誕生。今日の高度技術社会の中で、生命倫理や医の倫理などすべての分野で倫理が問い直されている。今こそ人間の生き方に関わる倫理の復権が急務と説く注目の書き下し。

946

現代の哲学
木田　元著

現代哲学の基本的動向からさぐる人間存在。激動する二十世紀の知的状況の中で、フッサール、メルロ＝ポンティ、レヴィ＝ストロースら現代の哲学者達が負った共通の課題とは？　人間の存在を問う現代哲学の書。

968

淮南子《えなんじ》の思想　老荘的世界
金谷　治著（解説・楠山春樹）

無為自然を道徳の規範とする老荘の説を中心に、周末以来の儒家、兵家などの思想をとり入れ、処世や政治、天文地理から神話伝説まで集合した淮南子の人生哲学の書。諸子から戦国時代までを網羅した中国思想史。

1014

探究Ⅰ・Ⅱ
柄谷行人著（解説・野家啓一）

闘争する思想家・柄谷行人の意欲的批評集。本書は《他者》あるいは《外部》に関する探究である。著者自身をふくむこれまでの思考に対する「態度の変更」を意味すると同時に知の領域の転回までも促す問題作。

1015・1120

精神としての身体
市川　浩著（解説・中村雄二郎）

人間の現実存在は、抽象的な身体でなく、生きた身体を離れてはありえない。身体をポジティブなものとして把え、心身合一の具体的身体の基底からの理解をめざす。身体は人間の現実存在と説く身体論の名著。

1019

「講談社学術文庫」の刊行に当たって

これは、学術をポケットに入れることをモットーとして生まれた文庫である。学術は少年の心を養い、成年の心を満たす。その学術がポケットにはいる形で、万人のものになることは、生涯教育をうたう現代の理想である。

こうした考え方は、学術を巨大な城のように見る世間の常識に反するかもしれない。また、一部の人たちからは、学術の権威をおとすものと非難されるかもしれない。しかし、それはいずれも学術の新しい在り方を解しないものといわざるをえない。

学術は、まず魔術への挑戦から始まった。やがて、いわゆる常識をつぎつぎに改めていった。学術の権威は、幾百年、幾千年にわたる、苦しい戦いの成果である。こうしてきずきあげられた城が、一見して近づきがたいものにうつるのは、そのためである。しかし、学術の権威を、その形の上だけで判断してはならない。その生成のあとをかえりみれば、その根は常に人々の生活の中にあった。学術が大きな力たりうるのはそのためであって、生活をはなれた学術は、どこにもない。

開かれた社会といわれる現代にとって、これはまったく自明である。生活と学術との間に、もし距離があるとすれば、何をおいてもこれを埋めねばならない。もしこの距離が形の上の迷信からきているとすれば、その迷信をうち破らねばならぬ。

学術文庫は、内外の迷信を打破し、学術のために新しい天地をひらく意図をもって生まれた。文庫という小さい形と、学術という壮大な城とが、完全に両立するためには、なおいくらかの時を必要とするであろう。しかし、学術をポケットにした社会が、人間の生活にとってより豊かな社会であることは、たしかである。そうした社会の実現のために、文庫の世界に新しいジャンルを加えることができれば幸いである。

一九七六年六月

野間省一

エドワード・S・リード(Edward S. Reed)

1955年生まれ。生態心理学者。J.J.ギブソンの理論の価値に注目するとともに、進化論、哲学史、身体と運動の研究者として多くの論文・著作を発表。また伝記作者・編集者としてもギブソン、ウィリアム・ジェームズの紹介に尽力した。1997年逝去。著書に『世界との出会い――生態学的心理学に向けて』『経験の必要性』などがある。

講談社学術文庫

定価はカバーに表示してあります。

魂《ソウル》から心《マインド》へ　心理学《しんりがく》の誕生《たんじょう》

エドワード・S・リード

村田純一《むらたじゅんいち》・染谷昌義《そめやまさよし》・鈴木貴之《すずきたかゆき》 訳

2020年10月10日　第1刷発行

発行者　渡瀬昌彦

発行所　株式会社講談社

東京都文京区音羽2-12-21 〒112-8001

電話　編集 (03) 5395-3512

販売 (03) 5395-4415

業務 (03) 5395-3615

装　幀　蟹江征治

印　刷　豊国印刷株式会社

製　本　株式会社国宝社

本文データ制作　講談社デジタル製作

ISBN978-4-06-519095-1

村田純一（むらた　じゅんいち）

1948年生まれ。哲学者。東京大学名誉教授。著書に『「わたし」を探険する』『味わいの現象学』など。

染谷昌義（そめや　まさよし）

1970年生まれ。高千穂大学教授。心理学の哲学、知覚の哲学などを研究。著書に『知覚経験の生態学』など。

鈴木貴之（すずき　たかゆき）

1973年生まれ。東京大学准教授。科学哲学、心の哲学などを研究。著書に『ぼくらが原子の集まりなら、なぜ痛みや悲しみを感じるのだろう』など。

佐々木正人（ささき　まさと）

1952年生まれ。生態心理学者。東京大学名誉教授。著書に『アフォーダンス入門――知性はどこに生まれるか』『新版　アフォーダンス』など。

＊本訳書の原本は、二〇〇〇年に青土社より『魂《ソウル》から心《マインド》へ――心理学の誕生』として刊行されました。

参考文献一覧

Abercrombie, J. [1840 ?] : *Inquiries concerning the intellectual powers and the investigation of truth*, Jacob Abbott. ed. New York : Collins & Brother, n. d.

Abrams, M. H. 1971 : *Natural supernaturalism*. New York : Norton.（『自然と超自然：ロマン主義理念の形成』吉村正和訳，平凡社，1993年）

Allan, M. 1977 : *Darwin and his flowers : The key to natural selection*. New York : Taplinger.（『ダーウィンの花園』，羽田節子，鵜浦裕訳，工作舎，1997年）

Allen, G. W. 1967 : *William James*. New York : Viking.

Anonymous, "Reid and the philosophy of common sense : An essay-review of William Hamilton's edition of The works of The Thomas Reid," *Blackwood's Edinburgh Magazine*, 1847.

Armstrong, D. & E. 1991 : *The great American medicine show*. New York : Simon & Schuster.

Ashton, R. 1991 : *G. H. Lewes : A life*. New York : Oxford University Press.

Bailey, S. 1842 : *A review of Berkeley's theory of vision, designed to show the unsoundness of that celebrated speculation*. London : James Ridgeway.

—— 1855, 1858, 1863 : *Letters on the philosophy of the human mind*. London : Longman, Brown, Green, and Longmans.

Bain, A. 1860 : *The senses and the intellect*. New York : Appleton.

—— 1865 : "The feelings and the will, viewed physiologically" and "The intellect, viewed physiologically," *Fortnightly Review* 1865.

—— 1873 : *Mind and body : The theories of their relation*. London : Henry King, 2d ed.

—— 1888 : *The emotions and the will*. New York : Appleton.

Baker, G. P. and P. M. S. Hacker. 1984 : *Frege : Logical excavations*. New York : Oxford University Press.

Baldwin, J. M. 1887 : "The postulates of physiological psychology" in *The Presbyterian Review*, 1887.

—— 1902 : *Fragments in philosophy and science*. New York : C. Scribner's Sons.

—— 1913 : *History of psychology : A sketch and an interpretation*. London : Watts.

Beiser, F. 1987 : *The fate of reason*. Cambridge : Harvard University Press.

—— 1993 : "Introduction : Hegel and the problem of metaphysics" in *Cambridge companion to Hegel*. New York : Cambridge University Press.

Bell, C. 1835 : *The hand, its mechanism and vital endowments as evincing design*. Philadelphia : Carey, Lea, & Blanchard.

Ben-David, J. 1991 : "Social factors in the origins of a new science" and "Universities and academic systems in modern societies," reprinted in his *Scientific growth : Essays on the social organization and ethos of science*. Berkeley : University of California Press.

Bernard, W. 1972 : "Spinoza's influence on the rise of scientific psychology : A neglected chapter in the history of psychology," *Journal of the History of the Behavioral Sciences*, 1972, 8.

Biran, Maine de. 1920-1949 (P. Tisserand ed.) : *Oeuvres*. Paris : Alcan et PUF, 14 vols.

Bjork, D. 1983 : *The compromised scientist : William James in the development of American psychology*. New York : Columbia University Press.

Blakey, R. 1850 : *History of the philosophy of mind : Embracing the opinions of all writers on mental science from the earliest period to the present time*. London : Longman, Brown, Green, and Longmans, vol.4.

Blum, J. 1994 : *In the beginning : The advent of the modern age. Europe in the 1840s*. New York : Norton.

Blumenbach, J. F. 1828 : *The elements of physiology*. London : Longman, Rees, Orme, Brown, and Green.

Blumenthal, A. 1975 : "A reappraisal of Wilhelm Wundt," *American Psychologist*, 1975, 30.

—— 1985 : "Wilhelm Wundt : Psychology as the propaedeutic

science," in C. Buxton ed. *Points of view in the modern history of psychology*. New York : Academic Press.

Boakes, R. 1984 : *From Darwin to behaviorism : Psychology and the minds of animals*. New York : Cambridge University Press.（『動物心理学史：ダーウィンから行動主義まで』，宇津木保，宇津木成介訳，誠信書房，1990 年）

Boring, E. G. 1929 : *History of experimental psychology*. New York : Century.

—— 1942 : *Sensation and perception in the history of experimental psychology*. New York : Appleton-Century-Crofts.

Bowler, P. 1983 : *The eclipse of Darwinism : Anti-Darwinian evolution theories in the decades around 1900*. Baltimore : Johns Hopkins University Press.

Braid, J. 1960 : *Braid on hypnotism : The beginning of modern hypnosis*. ed. A. E. Waite. New York : Julian Press.

Braude, A. 1989 : *Radical spirits : Spiritualism and women's rights in nineteenth-century America*. Boston : Beacon.

Bréhier, É. 1932 : *Histoire de la philosophie*, Paris : PUF, 2 and 3 vols.

Brown, A. W. 1947 : *The Metaphysical Society : Victorian minds in crisis, 1869-1880*. New York : Columbia University Press.

Brown, T. 1798 : *Observations on the Zoonomia of Erasmus Darwin*. Edinburgh : Mundell & Sons.

—— 1806 : *Observations on the nature and tendency of the doctrine of Mr. Hume, concerning the relation of cause and effect*. Edinburgh : Mundell & Sons.

—— 1816 : *The Paradise of coquettes, a poem. In nine parts*. Philadelphia : M. Carey.

—— 1817 : *Bower of spring, with other poems*. Philadelphia : M. Thomas.

—— 1818 : *Inquiry into the relation of cause and effect*, Edinburgh : Tait.

—— 1824 : *Lectures on the philosophy of the human mind*. Philadelphia : J. Griggs, 3 vols.

Buckle, H. T. 1939 : *History of civilization in England*. New York :

D. Appleton-Century, 2d ed., 2 vols., originally published in 1859-61.

Büchner, L. 1870 : *Force and matter*. London : Trübner.

Cameron, K. N. 1950 : *The young Shelley*. New York : Macmillan.

── 1974 : *Shelley : The golden years*. Cambridge : Harvard University Press.

Cantor, G. N. 1975 : "A critique of Shapin's social interpretation of the Edinburgh phrenology debate" and "The Edinburgh phrenology debate : 1803-1828," *Annals of Science*, 1975, 32.

Cardinal Mercier. 1902 : *The relation of experimental psychology to philosophy*. New York : Benziger Brothers, Printers to the Holy Apostolic See.

Carl, W. 1994 : *Frege's theory of sense and reference : Its origins and scope*. New York : Cambridge University Press.

Carpenter, W. B. 1847 : *Principles of human physiology* [published by Lea and Blanchard of Philadelphia.]

── 1888 : *Nature and man*. London : Kegan, Paul, & Trench.

── 1891 [1874] : *Principles of mental physiology*. New York : Appleton.

Carter, P. 1971 : *The spiritual crisis of the gilded age.* Dekalb : Northern Illinois University Press.

Cashdollar, C. D. 1989 : *The transformation of theology, 1830-1890 : Positivism and Protestant thought in Britain and America*. Princeton : Princeton University Press.

Clair, William St. 1989 : *The Godwins and the Shelleys*. Baltimore : Johns Hopkins University Press.

Clark, D. L. ed. 1988 : *Shelley's prose : Or, the trumpet of a prophecy*. New York : New Amsterdam.

Clarke, E. and L. S. Jacyna. 1987 : *Nineteenth-century origins of neuroscientific concepts*. Berkeley : University of California Press.

Clifford, W. K. 1879 : *Lectures and essays*. London : Macmillan, 2 vols.

Collins, W. 1958 [1868] : *The moonstone*. New York : Collier.（『月長石』中村能三訳，創元推理文庫，1970 年）

── 1995 [1872] : *Poor Miss Finch*. New York : Oxford University

Press.
Combe, G. 1869 : *The constitution of man considered in relation to external objects*. New York : Samuel Wells, 20th ed.
Comte, A. 1853 : *The positive philosophy of Auguste Comte*. London : J. Chapman.
Coon, D. J. 1992 : "Testing the limits of sense and science : American experimental psychologists combat spiritualism, 1880-1920," *American Psychologist*, 1992, 47.
Cooter, R. 1984 : *The cultural meaning of popular science : Phrenology and the organization of consent in nineteenth-century Britain*. New York : Cambridge University Press.
Cousin, V. 1838 : *Elements of psychology*. New York : Gould & Newman.
—— 1867 : *Du Vrai, du Beau, et du Bien*. Paris : Didier.
—— 1953-55 : *Oeuvres complètes*. Paris : Ladrange, 16 vols.
Crabtree, A. 1993 : *From Mesmer to Freud*. New Haven : Yale University Press.
Croce, P. J. 1995 : *Science and religion in the era of William James : The eclipse of certainty, 1820-1880*. Chapel Hill : University of North Carolina Press.
Dallas, E. S. 1866 : *The gay science*. London : Chapman & Hall, 2 vols.
Danziger, K. 1979 : "The positivist repudiation of Wundt," *Journal of the History of the Behavioral Sciences*, 1979, 15.
—— 1980a : "The history of introspection reconsidered," *Journal of the History of the Behavioral Sciences*, 1980, 16.
—— 1980b : "Wundt and the two traditions of psychology," in ed. R. Rieber. *Wilhelm Wundt and the making of scientific psychology*. New York : Plenum.
—— 1982 : "Mid-nineteenth-century British psycho-physiology : A neglected chapter in the history of psychology," in eds. W. Woodward and M. Ash., *The problematic science : Psychology in nineteenth-century thought*. New York : Praeger.
—— 1991 : *Constructing the subject : Historical origins of psychological research*. New York : Cambridge University Press.

—— 1983 : "Origins of the schema of stimulated motion : Towards a pre-history of modern psychology," *History of Science*, 1983, 21.

Darwin, C. 1896 [1868] : *Variation of animals and plants under domestication*. New York : Appleton, 2 vols. (『家畜・栽培植物の変異』上・下，永野為武，篠遠喜人訳，白揚社，1938-39 年)

—— 1902 [1871] : T*he descent of man and Selection in relation to sex*. New York : Appleton, 2d ed. (『人間の進化と性淘汰』 I・II，長谷川眞理子訳，文一総合出版，1999-2000 年)

—— 1904 [1881] : *The formation of vegetable mould through the action of worms*. New York : D. Appleton. (『ミミズと土』，渡辺弘之訳，平凡社，1994 年)

—— 1965 [1872] : *The expression of the emotions in man and animals*. Chicago : University of Chicago Press. (『人間及び動物の表情』，村上啓夫訳，白揚社，1938 年)

—— 1987-90 *: The works of Charles Darwin*. London : Pickering & Chatto.

Darwin, E. 1789-91 : *The botanic garden*. London : J. Johnson.

—— 1794- 96 : *Zoonomia*. London : J. Johnson.

—— 1803 : *The temple of nature : or, the origin of society*. London : J. Johnson.

Desmond, A. 1989 : *The politics of evolution : Morphology, medicine, and reform in radical London*. Chicago : University of Chicago Press.

Desmond, A. and J. Moore. 1991 : *Darwin*. London : Michael Joseph. (『ダーウィン』，渡辺政隆訳，工作舎，1999 年)

Dewey, J. 1884 : "The new psychology" in *Andover Review*, 1884.

—— 1989 : *John Dewey, the early works* (Edwardsville : University of Southern Illinois Press, vol. I.

Dickey, L. 1987 : *Hegel : Religion, economics, and the politics of spirit, 1770-1807*. New York : Cambridge University Press.

Dods, J. B. 1850 : *The philosophy of electrical psychology*. New York : Fowler & Wells, 2d ed.

Drinka, G. F. 1984 : *The birth of neurosis*. New York : Simon & Schuster.

Duncan, D. ed. 1911 : *The life and letters of Herbert Spencer*. London : Williams and Norgate.

Dupee, F. ed. 1956 : *Henry James's Autobiography*. London : W. H. Allen.

Easlea, B. 1983 : *Fathering the unthinkable*. London : Pluto.

Ellenberger, H. 1970 : *Discovery of the unconscious*. New York : Basic Books.（エレンベルガー『無意識の発見』上・下，木村敏，中井久夫監訳，弘文堂，1980 年）

Emerson, D. 1968 : *Metternich and the political police : Security and subversion in the Hapsburg monarchy*. The Hague : M. Nijhoff.

Erdman, D. 1954 : Blake ; *Prophet against empire*. Princeton : Princeton University Press.

—— 1965 : *The poetry and prose of William Blake*. Garden City : Doubleday.

Ewen, F. 1980 : *Heroic imagination : The creative genius of Europe from Waterloo (1815) to the Revolution of 1848*. Secaucus, N. J. : Citadel Press.

Farber, M. 1962 : *The foundations of phenomenology*. New York : Paine-Whitman.

Fearing, F. 1964 [1930] : *Reflex action : A study in the history of physiological psychology*. New York : Hafner.

Fechner, G. T. 1848 : *Nanna, oder über das Seelenleben der Pflanzen*.

—— 1851 : *Zend-Avesta, oder über die Dinge des Himmels und des Jenseits*. Leipzig, Voss.

—— 1860 : *Elemente der Psychophysik*. Leipzig : Breitkopf und Härtel.

—— 1943 : *Life after death*. New York : Pantheon.

—— 1987 [1877] : “My own viewpoint on mental measurement,” *Psychological Research*, 1987, 49.

Fichte, J. G. 1956 : *The vocation of man*. Indianapolis : Bobbs-Merrill.

Figlio, K. 1975 : “Theories of perception and the physiology of mind in the late eighteenth century,” *History of Science*, 1975, 13.

Frege, G. 1964 : *The basic laws of arithmetic*, trans. M. Furth. Berkeley : University of California Press.

—— 1972 : *Conceptual notation and related articles*, ed. T. W. Bynum. New York : Oxford University Press.

—— 1977 : *Logical investigations*, eds. P. Geach and R. Stoothoff. New York : Oxford University Press.

—— 1980 : *The foundation of arithmetic*, trans. J. Austin. New York : Oxford University Press.

French, R. K. 1969 : *Robert Whytt, the soul, and medicine*. London : Wellcome Institute of the History of Medicine.

Freud, S. 1965 [1900] : *The interpretation of dreams*. New York : Avon（『夢判断』,『フロイト著作集』2, 高橋義孝訳, 人文書院, 1968 年）

—— 1969 [1926] : *The question of lay analysis*. New York : Norton（「素人による精神分析の問題」,『フロイト著作集』11, 高橋義孝, 生松敬三ほか訳, 人文書院, 1984 年）

Funkenstein, A. 1994 : “The polytheism of William James,” *Journal of the History of Ideas*. 1994, 55.

Gall, F. J. 1791 : *Philosophisch-medizinische Untersuchungen über Natur und Kunst im kranken und gesunden Zustand des Menschen*. Vienna : R. Grasser.

—— 1835 : *On the functions of the brain and each of its parts*. Boston : Marsh, Capen, & Lyon, 6 vols.

Garmo, C. De. 1895 : *Herbart and the Herbartians*. New York : Scribners.

Gauld, A. 1994 : *History of hypnotism*. Berkeley : University of California Press.

Gay, P. 1969 : *The Enlightenment : An interpretation*. New York : Norton, 2 vols.

—— 1988 : *Freud : A Life for our time*. London : Dent.（『フロイト』1, 鈴木晶訳, みすず書房, 1997 年）

Ghiselin, M. 1984 [1969] : *Triumph of the Darwinian method*. Chicago : University of Chicago Press.

Gibson, E. 1991 : *An odyssey in learning and perception*. Cambridge, Mass. : MIT Press.

Gibson, E. and J. J. Gibson. 1972 : "The senses as information-seeking systems" in *the Times Literary Supplement*, 1972.
Goetzmann, W. H. 1973 : *The American Hegelians : An intellectual episode in the history of Western America*. New York : Knopf.
Gray, P. 1962 : "Douglas Alexander Spalding, the first experimental behaviorist," *Journal of General Psychology*, 1962, 67.
Greenberg, R. 1975 : "Plexuses and ganglia : Scientific allusion in Middlemarch," *Nineteenth-Century Fiction*, 1975, 30.
Gregory, F. 1977 : *Scientific materialism in nineteenth-century Germany*. Boston : North Holland Publishers.
Gregory, R. 1972 : "Seeing as thinking" in *the Times Literary Supplement*, 1972.
Griffin, N. 1991 : *Russell's idealist apprenticeship*. New York : Clarendon.
Gruber, H. 1974 : *Darwin on man*. New York : Norton (『ダーウィンの人間論』江上生子ほか訳，講談社，1977 年)
Hall, G. S. 1881 : *Aspects of German culture*. Boston : James R. Osgood.
—— 1885: "The new psychology" in *Andover Review*, 1885, 3.
Halévy, E. 1960 : *The growth of philosophic radicalism*. Boston : Beacon.
—— 1961 : *A History of the English people in the nineteenth century*. New York : Barnes and Noble.
Hamilton, W. 1865 : *Lectures on metaphysics and logic*. Boston : Gould & Lincoln, 1865, 2 vols.
Haven, J. 1873 : *Mental philosophy : including the intellect, sensibilities, and will*. Boston : Gould & Lincoln.
Hegel, G. W. F. 1963 [1827], *Lectures on the history of philosophy*. New York : Humanities Press, 3 vols. (『哲学史講義』上・中・下，長谷川宏訳，河出書房新社，1992 年，1992 年，1993 年)
Heilbron, J. 1979 : *Electricity in the seventeenth and eighteenth centuries*. Los Angeles : University of California Press.
Heine, H. 1982 : *The complete poems of Heinrich Heine*, trans. H. Draper. Boston : Suhrkamp/Insel.
Henry, C. S. 1842 : *An epitome of the history of philosophy : Being*

the work adopted by the University of France for instruction in the colleges and high schools. New York : Harper & Brothers, 2 vols.

Henry, M. 1965 : *Philosophie et phénoménologie du corps : Essai sur l'ontologie biranienne*. Paris : PUF.

Herbart, J. F. 1834 : *Lehrbuch zur Psychologie*. Königsberg, East Prussia : August Wilhelm Unzer.

Hobsbawm, E. 1979a : *The age of capital : 1848-1875*. New York : New American Library. (『資本の時代：1848-1875』1，2，柳父圀近ほか訳，みすず書房，1981-82 年)

—— 1979b: *The age of revolution : 1789-1848*. New York : New American Library. (『市民革命と産業革命：二重革命の時代』安川悦子，水田洋訳，岩波書店，1968 年)

—— 1989 : *The age of empire : 1875-1914*. New York : Vintage. (『帝国の時代：1875-1914』1，2，野口建彦ほか訳，みすず書房，1992 年，1998 年)

Hoff, T. L. 1992 : "Gall's psychophysiological concept of function : The rise and decline of 'internal essence,'" *Brain and Cognition*, 1992, 20.

Hoffmann, E. T. A. 1992 : *The golden pot and other tales*, trans. R. Robertson. New York : Oxford University Press.

Holmes, R. 1974 : *Shelley : The pursuit*. Harmondsworth, Eng. : Penguin.

Holmes, Sr. O. W. 1899 : "Mechanism in thought and morals : An Address delivered before the Phi Beta Kappa Society at Harvard University, June 29, 1870," in *Pages from an old volume of life : A collection of essays, 1857-1881*. Boston : Houghton-Mifflin.

Hook, S. 1962 : *From Hegel to Marx*. Ann Arbor : University of Michigan Press.

Howe, D. W. 1988 : *The unitarian conscience : Harvard moral philosophy, 1805-1861*. Middletown, Conn. : Wesleyan University Press.

Husserl, E. 1913 : "Ideen zu einer reinen Phänomenologie und phänomenologischen Philosophie," *Jahrbuch für Philosophie und phänomenologische Forschung*, 1913, 1, 1-323. (『イデーン』，渡辺

二郎訳，Ｉ－ｉ，Ｉ－ii，みすず書房，1979 年，1984 年）
—— 1973 : *Logical investigations John Findlay*, trans. Routledge & Kegan Paul.（『論理学研究』立松弘孝ほか訳，1，2，3，4 巻，みすず書房，1968 年，1970 年，1974 年，1976 年）
Huxley, T. H. 1896 [1872] : "On the hypothesis that animals are automata," reprinted in *Methods and Results*. New York : Appleton.
—— 1902 [1879] : *Hume : With helps to the study of Berkeley*. New York : Appleton.
Hylton, P. 1991 : *Russell, Idealism, and the emergence of analytic philosophy*. New York : Oxford University Press.
Jacyna, L. S. 1984 : "Principles of general physiology : The comparative dimension to British neuroscience in the 1830s and 1840s," *Studies in History of Biology*, 1984, 7.
—— 1987 : "Medical science and moral science : The cultural relations of physiology in restoration France," *History of Science*, 1987, 25.
James, W. 1983 : "Are we automata ?" and "The spatial quale" in *W. James, Essays in psychology*. Cambridge : Harvard University Press.
—— 1984a : "The Ph. D. octopus" in William James, *Writings, 1902-1910*. New York : Library of America.
—— 1984b : *Writings : 1878-1899*. New York : Library of America.
Johnson, P. 1991 : *The birth of the modern : World society 1815-1830*. New York : Harper Collins.（『近代の誕生：1815-1830 年』1，2，3，別宮貞徳訳，共同通信社，1995 年）
Johnston, W. 1972 : *The Austrian mind : An intellectual and social history, 1848-1938*. Berkeley : University of California Press（『ウィーン精神：ハープスブルク帝国の思想と社会：1848-1938』1，2，井上修一ほか訳，みすず書房，1986 年）
Kant, I. 1929 : *Critique of pure reason*, trans. N. K. Smith. New York : Macmillan.（『純粋理性批判』篠田英雄訳，上・中・下，岩波文庫，1961 年，1962 年）
—— 1989 : *Critique of judgment,* trans. W. S. Pluhar. Indianapolis : Hackett.（『判断力批判』大西克礼訳，上・下，岩波文庫，1950 年）

Kennedy, E. 1978 : A philosophe in the age of revolution : *Destutt de Tracy and the origins of "ideology"*. Philadelphia : American Philosophical Society.

King-Hele, D. 1970 : *Shelley : His thought and work*. Teaneck, N. J. : Fairleigh-Dickinson University Press, 2d ed.

—— 1977 : *Doctor of revolution*. London : Faber & Faber.（『エラズマス・ダーウィン：生命の幸福を求めた博物学者の生涯』和田芳久訳，工作舎，1993年）

—— 1983 : "Shelley and Erasmus Darwin," in ed. K. Everest. *Shelley revalued : Essays from the Gregynog conference*. Totowa, N. J. : Barnes & Noble Books.

—— 1986 : *Erasmus Darwin and the Romantic poets*. New York : St. Martin's Press.)

King-Hele, D. ed. 1981 : *The letters of Erasmus Darwin*, New York : Cambridge University Press.

Kneale, W. & M. 1962 : *The development of logic*. New York : Oxford University Press.

Kohn, D. ed. 1985 : *The Darwinian heritage*. Princeton : Princeton University Press.

Köhnke, K. 1991 : *The rise of neo-Kantianism*. New York : Cambridge University Press.

Kraushaar, O. 1936 : "Lotze's influence on the psychology of William James," *Psychological Review*, 1936, 43.

—— 1940 : "Lotze's influence on the pragmatism and practical philosophy of William James," *Journal of the History of Ideas*, 1940, 1.

Kuehn, M. 1987 : *Scottish common sense in Gérmany, 1768-1800*. Montréal : McGill-Queen's University Press.

Lange, F. A. 1881 : *History of materialism and criticism of its present importance*. Boston : Houghton Mifflin, 3 vols.

Lanteri-Laura, G. 1970 : *Histoire de la phrénologie*. Paris : PUF.

Latash, M. and M. Turvey, eds. 1996 : *Dexterity and its development*. Mahwah, N. J. : Erlbaum.

Leahey, T. and G. 1983 : *Psychology's occult doubles : Psychology and the problem of pseudoscience*. Chicago : Nelson-Hall.

Leary, D. 1978 : “The philosophical development of the conception of psychology in Germany, 1780-1850,” *Journal of the History of the Behavioral Sciences* 1978, 14.

Lenoir, T. 1982 : *The strategy of Life : Teleology and mechanics in nineteenth-century German biology*. Boston : North Holland Publishers.

Lesch, J. E. 1985 : *Science and medicine in France ; The emergence of experimental physiology, 1790-1855*. Cambridge : Harvard University Press.

Lewes, G. H. 1866 : “Spinoza,” *Fortnightly Review*, 1866, 4.

—— 1874- 79 : *Problems of life and mind : First series, Foundations of a creed ; Second series, The physical basis of mind ; Third series, The study of psychology*. Boston.

—— 1893 : *Biographical history of philosophy*. Manchester, Eng. : Routledge, 8th ed.

Leys, R. 1990 : *From sympathy to reflex : Marshall Hall and his opponents*. New York : Garland.

Lindsay, T. M. 1876 : “Rudolf Hermann Lotze,” *Mind*, 1876.

Loeb, L. 1981 : *From Descartes to Hume : Continental metaphysics and the development of modern philosophy*. Ithaca, New York : Cornell University Press.

Lotze, R. H. 1852 : *Medizinische Psychologie, oder Physiologie der Seele*. Leipzig : Weidmann'sche Buchandlung.

—— 1887a : *Metaphysics*. Oxford : Clarendon Press, 2d ed.

—— 1887b : *Microcosmos : An essay concerning man and his relation to the world*. New York : Scribners, 2d ed.

Mackintosh, J. 1853 : *Dissertation on the progress of ethical philosophy : chiefly during the 17th and 18th centuries, prefixed to the Encyclopaedia Britannica in The miscellaneous works of the right honourable Sir James Mackintosh*. Philadelphia : Hart.

MacNamara J. and G. J. Boudewijnse. 1995 : “Brentano's influence on Ehrenfels's theory of perceptual gestalts,” *Journal for the Theory of Social Behavior*, 1995, 25.

Magee, B. 1983 : *The philosophy of Schopenhauer*. New York : Oxford University Press.

Mandelbaum, M. 1971 : *History, man, and reason*. Baltimore, Md. : Johns Hopkins University Press.

Marsden, G. M. 1994 : *The soul of the American university : From Protestant establishment to established nonbelief*. New York : Oxford University Press.

Mason, M. 1971 : "Middlemarch and science : Problems of life and mind," *Review of English Studies*, 1971, 22.

Matthiessen, F. O. 1947 : *The James family*. New York : Knopf.

McCosh, J. 1966 [1875] : *The Scottish philosophy*. Hildesheim : Georg Olms.

McCracken, C. 1983 : *Malebranche and British philosophy*. New York : Oxford University Press.

Mellor, A. K. 1989 : *Mary Shelley : Her life, her fiction, her monsters*. New York : Routledge.

Merz, J. T. 1976 [1903-12] : *European thought in the nineteenth century*, Gloucester, Mass. : Peter Smith, 4 vols.

Micheli, G. 1990 : "The early reception of Kant's thought in England 1785-1805," in eds. G. M. Ross and T. McWalter. *Kant and his influence*. Bristol, Eng. : Thoemmes.

Mill, J. 1869 : *Analysis of the phenomena of the human mind*. London : Longmans, Green, Reader, & Dyer.

Mill, J. S. 1978 [1842] : "Bailey on Berkeley's theory of vision," in ed. J. Robson. *Essays on philosophy and the classics*. Toronto : University of Toronto and Routledge & Kegan Paul, 1978 [1842] — quote, p. ＊＊〔原文ママ〕

—— 1979 [1865] : *An examination of Sir William Hamilton's philosophy*. Toronto : University of Toronto & R. Kegan Paul.

Mills, J. A. 1984 : "Thomas Brown's theory of causation," *Journal of the History of Philosophy*, 1984, 22.

—— 1987 : "Thomas Brown on the philosophy and psychology of perception," *Journal of the History of the Behavioral Sciences*, 1987, 23.

Moore, F. C. T. 1970 : *The psychology of Maine de Biran*. New York : Oxford.

Mudford, P. G. 1968 : "William Lawrence and The natural history

of man," *Journal of the History of Ideas*, 1968, 29.
Müller, J. 1838a : *Elements of physiology*. London : Murray, 2 vols.
—— 1838b : *Handbuch : The elements of physiology*, trans. J. Baly. London : Murray.
Myers, G. 1986 : *William James*. New Haven : Yale University Press.
Nicolson, H. 1946 : *The congress of Vienna*. London : Macmillan.
O'Donnell, R. 1985 : *The origin of behaviorism, 1880-1920*. New York : NYU Press.
Palmer, R. R. 1964 : *The age of democratic revolution*. Princeton : Princeton University Press, 2 vols.
Passmore, J. 1957 : *A hundred years of philosophy*. London : Duckworth.
Passmore, J. A. ed. 1965 : *Priestley's writings on philosophy, science, and politics*. New York : Collier, 1965.
Pastore, N. 1971 : *Selective history of theories of visual perception, 1650-1950*. New York : Oxford University Press.
Peirce, C. S. 1992 : *The essential Peirce : Vol.* Ⅰ, *1867-1893*, eds. N. Houser and C. Kloesel. Bloomington : University of Indiana Press.
—— 1992a : "Grounds of validity of the laws of logic" in op. cit.
—— 1992b : "On the Algebra of Logic" in op. cit.
—— 1992c : *Reasoning and the logic of things*. Cambridge : Harvard University Press.
Pera, M. 1993 : *The ambiguous frog*. Princeton : Princeton University Press.
Perry, R. B. 1935 : *The thought and character of William James*. Boston : Little, Brown.
Pollock, F. 1880 : *Spinoza : His life and philosophy*. London : Kegan Paul.
Pounds, N. J. G. 1985 : *Historical geography of Europe, 1800-1914*. New York : Cambridge University Press (『近代ヨーロッパの人口と都市』桜井健吾訳, 晃洋書房, 1991年)
Priestley, J. 1774 : *An examination of Dr Reid's Inquiry into the human mind on the principles of common sense*. London : J.

Johnson.

—— 1777 : *Disquisitions relating to matter and spirit*. London : J. Johnson.

Prochaska, G. 1851 : “A dissertation on the functions of the nervous system” in ed. T. Laycock. *Unzer and Prochaska on the nervous system*. London : Sydenham Society.

Reed, E. S. 1982a : “Descartes' corporeal ideas hypothesis and the origin of scientific psychology,” *Review of Metaphysics*, 1982, 35.

—— 1982b : “Darwin's earthworms : A case study in evolutionary psychology,” *Behaviorism*, 1982, 10.

—— 1988 : *James J. Gibson and the psychology of perception*. New Haven : Yale University Press.

—— 1989 : “Theory, concept, and experiment in the history of psychology : The older tradition behind a ‘young science’,” *History of the Human Sciences*, 1989, 2.

—— 1995 : “The psychologist's fallacy as a persistent framework in William James's psychological theorizing,” *History of the Human Sciences*, 1995, 8.

—— 1996a : *Encountering the world : Toward an ecological psychology*. New York : Oxford University Press, 1996.（『アフォーダンスの心理学』細田直哉訳，新曜社，2000 年）

—— 1996b : *The necessity of experience*. New Haven : Yale University Press.（『経験のための戦い』菅野盾樹訳，新曜社，2010 年）

Reid, T. 1872 : *The works of Thomas Reid: now fully collected, with selections from his unpublished letters*. Edinburgh : Maclachlan & Stewart, 7th ed., 2 vols.

Reiman, D. H. and S. Powers, eds. 1977 : *Shelley's poetry and prose*. New York : Norton.

Renouvier, C. 1994［1892］: “Schopenhauer et la métaphysique du pessimisme,” reprinted in eds. S. Donailler, R. P. Droit, and P. Vermeren. *Philosophie, France, XIXe siècle*. Paris : Livre de Poche.

Ribot, T. 1873 : *English psychology*. London : Henry King.

—— 1886 : *German psychology to-day*. New York : Scribner's sons.

Roback, A.A. 1964 : *History of American psychology*, rev. ed. New York : Collier.（『アメリカ心理学史』上・下，堀川直義，南博訳，法政大学出版局，1956 年）

Robinson, D. 1989 : "Thomas Reid's critique of Dugald Stewart," *Journal of the History of Philosophy*, 1989, 27.

Robinson, D. S. 1961 : *The story of Scottish philosophy*. New York : Exposition Press.

Roget, P. M. 1838 : *Treatises on physiology and phrenology*. Edinburgh : Adam and Charles Black.

Russell, B. 1938 [1903] : *Principles of mathematics*. New York : Norton.

Santayana, G. 1971 : *Lotze's system of philosophy*. Bloomington : Indiana University Press.

Schäfer, E. A. 1900 : *Textbook of physiology*. Edinburgh : Pentland, 2 vols.

Schelling, F. W. J. 1988 : *Ideas for a philosophy of nature*. Cambridge : Cambridge University Press, 2d ed.

Schiller, J. 1968 : "Physiology's struggle for independence," in the first half of the nineteenth century *History of Science*, 1968.

Schleiden, M. J. 1863 : *Über den Materialismus der neueren deutschen Naturwissenschaft*. Leipzig : Engelmann.

Schnädelbach, H. 1984 : *Philosophy in Germany, 1831-1933*. New York : Cambridge University Press.

Schneider, H. W. 1964 : *History of American philosophy*. New York : Columbia University Press.

Schopenhauer. A. 1853 : "Iconoclasm in German philosophy," *Westminster Review*, 1853, 59.

—— 1907: "On the will in nature," trans. K. Hillebrand. in *Two essays by Arthur Schopenhauer*. London : Bell.（『ショーペンハウアー全集』第 8 巻所収，金森誠也訳，白水社，1973 年）

—— 1964 [1819] : *World as will and representation*, trans. E. F. J. Payne. New York : Dover.（『ショーペンハウアー全集』第 2 〜 7 巻所収，斎藤忍随ほか訳，白水社，1972 年，1973 年，1974 年）

—— 1974 [1813] : *The fourfold root of the principle of sufficient reason*, trans. E. F. J. Payne. La Salle, Ill. : Open Court.（『ショー

ペンハウアー全集』第1巻所収，生松敬三ほか訳，白水社，1972年)

Shapin, S. 1975 : "Phrenological knowledge and the social structure of early nineteenth-century Edinburgh," *Annals of Science*, 1975, 32.

Sheehan, J. 1989 : *German history, 1770-1866*. New York : Oxford University Press.

Sheets-Pyenson, S. 1985 : "Popular science periodicals in Paris and London : The emergence of a low scientific culture, 1820-1875," *Annals of Science*, 1985, 42.

Shelley, M. 1982 : *Frankenstein : Or, the modern Prometheus*, edited by J. Rieger. Chicago : University of Chicago Press. (『フランケンシュタイン』臼田昭訳，国書刊行会，1979年)

Shelley, P. B. 1901 : *The complete poetical works of Percy Bysshe Shelley*. Boston : Houghton Mifflin.

Shuttleworth, S. 1984 : *George Eliot and nineteenth-century science : The make-believe of a beginning*. New York : Cambridge Univershy Press.

Simon, W. M. 1963 : *European positivism in the nineteenth century*. Ithaca : Cornell University Press.

Smith, B. 1994 : *Austrian philosophy : The legacy of Franz Brentano*. Chicago : Open Court.

Smith, B. and D. W. Smith. 1995 : *Cambridge companion to Husserl*. New York : Cambridge University Press.

Spalding, D. 1873a : "Instinct : With original observations on young animals," *Macmillan's magazine*, 1873, 27. reprinted with note by Haldane, J. B. S. in *British Journal of Animal Behavior*, 1954, 2.

—— 1873b : "The relation of mind and body (Review of Bain's *Mind and body*)," *Nature*, 1873, 7.

—— 1873c : Review of Spencer's *Principles of psychology*, in *Nature*, 1873, 7.

—— 1874 : Review of Lewes's *Problems of life and mind, in Nature*, 1874, 10.

—— 1875 : "Instinct and acquisition," *Nature*, 1875, 12.

Spurzheim, J. G. [1846 ?] : *The natural laws of man*. New York : Fowler & Wells, n. d.

—— 1834 : *Phrenology in connexion with the study of physiognomy*. Boston : Marsh, Capen & Lyon.

—— 1835 : *Phrenology, or the doctrine of the mental phenomena*. Boston : Marsh, Capen, & Lyon.

Stewart, D. 1829a : *The works of Dugald Stewart*. Cambridge : Hilliard & Brown, 7 vols.

—— 1829b : *Dissertation, exhibiting a general view of the progress of metaphysical, ethical, and political philosophy since the revival of letters in Europe, part* I. in *The works of Dugald Stewart*. Cambridge : Hilliard & Brown, 1829. vol. 6

Stirling J. 1865 : *Sir William Hamilton : Being the philosophy of perception, an analysis*. London : Longmans, Green, and Co.

Strouse, J. 1980 : *Alice James*. Boston : Houghton Mifflin.

Sulloway, F. 1979 : *Freud : Biologist of the mind*. New York : Basic Books.

Sully, J. 1877 : *Pessimism*. London : Kegan Paul.

Sunstein, E. W. 1989 : *Mary Shelley : Romance and reality*. Baltimore : Johns Hopkins University Press.

Taine, H. 1857 : *Les philosophes français du XIXe siècle*. Paris : Hachette.

—— 1869 : *De l'intelligence*. Paris : Vrin.

Tansey, E. M. 1992 : "'... the science least adequately studied in England' : Physiology and the George Henry. Lewes studentship, 1879-1939" *Journal of the History of Medicine and Allied Sciences* 1992, 47.

Taylor, E. 1983 : *William James on exceptional mental states*. New York : Scribners.

—— 1996 : *William James : On consciousness beyond the margin*. Princeton, N. J. : Princeton University Press.

Thompson, E. P. 1968 : *The making of the English working class*. New York : Vintage.

—— 1994 : *Witness against the beast*. New York : New Press.

Tracy, Destutt de. 1824 : *Elémens d'idéologie*. Paris : Charles M. Levi, 3 vols.

Turner, F. M. 1974 : *Between science and religion : The reaction to*

scientific naturalism in late Victorian England. New Haven : Yale University Press.

Turner, R. S. 1982 : "Helmholtz, sensory physiology, and the disciplinary development of German psychology" in eds. W. Woodward and M. Ash., *The problematic science : Psychology in nineteenth-century thought*. New York, Praeger.

—— 1994 : *In the eye's mind*. Princeton : Princeton University Press.

Tyndall, J. 1898 : *Fragments of science*. New York : D. Appleton, 2 vols.

Unzer, J. A. 1851 : "The principles of physiology" in ed. T. Laycock. *Unzer and Prochaska on the nervous system*. London : Sydenham Society.

Von Hartmann, E. 1931 [1869] : *Philosophy of the unconscious*. New York : Harcourt, Brace, 3 vols.

Wayland, F. 1839 : *The elements of moral science*. Boston : Gould, Kendall, & Lincoln, 11th ed.

Welsh, D. 1825 : *Account of the life and writings of Thomas Brown, M. D.* Edinburgh : Tait.

Whyte, L. L. 1960 : *The unconscious before Freud*. New York : Basic Books.

Whytt, R. 1768 : *Works*. Edinburgh : Hamilton.

Wiener, J. H. 1983 : *Radicalism and freethought in nineteenth-century Britain : The life of Richard Carlile*. Westport : Greenwood.

Wight, O. 1857 : *Sir William Hamilton's philosophy*, New York : Appleton.

Willey, T. E. 1978 : *Back to Kant : The revival of Kantianism in German social and historical thought, 1860-1914*. Detroit : Wayne State University Press.

Wilson, D. 1990 : *Science, community, and the transformation of American philosophy, 1860-1930*. Chicago : University of Chicago Press.

Wilson, F. 1991a : "Mill and Comte on the method of introspection," *Journal of the History of the Behavioral Sciences*,

1991, 27.
—— 1991b : *Psychological analysis and the philosophy of John Stuart Mill.* Toronto : University of Toronto Press.
Winslow, H. 1864 : *Intellectual philosophy : Analytical, synthetical, and practical.* Boston : Brewer & Tileston, 8th ed.
Woodward, W. R. 1972 : "Fechner's panpsychism : A scientific solution to the mind-body problem," *Journal of the History of the Behavioral Sciences*, 1972, 8.
—— 1978 : "From association to Gestalt : The fate of Hermann Lotze's theory of spatial perception, 1846-1920," *Isis*, 1978, 69.
Wundt, W. 1862 : *Beiträge zur Theorie der Sinneswahrnehmung.* Leipzig : Winter.
—— 1863 : *Vorlesungen über die Menschen- und Thierseele.* Leipzig : Voss, 2 vols.
—— 1874 : *Grundzüge der physiologischen Psychologie.* Leipzig : Englemann.
—— 1883 : "Über psychologische Methoden," *Philosophische Studien*, 1883, 1.

文献案内

本書はエッセイであり，包括的な歴史書ではない。心理学の歴史にとって必要なのは歴史記述よりもエッセイ〔論述〕である，という信念によって本書は書かれた。つまり，われわれは何が重要な問題と見なされるべきなのかを議論する必要があり，そしてまた，われわれの研究と著述を動機づけている歴史的仮説をもっとはっきりさせる必要があるという信念によって書かれたのである。この理由から，わたしは自分の考えをできるかぎり一次文献に基づけるようにした。悲しいことに，少なくともこの分野では，大部分の二次文献は，よくても部分的なものにとどまっており，また誤解をもたらしやすいものである。特に英語圏では，哲学と心理学についての歴史家は視野が大変狭く，全く少数の登場人物と出来事に焦点を合わせてきた。例えば，フェヒナーは精神物理学の重要な創始者であると広く認められているにもかかわらず，彼の汎神論に関しては，それが彼の精神物理学と関係しているのかいないのか，という点についてまじめな議論を行っている二次文献はほとんど見受けられない。

もちろんわたしは二次文献をすべて捨て去ってしまったわけではない。わたしは大変多くのことを，ここで扱った時代の諸側面について新鮮な見方を示している人々に負っている。例えば，M. H. エイブラムズ，アンリ・エランベルジュ，エリック・ホブズボーム，そしてモーリス・マンデルバウムといった人々がそうである。驚くべきことには，こうした著作家たちは（エランベルジュのような例外を除くと）自分たちのことを心理学の歴史家とは見なしていないし，また心理学や哲学の歴史に関する専門書では彼らは代表的な歴史家として引用されることがない。わたしはまた，同時代の人々がわたしの論ずる思想家や思想をどのように見ていたかについての知識を与えてくれる19世紀の二次文献を探す努力を行った。この努力の過程からいくつかの重要な歴史的仮説を得ることができた。例えば，20世

紀の歴史家たちの共通の思い込みには，ハックスリやティンダルのような思想家は「唯物論者」であるというものがあるが，明らかにこの思い込みはまったくのところ，この二人と同時代の人々が行った彼らに対する攻撃を誤解したことに基づいているのである。このように現代の歴史的概観において誤った理解が繰り返し生じているという事態は，一次文献についての一般的な無知という理由を挙げて説明するほかはないと思われる。

わたしはまた，わたしが用いなかった資料についても明らかにしておきたい。関連する資料にはさまざまな文庫に保管されているものやそうでないものがあるが，この時代に書かれたものにもかかわらず，19 世紀の間に公刊されなかったものは，それを用いないことに決めた。確かにそのような資料からは多くの新しい洞察が得られるであろうし，また得られるはずである。しかし他方で，わたしは，私的な出来事や動機に関して考える以前に，公になっている重要な傾向に関してもっと注意する必要があるし，もっと知る必要があると考えている。わたしが本書で示した議論が正しいとするなら，われわれはいまだ，1800 年以降に公になっていた魂についての思想に関して何が起こったのかを明確に示す見取り図を持っていないのである。いずれにしてもわたしは，そのような時期の知的な出来事とその背後にある緊張関係に関する明確な見方を確立することを第一の目標とした。文庫に保管されている資料を利用しなかった第二の理由はプラグマティックなものである。わたしは，現在の仕事の限られた範囲のなかでだけでも十分忙しい状態にある。どこかの文庫を訪問しなくとも，心理学の歴史に関する現在の理解のなかに多くの重要な空隙を見出すことができる。実際，19 世紀の心理学と心の哲学に関係する文献を体系的に読もうと努めたことのあるひとなら，公刊された一次資料すべてを一人で読もうとするには人間の命は短すぎることを知っているはずである。わたしは本書に関する研究を遂行するために 20 年以上にわたって資料を読み続けてきたが，いくつかの決定的な時期と個人についての情報を明らかにすることを除いて，雑誌文献のほんの上っ面をなでた以上のことはできなかったことを隠そ

うとは思わない。それに加えて，膨大なドイツ語の雑誌文献には手を回さなかった。この欠陥が本書の結論を限界のあるものにしていることは疑いえない。にもかかわらず，以下の文献目録が明らかにしているように，わたしは，英語，フランス語，ドイツ語で書かれた資料を幅広く読んできた。本研究の目的は，一つの国の思想傾向を理解することではなく，ヨーロッパ思想の傾向を理解することなのである。

一般的な研究

読者が，19 世紀の歴史を哲学史や心理学史と比較して眺めたときに最初に気づくのは，哲学史や心理学史では，一般的な歴史のなかでは決定的に重要であったとして脚光を浴びる出来事がめったに言及されることがないという点である。ナポレオンやビスマルクは，ほとんどの哲学史や心理学史で，舞台裏にさえ登場することがない。ヨーロッパ全体にわたって世紀の半ばに生じた通信と交通に関する大きな革命は，その結果として，科学者の共同体，会議，雑誌などの発展をもたらしたにもかかわらず，哲学や心理学の歴史に登場することはない。さらに，心理学の歴史に属するもので，科学としての心理学の発展と並んで小説もまた発展していたことをまじめに論じたものは存在しない。わたしとしては，本書の努力によって，歴史理解に見られるこうした統合の欠如を改良するための一歩が，ほんの小さなものであれ，踏み出されることを期待している。

19 世紀の研究を始めるに当たって，最適な出発点となるのはエリック・ホブズボームの三部作である。*The age of revolution : 1789-1848*（New York : New American Library, 1979〔『市民革命と産業革命：二重革命の時代』安川悦子，水田洋訳，岩波書店，1968 年〕），*The age of capital : 1848-1875*（New York : New American Library, 1979〔『資本の時代：1848-1875』1，2，柳父圀近ほか訳，みすず書房，1981-82 年〕），*The age of empire : 1875-1914*（New York : Vintage, 1989〔『帝国の時代：1875-1914』1，2，野口建彦，野口照子訳，みすず書房，1992 年，1998 年〕）。ホブズボームの著作は，この時代

について知られていることについて雄大な総合的概観を提出しただけではなく，特定の文化や科学的発展について数多くの真に洞察力のある仮説を含んでいる。よく知られているという点で，ポール・ジョンソンの通観的な著作 *The birth of the modern :World society 1815-1830*（New York : Harper Collins, 1991〔『近代の誕生：1815-1830 年』1,2,3, 別宮貞徳訳，共同通信社，1995 年〕）を挙げねばならないだろう。もっともこの著作を通じてジョンソンは，ナポレオンはスターリンの先駆者（proto-Stalin）であったという独断を保持しているため，文化と政治に関する彼の判断のもつ価値は低下させられてしまっている。読者は，ジョンソンの主張を他の著者の主張と常に対比する必要がある。

M. Mandelbaum の *History, man, and reason*（Baltimore, Md. : Johns Hopkins University Press, 1971）は，哲学的観点における 19 世紀の流れについて洞察に満ちた概観を与えてくれる。彼は包括的な心理学の歴史を提示しているとは言っていないが，実際には，ショーペンハウアー，コント，マルクス，そしてほかの「歴史主義者」について良質で詳細な説明を提供してくれている。しかしながらマンデルバウムは 1830 年以前にほとんどの国で公に教えられていた類の伝統的形而上学に関しては大変弱い。彼の本は，É. Bréhier, *Histoire de la philosophie, vol. 3, XIX-XXe siècles*（Paris : PUF, 1932）と J. McCosh, *The Scottish philosophy*（Hildesheim : Georg Olms, 1966 [1875]）とによって補足されれば役に立つものとなろう。H. W. Schneider の *History of American philosophy*（New York : Columbia University Press, 1964）はこの種のもののモデルといえる。この著書は，知的内容と知的スタイルにおける変化について明確で簡潔，かつ首尾一貫した説明を提供している。1900 年ころに見られるアメリカにおけるスコットランド哲学の影響とプラグマティスト・ネオ・実在論者（pragmatist-neo-Realist）の展開についての章はお手本のようなものである。A. A. Roback の *History of American psychology*, rev. ed.（New York : Collier, 1964〔『アメリカ心理学史』上・下，堀川直義，

南博訳，法政大学出版局，1956年〕）もまた，特に19世紀の前半に関して，有益である。

E. G. ボーリングの本は，多くの問題を孕んではいるが，疑い無く今でも心理学の歴史では古典的テキストの位置を占めている。ボーリングの*History of experimental psychology*（New York : Century, 1929）は，1950年の第二版で大きな変更を受けることになったので，注意深い学生は二つの版を両方とも利用することが望ましい。実験心理学の初期の歴史の大部分は精神物理学と感覚生理学をめぐるものだったという事情を考えると，ボーリングの*Sensation and perception in the history of experimental psychology*（New York : Appleton-Century-Crofts, 1942）は重要である。ボーリングの本に備わる限界の大部分は，彼の二つの偏見からきている。ひとつは，心理学はその起源をドイツの科学に持っているという想定であり，もう一つは，（彼の先生のティチェナーに由来するのであり）ヴントはある種の実証主義者であるという想定である。後の歴史家たちは，本書で見るように，この偏見を修正するために多くの仕事をしたが，まだ誰も，ボーリングの本のもつ広がりと重要さに匹敵する心理学の歴史全体に関する新しい総合的見方を作りだしてはいない。

E. ClarkeとL. S. Jacynaによる*Nineteenth-century origins of neuroscientific concepts*（Berkeley : University of California Press, 1987）は多分，神経系について仕事をした19世紀の生理学者の活動についての最良の入門書であろう。にもかかわらず，驚くべきことに，この本は，生理学の仕事を哲学的問題や文化的問題と関連づけるための努力をほとんど行っていない。いくつかの点では，F. Fearingの*Reflex action : A study in the history of physiological psychology*（New York : Hafner, 1964［1930］）は，1800年代に神経生理学と心理学がどのように交差し始めたのかを理解したいと思っている読者にとっては，いまでも最良の導入となろう。フィアリングの本は，R. Leysの*From sympathy to reflex : Marshall Hall and his opponents*（New York : Garland, 1990）によって補われることで有用なも

のになるだろう。この本は，医学におけるスコットランド学派と呼びうるような学派と，それが19世紀の初頭に脊髄反射の研究に与えた影響について詳しい研究を行ったものである。レイズは，反射の近代的理論はその多くに関して，ホイットとカレンそれぞれの「共感」(sympathy) 理論，つまり，脊髄に存在すると見なされている特殊な魂に関する理論から生じたものであることを示している。

アンリ・エランベルジュの模範的な仕事である *Discovery of the unconscious*（New York : Basic Books, 1970〔エレンベルガー『無意識の発見』上・下，木村敏，中井久夫監訳，弘文堂，1980年〕）は，メスメリズム，医学，そして心理学の間の錯綜した関係についての見識を含んでいる点で，他の追随を許さないものである。力動的心理学の多く――当の個人には到達可能でない動機，感情，そして思考などについての心理学――は，その根を，哲学，医学，科学などの主流に属するものに持っているのではなく，催眠，心霊主義，そしてその他のよく理解されていない現象と結び付いた多様なグループに持っているのである。A. Gauld の *History of hypnotism*（Berkeley : University of California Press, 1994）はほとんどすべてを網羅した概観となっている。G. F. Drinka の *The birth of neurosis*（New York : Simon & Schuster, 1984）は，19世紀後半の精神病理学が心霊主義，電気や磁気についての非正統的な理論，そして催眠などと深くからまり合っていたことを示している点で，役に立つものである。

ヨーロッパにおける19世紀は，人口分布の重要な変化が生じた時でもあった。中央ヨーロッパでは，さまざまなドイツ語圏の公国が合併してプロイセンとオーストリアになった。南部ヨーロッパでは，1860年にイタリアが，ともかくも統一した国民国家として成立した。産業革命は，地方から都市部へ人々の大規模な移動をもたらし，大都市が目覚ましく発展した。都市は，国民国家の中心であるとともに，海外にまで広がる国際的な経済の中心となり始めた。大都市は文化的活動の中心となったし，また，大都市周辺では，しばしば近代科学に関連する制

度が成立した。それらの諸制度には，大学や実験室はもちろんであるが，それらだけでなく，医者の学会や科学者の学会，そしてそうした学会の会合，雑誌なども含まれていた。科学としての心理学が発展するうえで最も重要であった都市は，ベルリン，ロンドン，ウィーンであった。さらに，これらに比べると小さな都市であったが，エジンバラとライプツィヒがこれらの大都市とほとんど同じような重要性を持っていた。この両都市は，多分驚くべきことといってよいと思うが，パリよりも大きな重要性を持っていた。ホブズボームによるこれら諸都市の人口統計学的な傾向についての議論はすばらしい見通しを与えてくれるし，大変挑戦的なものである。しかし，もっと多くの情報を得たい場合には，読者は，N. J. G. Pounds の *Historical geography of Europe, 1800-1914*（New York : Cambridge University Press, 1985〔『近代ヨーロッパの人口と都市』桜井健吾訳，晃洋書房，1991 年〕）を参照することが望ましい。

前にも触れたように，わたしは多くの同時代の二次文献を数多く利用した。そのような文献は，19 世紀の思想家たちが何を当時の重要な問題と見なしていたかについて考えるうえで導き手となると思ったからである。わたしが参照した最も一般的な研究は，R. Blakey の *History of the philosophy of mind : Embracing the opinions of all writers on mental science from the earliest period to the present time*（London : Longman, Brown, Green, and Longmans, 1850), vol. 4 である。ブレイキーはスコットランド学派の小さな支流に属する人物で，ベルファストで教えていた。彼の本は，膨大な数の著作家についての短いノートからなる要覧であるが，どのような思想家が 1850 年に重要であると見なされていたか（そして誰が重要でないと見なされていたか）を見るには不可欠なものであり，また，忘れ去られてしまった思想家への手掛かりを与えるものである。J. T. Merz の *European thought in the nineteenth century*（Gloucester, Mass. : Peter Smith, 1976［1903-12］), 4 vols. は，実証主義的観点を多少含んだ観点から書かれたヨーロッパ思想の概観である。この本と同じような要覧であるが，現在で

はよく知られていない伝統的形而上学者に大きなスペースをさいている点で大変役に立つのは，C. S. Henry の *An epitome of the history of philosophy : Being the work adopted by the University of France for instruction in the colleges and high schools* (New York : Harper & Brothers, 1842), 2 vols. である。

J. M. ボールドウィンの *History of psychology : A sketch and an interpretation* (London : Watts, 1913) は，学問的仕事ではないが，にもかかわらず，北アメリカの最も目先の利く「新心理学者」の一人の意見を記録したものとしての価値がある。G. H. ルイスの *Biographical history of philosophy* (Manchester, Eng. : Routledge, 1893) は，1845-46 年の初版から始まったものであり，後々まで広く使用された（わたしが参照したのは第八版である）。ルイスが人気のある思想家であるということに加えて，彼がコントなどの実証主義者を評価したため，少なくともイギリスではそれに対する反発が起こり，実証主義と唯物論に対する激しい攻撃が起こった。Elie Halévy の *The growth of philosophic radicalism* (Boston : Beacon, 1960) が最初に出版されたのは，1920 年であり，これは，ある意味では，初期の連合主義から功利主義や「ラディカリズム」が成立する過程についての同時代人の見方を示したものといえる。アレヴィは大変偉大な歴史家であり，この仕事はいまでも十分意味のあるものであり，ジェームズ・ミルとジョン・スチュアート・ミルの思想の起源を理解したいと思っているものはこの本を読むべきである。

〔なお，扉に用いられているワーズワース『抒情歌謡集』からの引用に関しては，下記の邦訳を参照した。ワーズワス／コールリッジ『抒情歌謡集』宮下忠二訳，大修館書店，1984 年〕

第１章　心理学を求めて

J. B. ドッズの *The philosophy of electrical psychology* (New York : Fowler & Wells, 1850), 2d ed. は少なくとも合衆国の北東部では，いまでも多くの公営の図書館で見つけること

ができる。Fowler & Wells という出版社は，骨相学とメスメリズムに関する専門の出版社としては，ひょっとすると，最も大きなものであったかもしれない。この出版社の出版物を研究することは大いに意味のあることであり，それによって 19 世紀後半の合衆国で，心に関してどのような考え方が広く普及していたかを明らかにすることができる。ロッツェの引用は，*Microcosmos*, p. xv. の序文に基づく。この本の英語への翻訳はウイリアム・ハミルトン卿の娘によってなされたということを指摘しておくことに意味があるかもしれない。その翻訳は *Microcosmos : An essay concerning man and his relation to the world* (New York : Scribners, 1887), 2d ed. である。

Peter Bowlerによる*The eclipse of Darwinism : Anti-Darwinian evolution theories in the decades around 1900* (Baltimore : Johns Hopkins University Press, 1983) は，驚くべきことに，19 世紀後半の科学思想と哲学思想に見られた反ダーウィン的流れを扱った数少ない学問的研究の一つである。なぜわたしが「驚くべきことに」と述べたかというと，1890 年から 1930 年にかけて英語で出版されたもののほとんどすべてはその精神において，あるいは内容において，ないしそれら両者において，反ダーウィン的であったからである。〔進化論のなかでの〕反ダーウィン的傾向はドイツやイタリアではそれほどでもなかったし，〔ダーウィン的であれ，反ダーウィン的であれ，進化論に冷淡であった〕フランスではもとより論外であった。

同じように，図書館や古本屋の医学関係のコーナーを見慣れた人は，19 世紀後半に出版された「医学的」出版物のほとんどが，後に「奇人」と見なされることになる人々によって出版されたものであることを知っているだろう。にもかかわらず，アカデミックな歴史家たちは，これらの文献のほとんどがまるで存在しなかったかのように振舞ってきた。D. & E. Armstrongによる*The great American medicine show* (New York : Simon & Schuster, 1991) は，医学の分野でのいわゆるオルタナティヴな理論についての情報を集めた便利な要約集である。(しかし何に対してオルタナティヴだというのだろうか。現在広く行われ

ているような西洋近代医学〔ホメオパシー医学に対してアロパシー医学と呼ばれる〕は20世紀になるまで全く主流であるとは言えなかったのだから。）この書は，メスメリズム，心の治療者《mind healer》，電気療法士，などに関する簡潔な描写を含んでいる。この著書では，これらの実践家に対する著者のシニズムのために，実践家たちの考え方を真剣に分析することが妨げられてしまっている。にもかかわらずこの本は，心と健康に関して広く流布されていた多くの考え方をまとめたという点でユニークなものであることは間違いない。

1850年代のドイツ語圏で生じた唯物論に関する争いは，多くの間違った理解と考えを生み出すことになった。この点に関する最もよい入門書は，F. Gregory, *Scientific materialism in nineteenth-century Germany*（Boston : North Holland Publishers, 1977）である。後になってダーウィンについて生じた論争の様子から振り返って見るなら，興味深いことに，当時，最も大きな反論を招いたように見える考え方というのは，人間を「自然化」する傾向をもつものであり，必ずしも哲学的な意味で唯物論と呼ばれるものではなかった。

ホブズボームの *The age of revolution* は，ナポレオン時代の政治とそれを終わらせたウィーン協調体制の抑圧的政治のあり方を知るのによい導入を与えてくれる。R. R. Palmer による *The age of democratic revolution*（Princeton : Princeton University Press, 1964), 2 vols. はいまでもヨーロッパとヨーロッパ諸国の植民地での政治的出来事に関して，最も読みごたえがあり，最も信頼のおける概観を与えてくれている。H. Nicolson の *The congress of Vienna*（London : Macmillan. 1946）は，多分古くなってはいるが，十分読むに値する。近代初期の警察国家が用いていた方法や慣習についての詳しい記述は，D. Emerson, *Metternich and the political police : Security and subversion in the Hapsburg monarchy*（The Hague : M. Nijhoff, 1968）を参照のこと。古典と見なされている E. Halévy による *A History of the English people in the nineteenth century*（New York : Barnes and Noble, 1961）も，多分古く

なっているであろうが，しかし，わたしには，この本の二巻と四巻は，とりわけ1815年から1819年のあいだの決定的な期間に関して，イギリス政府がフランス革命に対してとった反応とそれに続く抑圧政策についての最も明確な説明を与えていると思われる。同じ時期の歴史については，E. P. Thompsonの現代の古典ともいえる，*The making of the English working class* (New York : Vintage, 1968) が，「ボトム・アップ」の仕方で描いている。ジェームズ・シーハンからの引用は，彼の記念碑的著作である *German history, 1770-1866* (New York : Oxford University Press, 1989) の555ページからのものである。

G.スタンリー・ホールの“The new psychology”は，*Andover Review*, 1885, 3, 120-135, 239-248に掲載された。ジョン・デューイの“The new psychology”はその一年前に同じ *Andover Review* に掲載され，*John Dewey, the early works* (Edwardsville : University of Southern Illinois Press, 1989), vol. Iに再録されている。ジェームズ・マーク・ボールドウィンの“The postulates of physiological psychology”は *The Presbyterian Review*, 1887に掲載されており，また同著者の魂に関する論文は，誌名が少し変更になった同じ雑誌 *The Presbyterian and Reformed Review*, 1890に掲載された。どちらの論文も，ボールドウィンの *Fragments in philosophy and science* (New York : C. Scribner's Sons, 1902) に再録された。G. M. マールスデンの *The soul of the American university : From Protestant establishment to established nonbelief* (New York : Oxford University Press, 1994) は，1870年代と80年代にアカデミックな世界でリベラルなプロテスタント神学がいかに広まっていたかをよく描いている。しかしマールスデンは，リベラル派がキリスト教の護教論に特有ないくつかの要素を放棄したことを，世俗化への動きと見なしている。それに対して，わたしはむしろ，ホール，デューイやその他の人々は実際に，自らのキリスト教解釈をある種の自然主義と結合させようとしていたと主張したい。

ウイリアム・ジェームズの生涯と経歴に関しては，いまでも

R. B. Perry, *The thought and character of William James* (Boston : Little, Brown, 1935) がもっともよい情報源である。Jean Strouse の *Alice James* (Boston : Houghton Mifflin, 1980) は，ジェームズと妹との関係に関する最も情報量の多い研究である。

R. K. French による *Robert Whytt, the soul, and medicine* (London : Wellcome Institute of the History of Medicine, 1969) はこの重要なスコットランドの啓蒙家についての唯一の伝記であるが，とても正確なものとはいえない。刺激，及び無意識の感覚に関する基本理論の発明により，科学的心理学の基本前提となる基礎を据えたのはほかでもないホイットだったのである。心理学の「前史」におけるホイットの重要な位置に関しては，E. S. Reed, "Descartes' corporeal ideas hypothesis and the origin of scientific psychology," *Review of Metaphysics*, 1982, 35, 731-752, 及び，同じく拙論，"Theory, concept, and experiment in the history of psychology : The older tradition behind a 'young science,'" *History of the Human Sciences*, 1989, 2, 333-356 を参照。K. Figlio による "Theories of perception and the physiology of mind in the late eighteenth century," *History of Science*, 1975, 12, 177-212 も役に立つ論文である。

ルイスに関しては，第8章の文献案内を，また，エラズマス・ダーウィンとシェリー夫妻に関しては，第3章の文献案内を参照のこと。リードとカントに関しては，第2章の文献案内を参照。

F. A. Lange による *History of materialism and criticism of its present importance* (Boston : Houghton Mifflin, 1881), 3 vols. は，1869年にドイツで出版され始めたもので，1850年代と60年代の「唯物論をめぐる危機《materialism crisis》」の産物のなかで，今日でも少なくとも時々は読まれることのある数少ない作品の一つである。ランゲの物語は単純である。すなわち，カントはなぜ唯物論が正しいとは見なしえないかをすでに見抜いていた。しかし，後の唯物論者はカントを理解しなかっ

た。幸いなことに，ヘルムホルツと彼の学派の人々は，カントの教訓を吸収し，どのようにして新心理学が唯物論を反駁するかを示した，というわけである。この書がヨーロッパ中で広く読まれたという事実にもかかわらず，新心理学に反対する者の多くは（そのなかにはウイリアム・ジェームズもいた），この本を唯物論と結び付ける傾向をもっていた。そして，ドイツにおける新心理学の成功はその大部分を唯物論に対する反撃に成功したことにもっぱら基づいているということを，今日に至るまで心理学史家は理解しないできた。L. ビュヒナーの *Force and matter*（London : Trübner, 1870）（これはドイツ語原典の第十版に基づいた英語の第二版である）は，19 世紀の後半に最も広く発行され，読まれた科学書の一つであるが，今日ではほとんど読まれることはない。ビュヒナーは，ドイツの「俗流唯物論者」の一人であるが，現象主義者や実証主義者であったようにも見える。というのも彼の仕事は，ハインリヒ・ヘルツやエルンスト・マッハがより明確な形で発展させた線に沿っていたからである。

J. ミュラーの *Elements of physiology*（London : Murray, 1838），2 vols. は，19 世紀の科学の古典の一つである。この書は，多くの点で移行期に属する仕事といえるもので，具体的には，解剖学兼生理学（anatomy-cum-physiology）という記述的仕事と，ヘルムホルツやデュ・ボワ・レイモンのようなミュラーの弟子たちによるもっと実験的な仕事との間の移行期を記すものとなっている。

わたしはここではジグムント・フロイトの仕事について議論していないが，読者はきっとわたしが述べてきた心理学についての新しい物語のなかでフロイトはどこに位置を占めるのかを考えたくなるであろう。この点を考えるのによい出発点となるのは，エランベルジュの *Discovery of the unconscious*（この文献案内ですでに言及した）であろう。F. Sulloway による *Freud : Biologist of the mind*（New York : Basic Books, 1979）はフロイトの初期の経歴と科学的訓練に関してよく書けている。ピーター・ゲイの *Freud : A Life for our time*（London : Dent

1988〔『フロイト』1，鈴木晶訳，みすず書房，1997 年〕）は，最も優れた伝記である。もっとも，ゲイの批判的洞察力はしばしば主人公への賛嘆によって弱められてしまうことがあるが。フロイト自身による自分の理論と新心理学との関係についての見解は，『夢判断』（*The interpretation of dreams*（New York : Avon, 1965［1900］〔『フロイト著作集』2，高橋義孝訳，人文書院，1968 年〕），第 7 章，及び，*The question of lay analysis*（New York : Norton, 1969［1926］〔「素人による精神分析の問題」『フロイト著作集』11，高橋義孝，生松敬三ほか訳，人文書院，1984 年〕）の多数の箇所に見られる。

第 2 章　不可能な科学

伝統的形而上学という概念は，わたし自身が使い始めたものなので，これそのものについての歴史的研究は存在しない。興味深いことには，この伝統のなかで活動していた思想家たちは哲学史に関するほとんどの教科書の中では控えめな役柄しか与えられない傾向がある。明らかにこれは，近代哲学史の多くが受け継いでいるヘーゲル的見方に由来するものである。というのも，ヘーゲルが『哲学史講義』（*Lectures on the history of philosophy*（New York : Humanities Press, 1963［1827］），3 vols.〔長谷川宏訳，上・中・下，河出書房新社，1992 年，1992 年，1993 年〕）のなかで示した「物語の筋」が幅広く受け継がれてきたからである。その物語によると以下のようになる。カント以前のヨーロッパ哲学は，「合理主義者」（おもには大陸に属する）と「経験主義者」（おもにはイギリスに属する）とに分割されてきたのに対し，その両者をカントが統合し，最終的に乗り越えた，というわけである。この物語のほとんどはフィクションである。例えば，1730 年以降のフランスの哲学者はロックから，あるいは少なくともヴォルテールのロックから大きな影響を受けているが，このことは端的に無視されている。（ある種の人々を哲学者に数え入れないことがしばしば好都合な場合がある。実際，エルヴェシウス，コンディヤック，ドルバック，ディドロ，ダランベールらは，フランス人でない著者によって

著された哲学史ではごくわずかな場所しか割り当てられていない。）標準的物語では，マールブランシュのヒュームへの影響や，ピエール・ベールの幅広い影響などは都合よく無視されている。L. Loeb, *From Descartes to Hume : Continental metaphysics and the development of modern philosophy* (Ithaca, N. Y. : Cornell University Press, 1981) は，18 世紀の前半に関するこれらの間違った見方への有効な解毒剤となっている。さらには，C. McCracken, *Malebranche and British philosophy* (New York : Oxford University Press, 1983) をも参照のこと。ピーター・ゲイの *The Enlightenment : An interpretation* (New York : Norton, 1969), 2 vols. も，いわゆるフィロゾーフ〔フランス啓蒙思想家〕たちの間での実に多様な見解をきちんと考慮するために推奨されるべきものである。「スコットランド哲学」については新しい包括的な説明が切実に求められている。とりわけ，リード以後のスコットランド学派の人々は実際にリードを読み，リードに従ったというようなことを単純に想定しないような説明が求められている。これまで手に入るものは，どれも包括性という点でも，批判性という点でも，十分なものとはいえない。この種のものとして次のような著作がある。D. S. Robinson, *The story of Scottish philosophy* (New York : Exposition Press, 1961), James McCosh, *The Scottish philosophy* (Hildesheim : Georg Olms, 1966 [1875]) などである。D. Robinson による "Thomas Reid's critique of Dugald Stewart," *Journal of the History of Philosophy*, 1989, 27, 405-422 は，スコットランド学派を研究するのに優れた手掛かりを与えてくれる。というのも，この論文はステュワートがリードからどれほどかけ離れているかを簡潔な仕方で明らかにしてくれているからである。（トマス・ブラウンはステュワートからさらに逸脱し，ハミルトンはそれよりさらに離れている。）

この章を書くに当たって，スコットランド学派に関してわたしが利用した一次資料は以下のようなものである。J. Abercrombie, *Inquiries concerning the intellectual powers*

and the investigation of truth, Jacob Abbott, ed. (New York, Collins & Brother, n. d. [1840 ?]) ; Anonymous, "Reid and the philosophy of common sense : An essay-review of William Hamilton's edition of The works of The Thomas Reid," *Blackwood's Edinburgh Magazine*, 1847, 239-258 ; C. Bell, *The hand, its mechanism and vital endowments as evincing design* (Philadelphia : Carey, Lea, & Blanchard, 1835) ; T. Brown, *Observations on the nature and tendency of the doctrine of Mr. Hume, concerning the relation of cause and effect* (Edinburgh : Mundell & Sons, 1806), 2d ed. ; W. Hamilton, *Lectures on metaphysics and logic* (Boston : Gould & Lincoln, 1865), 2 vols. ; J. Haven, *Mental philosophy : including the intellect, sensibilities, and will* (Boston : Gould & Lincoln, 1873) ; T. Reid, *The works of Thomas Reid : now fully collected, with selections from his unpublished letters* (Edinburgh : Maclachlan & Stewart, 1872), 7th ed., 2 vols. (これはウイリアム・ハミルトン卿の編纂によるもので，リードの著書としては広く読まれたものである。) ; P. M. Roget, *Treatises on physiology and phrenology* (Edinburgh : Adam and Charles Black, 1838) ; D. Stewart, *The works of Dugald Stewart* (Cambridge : Hilliard & Brown, 1829), 7 vols. ; F. Wayland, *The elements of moral science* (Boston : Gould, Kendall, & Lincoln, 1839), 11th ed ; O. Wight, *Sir William Hamilton's philosophy* (New York : Appleton, 1857) : H. Winslow, *Intellectual philosophy : Analytical, synthetical, and practical* (Boston : Brewer & Tileston, 1864), 8th ed.

H. Schneider の *History of American philosophy*（本書に関しては，先の「一般的な研究」の項を参照）が示しているように，この時期のアメリカにおける大部分の大学は，スコットランド学派の前線基地であったと言うことができる。さらに，D. W. Howe, *The unitarian conscience : Harvard moral philosophy, 1805-1861* (Middletown, Conn. : Wesleyan

University Press, 1988）を参照。この本は，ほとんどの大学がスコットランド学派に傾いていたのに対して，ハーバード大学がどのようにして，また，なぜ部分的にであれ例外の位置を占めていたのかを明らかにしている。

わたしが用いたフランス哲学に関する一次資料のなかには，V. クーザンの『全集』*Oeuvres complètes*（Paris : Ladrange, 1953-55），16 vols. がある。わたしは，クーザンの本の英語版 *Elements of psychology*（New York : Gould & Newman, 1838）を用いた。真理の直観に関する引用は V. Cousin, *Du Vrai, du Beau, et du Bien*（Paris : Didier, 1867），p. 38. に基づいている。メーヌ・ド・ビランの『著作集』*Oeuvres*（Paris : Alcan et PUF, 1920-1949），14 vols. は，P. Tisserand によって編纂されたものである。さらには，Destutt de Tracy, *Elémens d'idéologie*（Paris : Charles M. Levi, 1824），3 vols. を用いた。

わたしがさらに参照したのは以下のようなものである。E. Kennedy, A philosophe in the age of revolution : *Destutt de Tracy and the origins of "ideology"*（Philadelphia : American Philosophical Society, 1978）; M. Henry, *Philosophie et phénoménologie du corps : Essai sur l'ontologie biranienne*（Paris : PUF, 1965）; F. C. T. Moore, *The psychology of Maine de Biran*（New York : Oxford, 1970）。またÉmile Bréhier, *Histoire de la philosophie*, vols. 2 and 3（Paris : PUF, 1932）の関連する箇所も参照した。

ドイツの伝統的形而上学は，ヘーゲルの影響のためにもっとずっと複雑な姿をとっている。クーザンやヘーゲル右派の人々はヘーゲルとスコットランド哲学とを「統合」しようと努めたのであるが，この統合はほとんどのドイツ哲学の特徴にはならなかった。この期間に関しての文献，そしてとりわけ，ヘーゲルに対するスコットランド学派の影響に関しての文献は，次を参照。L. Dickey, *Hegel : Religion, economics, and the politics of spirit, 1770-1807*（New York : Cambridge University Press, 1987），そして S. Hook, *From Hegel to Marx*（Ann Arbor : University of Michigan Press, 1962）。D. Leary, "The

philosophical development of the conception of psychology in Germany, 1780-1850," *Journal of the History of the Behavioral Sciences* 1978, 14, 113-121 は，心の哲学に焦点を当てた便利な概観である。ヘーゲルの圧倒的な影響力にもかかわらず，医学と生物学に関係した著述家で，哲学者ないし先駆的心理学者と見なされていたかもしれない多くの人々は，伝統的形而上学と非常によく似た自然哲学を提示していた。この伝統に属するいくつかの中核的な著作をあげておこう。J. F. Blumenbach, *The elements of physiology*（London : Longman, Rees, Orme, Brown, and Green, 1828）; J. G. Fichte, *The vocation of man*（Indianapolis : Bobbs-Merrill, 1956）; F. W. J. Schelling, *Ideas for a philosophy of nature*（Cambridge : Cambridge University Press, 1988), 2d ed. また，T. Lenoir は，*The strategy of Life : Teleology and mechanics in nineteenth-century German biology*（Boston : North Holland Publishers, 1982）のなかで，ドイツでなされた生命科学に関する仕事を哲学と結び付けることを行い始めている。同じような仕方で，F. Beiser は *Cambridge companion to Hegel*（New York : Cambridge University Press, 1993）のなかに収められた "Introduction : Hegel and the problem of metaphysics" で，ヘーゲルが通常考えられているよりもずっと自然主義者といえる面のあったことを示している。

カントについてはこれまであまりにも多く書かれてきたし，いまも書かれているので，カントの文献を一般の読者に見通しのよい仕方で示すことは不可能である。ここでの議論はまずはカントの有名な第一批判と第三批判に関係している。『純粋理性批判』（*Critique of pure reason*, trans. N. K. Smith. New York : Macmillan, 1929〔篠田英雄訳，上・中・下，岩波文庫，1961年，1962年〕）及び，『判断力批判』（*Critique of judgment*, trans. W. S. Pluhar. Indianapolis : Hackett, 1989〔大西克礼訳，上・下，岩波文庫，1950年〕）である。カントに対するスコットランド哲学の影響については，M. Kuehn の *Scottish common sense in Gérmany, 1768-1800*（Montréal : McGill-

Queen's University Press, 1987）を参照のこと。カントの批判哲学が英語圏に最初に移入されたころについての詳しい話については，G. Micheli, "The early reception of Kant's thought in England 1785-1805," in G. M. Ross and T. McWalter, eds., *Kant and his influence*（Bristol, Eng. : Thoemmes, 1990）を参照のこと。

カント哲学を解釈する本は無数にある。しかし現在の議論に関連があるのは，カント自身が何を言わんとしていたかという点ではなく，むしろカントの読者がカントの意図するところをどのように理解したかという点にある。この問題に関しては唯一の著作があるのみである。F. Beiser による *The fate of reason*（Cambridge : Harvard University Press, 1987）は，すばらしい読み物であり，カントの『純粋理性批判』が1800年以前のドイツ哲学に与えた衝撃について知ろうとする場合に，役に立つ手引きを与えてくれる。この著者のベイサーはカントのプログラムから生じた多様な解釈のあり方を関連づけているが，そのどれ一つとして超越論的観念論と経験的実在論とを結合させたカントの見方に忠実であるものは見当たらない。

形而上学についてのパーシー・シェリーの文章の引用は，「道徳論」（1812年から1815年ころ）からのものである。この文章は，D. L. Clark, ed., *Shelley's prose : Or, the trumpet of a prophecy*（New York : New Amsterdam, 1988), p. 185に再録されている。シェリーがカントについて言及しているのは，ワーズワース，コールリッジなどを散々にからかった詩である「ピーター・ベル三世」のなかに見られる。

「この機会にピーターが行ったのは，
散文のなかに悲しいことを書き付けることだけだった。
　詩人が批判するとすれば，
それは危険な侵害となるだろう。
　詩人たちの役割は喜ばせることであり，
問題を提出することではない。
　悪魔は人をライプツィヒの定期市へ送って

ボルンによるカントの翻訳を求めた。
　その本は前後逆さまの言葉の世界で，
そこでは，正しいことと間違ったこと，
虚偽と真理，そして反則とフェアーなこと，
それらが，回転式抽選機のなかでぐるぐる回っているようだ。
　ドイツの心理学者によって書かれた言葉が詰め込まれた
五千ページもの八折判。
　この心理学者は自分の言葉の狂乱を鎮め，
ちょうど七ヵ月分の給料を手にした。
　それはわたしには決して手に入れることのできない金額だ。」

以上は D. H. Reiman and S. Powers, eds., *Shelley's poetry and prose*（New York : Norton, 1977）, p. 340. からの引用である。（ボルンの翻訳というのは，カントの著作のラテン語への翻訳のことである。）

「形而上学」に関するジェームズ・マッキントッシュの議論は，彼の *Dissertation on the progress of ethical philosophy : chiefly during the 17th and 18th centuries, prefixed to the Encyclopaedia Britannica* に見られる。同じ文章は，*The miscellaneous works of the right honourable Sir James Mackintosh*（Philadelphia : Hart, 1853）, p. 95 に再録されている。チャールズ・ダーウィンが「心，道徳，形而上学」について記したノートは，Howard Gruber, *Darwin on man*（New York : Norton, 1974〔『ダーウィンの人間論』江上生子ほか訳，講談社，1977 年〕）に再録されている。

ジェームズ・スターリングはイギリスの学者のなかで最もはやくに「ヘーゲルを発見した」一人である。スターリングはまた，ハミルトンに対する鋭い批判者であったと同時に，心について当時抱かれていた見解に対する鋭い批判者でもあった。スターリングによる *Sir William Hamilton : Being the philosophy of perception, an analysis*（London : Longmans, Green, and Co. 1865）――本文中の引用は 32 ページからのものである――

は，同年に出版されたミルの膨大な著作である *An examination of Sir William Hamilton's philosophy* の影響下にある。とはいえ，スターリングの小冊だが洞察に富んだ著作からも大いに価値ある情報を得ることができる。

骨相学についての一般的歴史を描いたものとしてわたしが知っている唯一のものは G. Lanteri-Laura, *Histoire de la phrénologie*（Paris : PUF, 1970）である。Roger Cooter の *The cultural meaning of popular science : Phrenology and the organization of consent in nineteenth-century Britain*（New York : Cambridge University Press, 1984）では，知識人と公衆との関係について研究することと，骨相学について研究することの両方が目指されており，そのため，焦点がぼやけてしまっている。骨相学は 1815 年と 1848 年の間の時期の過激な運動とおおむね結び付いていたという仮説は，Geoffrey Cantor によって反駁されたと思われる。この経緯については，G. N. Cantor, "A critique of Shapin's social interpretation of the Edinburgh phrenology debate"，及び"The Edinburgh phrenology debate : 1803-1828," *Annals of Science*, 1975, 32, 245-256, 195-218 を参照のこと。骨相学についてのこうした「社会的」テーゼの最良の表現は，S. Shapin, "Phrenological knowledge and the social structure of early nineteenth-century Edinburgh," *Annals of Science*, 1975, 32, 219-243（この論文はカントールに対する応答である）に見出すことができる。

重要なのは，骨相学の指導者たちそれぞれの見解の相違をはっきりさせることである。そしてとりわけ注意すべきは，シュプルツハイムは，ガルから別れた後に，ガル以上に骨相学を伝統的形而上学と結び付けようとしたという点である。スコットランドではジョージ・クームとアンドリュー・クーム，そしてアメリカでは特にオルソン・ファウラーが（ドッズがやったように）この歩みをさらに一歩先へ進めた。そして，彼らは，骨相学がキリスト教の支柱になるという見解を主張した。しかし，教会のなかでその意見を受け入れたものはなかった。クーム兄弟やファウラーたちは大変な人気を勝ち得ていたにもかか

わらず，彼らは主流の宗教グループによって広く受け入れられることは決してなかったのである。以上のような情報を得るために用いた一次資料はG. Combe, *The constitution of man considered in relation to external objects*（New York : Samuel Wells, 1869), 20th（!）ed. である。この本は19世紀のアメリカで出版された最も人気のあったノンフィクションの書物である。クームによる宗教的な小冊子は，アメリカの大衆思想の古典といえる。クームにとって，骨相学は最良の新しい科学であった。というのも，骨相学は，聖書（標準的なキリスト教）が道徳への最良のガイドであることを示す科学と見なされたからである。クームの見解に対して幅広い関心が抱かれていたという事実は，伝統的形而上学が19世紀の最後の四半世紀にいたるまでどれほど広い基盤をもっていたかを示している。わたしがもっているドッズやクームの書物の背表紙には，骨相学やメスメリズムに関する書物の広告がたくさん載っており，そのなかには，（性格形成について，あるいは，結婚生活をうまく行うためについての）通俗的な心理学の書物やキリスト教の教理と科学の進歩との和解をうたった書物などが多く含まれている。

ガルの書物としては，わたしは，アメリカ版のF. J. Gall, *On the functions of the brain and each of its parts*（Boston : Marsh, Capen, & Lyon, 1835), 6 vols. と，さらに彼の初期の著作である *Philosophisch-medizinische Untersuchungen über Natur und Kunst im kranken und gesunden Zustand des Menschen*（Vienna : R. Grasser, 1791）を用いた。T. L. Hoffのすばらしい論文である“Gall's psychophysiological concept of function : The rise and decline of ‘internal essence,’” *Brain and Cognition*, 1992, 20, 378-398 は，ガルの仕事に関するこれまでの歴史的な議論が「機能」という中心的概念に関してどれほど根本的な混乱に陥っていたかを示している。骨相学に興味をもっている人にとっては，この論文は必読文献であり，さらに，この論文は，心理学史を研究するときには心理学について知っておくことがなぜ役に立つのかを見事に教えてくれている。

シュプルツハイムに関しては，わたしは以下のようなアメリカ版の資料を用いた。J. G. Spurzheim, *Phrenology in connexion with the study of physiognomy*（Boston : Marsh, Capen & Lyon, 1834）; *Phrenology, or the doctrine of the mental phenomena*（Boston : Marsh, Capen, & Lyon, 1835）; *The natural laws of man*（New York : Fowler & Wells, n. d. [1846 ?]）。この最後の著書で，シュプルツハイムは，見方と方法の両方に関してジョージ・クームに非常に近いところまで行っている。

第3章　フランケンシュタインの科学

エラズマス・ダーウィンに関する最良の二次文献は，デズモンド・キング＝ヘレ（Desmond King-Hele）による伝記 *Doctor of revolution*（London : Faber & Faber, 1977〔『エラズマス・ダーウィン：生命の幸福を求めた博物学者の生涯』和田芳久訳，工作舎，1993〕）と，同著者が編集したダーウィンの書簡集，*The letters of Erasmus Darwin*（New York : Cambridge University Press, 1981）である。ダーウィン自身が書いたものは，とてもおもしろく読めるので，精読する価値が十分ある。もっとも，ダーウィンの詩を読むには超人的な忍耐力が時折必要とされる。『ズーノミア（*Zoonomia*）』はダーウィンの著作中，一番包括的な作品であり，1794-96年（London : J. Johnson）に二巻本として最初に出版され，その後イギリスとアメリカで何度か版を重ねた。この本がヨーロッパにおいて，特にイタリアやドイツにおいてどれくらい影響力を持ったのかに関しては，今後の研究を待たねばならない。『自然の殿堂』*The temple of nature : or, the origin of society*（London : J. Johnson, 1803）は，ダーウィンが自分の進化論的な見解を披露した書である。二巻よりなる『植物の園』*The botanic garden*（London : J. Johnson, 1789-91）は，おそらくダーウィンの著作の中で最も人気を博したものであった。

トマス・ブラウンの「エラズマス・ダーウィンの『ズーノミア』に関する考察」*Observations on the* Zoonomia *of*

Erasmus Darwin（Edinburgh : Mundell & Sons, 1798）は，ブラウンが弱冠 20 歳の時に書いたものであるが，以降に展開される彼の多くの思想を含んでいる。この本においてブラウンは，ヒュームによってなされた因果性概念の批判的考察をダーウィン批判の出発点に採った（同書 p. xvi を参照)。1805 年には，後に『原因と結果の関係の究明』*Inquiry into the relation of cause and effect* として改訂出版されることになる著作を発表した（わたしが利用したのは，1822 年に出版されたこの本のアメリカ版［published by M. Newman at Andover, Mass.］である)。この本でブラウンはヒュームを擁護し，彼を無神論の嫌疑から守っている。ブラウンの考えでは，無神論的だと思われているヒュームの因果説は，実はダーウィンの理論が無神論でありかつ誤っていることを証明するのに用いることができるという。こうした努力の結果，ブラウンはエジンバラ大学の道徳哲学の教授職に選出され，そこで『人間精神の哲学』*Lectures on the philosophy of the human mind*（Philadelphia : J. Griggs, 1824), 3 vols. として死後に出版されることになる一連の講義を行った。またブラウンはこうした考察の合間に詩を綴り，二つの詩集，*The Paradise of coquettes, a poem. In nine parts*（Philadelphia : M. Carey, 1816） と *Bower of spring, with other poems*（Philadelphia : M. Thomas, 1817）を出版した。彼はこれ以外にもいくつかの詩集を編んでいたとわたしは思っている。

プリーストリに対するカントの攻撃は『純粋理性批判』の中に見つけることができる（*Critique of pure reason*（p. 592. of the Kemp-Smith translation)。この箇所は第 2 章で引用した)。プリーストリ自身の考えを知るには，J. Priestley, *An examination of Dr Reid's Inquiry into the human mind on the principles of common sense*（London : J. Johnson, 1774）と *Disquisitions relating to matter and spirit*（London : J. Johnson, 1777）を参照。またプリーストリの考えを概観するには，J. A. Passmore, ed., *Priestley's writings on philosophy, science, and politics*（New York : Collier, 1965）を参照。

ブレイクの詩は, D. Erdman, *The poetry and prose of William Blake*（Garden City : Doubleday, 1965）から引用した。ブレイクの解釈についてはErdman, Blake ; *Prophet against empire*（Princeton : Princeton University Press, 1954）とE. P. Thompson, *Witness against the beast*（New York : New Press, 1994）に負っている。ハイネの詩『セラフィーヌ』はHal Draperによるすばらしい翻訳*The complete poems of Heinrich Heine*（Boston : Suhrkamp/Insel, 1982）, p. 332.から引用した。ホフマンの引用は*The golden pot and other tales*, trans. R. Robertson（New York : Oxford University Press, 1992）による。シェリーについては以下の書を利用した。P. B. Shelley, *The complete poetical works of Percy Bysshe Shelley*（Boston : Houghton Mifflin, 1901）; D. H. Reiman and S. Powers, eds., *Shelley's poetry and prose*（New York : Norton, 1977）; D. L. Clark, ed., *Shelley's prose : Or, the trumpet of a prophecy*（New York : New Amsterdam 1988）。

ウイリアム・ローレンスの事件を一番よく伝えているのはA. Desmond, *The politics of evolution : Morphology, medicine, and reform in radical London*（Chicago : University of Chicago Press, 1989）である。またP. G. Mudford, "William Lawrence and The natural history of man," *Journal of the History of Ideas*, 1968, 29, 430-436. も参照。ヨーロッパの政治的背景については, R. R. Palmer, *The age of democratic revolution*（Princeton : Princeton University Press, 1964）, 2 vols. とD. Emerson, *Metternich and the political police : Security and subversion in the Hapsburg monarchy*（The Hague : M. Nijhoff, 1968［文献案内の第1章を見よ］）を参照。当時のラディカルな出版者として重要な人物, リチャード・カーライルの研究については, J. H. Wiener, *Radicalism and freethought in nineteenth-century Britain : The life of Richard Carlile*（Westport : Greenwood, 1983）を参照。

シェリーの考え方を理論的に位置付けている最良の書物を一

つ挙げなければならないとすれば，わたしは Richard Holmes, *Shelley : The pursuit* (Harmondsworth, Eng. : Penguin, 1974) を挙げたい。また，シェリーの魅力にとり憑かれた人は，K. N. Cameron の二巻の記念碑的伝記 *The young Shelley* (New York : Macmillan, 1950)，*Shelley : The golden years* (Cambridge : Harvard University Press, 1974) を読みたくなるはずだ。デズモンド・キング=ヘレは，エラズマス・ダーウィンがシェリーに影響を与えたこと，またシェリーが自分の科学的なアイディアを伝える方法として韻文を用いていたこと，以上二つの点を長年強調し続けている。したがって，この重要な洞察に関してのわたしの議論はキング=ヘレに負っている。ところが，キング=ヘレ自身の著作 *Shelley : His thought and work* (Teaneck, N. J. : Fairleigh-Dickinson University Press, 1970), 2d ed. は，シェリーの思想の理論的側面ばかりを強調し過ぎるきらいがあり，この点が欠点となっている。具体的に言えば，キング=ヘレは，シェリーのテキスト中に科学思想と並んで散見される，科学思想よりももっとラディカルな社会・政治思想の一部をあえて軽視しようとしているように思われる。しかしそうした難点があるにもかかわらず，この主題をめぐってキング=ヘレが記したどの著作も，シェリーの作品に見出せる科学という側面を辿るには必須の文献である。特に，*Erasmus Darwin and the Romantic poets* (New York : St. Martin's Press, 1986)，"Shelley and Erasmus Darwin," in K. Everest, ed., *Shelley revalued : Essays from the Gregynog conference* (Totowa, N. J. : Barnes & Noble Books, 1983) は欠かせない。

パーシー・シェリーとメアリー・シェリーの一般的な経歴について，さらにハートリ，プリーストリやその他のイギリスの思想家がフランス革命後の 20 年間に英国思想界にどのような影響を与えたのかについては，William St. Clair, *The Godwins and the Shelleys* (Baltimore : Johns Hopkins University Press, 1989) を参照。メアリー・シェリーの傑作『フランケンシュタイン』の最良の版は，M. Shelley, *Frankenstein : Or, the modern Prometheus*, edited by J. Rieger (Chicago :

University of Chicago Press, 1982〔『フランケンシュタイン』臼田昭訳，国書刊行会，1979年〕）である。本書での引用は，この本のpp. 47, 98, 103-104, 107によった。この非凡な女性を扱った二次文献は，目下急速に数を増している状況にある。わたしとしては，何よりもA. K. Mellor, *Mary Shelley : Her life, her fiction, her monsters*（New York : Routledge, 1989）が『フランケンシュタイン』の科学的背景を理解する上で最も役立つ書であるという印象を持った。この本でメローは，メアリー・シェリーの考えがエラズマス・ダーウィンに関連していた点を特に丁寧に解説している。E. W. Sunstein, *Mary Shelley : Romance and reality*（Baltimore : Johns Hopkins University Press, 1989）は，もっと概説的なメアリー・シェリーの伝記であるが，彼女を一人の思想家として，期待するほど真剣には扱っていないと思う。本書では『フランケンシュタイン』（この小説は，男性科学者たちの子宮羨望を扱った鋭い研究でもある）が提起するジェンダーに関する問題群を扱わなかったが，『フランケンシュタイン』を父権的な科学への批判として読むという挑戦的な議論を展開した秀作，B. Easlea, *Fathering the unthinkable*（London : Pluto, 1983）は見過ごすことができない。

エイブラムズの『自然的超自然主義』，M. H. Abrams, *Natural supernaturalism*（New York : Norton, 1971〔吉村正和訳『自然と超自然：ロマン主義理念の形成』平凡社，1993〕）は，本書第3章全体にわたって負うところが多い。またF. Ewen, *Heroic imagination : The creative genius of Europe from Waterloo (1815) to the Revolution of 1848*（Secaucus, N. J. : Citadel Press, 1980）も，この章を書く上で助けになった。後者は，もっと多くの人々に知られてよい本である。この本でユーアンは，バルザック，ハイネ，ホフマンといった作家たちにおいて，ロマン主義文学と科学とが内的な繋がりを持っていた点を特に丁寧に説明している。

第4章　協調関係にあったヨーロッパ思想のほころび

ドゥーガルド・ステュワートの論文「文芸復興期以降のヨーロッパにおける形而上学的・道徳的・政治的哲学の進歩に関する一般的見解についての論考。第一部」，Dugald Stewart, *Dissertation, exhibiting a general view of the progress of metaphysical, ethical, and political philosophy since the revival of letters in Europe, part* I は，『著作集』，*The works of Dugald Stewart*（Cambridge : Hilliard & Brown, 1829）の第六巻に収められている。この論考は1819年に出版された『エンサイクロペディア・ブリタニカ（*Encyclopaedia Britannica*）』の序文だった。論考の第二部は完成されなかった。ロバート・ホイットの著作は，残念ながら彼の息子の編集した著作集，Robert Whytt, *Works*（Edinburgh : Hamilton, 1768）以外，出版されたことがない。F. Fearing, *Reflex action* と R. Leys, *From sympathy to reflex* は，この「スコットランド学派」を歴史的文脈に位置付ける上で役立つ書物である（両書とも文献案内の「一般的な研究」において言及した）。

トマス・ブラウンの『エラズマス・ダーウィンの「ズーノミア」に関する考察』は，第3章の文献案内においてすでに触れた。最初は小冊子として出版されたブラウンの『原因と結果の関係に関するヒューム氏の教説の性格と傾向をめぐる考察』*Observations on the nature and tendency of the doctrine of Mr. Hume, concerning the relation of cause and effect*（Edinburgh : Mundell & Sons, 1805）は，その第二版が増補された一冊の本として翌1806年に出版された。その後さらに増補され，書名も改められ，最終的に『原因と結果の関係の究明』*Inquiry into the relation of cause and effect*（Edinburgh : Tait, 1818）として出版された。わたしは，すでに言及した『人間精神の哲学』——初版は1820年——のアメリカ版，*Lectures on the philosophy of the human mind*（Philadelphia : J. Grigg, 1824), 3 vols. を利用した。本書での引用は，この本の第11，20，22，25講義による。また以下の著作も参照。D. Welsh, *Account of the life and writings of Thomas Brown, M.*

D. (Edinburgh : Tait, 1825), J. A. Mills, “Thomas Brown on the philosophy and psychology of perception,” *Journal of the History of the Behavioral Sciences*, 1987, 23, 37-49, “Thomas Brown's theory of causation,”*Journal of the History of Philosophy*, 1984, 22, 207-227。感じられない感じについてのジェームズ・ミルの見解ならびに，それについてのジョン・スチュアート・ミルの脚注は，両方ともジェームズ・ミルの『人間の精神現象の分析』（この本については第7章の文献案内を参照のこと）p. 42にある。

メーヌ・ド・ビランの文献は第2章の文献案内で触れた。ショーペンハウアーの主著である，あの注目すべき『意志と表象としての世界』*World as will and representation*, trans. E. F. J. Payne（New York : Dover, 1964 [1819]〔『ショーペンハウアー全集』第2～7巻所収，斎藤忍髄ほか訳，白水社，1972-1974年〕）は，これまで刊行された様々な形而上学的著作のうち，論述が最も活き活きとしている著作の一つであり，一読を強く薦める。この本の序説にあたる『根拠律の四つの根について』*The fourfold root of the principle of sufficient reason*, trans. E. F. J. Payne（La Salle, Ill. : Open Court, 1974 [1813]〔『ショーペンハウアー全集』第1巻所収，生松敬三ほか訳，白水社，1972年〕）は，知覚に関する彼の理論を簡潔明瞭に概説している。ショーペンハウアーによれば，知覚とは，感覚に与えられた結果からその背後に隠れた原因を脳もしくは精神（mind）が推論した結果だった。こうした知覚理論は，ショーペンハウアーの著作中に常に見出されるわけではないにしても，彼以降現在に至るまで，様々なかたちをとりながら知覚をめぐる考え方を支配し続けている。こうした知覚理論の歴史については，N. Pastore, *Selective history of theories of visual perception, 1650-1950*（New York : Oxford University Press, 1971）とE. S. Reed, *James J. Gibson and the psychology of perception*（New Haven : Yale University Press, 1988）を参照。またショーペンハウアーの「自然における意志について」〔『ショーペンハウアー全集』第8巻所収，金森誠也訳，白水社，1973年〕

“On the will in nature” は，K. Hillebrand による英訳本 *Two essays by Arthur Schopenhauer*（London : Bell, 1907）に収められている。B. Magee, *The philosophy of Schopenhauer* (New York : Oxford University Press, 1983) は，ショーペンハウアーの著作が持つ多様な側面をまとめる上で有益である。もっとも，ショーペンハウアーは，非常に明晰で系統だった説明を与える哲学者の一人であるので，その著作を直接読むことはさして難しくない。ショーペンハウアーを理解する上で読者が必要とする情報があるとすれば，1810 年から 1830 年にわたってどのような自然科学が展開されていたのかである。というのも，彼は，その頃の自然科学にかなり没頭していたからである。上に記したマギーにしても，その他のショーペンハウアーについて論じた注釈者にしても，誰もこの点には触れていない。

アレグザンダー・ベインには *The senses and the intellect* (New York : Appleton, 1860) と *The emotions and the will* (New York : Appleton, 1888) という二つの大著がある。この二つの著作は，いくつかの版を重ね，重要な改訂も施された。(本書での引用は，前者の第二版，後者の第三版による。）カーペンターの『精神生理学』(*Principles of mental physiology.* New York : Appleton, 1891［1874］）は，彼の以前の著作『人間生理学の原理』(*Principles of human physiology.* わたしは，1847 年に出版されたアメリカ版［published by Lea and Blanchard of Philadelphia］を用いた）を発展させたものである。注目すべきは，わたしが用いた 1847 年版において，すでに以下のような内容の二つの付録が付けられていることである。カーペンターは付録の内の一つで，骨相学を根拠薄弱な理論として攻撃し，もうひとつで，「動物磁気現象（mesmeric phenomena)」を理解しようと試みている。自然の様々な力が相関しているということについての思弁を含む彼の論述は，息子が編集した論文集，*Nature and man*（London : Kegan, Paul, & Trench, 1888）に収められている。後にウイリアム・ジェームズは，行為，特に「自動行為」(別の言い方をすれば，たいした注意を払わなくても生じる行為）をめぐるカーペンター

の多くのアイディアを復活させ，多くの人々に知らしめた。この点を考えると，1857 年のクリスマスに，ジェームズの父，ヘンリー・ジェームズ卿が，長男ウイリアムのプレゼントに顕微鏡を買うことについてカーペンターに相談を持ちかけたという事実は，実に興味深い。

カーペンターのアイディアならびに彼の著作は，当時，相当普及していた。このことは，カーペンターの『人間生理学の原理』から引用された一節が，その当時，非常に多くの人々に読まれた推理小説の一つ，ウィルキー・コリンズの『月長石』（W. Collins, *The moonstone*（New York : Collier, 1958 [1868]）p. 382〔中村能三訳，創元推理文庫，1970 年，654-656 頁〕）において，物語全体の中心的役割を果たしていたことからうかがえる。またコリンズは，この小説でエリオットソンやクームを引いて，登場人物の一人が陥ったトランス状態の説明に用いている。エリオットソンから催眠術の教えを受けた友人のディケンズと同じように，コリンズは心理学的な科学が関わる問題に多大な関心を寄せていた。例えば，彼の 1872 年の小説 *Poor Miss Finch*（New York : Oxford University Press, 1995）は，バークリの視覚論と（この理論によって）開眼した先天性盲人が直面するとされる諸問題をめぐって物語が展開する。

第 5 章　自然的形而上学の短い生涯

ヨハネス・ミュラーの *Handbuch: The elements of physiology*, trans. J. Baly（London : Murray, 1838；本章での引用は p. 1073, 3n. からのものである）は 1850 年代に至るまで，ヨーロッパで広く影響力を持っていた。英語で書かれたミュラーに関する学問的な研究としては，W. Bernard, “Spinoza’s influence on the rise of scientific psychology : A neglected chapter in the history of psychology,” *Journal of the History of the Behavioral Sciences*, 1972, 8, 208-215, があるのみである。この論文は，ミュラーはある種のカント主義者であったというよくある誤解を正してくれる。

ガルヴァーニとヴォルタの間の論争に関しては，M. Pera,

The ambiguous frog（Princeton : Princeton University Press, 1993）を参照されたい。J. Heilbron の *Electricity in the seventeenth and eighteenth centuries*（Los Angeles : University of California Press, 1979）は，初期の電気理論や磁気理論の詳細をたどるためには不可欠な本である。

ヘルバルトは 1900 年までの間，西洋世界の教育者に大きな影響を与えたが，彼に関する研究は現代ではほとんど見当たらない。参考にしたのは，J. F. Herbart, *Lehrbuch zur Psychologie*（Königsberg, East Prussia : August Wilhelm Unzer, 1834）と C. De Garmo, *Herbart and the Herbartians*（New York : Scribners, 1895）である。

ショーペンハウアーに関する参照文献は，第 4 章の文献案内ですでに示したとおりである。ショーペンハウアーがヨーロッパで名声を得るきっかけとなった匿名の論文は，"Iconoclasm in German philosophy," *Westminster Review*, 1853, 59, 202-212 である。James Sully の *Pessimism*（London : Kegan Paul, 1877）と Charles Renouvier の 1892 年の論文，"Schopenhauer et la métaphysique du pessimisme." reprinted in S. Donailler, R. P. Droit, and P. Vermeren, eds., *Philosophie, France, XIXe siècle*（Paris : Livre de Poche, 1994）は，ショーペンハウアーの自然主義的なペシミズムに対する現代的観点からの鋭い応答である。

フェヒナーは多作で，しかも驚くほど多岐にわたる著作を残した人物である。彼は Dr. von Mises の筆名で風刺文を書く一方で，フェヒナー自身の名で，*Elemente der Psychophysik*（Leipzig : Breitkopf und Härtel, 1860）のような科学的著作や，形而上学に関する論文，さらには，*Zend-Avesta, oder über die Dinge des Himmels und des Jenseits*（Leipzig : Voss, 1851）のような，科学と形而上学が何とも形容しがたい形で混在する著作を著していた。これらの抜粋は，*Life after death*（New York : Pantheon, 1943）に収められている。精神物理学に関するフェヒナーの晩年の見解を概観するには，彼の論文 "My own viewpoint on mental measurement," *Psychological*

Research, 1987［1877］, 49, 213-219が便利である。フェヒナーを研究するものであれば，*Nanna, oder über das Seelenleben der Pflanzen*を精読する必要がある。1848年にはじめて出版されたこの本は，フェヒナーをひどい鬱状態と心身症に起因する盲目から「生に連れ戻した」本なのである。フェヒナーがこのような状態に陥ったときの主治医はロッツェであった。私の手元にあるこの本の第三版（Hamburg : Voss, 1903）には，原子論に関する歴史家であるKurd Lasswitzによる序文がついている。W. R. Woodwardの“Fechner's panpsychism : A scientific solution to the mind-body problem,” *Journal of the History of the Behavioral Sciences*, 1972, 8, 367-386は，フェヒナーの「科学」と「哲学」の関係をめぐる本格的で現代的な研究としては，唯一のものである。

ロッツェは，第一次世界大戦の頃までは哲学においても心理学においても指導的人物であった。それにもかかわらず，現代の著述家たちはヘルバルトやミュラーと同様に，ロッツェを無視する傾向を持っていた。彼の主著はR. H. Lotze, *Medizinische Psychologie, oder Physiologie der Seele*（Leipzig : Weidmann'sche Buchandlung, 1852），*Microcosmos : An essay concerning man and his relation to the world*（New York : Scribners, 1887），そして，*Metaphysics*（Oxford : Clarendon Press, 1887），である。二次文献のうち比較的有益なものをいくつかあげるならば，O. Kraushaarの二つの論文，“Lotze's influence on the psychology of William James,” *Psychological Review*, 1936, 43, 235-257と“Lotze's influence on the pragmatism and practical philosophy of William James,” *Journal of the History of Ideas*, 1940, 1, 439-458 ; T. M. Lindsay, “Rudolf Hermann Lotze,” *Mind*, 1876, 1, 363-381；そしてG. Santayanaの博士学位論文，*Lotze's system of philosophy*（Bloomington : Indiana University Press, 1971）などがある。W. R. Woodwardの“From association to Gestalt : The fate of Hermann Lotze's theory of spatial perception, 1846-1920,” *Isis*, 1978, 69, 572-582は，ロッツェの局所徴表理論

が扱っていた心理学的問題と，形而上学的問題との複雑な関係を単純化しすぎているきらいがある。経験主義者たちは，生得論者との論争の中で局所徴表理論を利用したが，ロッツェがこの理論を採用した動機はこの論争とはほとんど関係がなかった。ウッドワードの論文では，この点が曖昧になってしまっている。

大脳による運動の制御を説明するためにミュラーが「鍵盤」の比喩を用いたことに対してロッツェは批判を行ったが，この点は 1930 年代になってはじめて，ソビエトの心理学者ニコライ・ベルンシュタインによって採り上げられた。ベルンシュタインの行った研究は，今では大きな進歩であると認められているにもかかわらず，西側世界ではほとんど知られず，ソビエト連邦でも 1960 年代まで抑圧されていた。ベルンシュタインの生涯と研究に関する良い入門書は，M. Latash and M. Turvey, eds., *Dexterity and its development*（Mahwah, N. J. : Erlbaum, 1996〔『デクステリティ　巧みさとその発達』工藤和俊訳，金子書房，2003〕）である。この本に収められているわたしとブランディン・ブリルの共著論文では，ベルンシュタインが運動学習に関する「大脳の習慣」理論をどのように退けたかを説明している。

第 6 章　1848 年の革命とその後

ジェローム・ブルームの遺作となった *In the beginning : The advent of the modern age. Europe in the 1840s*（New York : Norton, 1994）は 1840 年代の社会，政治，経済，文化の各領域における変化を概観した素晴らしい著作である。ヘルベルト・シュネーデルバッハの *Philosophy in Germany, 1831-1933*（New York : Cambridge University Press, 1984）の最初の数章は，1840 年代には多くの哲学的著作や哲学的思考が大学の外で生まれていたということを明らかにしてくれる。同様に，ウイリアム・ジョンストンの *The Austrian mind : An intellectual and social history, 1848-1938*（Berkeley : University of California Press, 1972〔『ウィーン精神：ハープスブルク帝国の

思想と社会：1848-1938』1,2, 井上修一ほか訳，みすず書房，1986年〕）は，オーストリアの大学で公にされることがほとんどなかった多くの思想潮流を追っている。

大学におけるカリキュラムの変化や，生理学，心理学，哲学の初期の専門化に関する情報を得るために，わたしは以下の書物や論文を利用した。J. Ben-David の “Social factors in the origins of a new science” と “Universities and academic systems in modern societies,” reprinted in his *Scientific growth : Essays on the social organization and ethos of science*（Berkeley : University of California Press, 1991）; L. S. Jacyna, “Medical science and moral science : The cultural relations of physiology in restoration France,” *History of Science*, 1987, 25, 111-146 ; J. E. Lesch, *Science and medicine in France ; The emergence of experimental physiology, 1790-1855*（Cambridge : Harvard University Press, 1985）; J. Schiller, “Physiology's struggle for independence in the first half of the nineteenth century,” *History of Science*, 1968, 7, 64-89 ; L. S. Jacyna, “Principles of general physiology : The comparative dimension to British neuroscience in the 1830s and 1840s,” *Studies in History of Biology*, 1984, 7, 47-92。大学の外部で営まれていた科学に関しては，ごく少数の研究しかない。しかし，S. Sheets-Pyenson の “Popular science periodicals in Paris and London : The emergence of a low scientific culture, 1820-1875,” *Annals of Science*, 1985, 42, 549-572 が多くの情報を与えてくれる。

興味深いことに，19世紀中頃の神経生理学者の多くは，心身関係に関する18世紀後半の理論に意識的に立ち返ろうとしていた。この傾向を反映して，ホイットと同時代のヨーロッパ人で，彼と似た理論を提出していた人々によって書かれた二つの重要な論文が再版された。すなわち，G. Prochaska の “A dissertation on the functions of the nervous system” と J. A. Unzer の “The principles of physiology” である。どちらも，T. Laycock, ed., *Unzer and Prochaska on the nervous system*

(London : Sydenham Society 1851) の中に収められている。

アダム・クラブトゥリーの *From Mesmer to Freud* (New Haven : Yale University Press, 1993) は，1830年代から40年代の間に，メスメリズムの物理主義的な理論が切り崩されていく様を余すところなく説明してくれる。同様に，ジェームズ・ブレイドの論文集，A. E. Waite, ed., *Braid on hypnotism : The beginning of modern hypnosis* (New York : Julian Press, 1960) も参照されたい。Ann Braude の *Radical spirits : Spiritualism and women's rights in nineteenth-century America* (Boston : Beacon, 1989) は，心霊主義の歴史を研究するにあたっては，依然として最良の出発点である。心霊主義，骨相学，信仰療法は19世紀にアメリカで大きな成功を収めた。驚くべきことに，このことと，20世紀に心理学がアメリカの制度として成功を収めたこととの比較研究は未だなされていない。心理学とこれらの分野の分裂のはじまりに関しては，T. and G. Leahey, *Psychology's occult doubles : Psychology and the problem of pseudoscience* (Chicago : Nelson-Hall, 1983) と D. J. Coon, "Testing the limits of sense and science : American experimental psychologists combat spiritualism, 1880-1920," *American Psychologist*, 1992, 47, 143-151 を見られたい。

心理学が制度として発展する際にヘルムホルツが果たした役割に関しては，W. Woodward and M. Ash, eds., *The problematic science : Psychology in nineteenth-century thought* (New York, Praeger, 1982) に収められた R. S. Turner, "Helmholtz, sensory physiology, and the disciplinary development of German psychology", および *In the eye's mind* (Princeton : Princeton University Press, 1994) を参照のこと。

形而上学協会の歴史は，A. W. Brown, *The Metaphysical Society : Victorian minds in crisis, 1869-1880* (New York : Columbia University Press, 1947) で詳述されている。形而上学協会のメンバーとその仲間による代表的な論文のうちいくつ

かは，以下のものに収められている。W. K. Clifford, *Lectures and essays*（London : Macmillan, 1879), 2 vols. ; F. Pollock, *Spinoza : His life and philosophy*（London : Kegan Paul, 1880）; J. Tyndall, *Fragments of science*（New York : D. Appleton, 1898), 2 vols. ; A. Bain, “The feelings and the will, viewed physiologically” and “The intellect, viewed physiologically,” *Fortnightly Review* 1865, 3, 575-588, 735-748。同様にベインの *Mind and body : The theories of their relation*（London : Henry King, 1873), 2d ed. も参照されたい。これらさまざまな著作に関して目を引くのは，すべての著作が心と身体の関係に関するある種の二重側面説にコミットしていて，論理展開は稚拙であることが多いが，著者たちはみな，そのような二重側面説が宗教に安全な避難場所を提供すると確信しているということである。C. D. Cashdollar の *The transformation of theology, 1830-1890 : Positivism and Protestant thought in Britain and America*（Princeton : Princeton University Press, 1989）は，リベラルなプロテスタント神学と，大まかに実証主義と呼ばれるものとが，19 世紀後半に複雑に絡み合っていたという重要な事態を示してくれる。Paul Carter の *The spiritual crisis of the gilded age*（Dekalb : Northern Illinois University Press, 1971）は，実証主義に対するアメリカ人の反応を追っている。こういった反応は，多くの点で形而上学協会のメンバーによる反応と並行していた。

19 世紀中頃のヨーロッパにおける実証主義的な思想潮流を概観するのに最良の書物は，依然としてマンデルバウムの *History, man, and reason*（「一般的な研究」の節を参照）である。また，W. M. Simon, *European positivism in the nineteenth century*（Ithaca : Cornell University Press, 1963）も参照されたい。1850 年代に非コント的な若い実証主義者たちが世界をどう見ていたかについては，この立場をもっとも的確に代弁した次の二人の著作を読むことによって，感じをつかむことができるだろう。すなわち，H. Taine, *Les philosophes français du XIXe siècle*（Paris : Hachette, 1857）と H. T. Buckle, *History*

of civilization in England（New York : D. Appleton-Century, 1939), 2d ed., 2 vols., originally published in 1859-61 である。1850 年代のドイツ語圏における Materialismusstreit（唯物論論争）に関して体系的な歴史的概観を与えてくれる書物はないが，同様に，ランゲの *History of materialism and criticism of its present importance* を注意深く読めば，若い世代の実証主義的な二重側面説論者が，どのようにして，自分たちの見方が唯物論の攻撃に対して宗教を救うことができると考えていたのかが明らかになるだろう。先にも言及した F. Gregory の *Scientific materialism in nineteenth-century Germany* は，いわゆる俗流唯物論を扱った良い研究である。当時のパンフレットに関しては，M. J. Schleiden, *Über den Materialismus der neueren deutschen Naturwissenschaft*（Leipzig : Engelmann, 1863）を参照されたい。

フレッド・ウイルソンのミル研究は，コントやその他の実証主義者とミルとの関係や両者の不一致を強調したものである。F. Wilson, "Mill and Comte on the method of introspection," *Journal of the History of the Behavioral Sciences*, 1991, 27, 107-129 と *Psychological analysis and the philosophy of John Stuart Mill*（Toronto : University of Toronto Press, 1991）も参照されたい。

ヴントはおそらく，心理学史においてもっともよく研究された人物である。その理由の一つは，英米でのヴントの使徒であったティチェナーの影響で，多くのアメリカの心理学者が，誤ってヴントを実証主義者の系譜に位置づけ，自然的形而上学者と対置してきたことにある。近年の研究は，この見方がどれだけ誤っているかを示しただけでなく，こういった誤解の源泉をたどってもいる。近年の研究としては A. Blumenthal, "A reappraisal of Wilhelm Wundt," *American Psychologist*, 1975, 30, 1081-1088, "Wilhelm Wundt : Psychology as the propaedeutic science," in C. Buxton, ed., *Points of view in the modern history of psychology*（New York : Academic Press, 1985）; K. Danziger, "The positivist repudiation of

Wundt," *Journal of the History of the Behavioral Sciences*, 1979, 15, 205-230 ; "The history of introspection reconsidered," *Journal of the History of the Behavioral Sciences*, 1980, 16, 241-262 ; "Wundt and the two traditions of psychology," in R. Rieber, ed., *Wilhelm Wundt and the making of scientific psychology*（New York : Plenum）などがある。ヴントの著作は多様で，多くの版を重ねてもいる。利用したのは以下の版である。W. Wundt, *Beiträge zur Theorie der Sinneswahrnehmung*（Leipzig : Winter, 1862）; *Vorlesungen über die Menschen- und Thierseele*（Leipzig : Voss, 1863）, 2 vols. ; *Grundzüge der physiologischen Psychologie*（Leipzig : Englemann, 1874）; "Über psychologische Methoden," *Philosophische Studien*, 1883, 1, 1-38。

新カント派運動を概観するには，T. E. Willey の *Back to Kant : The revival of Kantianism in German social and historical thought, 1860-1914*（Detroit : Wayne State University Press, 1978）と，Lange の *History of materialism and criticism of its present importance* を参照されたい。ランゲの引用は，K. Köhnke, *The rise of neo-Kantianism*（New York : Cambridge University Press, 1991）, p. 151 からのものである。クーンケの著作で特に優れているのは，哲学，特に認識論はある種の「科学の科学」である，あるいはそうであるべきであるという考え方を広める際に（実証主義ではなく）新カント派が果たした役割を記述している点である。

1860 年代から 70 年代までには，唯物論を巡る論争はヨーロッパ全土で共通の知識となっていた。これは（1877 年にはじめて出版された）『アンナ・カレーニナ』の以下の文章からも見てとることができる。リョービンは兄を訪ねたところ，次のような事態に出会う。「あいにく，兄はひとりではなかった。そこには有名な哲学の教授がすわっていたが，彼はきわめて重大な哲学上の問題について，ふたりのあいだに生れた誤解をとくために，わざわざハリコフから出かけて来たのであった。この教授は前々から唯物論者たちに対して激しい論争をつづけていた。

コズヌイシェフは興味をもってその論争の成り行きを見守っていたので，教授の最近の論文を読むと，さっそく手紙で反論を書き送った。つまり，相手があまりにも唯物論者に譲歩していると非難したのであった。そこで，教授は彼と話し合うために上京して来たのである。ふたりの話は，今はやりの問題，すなわち，人間の行為における心理的現象と生理的現象とのあいだには境界があるか，もしあるとすればどこか，といった問題に及んでいた。〔『アンナ・カレーニナ』上，木村浩訳，新潮文庫，2012 年，60-61 頁〕」。（引用は L. and A. Maude による翻訳 *Anna Karenina*［New York : Oxford University Press, 1980］の 23 ページからのものである。）

第 7 章　三つの無意識概念とその展開

先に引用したエランベルジュの *Discovery of the unconscious* は無意識研究をはじめるにあたって不可欠な文献である。L. L. Whyte の *The unconscious before Freud*（New York : Basic Books, 1960）は，ライプニッツやホイットと後の著述家との結びつきを知るのに有益である。わたしが知る限りで，1848 年以降の 10 年の間に，無意識に対する興味が顕著に増したということに言及している人は他にはいない。例外といえるのは K. Danziger, “Mid-nineteenth-century British psycho-physiology : A neglected chapter in the history of psychology,” in W, Woodward and M. Ash, eds., *The problematic science : Psychology in nineteenth-century thought*（New York : Praeger, 1982）くらいである。

1860 年代に登場した以下の四つの主要文献はいずれも，人間の心を形作る無意識な心的過程の重要性に焦点をあてている。1860 年代に無意識的な心に関する考察が盛んになった背景については，E. S. Reed, “Theory, concept, and experiment in the history of psychology : The older tradition behind a ‘young science’,” *History of the Human Sciences*, 1989, 2, 333-356 で概観されている。四つの文献とは以下のものである。第一は，J. S. ミルの *An examination of Sir William Hamilton's*

philosophy（Toronto : University of Toronto & R. Kegan Paul, 1979［1865］）である。この書物は，首尾一貫した連合主義心理学を産み出すには，無意識的な心的過程を措定する必要があるということを，連合主義者がはじめて明示的に述べた文献である。この書物や，ジェームズ・ミルの『人間の精神現象の分析』*Analysis of the phenomena of the human mind*（London : Longmans, Green, Reader, & Dyer, 1869）の付録としてつけられたコメンタリーにおいて，J. S. ミルは無意識的過程のうちのあるもの，あるいはそのすべては推論に似ているという仮説を発展させている。第二の主要なテキストは，イポリット・テーヌの *De l'intelligence*（Paris : Vrin, 1869）である。この書物も無意識的な心的過程の概念を連合主義と統合することを目指しているが，自我の形成に関するより広い関心も含まれていて，個々の文化が自我の形成において，何らかの形で特定の観念の連合パターンを促すという考え方が示されている。第三のテキストは，エネアス・S・ダラスの驚くべき著作『悦ばしき学』（*The gay science.* London : Chapman & Hall, 1866), 2 vols. である。実際この書物は，単独で研究するに値するものである。ダラスは主流の哲学や心理学の考えと，眠り，夢，酩酊，メスメリズムといった心的現象に関する初期の研究を結びつけようとしている。それゆえ彼は，無意識を動機やイメージのある種の源泉として，そして観念と推論の源として扱っている。彼はこの著作の中でこの複雑な無意識を，文学や芸術の分析と結びつけているが，これは同様の考え方に1世紀も先立つものであった。そして無意識に関する1860年代の主要なテキストの第四番目のものは，エデュアルト・フォン・ハルトマンの *Philosophy of the unconscious*（New York : Harcourt, Brace, 1931［1869］), 3 vols. である。フォン・ハルトマンは自然的形而上学の道具立て（生物学や生理学に関する包括的な議論や論理的，数学的な議論など）を用いて，無意識は生命の領域全体であり，われわれは日常的な心的活動においてはその一部を垣間見るに過ぎないという見方を描いている。

無意識の研究に関してはアメリカ人もそう遅れをとってはい

なかった。Oliver Wendell Holmes, Sr. による注目すべき論文 "Mechanism in thought and morals : An Address delivered before the Phi Beta Kappa Society at Harvard University, June 29, 1870," in *Pages from an old volume of life : A collection of essays, 1857-1881*（Boston : Houghton-Mifflin, 1899）は，ウイリアム・ジェームズやイギリスの無意識学派を先取りするものである。ホームズは，われわれの生活の一部は，習慣的なあるいは自動的な行動からなっていて，われわれはそれらをほとんど意識していないと述べている。それゆえ，もしわれわれがこれらの「機械的な」行動を有益な目的に導くことができるのならば，そうすべきだというのである。

ベイリーとJ. S. ミルとの間の論争はS. Bailey, *A review of Berkeley's theory of vision, designed to show the unsoundness of that celebrated speculation*（London : James Ridgeway, 1842）によって引き起こされた。ミルによるこの著作の書評が "Bailey on Berkeley's theory of vision," in J. Robson, ed., *Essays on philosophy and the classics*（Toronto : University of Toronto and Routledge & Kegan Paul, 1978［1842］――引用，p. ＊＊〔原文ママ〕）である。ベイリー批判におけるミルのコメントを，"Berkeley's life and writings" in the same volume（II）of *Mill's Collected works* におけるバークリ本人へのコメントと比べてみると有益である。ミルの『論理学体系』はこの著作集の第六巻と第七巻に収められている。ベイリーのもっとも体系的な著作は，*Letters on the philosophy of the human mind*（London : Longman, Brown, Green, and Longmans, Rees, Orme, Brown, and Green, 1855, 1858, 1863）である。この著作の中で，ハミルトンが首尾一貫していないことと，彼がスコットランドの思想家の「実在論的」立場を切り崩していることを，ベイリーははっきりと記述している（それゆえ，ミルが自らハミルトン批判を著したときに，このテクストに十分な注意を払わなかったのは，手抜かりだったといえよう）。残念なことに，ベイリーはドゥーガルド・ステュワート，トマス・ブラウン，ウイリアム・ハミルトンがリードにつ

いて述べたことの多くに同意し，リード自身は実在論者などではないと断定してしまった！（リードが1780年代のよりラディカルな*Essays*とは異なり，*Inquiry into the human mind*［1764］で半ばバークリ主義的立場を採っていたために，このような解釈が可能になったのである。）しかし，ベイリーは自身の実在論に関してはきわめて明快であり，連合主義者の理論で要請された仮説的な心的存在者の多くは存在しないということを指摘し続けた。無意識的推論としての知覚という見方と世界の直接的観察としての知覚という見方の対比は，リチャード・グレゴリーとエレノア・ギブソンとの間の論争から明らかになる。Gregoryの“Seeing as thinking”とギブソン夫妻による“The senses as information-seeking systems”はどちらも，*the Times Literary Supplement* 1972に掲載され，E. Gibsonの*An odyssey in learning and perception*（Cambridge, Mass. : MIT Press, 1991）に再録されている。

E. A. Schäferの*Textbook of physiology*（Edinburgh : Pentland, 1900), 2 vols. に収められた，C. シェリントンによる筋肉感覚についての概説は，この重要な主題の最良のガイドである。筋肉は「感じるもの sentient」であるかもしれないという考えは古くからあるもので，これが非常にゆっくりと発展して，筋肉には神経に基づく感覚系が含まれるかもしれないという現代的な考えになった。もっとも，現代的な考えにおいては，この感覚系はいかなる意識的な感覚とも関係を持たないのであるが。これらの考えを論ずることによって，感覚知覚の本性や心身関係（や心的状態と行為の関係），あるいは方法論的な問題（この感覚系についてどのようにして知りうるか）の根底にある前提がしばしば明らかになる。この問題は，ここでわたしが述べたよりもはるかに詳細な注意を向けるに値する。K. Figlioの“Theories of perception and the physiology of mind in the late eighteenth century,” *History of Science*, 1975, 13, 177-212とK. Danzigerの“Origins of the schema of stimulated motion : Towards a pre-history of modern psychology,” *History of Science*, 1983, 21, 183-210はこの魅力

的な話題に着手したものである。

第8章　実証主義の極致

標準的なイギリス哲学史にルイスの名が現れないということは驚くべきことである。彼はヨーロッパの思想をイギリスにもたらす上で間違いなくコールリッジやカーライル以上の仕事をし，ヴィクトリア朝後期に，スピノザに対する関心に火をつけた人物である。そして，彼の二重側面説は，少なくともある程度は議論しないわけにはいかない。しかし，たとえば多くの称賛を受けたジョン・パスモアの著作 *A hundred years of philosophy*（London : Duckworth, 1957）においてさえ，ルイスをわずか三ヵ所でおざなりに引用しているだけで，彼の貢献に関する議論は見られないのである。

R. Ashton の *G. H. Lewes : A life*（New York : Oxford University Press, 1991）はこの重要な思想家の生涯に関する最良の入門書である。アシュトンが重点を置いているのは，もっぱらルイスの伝記的事実，とくにマリアン・エヴァンズ（ジョージ・エリオット）とルイスとの関係である。しかしアシュトンの著作はルイスの思想の多くをうまく素描してもいる。唯一この本に欠けているのは，イギリスにおける生理学と心理学の発展にとってルイスがどれだけ中心的な存在であったかに関するセンスであるが，このことはアシュトンがイギリス文学を専門とする著述家であることを考えれば理解できなくもない。より理解しがたいのは，ジョージ・エリオットの研究者は，ルイスに相応の注意を払っているのに，科学史家や哲学史家がルイスに相応の注意を払っていないということである！　ジョージ・エリオットの著作における科学思想やルイス的な思想の果たした役割に関する論文としては，他にも R. Greenberg, "Plexuses and ganglia : Scientific allusion in Middlemarch," *Nineteenth-Century Fiction*, 1975, 30, 33-52 ; M. Mason, "Middlemarch and science : Problems of life and mind," *Review of English Studies*, 1971, 22, 151-169 や，S. シャトルワースの興味深い著作，*George Eliot and nineteenth-century*

science : The make-believe of a beginning（New York : Cambridge University Press, 1984）がある。シャトルワースはダラスの『悦ばしき学』に言及している数少ない現代の著述家の一人である（同書 p. 21 を参照）。

ルイスの著作は膨大な数に上る（現在手に入るものとしてはアシュトンがもっとも完全な文献表を作成している）。わたしは，彼の分冊本である *Problems of life and mind : First series, Foundations of a creed ; Second series, The physical basis of mind ; Third series, The study of psychology*（Boston, 1874-79）のアメリカ版を用いた。最後のシリーズ以外はジェームズ・オスグッドによって出版され，最後のシリーズは Houghton-Mifflin によって出版された。ルイスの『ゲーテの生涯と著作』はエブリマン版で入手可能である。ルイスの *Biographical history of philosophy*（版によっては単に *History of philosophy* とよばれている）は大西洋の両岸で広く出版され，顕著な違いがある版が六つも存在する。わたしが用いたのは *Biographical history of philosophy*（Manchester, Eng. : Routledge, 1893），8th ed. である。この本のそれぞれの版における変更点は主に内容が補足されていることであったが，ルイスは内容の書き直し，とくにコントに忠実な調子を目立たなくし，彼のコント的でない実証主義を明らかにすることにもかなりの努力を費やした。これを世俗的な実証主義と呼ぶならば，この立場は 1870 年代から 80 年代の間，ヨーロッパ中で大きな影響力を持った。もちろんルイスだけがこの立場の代弁者だったわけではないが，彼はこの潮流における重要人物だったのである。

スピノザを研究した会合に関するルイスの著述は長々と引用するに値するものである。

> およそ 30 年前，ホルボーンにあるレッド・ライオン・スクウェアという酒場の談話室で，週に一度の研究者の小さな会合が催された。その会合では，議論が沸騰していた哲学上の問題が，洞察に満ちていたかどうかはともかく，熱心に論じ

られた。この会合の規則はきわめて簡素で，会の進行も形式張ったものではなかった。メンバーの唯一の接点はこの土曜日の会合であり，会合の目的はただ一つ，思索好きな人々の心をときに困惑させ刺激する主題をめぐって，相対立する見解を友好的にぶつけ合うことであった。土曜日以外は，メンバーの進む道は交わることがなかった。ある者は古本の露店を営み，自由思想の書物を多く持っていた。第二のメンバーは時計職人，第三のメンバーはそこそこの収入で生活し，第四のメンバーは靴職人，第五のメンバーは，「スタンザを書いたら右に出るものがなかった」。第六のメンバーは解剖学やその他のことをとても熱心に学び，特定の職業を持たない人物であった。このように全く別々の道が，毎週土曜日にレッド・ライオン・スクウェアの小さな談話室で交わったのである。真夜中を告げる鐘は，議論と笑いが産み出す心地よい騒音にかき消された。議論は時として声高になり，怒りを帯びることもあったが，そのような状況でもきまって最後には笑いがはじけ，場の空気を新鮮にしてくれるのであった。暖炉の火を囲んで座り，煙草やパイプをふかし，コーヒーやグロッグ，エールなどを飲む。司会や議長などなしで，議論が活気づいたときには往々にして皆が同時にしゃべり出す。このようなやり方で，これらの哲学者たちはまさに，互いの心を刺激する火花を産み出していたのである……。

［議論の参加者の中には］コーンという名のユダヤ系ドイツ人がいた。彼の驚くほど鋭敏な論理的思考と，それに劣らず素晴らしい人格に，我々は尊敬の念を抱いていた。彼は哲学的な品位を持った人物の典型として私の記憶に残っている。物静かで，思索的で，気だての良い人物であり，時計職人として働き，とても貧しく，目が悪く，胸の具合も良くなかった。物腰は謹厳で，穏和であり，虚栄心の誘惑に駆られるときも，それに屈することはなかった。私はいつも彼をスピノザとともに思い出す。それは，このヘブライの思想家にわたしが出会うことができたのは彼のおかげだからでもあるが，それと同時に，彼自身の人となりがスピノザを彷彿とさせる

からでもある。(G. H. Lewes, "Spinoza," *Fortnightly Review*, 1866, 4, 385-406 より)

それから25年後，ウイリアム・モリスがレッド・ライオン・スクウェアに住んでいたときにも，コーンはこの場所に出入りしていたのだろうか。

実証主義の発展と普及に関しては，マンデルバウムの *History, man, and reason*（すでに「一般的な研究」の節で言及した）や W. M. Simon, *European positivism in the nineteenth century*（Ithaca : Cornell University Press, 1963）を参照されたい。ルイスの「世俗的実証主義」をより深め，拡張し，はっきりとしたかたちで表明した思想家のうち何人かは，第6章で論じたロンドン形而上学協会と関係のある科学者であった。F. Pollock の *Spinoza : His life and philosophy*（London : Kegan Paul, 1880）はスピノザについて英語で書かれた最初の本だが，本質的にはスピノザを実証主義者の先駆と考えるルイスの解釈を肉付けしたものでしかない。

コントの『実証主義的哲学講義』は1830年に始まり，以後20年間続けられた。わたしが利用したのは，彼の死後パリの実証主義協会によって編集され1896年に出版された六巻本である。『講義』の要約版は，ルイスの後押しもあってハリエット・マルティノーによって英語に翻訳され，*The positive philosophy of Auguste Comte*（London : J. Chapman, 1853）として出版された。この本の出版者チャップマンはルイスの著作を出版した人物の一人であり，ルイス，スペンサー，マリアン・エヴァンズ（ジョージ・エリオット）の親友でもあった。本章で用いられたスペンサーからの引用は，D. Duncan, ed., *The life and letters of Herbert Spencer*（London : Williams and Norgate, 1911), p. 81 からのものである。

影響力のあったトマス・ヘンリー・ハックスリの二重側面説は，1872年のイギリス科学振興協会における彼の講演，"On the hypothesis that animals are automata," reprinted in *Methods and Results*（New York : Appleton, 1896）や，

Hume : With helps to the study of Berkeley (New York : Appleton, 1902 [1879]) にもっともはっきり見て取れる。ハックスリは同時代の論敵から唯物論者であると批判されたが，これらの著述は彼が現象主義者で反唯物論者であったことの十分な証拠となる。

ケンブリッジにおけるルイスの生理学研究に関しては，E. M. Tansey, "'... the science least adequately studied in England' : Physiology and the George Henry. Lewes studentship, 1879-1939" *Journal of the History of Medicine and Allied Sciences* 1992, 47, 163-185 を参照されたい。ルイスの *Physical basis of mind* に対するジェームズの書評は *Nation*, 1877, 25 からのものである。

第9章　特異なる存在――チャールズ・ダーウィン

A. Desmond and J. Moore, *Darwin* (London : Michael Joseph, 1991〔『ダーウィン』，渡辺政隆訳，工作舎，1999 年〕) は，現在までのところ最も定評のあるダーウィンの伝記である。また，D. Kohn, ed., *The Darwinian heritage* (Princeton : Princeton University Press, 1985) は，膨大な数にのぼるダーウィン関連の二次文献をほぼ一覧できる便利な本である。しかし，わたし個人の意見としては，ダーウィンについて学ぼうとする人は，以下の二著を読むことから始めるのが一番よいと思われる。ひとつは，M. Ghiselin, *Triumph of the Darwinian method* (Chicago : University of Chicago Press, 1984 [1969])，もうひとつは，M. Allan, *Darwin and his flowers : The key to natural selection* (New York : Taplinger, 1977〔『ダーウィンの花園』，羽田節子，鵜浦裕訳，工作舎，1997 年〕) である。どちらの本も，ダーウィンの行ったすべての仕事，特に 1859 年の『種の起源』出版以後になされた仕事について，明晰で包括的な概観を与えてくれ，非常にためになる。それに対して，これまで多くの伝記作家や歴史家は『種の起源』発表以前の時期に注目してきた。確かに，そうした研究は，人間的な観点から見て興味深い。しかし，そうした研究は，ダー

ウィンのなした注目すべき功績をゆがめてしまう可能性があり，ダーウィンの寄与した革命がどれほど大きな幅と深さを持っていたのかを見えなくしてしまう。わたしは，以下の論文と著作の一部で，ダーウィンの功績をめぐるこうした従来の歴史的概観に，わたし自身のささやかな見解をつけ加えようとした。E. S. Reed, "Darwin's earthworms : A case study in evolutionary psychology," *Behaviorism*, 1982, 10, 165-185 と，*Encountering the world : Toward an ecological psychology* (New York : Oxford University Press, 1996〔『アフォーダンスの心理学』細田直哉訳，新曜社，2000 年〕) の第二章である。ダーウィン著作集（*Works*）は，イギリスとアメリカで 19 世紀中に出版され（published by John Murray in Britain and D. Appleton in the United States)，最近になって全 29 巻構成で再刊された（London : Pickering & Chatto, 1987-1990)。

心理学の歴史にとって特に重要なのは，遺伝，人間の進化，行動を論じたダーウィンの著作である。こうした著作は最近再刊された著作集（by Chatto and Windus）にも収められているが，わたしが利用したのは以下のものである。*Variation of animals and plants under domestication*（New York : Appleton, 1896［1868］〔『家畜・栽培植物の変異』上・下，永野為武，篠遠喜人訳，白揚社，1938-39 年〕), 2 vols. ; *The descent of man and Selection in relation to sex*（New York : Appleton, 1902［1871］〔『人間の進化と性淘汰』Ⅰ・Ⅱ，長谷川眞理子訳，文一総合出版，1999-2000 年〕), 2d ed. ; *The expression of the emotions in man and animals*（Chicago : University of Chicago Press, 1965［1872］〔『人間及び動物の表情』村上啓夫訳，白揚社，1938 年〕）; *The formation of vegetable mould through the action of worms*（New York : D. Appleton, 1904［1881］〔『ミミズと土』渡辺弘之訳，平凡社，1994 年〕)。

R. Boakes, *From Darwin to behaviorism : Psychology and the minds of animals*（New York : Cambridge University Press, 1984〔『動物心理学史：ダーウィンから行動主義まで』宇

津木保，宇津木成介訳，誠信書房，1990 年〕）は，動物の行動研究の歴史を知る上では右に出るものがない最良の入門書である。この本の一部でスポールディングの仕事が的確にまとめられており，スポールディングの研究助手を務めたアンバリー夫人の写真も収められている。スポールディングが執筆した最も重要な心理学の論文は以下のものである。D. Spalding, "Instinct : With original observations on young animals" *Macmillan's magazine*, 1873, 27, 282-293（この論文はホールデン〔J. B. S. Haldane〕による脚注が付され，*British Journal of Animal Behavior*, 1954, 2, 2-11 に再録された。本書での引用は，このホールデンの編集版によった。），"Instinct and acquisition" *Nature*, 1875, 12, 507-508, "The relation of mind and body（Review of Bain's *Mind and body*）" *Nature*, 1873, 7, 178-179, Review of Spencer's *Principles of psychology*, in *Nature*, 1873, 7, 298-300, 357-359, Review of Lewes's *Problems of life and mind*, in *Nature*, 1874, 10, 1-2。

イギリスの最もすぐれた科学者の一人，ホールデンは，スポールディングを公式に「再発見」し，1954 年にスポールディングの主な仕事を出版した。ところが 1960 年代になって，P. グレイという人物が，スポールディングを再び「再発見」し（P. Gray, "Douglas Alexander Spalding, the first experimental behaviorist," *Journal of General Psychology*, 1962, 67, 299-307 を参照），さらにその 20 年後，ボークスが先に記した本の中でスポールディングを再 - 再 - 再発見する。すでにウイリアム・ジェームズは『心理学原理』（1890）の本能を扱った章の中で，かなりの紙幅を割いてスポールディングの仕事を議論していたのであるから，こうしたスポールディング軽視の歴史は実に奇妙である。刷り込みと臨界期というスポールディングの二つの発見は，心理学史における最も重要な発見に属するといってよいであろう。さらに，この二つの現象を研究するためにスポールディングがデザインした実験方法は現在でも用いられているのである。なぜスポールディングの仕事は発達を研究する行動科学に影響を与えなかったのだろうか。この点は体系的に究明

される必要がある。

第10章　どのようにして哲学は心理学から成立したのか——1879年の世代

1879年という年は，「実験心理学の創設年」として一般に特徴づけられてきた。こうした風潮は，ほとんどボーリングの『実験心理学史』（Boring, *History of experimental psychology*［文献案内の「一般的な研究」の節を参照］）の影響による。しかし，ティチェナー——ヴントの門弟である実証主義者——の弟子であったボーリングは，ヴントの心理学実験室とそこで行われた心理学研究を持ち上げる一方で，ヴント自身が抱いていたそれ以外の関心を軽視したのだった。こうしたボーリングの偏った見方と，そうした見方が後世の心理学史研究にどんな帰結をもたらしたのかを再評価する上で最良の手引きとなるのは，K. Danziger, "The history of introspection reconsidered," *Journal of the History of the Behavioral Sciences*, 1980, 16, 241-262である。またDanziger, *Constructing the subject : Historical origins of psychological research*（New York : Cambridge University Press, 1991）は，ヴント的な心理学の誕生とその変容——特にアメリカにおける変容——を促した社会的状況を詳細に考察している。また，R. O'Donnell, *The origin of behaviorism, 1880-1920*（New York : NYU Press, 1985）は，「新心理学」がアメリカに到着してからこうむった変容を集中的に取り上げた本である。

新心理学を喧伝した当時の論文をいくつか読んでみれば，心的生に実験を施すことを立証しようとする知的な議論——こうした議論によって，実験は哲学者やモラリストの領分に持ち込まれた——がどのように進められたのかを知ることができ，とても有益である。こうした類の最も興味深い文献は，G. S. ホールの*Aspects of German culture*（Boston : James R. Osgood, 1881），メルシエ枢機卿（Cardinal Mercier）の大著，*The relation of experimental psychology to philosophy*（New York : Benziger Brothers, Printers to the Holy Apostolic See,

1902)，フランス人であるテオデュール・リボー（Théodule Ribot）の *English psychology*（London : Henry King, 1873）と *German psychology to-day*（New York : Scribner's sons, 1886）である。メルシエ枢機卿の著作は，心理学への実験的アプローチをトマス主義的世界観の擁護につなげようとしている。またリボーは，フランス心理学を瀕死状態にあると診断し，これを先の二著で非難した。リボーの著作は両方とも，実証主義と初期の実験心理学を推進させる「ブースターのような」役割をあからさまに打ち出している。

本章は，W. Carl, *Frege's theory of sense and reference : Its origins and scope*（New York : Cambridge University Press, 1994）によるところが大きい。というのも，この著作は，命題の指示対象の性格に関わるフレーゲの難解な見方を，一番バランスよく説明しているとわたしには思えたからである。G. P. Baker and P. M. S. Hacker, *Frege : Logical excavations*（New York : Oxford University Press, 1984）は，フレーゲが単なる実在論者ではなくプラトニストであったとしている。これは行き過ぎだと思うが，こうした見解をどれくらい強力に立証することができるかという点を知る上では，この本は有益である。フレーゲの著作に関しては，わたしは常に以下の英訳本を用いた。*The basic laws of arithmetic*, trans. M. Furth（Berkeley : University of California Press, 1964）; *The foundation of arithmetic*, trans. J. Austin（New York : Oxford University Press,1980）; *Conceptual notation and related articles*, T. W. Bynum, ed.（New York : Oxford University Press, 1972）; *Logical investigations*, P. Geach and R. Stoothoff, eds.（New York : Oxford University Press, 1977）。

今日のわれわれが哲学と呼ぶような分野だけを扱った雑誌で，英語圏で最初に発行されたものの一つが，「思弁哲学雑誌（*The Journal of Speculative Philosophy*）」であったことは興味深い。この雑誌は，ウイリアム・トリー・ハリス（William Torrey Harris）をはじめとするセントルイス・ヘーゲリアンと呼ばれる人々によって1867年に創刊された。したがって，アメ

リカで最初の哲学雑誌の刊行にこぎつけたのは，南北戦争後の困難な時代を生きたアメリカ中南西部の非大学人のグループであったのである。しかもそれは，文明化した市民社会を形成していたイギリスで「マインド」が創刊されるよりも約10年先立っていた（「マインド」の創刊年は1876年である）。（「思弁哲学雑誌」の創刊に関わった思想家についてもっと知りたい人は，W. H. Goetzmann, *The American Hegelians : An intellectual episode in the history of Western America*（New York : Knopf, 1973）を参照。この本は，著者による脚注のついたアンソロジーである。）一方「マインド」は，最初の編集者（G. C. Robertson）の意向で，心理学的論文と哲学的論文に紙幅がほぼ均等に割かれている。ところで，19世紀最後の四半世紀は，おそらく，思想を扱ったまじめな雑誌が英語圏において最も興隆した時期だった。学問上第一級の仕事は雑誌に発表され，とりわけ，アメリカでは *The Atlantic* と *Harpers*, イギリスでは *The Fortnightly Review, Macmillan's Magazine, The Nineteenth Century*, そしてフランスでは *La Revue des Deux Mondes* といった雑誌に発表された。しかしここでもまた，哲学や心理学の歴史を研究する者は，こうした出典を体系的に調査したことがないし，また，何故その当時，哲学や科学上のかなり専門的な問題を扱った議論が人々に知れわたり，一般的なメディアのかなりの部分を占めるまでになったのか，その理由を問おうとさえしないのである。

論理学の歴史に関する最良の概説書は，W. & M. Kneale, *The development of logic*（New York : Oxford University Press, 1962）である。1898年にパースが行った論理学についての講義は，*Reasoning and the logic of things*（Cambridge : Harvard University Press, 1992）として新たに編集出版された。わたしは，この新版に付されたヒラリー・パットナムの序文を，記号論理学の歴史にパースの立場を位置付ける上で手引きとして利用している。パースの引用はすべて，N. Houser and C. Kloesel, eds., *The essential Peirce : Vol.* Ⅰ*, 1867-1893*（Bloomington : University of Indiana Press, 1992）による。三

段論法については，“Grounds of validity of the laws of logic”（前掲書 p. 63。初出は *Journal of Speculative Philosophy*, 1869, 2, 193-208）から，また論理学者の信仰については，“On the Algebra of Logic”（同書 p. 202）から引用した。

論理学の哲学的重要性についての，バートランド・ラッセルの初期の考えは，B. Russell, *Principles of mathematics*（New York : Norton, 1938［1903］）に収められている。ラッセルの思考の背景や，論理学を新たな哲学（最終的に分析哲学と呼ばれるに至った）にとっての方法と見なす彼の考え方を知りたければ，N. Griffin, *Russell's idealist apprenticeship*（New York : Clarendon, 1991） と P. Hylton, *Russell, Idealism, and the emergence of analytic philosophy*（New York : Oxford University Press, 1991）を参照のこと。

オーストリア学派については，B. Smith, *Austrian philosophy : The legacy of Franz Brentano*（Chicago : Open Court, 1994）が傑出しており，英語で書かれたテキストとしては現在までのところ最も信頼の置ける書物である。また，J. MacNamara and G. J. Boudewijnse, “Brentano's influence on Ehrenfels's theory of perceptual gestalts,” *Journal for the Theory of Social Behavior*, 1995, 25, 401-418. も参照のこと。B. Smith and D. W. Smith, *Cambridge companion to Husserl*（New York : Cambridge Univesity Press, 1995）も非常に有益である。わたしは，この本に収められたフッサールの数学に関する R. Tieszen の論文を特に参考にした。フッサールが現象学を明確に打ち出す以前に書いた著作を詳細に研究した M. Farber, *The foundations of phenomenology*（New York : Paine-Whitman, 1962）は，フッサールの反心理主義的な立場を知る上で特に役に立つ。フッサールの『論理学研究』〔立松弘孝ほか訳『論理学研究』1, 2, 3, 4 巻，みすず書房，1968 年，1970 年，1974 年，1976 年〕は，1897 年から書かれ始め，1913 年まで書き直しが続けられた。英訳本（E. Husserl, *Logical investigations John Findlay*, trans. : Routledge & Kegan Paul, 1973）は書き直された改訂版からのものである。フッサールは

まさに『論理学研究』を改訂して行く過程で，自分の哲学に基礎を与えることを可能にする「新たな学」を構想し，こうした考えを熟慮し明確化していったのである。そしてついに，この新たな学はフッサールによって現象学と命名されるに至った。フッサールの『イデーン』(“Ideen zu einer reinen Phänomenologie und phänomenologischen Philosophie,” *Jahrbuch für Philosophie und phänomenologische Forschung*, 1913, 1, 1-323〔『イデーン』渡辺二郎訳 I - i，I - ii，みすず書房，1979 年，1984 年〕) を見てみよう。このテキストが新たに創刊された雑誌の巻頭部分に発表されていることや，また，雑誌名として研究を強調する名前が選ばれていることは，単なる偶然ではない。

世紀の転換期に活躍した多くの思想家は，より専門的になることを強いられたが，思想家へのこうした圧力を Daniel Wilson, *Science, community, and the transformation of American philosophy, 1860-1930* (Chicago : University of Chicago Press, 1990) は解説していて，とてもためになる。例えば，この作者は，G. スタンリー・ホールとウイリアム・ジェームズが 1876 年，雑誌「ネイション」の誌面上で交わした討論について報告している。この討論でホールは，アメリカの哲学教育を非難して，宗教が足枷となって哲学教育が邪魔されてはならないと論じ，片やジェームズは，宗教的足枷を取り除くことのできる一つの方法は科学であると指摘している（前掲書 pp. 40-41)。またウイルソンは，1892 年，コーネル大学において雑誌 *Philosophical Review* が創刊されるにあたっての経緯について（同書 pp. 54-55, 104)，さらにアメリカ心理学協会の発足から約十年遅れた 1900 年にアメリカ哲学協会が発足した経緯について（同書 pp. 99, 109)，細かい事実を一つ一つ挙げている。（ホールの主宰した雑誌，*American Journal of Psychology* は，哲学雑誌 *Philosophical Review* の創刊に 5 年先立つ 1887 年に創刊されたことを銘記しておこう。）ところが，明確化された制度としては，心理学は哲学よりも先にスタートしていたにもかかわらず，著者のウイルソン自身は，心理学が哲学の影から

「発生した」というような誤解を招くレトリックをいまだに用いている！　それでは，アメリカ哲学協会の会長の式辞でアーサー・ラヴジョイが述べた言葉は，一体どう理解すればよいのだろうか。ラヴジョイは，こう述べたのだった。〈哲学は，心理学が一つの科学となって成功を修めたように，もっと科学らしくなるべきである〉と（同書 pp. 143-145）。

第 11 章　経験の科学としての心理学――ウイリアム・ジェームズ

これまで，ジェームズの両義的な立場は，心理学者や哲学者たちにはっきりとは認められてこなかった。一方で哲学者たちは，ジェームズが自然主義や科学に肩入れしたことを軽視しようと努めてきたし，他方，心理学者たちは，自然主義や科学に関わることが多神論と心霊主義に門戸を開くことになるという，実際にジェームズ自身が抱いていた見解を軽視しようとしてきた。（ついでに述べておけば，ジェームズ自身は，汎神論，具体的には，多くの実証主義者が中途半端に関わった類の汎神論に強く反対していた。）ジェームズについては膨大な量の二次文献が存在するが，ジェームズの仕事の重要な部分を動機付けていた多神論への関心に注意が注がれたことはほとんどない。ひとつの例外は，A. Funkenstein, “The polytheism of William James,” *Journal of the History of Ideas.* 1994, 55, 99-111 であるが，しかしこの論文も概略的な記述に留まっている。

ハーバード大学出版局から発行されている『ウイリアム・ジェームズ著作集（*The works of William James*）』は，現在のところ，ジェームズの著作を学術的に利用する上での決定版となっている。この著作集に収められたテキストの大部分は，ライブラリー・オブ・アメリカ版にも再録されており，こちらの方が入手しやすい。本書の引用でわたしが利用したのも後者の第一巻，William James, *Writings : 1878-1899* (New York : Library of America, 1984) である。但し，二つの論文，「わたしたちは自動機械なのか（“Are we automata ?”)」と「空間質（“The spatial quale”)」は，この版には収録されていないので，『著作集』版のW. James, *Essays in psychology*

(Cambridge : Harvard University Press, 1983) を用いた。「蛸博士 (“The Ph. D. octopus”)」は，ライブラリー・オブ・アメリカ版の第二巻 (William James, *Writings, 1902-1910* [New York : Library of America, 1984]) に収められている。

F. M. Turner, *Between science and religion : The reaction to scientific naturalism in late Victorian England* (New Haven : Yale University Press, 1974) は，世紀の転換期におけるイギリスの科学の発展に宗教的・神学的関心が深く絡まり合っていた事実を伝えてくれる。特にA. R.ウォレス (Wallace)，F. W. H.マイヤーズ (Myers)，ジェームズ・ウォード (James Ward) を扱った数章は，1800年代末を生きた多くの人々が抱いていた科学観と宗教観を和解させる上で，心理学（そして心霊研究も）が果たした役割について見事に概説している。ウイリアム・ジェームズの仕事の多くも，まったく同じ状況の中で生じたのであった。実際にジェームズはマイヤーズの仕事に強く共感していた。ところが，オカルトや心霊現象に関してマイヤーズの成した研究は，心理学史や哲学史では無視されるのが普通なのである。

ジェームズ個人とジェームズの家系について書かれた二次文献は非常にたくさんあるが，同時代の心理学者たちや新生科学としての心理学に，ジェームズ自身が，実際どのように関わっていたのかということを集中的に取り上げた文献は残念ながらほとんどない。こうした問題を扱った数少ない文献の一つは，D. Bjork, *The compromised scientist : William James in the development of American psychology* (New York : Columbia University Press, 1983) である。この本には，揺籃期のアメリカ心理学協会とその主な推進者たちに対して，ジェームズがかなり煮え切らない態度をとっていたことが記されている。R. B. Perry, *The thought and character of William James*（この本については第1章の「文献案内」を参照）は，現在でも一番信頼のおけるジェームズ思想の概説書である。わたし自身は，論文，“The psychologist’s fallacy as a persistent framework in William James’s psychological theorizing,” *History of the*

Human Sciences, 1995, 8, 61-72で，ジェームズが心理学に寄せた関心をごく手短にスケッチしようと試みた。G. Myers, *William James*（New Haven : Yale University Press, 1986）は，用心して参考にすべきである。E. Taylor, *William James on exceptional mental states*（New York : Scribners, 1983）は，心霊研究についてのジェームズの考えを概説したものとしては最良の本である。また，最近発表されたばかりの同著者による，*William James : On consciousness beyond the margin*（Princeton, N. J. : Princeton University Press, 1996）も参照のこと。P. J. Croce, *Science and religion in the era of William James : The eclipse of certainty, 1820-1880*（Chapel Hill : University of North Carolina Press, 1995）は，確実性の喪失ということをあまりにも過大に強調するあまり，ジェームズ自身の洞察を見失っている箇所が多い。実際にジェームズ自身が，確実性あるいは懐疑論の問題に真剣に関わったことなど一度もなかったのである。F. O. Matthiessen, *The James family*（New York : Knopf, 1947）は，今でも一読に値する本である。また，G. W. Allen, *William James*（New York. : Viking, 1967）は，現在でも標準的なジェームズの伝記である。ヘンリー・ジェームズからの引用は，*Henry James*'s *Autobiography*, ed. F. Dupee（London : W. H. Allen, 1956）p. 147によった。